注册道路工程师考试图书

出 版 资 讯

一、官方考试书

官方考试教材包括《专业基础知识》(上册)及《专业知识》(下册),由全国勘察设计注册工程师道路工程专业管理委员会主编,适用于2016年度考试复习使用。为配合复习需要,另组织编写《公路工程标准规范摘录汇编》。

书　名	书　号	定　价
(1)勘察设计注册土木工程师(道路工程)资格考试用书(上册) **专业基础知识**	07553	75.00
(2)勘察设计注册土木工程师(道路工程)资格考试用书(下册) **专业知识**	07554	150.00
(3)公路工程标准规范摘录汇编	12899	128.00

二、考试辅导书

为帮助广大考生复习备考,人民交通出版社组织专家编写了复习备考辅导书,简称《习题精练》。辅导书与考试用书一一对应,分为《专业基础知识》和《专业知识》两册,主要设置有复习提示(包括复习要点和规范提示)及大量的练习题,并附有参考答案及详细解析。

书　名	书　号	定　价
(1)注册道路工程师资格考试习题精练与解析 **专业基础知识**(2016版)	12966	66.00
(2)注册道路工程师资格考试习题精练与解析 **专业知识**(2016版)	12967	85.00

2016 职(执)业资格考试辅导丛书

注册道路工程师资格考试习题精练与解析

专业基础知识

本书编委会　编

人民交通出版社股份有限公司
China Communications Press Co.,Ltd.

内 容 提 要

本书为注册道路工程师资格考试辅导用书,全书紧扣《专业基础知识》考试相关要求,主要设置有复习提示和大量的练习题,并附有详细解析。全书共六章,分别为:建筑材料、土质学与土力学、工程地质、工程勘测、结构设计原理、职业法规。为便于考生进行模拟测试,书末设有三套模拟试卷。

本书可作为注册道路工程师《专业基础知识》考试复习备考用书。

图书在版编目(CIP)数据

注册道路工程师资格考试习题精练与解析. 专业基础知识/《注册道路工程师资格考试习题精练与解析》编委会编. — 北京 : 人民交通出版社股份有限公司, 2016.5

ISBN 978-7-114-12966-7

Ⅰ. ①注… Ⅱ. ①注… Ⅲ. ①道路工程—资格考试—题解 Ⅳ. ①U41-44

中国版本图书馆 CIP 数据核字(2016)第 088354 号

书　　名:注册道路工程师资格考试习题精练与解析　专业基础知识
著 作 者:本书编委会
责任编辑:李　瑞
出版发行:人民交通出版社股份有限公司
地　　址:(100011)北京市朝阳区安定门外外馆斜街 3 号
网　　址:http://www.ccpress.com.cn
销售电话:(010)59757973
总 经 销:人民交通出版社股份有限公司发行部
经　　销:各地新华书店
印　　刷:北京市密东印刷有限公司
开　　本:787 × 1092　1/16
印　　张:19
字　　数:456 千
版　　次:2016 年 5 月　第 1 版
印　　次:2016 年 5 月　第 1 次印刷
书　　号:ISBN 978-7-114-12966-7
定　　价:66.00 元
(有印刷、装订质量问题的图书由本公司负责调换)

前　言

勘察设计是公路建设的灵魂。在公路勘察设计过程中，以科学发展观为指导，坚持以人为本，坚持资源节约、环境友好的公路勘察设计理念，是实现我国公路建设可持续发展的关键所在，更是公路勘察设计人员所面临的重要课题。为了规范道路工程勘察设计人员管理，提高道路工程勘察设计人员综合素质，提升道路工程勘察设计整体水平，打造一支高素质的道路工程勘察设计队伍，原交通部会同原人事部和原建设部建立了勘察设计注册土木工程师（道路工程）制度，并于2007年4月1日起正式实施。

2016年度全国勘察设计注册土木工程师（道路工程）资格考试将于9月3日、4日进行。为帮助广大考生复习备考，人民交通出版社组织长安大学、重庆交通大学、东南大学、长沙理工大学等院校相关专家，根据考试有关资料及文件精神，结合编写专家对考试的深度理解，精心编写了《注册道路工程师资格考试习题精练与解析》辅导用书。本辅导用书与考试用书相对应，分为《专业基础知识》和《专业知识》两册。本书为《专业基础知识》分册，共六章，包括：建筑材料、土质学与土力学、工程地质、工程勘测、结构设计原理、职业法规。

本辅导用书主要设置有复习提示（包括复习要点和规范提示）及大量的练习题，并附有参考答案及详细解析。

（1）**复习提示**——如何有效地备考复习，是绝大多数考生共同关注的问题。为减少复习的盲目性，少走弯路，特设置此栏目。其中，“复习要点”是站在考生复习的角度，系统梳理了各章节的主要知识点，同时对重难点进行了分析提炼，力求为考生指明方向，复习时能够有的放矢；“规范提示”是针对注册道路工程师考试涉及的相关标准、规范，尤其对新旧规范的变化做了明确提示并进行了精要解读，以帮助考生更好地理解规范。

（2）**习题及解析**——为避免复习看书过程中难免的枯燥性，根据考纲相关要求，各章设置了大量练习题，并附有参考答案及详细解析。习题讲究精练，力求将知识点融入题目中，并通过解析让考生能够举一反三，进一步巩固掌握知识点，提高复习效率。

（3）此外，本书末特意设置了三套模拟试卷，仅供考生进行模拟测试用。

本书的编写分工如下：长安大学汪海年、王春（第一章）；重庆交通大学林军志、赵明阶（第二章）；长安大学李治平（第三章、第六章）；长安大学慕慧、许娅娅（第四章）；东南大学黄侨、杨明、姚伟发、任远、王文炜（第五章）。

本书难免有疏漏和不当之处，请各位考生提出宝贵意见和建议，以便修订时参考。意见和建议请反馈至出版社编辑部（电话 010-85286123，邮箱 346783426@qq.com，QQ346783426）。此外，为便于复习交流，请考生加入注册道路工程师考试交流 QQ 群 551895185。

最后，预祝各位考生顺利通过考试！

本书编委会

2016 年 4 月

目　录

第一章　建 筑 材 料

第一节　砂 石 材 料

【考试纲要】

1. 矿质混合料组成设计方法；

2. 砂石材料的技术性质要求；

3. 砂石材料的检测方法；

4. 矿质混合料的级配要求。

【复习提示】

1. 复习要点

考生应掌握粗细集料的重要路用性质（如粗集料的力学性质、物理性质、细集料筛分概念），集料级配概念、级配设计理论和设计方法；熟悉粗细集料分类方法，集料筛分结果计算，级配设计方法中的试算法和图解法；了解石料的分类和主要性质、针对集料主要性能的试验操作原理。

重点：

（1）粗集料的力学性质；

（2）矿质混合料的级配设计理论及设计方法。

难点：

级配设计理论及设计方法。

2. 规范提示

《公路工程岩石试验规程》（JTG E41—2005），主要规定了岩石固有的物理力学性质测试方法，一方面为公路勘测设计阶段的工程地质评价和各类工程的地基基础设计提供参数和资料，另一方面为施工阶段的实体工程选用符合质量要求的石料提供依据。

《公路工程集料试验规程》（JTG E42—2005），针对原规程中水泥混凝土和沥青混合料对集料的测试方法和要求不同这一点，本着尽可能统一的原则进行了修订。统一了方孔筛规格，统一了粗集料压碎值与洛杉矶磨耗试验方法，删去了不再适用的试验方法，修订完善并增补了一些试验方法。其中，岩石或集料的试验方法或试验条件为考核的重要内容，所测岩石或集料的技术指标则应满足《公路水泥混凝土路面施工技术细则》（JTG/T F30—2014）、《公路沥青路面施工技术规范》（JTG F40—2004）的相应技术要求。

习题精练

1. 通过压碎试验得到的压碎值表示集料的(　　)。

A. 承载能力　B. 抗压强度　C. 坚固性　D. 综合性能

2. 集料级配曲线的横坐标是颗粒粒径,通常采用(　　)。

A. 等坐标　B. 对数坐标　C. 指数坐标　D. 以上均不对

3. 集料的以下密度中,(　　)最小。

A. 表观密度　B. 真密度　C. 毛体积密度　D. 堆积密度

4. 在道路工程中,通常按照(　　)含量,将石料分为酸性集料、中性集料与碱性集料。

A. 氧化硅 SiO_2　B. 氧化钙 CaO　C. 氧化镁 MgO　D. 氧化铁 Fe_2O_3

5. 划分岩石等级的单轴抗压强度一般是在(　　)状态下测定的。

A. 干燥　B. 潮湿　C. 吸水饱和　D. 冻结

6. 划分岩石等级的强度测试方法采用(　　)。

A. 抗折强度　B. 疲劳强度　C. 抗冻强度　D. 抗压强度

7. 岩石的吸水率、含水率、饱和吸水率三者在数值上有如下关系(　　)。

A. 吸水率 > 含水率 > 饱和吸水率　B. 吸水率 > 含水率 > 饱和吸水率

C. 含水率 > 吸水率 > 饱和吸水率　D. 饱和吸水率 > 吸水率 > 含水率

8. 路用石料单轴抗压强度试验标准试件的边长为(　　)mm。

A. 200　B. 150　C. 100　D. 50

9. 硫酸钠浸蚀法用于评价石料的(　　)性能。

A. 抗压　B. 抗冻　C. 抗折　D. 抗疲劳

10. 路用石料按其饱水抗压强度与磨耗率分为(　　)个等级。

A. 1　B. 2　C. 3　D. 4

11. 石料的表观密度是指矿料质量与(　　)的比值。

A. 矿料实体体积

B. 矿料实体与开口空隙体积

C. 矿料实体、开口空隙与闭口空隙体积

D. 矿料实体与闭口空隙体积

12. 石料的毛体积密度是指矿料质量与(　　)的比值。

A. 矿料实体体积

B. 矿料实体与开口空隙体积

C. 矿料实体、开口空隙与闭口空隙体积

D. 矿料实体与闭口空隙体积

13. 粗集料的以下性质中,仅对面层用沥青混合料的集料有要求的指标是(　　)。

A. 密度　B. 压碎值　C. 磨光值　D. 磨耗率

14. 水泥混凝土用粗集料粗细分界的粒径尺寸为(　　)mm。

A. 1.18　B. 2.36　C. 4.75　D. 9.5

15. 一般而言,沥青混凝土用粗集料粗细分界的粒径尺寸为(　　)mm。

A. 1.18　　B. 2.36　　C. 4.75　　D. 9.5

16. 用累计筛余百分率绘制级配曲线表示砂颗粒级配情况时,按(　　)划分为三个级配区。

A. 细度模数　　B. 0.6mm 筛孔的累计筛余百分率

C. 0.6mm 筛孔的通过百分率　　D. 0.6mm 筛孔的分计百分率

17. 含水率为5%的砂220g,将其干燥后的质量为(　　)g。

A. 209　　B. 209.52　　C. 210　　D. 210.95

18. 以下指标中不属于路用集料外观要求的是(　　)。

A. 形状　　B. 颗粒粒径

C. 表面的棱角性　　D. 级配

19. 沥青混合料用砂子细度模数计算中,不应包括在内的颗粒是(　　)。

A. 4.75mm　　B. 2.36mm　　C. 1.18mm　　D. 0.6mm

20. 以下指标中,不属于评价沥青与集料黏附性的试验方法是(　　)。

A. 水煮法　　B. 水浸法　　C. 光电分光光度法　　D. 亚甲蓝法

21. 不会影响到砂石材料取样数量的因素是(　　)。

A. 公称最大粒径　　B. 试验项目　　C. 试验内容　　D. 试验时间

22. 决定砂石筛分试验每次试样用量的因素是(　　)。

A. 砂石材料的化学组成　　B. 砂石材料的公称粒径

C. 砂石材料的含水率　　D. 筛分结果精度要求

23. 下列有关砂石材料试验结果越高表示该砂石材料性能品质越差的指标是(　　)。

A. 集料与沥青的黏附等级　　B. 洛杉矶磨耗值

C. 磨光值　　D. 细集料的细度模数

24. 下列有关砂石材料试验结果越高表示该砂石材料性能品质越好的指标是(　　)。

A. 集料与沥青的黏附等级　　B. 洛杉矶磨耗值

C. 冲击值　　D. 吸水率

25. 正确定义沥青与石料黏附性试验的描述是(　　)。

A. 偏粗颗粒采用水浸法

B. 偏细颗粒采用水煮法

C. 偏粗颗粒采用水煮法,偏细颗粒采用水浸法

D. 以上说法均不对

26. 石料真密度的测定方法为(　　)。

A. 真空排水法　　B. 静水称重法　　C. 封腊法　　D. 密度瓶法

27. 粗集料密度试验中,测定水温的原因是(　　)。

A. 修正不同温度下石料热胀冷缩的影响

B. 修正不同温度下水密度变化产生的影响

C. 不同水温下密度的计算公式不同

D. 在规定的温度条件下试验相对简单

28. 为了提高沥青路面表面层的抗滑能力，碎石必须选用(　　)。

A. 酸性石料　　B. 磨光值大于 42 的石料

C. 碱性石料　　D. 压碎值符合标准的石料

29. 下列岩类中，与沥青黏附性相对较好的是(　　)。

A. 玄武岩　　B. 花岗岩　　C. 片麻岩　　D. 石灰岩

30. 现有 A、B、C 三种颗粒分布不同的矿料，其级配特点如下图。其中 A 级配为(　　)，B 级配为(　　)，C 级配为(　　)。

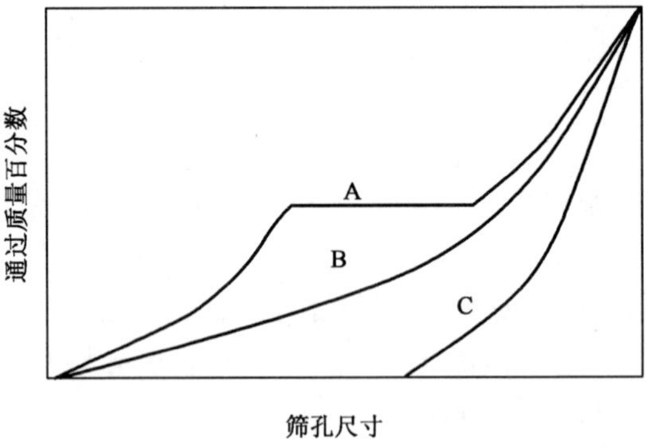

A. 连续级配　　B. 间断级配　　C. 开级配　　D. 以上均不对

31. 某砂样经过筛析，结果列于下表，根据其细度模数可判断该砂为(　　)。

筛孔尺寸(mm)	10.0	5.0	2.5	1.25	0.63	0.315	0.16	<0.16
通过百分率(%)	100	93	88	74	42	21	5	0

A. 中砂　　B. 细砂　　C. 粗砂　　D. 特细砂

32. 粗集料的以下性质中，不属于面层用沥青混合料的集料专门要求的指标是(　　)。

A. 冲击值　　B. 压碎值

C. 磨光值　　D. 道瑞磨耗率

33. 粗集料的以下性质中，测试结果值越大表明集料性能越好的是(　　)。

A. 冲击值　　B. 压碎值　　C. 磨光值　　D. 磨耗率

34. 水泥混凝土用碎石的针片状颗粒含量采用(　　)法检测，沥青混合料碎石的针片状颗粒含量采用(　　)法检测。

A. 规准仪，规准仪　　B. 规准仪，游标卡尺

C. 游标卡尺，规准仪　　D. 游标卡尺，游标卡尺

35. 两种砂子的细度模数 M_x 相同时，它们的级配(　　)。

A. 一定相同　　B. 一定不同

C. 不一定相同　　D. 以上说法均不对

36. 材料的孔隙率增大时，其性质保持不变的是(　　)。

A. 表观密度　　B. 堆积密度　　C. 真密度　　D. 强度

37. 集料的以下级配中，(　　)级配的空隙率最小。

A. 连续　　B. 间断　　C. 单粒级　　D. 没有一种

◈ 习题参考答案及解析 ◈

1. A

【考核点】压碎值的概念

【解 析】集料压碎值是集料在连续增加的荷载下,抵抗压碎的能力,是评价集料承载能力的一个力学指标。

2. B

【考核点】矿质混合料的级配曲线绘制方法

【解 析】级配曲线图通常采用半对数坐标,即纵坐标的通过率为算数坐标,横坐标的粒径为对数坐标,则按 $p=100(d/D)^n$ 所绘出的级配范围中值为曲线。

3. D

【考核点】集料各种密度含义及其比较

【解 析】以上集料密度计算式中分子部分相同,均为矿质集料实体的质量,但分母包括的部分有差异。真密度、表观密度、毛体积密度与堆积密度的计算分母分别为:矿质集料实体体积、实体体积 + 闭口空隙体积、实体体积 + 闭口空隙体积 + 开口空隙体积、实体体积 + 闭口空隙体积 + 开口空隙体积 + 集料间的间隙体积。由此可见,堆积密度的分母最大,因而其数值最小。

4. A

【考核点】集料酸碱性的概念

【解 析】通常,集料按 SiO_2 的含量可分为酸性(SiO_2 含量 >65%),中性(SiO_2 含量为 52% ~65%),碱性(SiO_2 含量 <52%)。

5. C

【考核点】石料单轴抗压强度的测定方法

【解 析】石料的单轴抗压强度是将石料制备成规定的标准试件,经饱水处理后在单轴受压并按规定的加载条件下,达到极限破坏时单位承压面积的强度。

6. D

【考核点】岩石等级划分标准

【解 析】岩石按其物理—力学性质(主要为饱水状态下的抗压强度和磨耗率)可分为四个等级:1 级-最坚强岩石,2 级-坚强岩石,3 级-中等强度岩石,4 级-较软岩石。

7. D

【考核点】岩石吸水性不同指标的含义

【解 析】岩石的含水率指岩石在天然状态下所含水分占其烘干质量的百分比;吸水率是指在规定条件下,试件最大吸水质量占烘干石料试件质量的百分比;饱和吸水率是指在强制条件下(煮沸法或真空抽气法),石料试件的最大吸水质量占烘干试件质量的百分比。

8. D

【考核点】石料单轴抗压强度测定方法

【解　析】在道路工程中，石料的单轴抗压强度标准试件为边长 50mm ±2mm 的正方体试件（或直径和高度均为 50mm ±2mm 的圆柱体）；在桥梁工程中，则为边长 70mm ±2mm 的正方体试件。

9. B

【考核点】石料耐久性测试方法

【解　析】硫酸钠浸蚀法又称石料的坚固性试验，将石料试样经饱和硫酸钠溶液多次浸泡与烘干循环后，模拟强化冻融状态，评价其强度降低的性能，因而是评价石料抗冻性能的一种方法。

10. D

【考核点】石料等级划分标准

【解　析】同第 6 小题。

11. D

【考核点】石料表观密度含义

【解　析】石料表观密度是指矿质集料实体的质量与实体体积 + 闭口空隙体积的比值。

12. C

【考核点】石料毛体积密度含义

【解　析】石料毛体积密度是指矿质集料实体的质量与实体体积 + 闭口空隙体积 + 开口空隙体积的比值。

13. C

【考核点】石料磨光值的适用性

【解　析】磨光值是反映石料抵抗车辆轮胎磨光作用能力的指标。使用高磨光值的集料铺筑道路表面层，可提高路表的抗滑能力，保障车辆的安全行驶。

14. C

【考核点】粗细集料的划分标准

【解　析】在水泥混凝土中，粗集料是指粒径大于 4.75mm 的碎石、砾石和破碎砾石等。

15. B

【考核点】粗细集料的划分标准

【解　析】在沥青混合料中，粗集料是指粒径大于 2.36mm 的碎石、破碎砾石、筛选砾石和矿渣等。

16. A

【考核点】砂粗细程度评价指标

【解　析】细集料粗细程度评价通常采用细度模数（μ_f）。细度模数是各级筛孔尺寸的累计筛余百分率之和与 100 的比值，细度模数越大，表示细集料越粗。细集料的粗细程度按细度模数可分为粗砂（$\mu_f = 3.1 \sim 3.7$）、中砂（$\mu_f = 2.3 \sim 3.0$）和细砂（$\mu_f = 1.6 \sim 2.2$）。

17. B

【考核点】砂的含水率定义

【解　析】砂的含水率是指砂在天然状态下所含的水分与其干燥质量的百分比，故干燥砂质量为 $220 \times [100/(100+5)] = 209.52$g。

18. D

【考核点】集料的外观要求

【解　析】集料的外观是指集料的颗粒形状、颗粒大小、表面棱角性等；而级配是指集料中各组成颗粒的分级和搭配，由集料颗粒粒径大小和不同粒径颗粒含量有关，与集料外观无关。

19. A

【考核点】细集料的细度模数

【解　析】细度模数是评价细集料粗细程度的一种指标，而沥青混合料中的细集料是小于 2.36mm 的集料颗粒。

20. D

【考核点】沥青与集料黏附性测定方法

【解　析】现行规范规定的测定沥青与石料黏附性的方法是水煮法或水浸法，但都是定性测量，结果往往因人而异；目前研究中也有人采用光电分光光度法，这是一种定量测试，但测试过程较复杂。亚甲蓝法是用于确定集料中是否存在膨胀性黏土矿物，并测定其含量的一种试验方法，用以评定集料的洁净程度。

21. D

【考核点】砂石材料取样数量

【解　析】现行集料试验规程对于集料每一单项试验试样的取样数量都有明确规定，其中，不同的试验项目、试验内容以及公称最大粒径所对应的试样的最小取样数量都不相同。

22. B

【考核点】砂石材料筛分试验方法

【解　析】现行集料试验规程对于不同公称最大粒径集料筛分时所用试样质量有明确规定。

23. B

【考核点】砂石材料的技术性质

【解　析】集料与沥青的黏附等级、磨光值越高，说明集料与沥青的黏附性越好，集料的抗磨光能力越强；细集料的细度模数是评价细集料粗细程度的一个指标，与集料品质无关。而洛杉矶磨耗值越高，则说明集料的耐磨耗性能越差，即集料品质越差。

24. A

【考核点】砂石材料的技术性质

【解　析】集料与沥青的黏附等级越高，说明集料与沥青的黏附性越好，即集料的品质越好。而洛杉矶磨耗值、冲击值越高，则说明集料的耐磨耗性能与抗冲击性能越差；吸水率越高，则说明集料内的空隙和缺陷越多，集料的强度也就越低。

25. C

【考核点】沥青与石料黏附性试验方法

【解　析】现行沥青试验规程规定，沥青与集料的黏附性试验采用水煮法或水浸法进行测定。前者适用于最大粒径大于 13.2mm 的集料，后者适用于最大粒径小于或等于 13.2mm 的集料。

26. D

【考核点】石料真密度的测定方法

【解　析】石料真密度是指在规定条件下烘干石料矿质单位真实体积(不包括开口体积与闭口空隙体积)的质量。测定时须将石料试样粉碎成能通过0.315mm筛孔的岩粉并烘干至恒重,将已知质量岩粉灌入密度瓶中并注入试液(洁净水或煤油),采用煮沸法或真空抽气法排除气体,根据置换原理测定其真实体积,并计算得到的真实密度。

27. B

【考核点】粗集料密度测定方法

【解　析】根据现行规范规定的集料密度测试方法,直接测试得到的均为集料与水的相对密度,而水在不同温度时密度也是不相同的,因此需要测定水温以确定试验时水的密度,从而换算得到准确的集料密度。

28. B

【考核点】集料抗滑性能评价指标

【解　析】磨光值是反映集料抵抗车辆轮胎磨光作用能力的指标。集料的磨光值越大,表明集料在磨光试验后,其摩擦系数越大,即表面越粗糙,抗滑性能越好。

29. D

【考核点】集料的酸碱性

【解　析】集料的酸碱性是由SiO_2含量决定的,SiO_2含量越低,集料碱性越强,则其与沥青的黏附性越好。通常SiO_2含量为石灰岩 < 玄武岩 < 片麻岩 < 花岗岩。

30. B;A;C

【考核点】级配曲线

【解　析】连续级配是指矿质混合料由大到小逐级粒径都有,且按比例相互搭配组成,如B曲线;间断级配是指矿质混合料中剔除一个或几个粒径级别形成的一种不连续混合料,如A曲线;开级配是指主要由粗集料嵌挤组成的矿质混合料,细集料及填料较少,如C曲线。

31. A

【考核点】细集料的粗度划分标准

【解　析】细集料的粗度按细度模数可分为粗砂($\mu_f=3.1\sim3.7$)、中砂($\mu_f=2.3\sim3.0$)和细砂($\mu_f=1.6\sim2.2$)。

32. B

【考核点】粗集料的力学性质

【解　析】磨光值是反映集料抵抗轮胎磨光作用能力的指标;冲击值反映了集料抵抗多次连续重复冲击荷载作用的能力,对于路面表面层也是一项重要的检测指标;磨耗值反映了集料抵抗车轮撞击及磨耗的能力,用于抗滑表层集料的磨耗值通常采用道瑞磨耗试验测试。因此这三项指标都是道路面层混合料专门要求的指标。而压碎值是集料在连续增加的荷载作用下抵抗压碎的能力,反映集料承受荷载的能力。

33. C

【考核点】粗集料的力学性质

【解　析】集料的磨光值越大,表明集料在磨光试验后,其摩擦系数越大,表面越粗糙,石料的抗滑性能越好。冲击值、压碎值与磨耗率均表示集料经过试验后,集料被破坏的部分的多少,其值越小表明石料的路用性能越好。

34. B

【考核点】粗集料针片状颗粒含量测定方法

【解　析】根据现行集料试验规程规定,水泥混凝土用粗集料针片状颗粒含量采用规准仪法测定,沥青混合料用粗集料针片状颗粒含量采用游标卡尺法测定。

35. C

【考核点】细集料细度模数的定义

【解　析】细集料的细度模数是指各级筛孔尺寸的累计筛余百分率之和与100的比值,由于即使不同级配的细集料,其各筛孔累积筛余百分率之和也可以相同,即具有相同的细度模数。

36. C

【考核点】材料不同密度的含义

【解　析】即使材料的孔隙率增大,其实体质量与实体体积也不会变化,因此其真密度(实体质量与实体体积之比)也会保持不变。

37. B

【考核点】级配组成理论

【解　析】连续级配由于各级筛孔尺寸粒径具有连续不间断地性质,因此,在次一级颗粒填充上一级颗粒之间的空隙时,就会出现大粒子间的空隙不能完全被小粒子填充,或小粒子粒径大于大粒子间空隙等情况,从而发生粒子干涉现象,以致混合料不能达到最密实的状态;间断级配由于缺少了一个或几个粒径级别,在大小粒子相互填充时就很难出现互相干涉,从而能够使混合料达到更密实的状态;单粒径集料由于颗粒之间的空隙没有小粒子的填充,会形成较大的空隙。由此可见,间断级配矿质混合料空隙率更小。

第二节　水泥和石灰

【考试纲要】

1. 水泥、石灰的技术性质要求;
2. 石灰及水泥的质量检定方法;
3. 硅酸盐水泥熟料各矿物成分特性、凝结硬化;
4. 石灰的消化、硬化过程。

【复习提示】

1. 复习要点

考生应掌握水泥的技术性质(包括物理性质——细度、标准稠度、凝结时间和安定性,力学性质——抗折和抗压强度)所涉及的概念、定义;熟悉水泥质量评定内容(如何判定水泥为合格品、不合格品及废品等)、品质评定方法所涉及的原理及力学性能评定计算方法、石灰核心质量指标——有效钙镁含量;了解水泥主要品种分类、矿物组成及其对水泥性能的影响、石灰使用效果的原理。

重点：

(1)石灰的消化和硬化，质量鉴定指标；

(2)硅酸盐水泥熟料矿物组成、凝结硬化机理、技术性质。

难点：

硅酸盐水泥的技术性质。

2. 规范提示

《公路工程水泥及水泥混凝土试验规程》(JTG E30—2005)，是在国家标准和其他通用行业标准变化的情况下，对原规程中有关试验条件、仪器设备乃至整个试验方法进行相应的修订后编制的。修订时，在试验方法的选取上，基本保持现行试验规程的格局，根据相关标准的修订情况，综合考虑本行业的需求和一般实验室仪器设备的可行性选取；试验方法中凡是已有国家标准的，以其为基础进行修订，尚无国家标准或国家标准不能适应行业要求的，积极了采用国外或其他行业的先进标准；在主要内容上与通用标准保持一致。

《公路工程无机结合料稳定材料试验规程》(JTG E51—2009)，在原规程的基础上，开展了全面的调研和相关的试验工作，在参考国内外相关标准、规范及其他技术资料并广泛征求有关单位意见的基础上，经过反复修改完成。其中，水泥和石灰的相应技术指标测试方法为主要考核内容，所测指标应满足《公路水泥混凝土路面施工技术细则》(JTG/T F30—2014)、《公路路面基层施工技术细则》(JTG/T F20—2015)的相关要求。

习题精练

1. 水泥现已成为道路工程中重要的建筑材料，按组成成分划分，使用最多的水泥为(　　)。

A. 矿渣水泥　　B. 火山灰水泥　　C. 粉煤灰水泥　　D. 普通硅酸盐水泥

2. 要使水泥具有硬化快的性能，必须提高(　　)含量。

A. C_3S　　B. C_2S　　C. C_3A　　D. C_4AF

3. 以下水泥熟料矿物中，早期强度及后期强度都比较高的是(　　)。

A. C_3S　　B. C_2S　　C. C_3A　　D. C_4AF

4. 为了提高水泥混凝土的抗折强度，必须提高(　　)含量。

A. C_3S　　B. C_2S　　C. C_3A　　D. C_4AF

5. 为了提高水泥混凝土的后期强度，配制高强水泥混凝土，必须提高(　　)含量。

A. C_3S　　B. C_2S　　C. C_3A　　D. C_4AF

6. 硅酸盐水泥的运输和储存应按国家标准规定进行，超过(　　)的水泥须重新试验。

A. 一个月　　B. 三个月　　C. 六个月　　D. 一年

7. 石灰膏在储灰坑中陈伏的主要目的是(　　)。

A. 充分熟化　　B. 增加产浆量　　C. 减少收缩　　D. 降低发热量

8. 石灰是在(　　)中硬化的。

A. 干燥空气　　B. 水蒸气　　C. 水　　D. 与空气隔绝的环境

9. 矿渣水泥较普通水泥耐腐蚀性强的主要原因是矿渣水泥硬化后,其水泥石中(　　)。

A. $Ca(OH)_2$ 含量少　　B. C-S-H 凝胶多

C. C_3AH_6 含量少　　D. 以上均不对

10. 如果水泥初凝时间测试值不符合国家标准,则按(　　)处理。

A. 合格品　　B. 不合格品　　C. 废品　　D. 以上均不对

11. 用煮沸法检验水泥安定性,只能检查出由(　　)所引起的安定性不良。

A. 游离 CaO　　B. 游离 MgO　　C. 碱　　D. SO_3

12. 石灰在熟化的过程中(　　)。

A. 产生大量的水化热,体积不变　　B. 不产生水化热,体积膨胀

C. 不产生水化热,体积不变　　D. 产生大量的水化热,体积膨胀

13. 按国家标准规定,由硅酸盐水泥熟料,再掺入粒化高炉矿渣、适量石膏磨细而成的水硬性胶凝材料,称为(　　)。

A. 硅酸盐水泥　　B. 普通硅酸盐水泥

C. 矿渣硅酸盐水泥　　D. 火山灰质硅酸盐水泥

14. 水泥的物理力学性质技术要求包括细度、凝结时间、安定性和(　　)等。

A. 烧失量　　B. 强度　　C. 碱含量　　D. 三氧化硫含量

15. 硅酸盐类水泥不适宜用作(　　)。

A. 道路混凝土　　B. 大体积混凝土

C. 早强混凝土　　D. 耐久性要求高的混凝土

16. 不会引起水泥安定性问题的成分是(　　)。

A. 三氧化硫　　B. 游离氧化钙

C. 游离氧化镁　　D. 二氧化硅

17. 确定石灰等级的有效成分为氧化钙及(　　)。

A. 三氧化硫　　B. 二氧化硅

C. 氧化镁　　D. 三氧化二铁

18. 用雷氏夹法测水泥的安定性,若煮前两针尖间距离为 A,煮后两针尖间距离为 C,当 $C-A$为(　　)时,水泥安定性不良。

A. <5mm　　B. >5mm　　C. $\leqslant 5$mm　　D. $\geqslant 5$mm

19. 下列各项水泥指标,当(　　)不满足技术标准要求时,可判定水泥为废品。

A. 细度　　B. 强度　　C. 终凝时间　　D. 初凝时间

20. 若(　　)指标不符合要求,水泥被判为不合格品。

A. 安定性　　B. 强度　　C. 初凝时间　　D. 终凝时间

21. 水泥胶砂试验过程中,要求成型好的试件在(　　)进行养护。

A. 室温条件下　　B. 空气中

C. 规定温度的水中　　D. 规定的温度和湿度条件下

22. 根据石灰中(　　)有效含量,确定石灰等级。

A. 氧化钙　　B. 二氧化硅　　C. 氧化镁　　D. 选项 A + C

23. 不会对水泥胶砂强度试验结果带来影响的试验条件是(　　)。

A. 试验材料的配合比　　B. 养护方式
C. 所用水泥品种　　D. 压力机的量程范围

24. 生石灰的主要成分是(　　)。

A. $CaCO_3$　　B. CaO　　C. $Ca(OH)_2$　　D. $CaSO_4$

25. 水泥净浆稠度用水量的不一致将影响水泥的(　　)。

A. 抗压和抗折强度的高低　　B. 凝结时间和安定性的可比性
C. 水化热释放量的多少　　D. 强度等级的确定

26. 某批硅酸盐水泥,经检验其体积安定性不良,则该水泥(　　)。

A. 不得使用　　B. 可用于次要工程
C. 可降低强度等级使用　　D. 可用于工程,但必须提高用量

27. 测定水泥凝结时间时,当试针沉至距底板(　　)时,即为水泥达到初凝状态。

A. 4mm ± 1mm　　B. 5mm ± 1mm
C. 3mm ± 1mm　　D. 6mm ± 1mm

28. 水泥熟料中游离 CaO 过多将影响水泥的(　　)。

A. 凝结时间　　B. 强度　　C. 安定性　　D. 收缩性能

29. 采用筛析法测定水泥细度时,要求 80μm 方孔筛上的筛余量(　　)。

A. ≥10%　　B. ≥15%　　C. ≤10%　　D. ≤15%

30. 现行规范要求标准稠度下水泥净浆的初凝时间为(　　)。

A. ≥45min　　B. ≥60min　　C. ≤45min　　D. ≤60min

31. 在确定水泥标准稠度用水量时,当标准杆沉入净浆距底板(　　)时,其稠度为标准稠度。

A. 4mm ± 1mm　　B. 5mm ± 1mm
C. 3mm ± 1mm　　D. 6mm ± 1mm

32. 在测定水泥凝结时间时,若水泥浆体含水量高于标准试验规定值,则凝结时间将(　　)。

A. 缩短　　B. 延长　　C. 不变化　　D. 以上均不对

33. 在测定水泥凝结时间时,若养护环境温度高于规范要求,则凝结时间将(　　)。

A. 缩短　　B. 延长　　C. 不变化　　D. 以上均不对

34. 道路硅酸盐水泥与普通硅酸盐水泥在成分上的主要区别在于(　　)。

A. 减小了 C_3A　　B. 增加了 C_4AF
C. 减小了 C_3S　　D. 选项 A + B

◈ 习题参考答案及解析 ◈

1. D

【考核点】水泥分类

【解　析】按矿物组成成分,水泥可分为硅酸盐水泥、铝酸盐水泥、硫酸盐水泥、磷酸盐

水泥等，其中应用最多的就是普通硅酸盐水泥，而矿渣水泥、火山灰水泥、粉煤灰水泥其实质也都是硅酸盐水泥，只不过是添加了一些可以改善水泥性能的活性材料。

2. C

【考核点】水泥矿物成分及其特性

【解 析】C_3A 是水泥矿物组成四组分中遇水反应速度最快、水化热最高的组分。C_3A 的含量决定水泥的凝结速度和释热量，因此要使水泥硬化快，就应提高 C_3A 的含量。

3. A

【考核点】水泥矿物成分及其特性

【解 析】C_3S 是硅酸盐水泥中最主要的矿物组分，其含量通常在50%左右，它对硅酸盐水泥性质有重要影响。C_3S 遇水，反应速度较快，水化热高，水化产物对水泥早期强度和后期强度起主要作用。

4. D

【考核点】水泥矿物成分及其特性

【解 析】C_4AF 对提高水泥的抗折强度起到重要作用，为了提高水泥混凝土的抗折强度，应提高其在水泥中的含量。道路硅酸盐水泥对其 C_4AF 的最低含量有一定的要求。

5. B

【考核点】水泥矿物成分及其特性

【解 析】C_2S 在硅酸盐水泥中的含量约为10% ~40%，亦为主要的矿物组分，遇水时反应速度较慢，水化热很低，它的水化产物对水泥早期强度贡献较小，但对水泥后期强度起重要作用。

6. B

【考核点】水泥的技术性质

【解 析】水泥是一种细粉状的活性材料，因此在运输或储存时，一定要注意防潮。因为受潮后，水泥发生水化作用，凝结成块，严重时全部凝结就不能使用。尽管如此，在其运输与储存过程中也会吸收空气中的水分和碳酸气，使得表面缓慢水化而降低强度。一般水泥储存三个月后，其强度就会降低10% ~20%，因此，水泥在运输和储存超过3个月时就应该重新试验。

7. A

【考核点】石灰的技术特性

【解 析】对于过火石灰，可将其在储灰坑中陈伏一段时间后再使用，让其充分熟化，从而减少其在工程使用后的体积膨胀。

8. A

【考核点】石灰的技术特性

【解 析】石灰气硬性胶凝材料，只能在空气中硬化、保持或继续提高强度。

9. A

【考核点】矿渣水泥的技术特性

【解 析】矿渣与硅酸盐水泥熟料的水化产物氢氧化钙反应，会生成水化硅酸钙等水化产物，从而使水泥石中的氢氧化钙含量大为降低，而氢氧化钙的耐腐蚀性较差。另一方面，矿渣水泥水化过程中会形成较多的水化产物使水泥石的结构更为致密，亦提高了水泥石的抗腐蚀能力。

10. C

【考核点】水泥的技术指标

【解　析】现行《通用硅酸盐水泥》(GB 175—2007)规定,凡氧化镁、三氧化硫、初凝时间、安定性中任一项不合格的水泥为废品水泥。

11. A

【考核点】水泥安定性测试方法

【解　析】引起水泥安定性不良的原因,一般是由水泥中含有过量的游离氧化钙、游离氧化镁或掺入的石膏过量所致。其中,因游离氧化钙引起的安定性不良,由煮沸法(现行规范为雷士夹法或试饼法)检验;因游离氧化镁引起的安定性不良,由压蒸法检验。

12. D

【考核点】石灰熟化反应

【解　析】烧制成的生石灰,在使用时必须加水使其“消化”成为“消石灰”,这一过程亦称为“熟化”。块状生石灰与水相遇后,即迅速水化,崩解成高度分散的 $Ca(OH)_2$ 细粒,并放出大量的热,质纯且煅烧良好的石灰体积可增大 1 ~2.5 倍。

13. C

【考核点】矿渣水泥的定义

【解　析】矿渣硅酸盐水泥是指由硅酸盐水泥熟料、粒化高炉矿渣和适量石膏磨细制成的水硬性胶凝材料。

14. B

【考核点】水泥的技术性质

【解　析】烧失量、碱含量、三氧化硫含量属于水泥的化学性质;细度、稠度、凝结时间、安定性、强度属于水泥的物理力学性质。

15. B

【考核点】硅酸盐水泥技术特性

【解　析】硅酸盐水泥的硅酸三钙和铝酸三钙含量高,水化快,发热量大。若在大体积混凝土中使用,则在混凝土内部会形成大量热量,无法很快扩散,使大体积混凝土热量不均,导致混凝土开裂。大体积混凝土一般采用硅酸三钙和铝酸三钙含量少、低发热量的大坝水泥。

16. D

【考核点】水泥的安定性

【解　析】影响水泥安定性的主要因素是,水泥中含有过量的游离氧化钙、游离氧化镁、三氧化硫,或掺入的石膏过量。

17. C

【考核点】石灰的技术标准

【解　析】石灰根据其氧化镁含量可分为钙质石灰和镁制石灰两类,然后再按有效氧化钙 + 氧化镁含量等指标分为优等品、一等品和合格品三个等级。

18. B

【考核点】水泥的安定性标准

【解 析】当采用雷士夹法测试水泥的安定性时,沸煮后雷士夹指针尖端之间的距离增大值,若不超过5.0mm时,即认为该水泥安定性合格。

19. D

【考核点】水泥的技术标准

【解 析】《通用硅酸盐水泥》(GB 175—2007)规定:凡氧化镁、三氧化硫、初凝时间、安定性中的任何一项不符合标准规定,均为废品。

20. D

【考核点】水泥的技术标准

【解 析】《通用硅酸盐水泥》(GB 175—2007)规定:凡细度、烧失量、终凝时间和混合材料掺量超过最大限量或强度低于商品强度的等级时,均为不合格品(水泥包装标志中水泥品种、强度等级、企业名称和出厂编号不全的也属于不合格品)。

21. D

【考核点】水泥的强度试验方法

【解 析】水泥的强度除了与水泥自身的性质(如熟料矿物组成、细度等)有关外,还与水灰比、试件制作方法、养护条件和时间等有关,其中,养护条件按现行规范规定为,养护箱或雾室温度20℃ ±1℃,相对湿度大于90%,养护水的温度20℃ ±1℃。

22. D

【考核点】石灰的技术标准

【解 析】同第17小题。

23. D

【考核点】水泥的强度指标

【解 析】水泥的强度除了与水泥自身的性质(如熟料矿物组成、细度等)有关外,还与水灰比、试件制作方法、养护条件和时间等有关。

24. B

【考核点】石灰的化学成分

【解 析】石灰是由碳酸盐类岩石(石灰石、白云石等),经过900~1300℃的高温煅烧,分解出二氧化碳后所得到的一种胶凝材料,其主要成分为氧化钙和氧化镁。生石灰的主要成分为氧化钙。

25. B

【考核点】水泥净浆标准稠度用水量

【解 析】用水量的多少对水泥一些技术性质(凝结时间和安定性)的测定值影响很大,因此在测定这些性质时,必须在一个规定的稠度下进行,这个规定的稠度称为标准稠度,而水泥净浆达到标准稠度时,所需的拌和水量占水泥重量的百分率称为标准稠度用水量。为了使水泥技术性质(凝结时间和安定性)的测定结果具有可比性,在测定时必须采用标准稠度的水泥净浆。

26. A

【考核点】水泥的技术指标

【解　析】同第19小题,废品水泥严禁在工程中使用。

27. A

【考核点】水泥的凝结时间测定方法

【解　析】水泥的凝结时间采用标准法维卡仪测定,具体是:将标准稠度用水量制成的水泥净浆装在试模中,在标准法维卡仪上,以标准针测试。从加水时起,至试针沉入净浆中距底板为4mm ±1mm 时所经历的时间称为"初凝时间";从加水时起,至试针沉入净浆不超过0.5 ~1.0mm 时所经历的时间称为"终凝时间"。

28. C

【考核点】水泥的安定性

【解　析】同第16小题。

29. C

【考核点】水泥细度测定方法

【解　析】《通用硅酸盐水泥》(GB 175—2007)规定:矿渣水泥、火山灰水泥、粉煤灰水泥和复合硅酸盐水泥的细度以筛余表示,其80μm方孔筛筛余量不大于10%或45μm方孔筛筛余不大于30%。

30. C

【考核点】水泥的凝结时间

【解　析】《通用硅酸盐水泥》(GB 175—2007)规定:硅酸盐水泥初凝时间不得早于45min,终凝时间不大于390min;普通硅酸盐水泥初凝时间不得早于45min,终凝时间不大于600min。

31. D

【考核点】水泥净浆标准稠度测定方法

【解　析】水泥净浆稠度采用标准法维卡仪测定,以试杆沉入净浆距底板6mm ±1mm时的稠度为"标准稠度",此时的用水量为标准稠度用水量。

32. B

【考核点】水泥的凝结时间

【解　析】在测定水泥凝结时间时,按规定应采用标准稠度的水泥净浆,如果水泥净浆含水量超过了标准稠度用水量,则会延缓水泥的水化反应,延长凝结时间。

33. A

【考核点】水泥的凝结时间

【解　析】在测定水泥凝结时间时,按规定应采用标准稠度的水泥净浆,试验室温度应为20℃ ±2℃,如果养护温度高于试验要求,则会加速水泥的水化反应,缩短凝结时间;如果养护温度低于试验要求,则会减缓水泥的水化反应,延长凝结时间。

34. D

【考核点】道路硅酸盐水泥的矿物组成

【解　析】道路硅酸盐水泥是由道路硅酸盐水泥熟料、0% ~10%活性混合材料和适量石膏磨细制成的水硬性胶凝材料。其中,道路硅酸盐水泥熟料是指以适当成分的生料烧至部分熔融,所得的以硅酸钙为主要成分和较多量铁铝酸钙的硅酸盐熟料,其矿物组成要求:铝酸三钙(C_3A)含量不得大于5%(普通硅酸盐水泥 C_3A 含量为0% ~15%),铁铝酸四钙

(C_4AF)含量不得小于16%(普通硅酸盐水泥 C_4AF 含量为5%～15%)。

第三节 无机结合料稳定材料

【考试纲要】

1. 石灰稳定粒料、水泥稳定粒料、石灰粉煤灰稳定粒料的技术性质;
2. 无机稳定材料配合比设计方法;
3. 石灰粉煤灰稳定粒料的强度形成机理。

【复习提示】

1. 复习要点

考生应掌握常用无机结合料稳定材料的类型和材料组成特点,了解不同材料性能特征;熟悉无机结合料稳定材料配合比设计方法,了解不同无机稳定材料的强度形成机理。

重点:

(1)无机结合料稳定材料的性能特征;

(2)无机稳定材料配合比设计方法。

难点:

无机稳定材料的强度形成机理。

2. 规范提示

《公路工程无机结合料稳定材料试验规程》(JTG E51—2009),是在原规程的基础上,开展了全面的调研和相关的试验工作,在参考国内外相关标准、规范及其他技术资料并广泛征求有关单位意见的基础上,经过反复修改完成。主要修订内容有:采用方孔筛,明确了无机结合料稳定材料粗、中、细粒土的分界,提高了相关试验的精度要求,修订了含水率、水泥或石灰剂量测定方法等试验,增加了石灰细度、石灰未消化残渣含量测定等试验方法。其中,以无机结合料稳定材料的相关技术指标测试方法或试验条件为主要考核内容,所测技术指标应满足《公路路面基层施工技术细则》(JTG/T F20—2015)的相应技术要求。

习题精练

1. 以下材料中,不属于无机结合料稳定类材料的是( )。

A. 石灰土　B. 二灰砂砾　C. 级配碎石　D. 二灰碎石

2. 采用石灰稳定比较理想的土质类型是( )。

A. 粉土　B. 黏土　C. 砂土　D. 砂

3. 无机结合料稳定土标准重型击实试验分3层击实,每层击实次数是( )次。

A. 27　B. 59　C. 98　D. 120

4. 无机结合料稳定土间接拉伸试验(劈裂试验)时,试件的径高比(直径:高度)是( )。

A. 1:0.5　　B. 1:1　　C. 1:1.5　　D. 1:2

5. 随着黏土矿物含量的增多,石灰稳定土的强度(　　)。

A. 增大　　B. 减小　　C. 无变化　　D. 先变大后减小

6. 随着土塑性指数的增加,石灰稳定土的强度(　　)。

A. 增大　　B. 减小　　C. 无变化　　D. 先变大后减小

7. 随着击实功的增加,石灰稳定土的最佳含水量(　　)。

A. 增大　　B. 减小　　C. 无变化　　D. 先变大后减小

8. 随着击实功的增加,石灰稳定土的最大密度(　　)。

A. 增大　　B. 减小　　C. 无变化　　D. 先变大后减小

9. 随着砂砾含量的增加,石灰稳定砂砾的干缩系数将(　　)。

A. 增大　　B. 减小　　C. 无变化　　D. 先变大后减小

10. 在工程中,二灰稳定土的二灰通常是指(　　)。

A. 石灰、水泥　　B. 石灰、粉煤灰　　C. 水泥、粉煤灰　　D. 以上均不对

11. 当石灰剂量不变时,二灰稳定土的干缩系数和温缩系数随着粉煤灰用量的增加而(　　)。

A. 增大　　B. 减小

C. 无变化　　D. 先变大后减小

12. 当粉煤灰剂量不变时,二灰稳定土的干缩系数和温缩系数随着石灰用量的增加而(　　)。

A. 增大　　B. 减小　　C. 无变化　　D. 先变大后减小

13. 随着水泥剂量的增加,水泥稳定土的最佳含水量将(　　)。

A. 增大　　B. 减小　　C. 无变化　　D. 先变大后减小

14. 随着水泥剂量的增加,水泥稳定土的干缩系数将(　　)。

A. 增大　　B. 减小　　C. 无变化　　D. 先变大后减小

15. 随着水泥稳定粒料里砂砾的增加,其干缩系数将(　　)。

A. 增大　　B. 减小　　C. 无变化　　D. 先变大后减小

16. 随着水泥稳定土中黏粒含量的增加,其干缩系数将(　　)。

A. 增大　　B. 减小　　C. 无变化　　D. 先变大后减小

17. 随着水泥稳定土中含水率的增加,其干缩系数将(　　)。

A. 增大　　B. 减小　　C. 无变化　　D. 先变大后减小

18. EDTA 二钠的真实名称为(　　)。

A. 氯化钠　　B. 乙二胺四乙酸二钠

C. 草酸二钠　　D. 酒石酸钾钠

◈ 习题参考答案及解析 ◈

1. C

【考核点】无机结合料稳定材料的概念

【解　析】无机结合料稳定材料是指将一定剂量的水泥、石灰等无机结合料或其他固化剂掺入各种经过粉碎、原来松散的土或碎(砾)石中,加水拌和后得到的混合料。常用的无机结合料稳定类材料主要包括水泥稳定类、石灰稳定类、石灰粉煤灰(二灰)稳定类。

2. B

【考核点】石灰土的技术性质

【解　析】石灰的稳定效果与土中黏土矿物成分及含量有显著关系。一般来说,黏土矿物化学活性强,比表面积大,当掺入石灰等活性材料后,所形成的离子交换、结晶作用和火山灰反应都比较活跃,稳定效果好。

3. C

【考核点】无机结合料稳定土击实试验方法

【解　析】根据现行规范规定,无机结合料稳定材料的击实试验按击实功大小不同分成两种方法,一种是重型击实,另一种是轻型击实,两种方法击实筒大小、击实锤重量与落距都不相同,不过击实时材料都是分三层填装依次击实,不同的是重型每层击实98 次,轻型每层击实27 次。

4. B

【考核点】无机结合料稳定土间接拉伸试验方法

【解　析】现行试验规程规定,无机结合料稳定土间接拉伸试验试件采用高径比为1∶1的圆柱体。细粒土为ϕ50mm×50mm,中粒土为ϕ100mm×100mm,粗粒土为ϕ150mm×150mm。

5. A

【考核点】石灰稳定土的技术性质

【解　析】同第2 小题。石灰土的强度随土中黏土矿物含量的增多和塑性指数的增大而提高。

6. A

【考核点】石灰稳定土的技术性质

【解　析】同第5 小题。

7. C

【考核点】石灰稳定土最佳含水量

【解　析】石灰土的最佳含水量为素土的最佳含水量、拌和过程中蒸发所需的水量与石灰反应过程所需的水量三者之和。其中,素土的最佳含水量由土质(塑性指数)决定,石灰反应所需水量则由石灰土的石灰剂量确定,可见与击实功无关。

8. A

【考核点】石灰稳定土最大干密度

【解　析】石灰土的击实试验就是指石灰土在一定的击实功作用下,石灰土颗粒克服粒间阻力,产生位移,重新排列,使其中的孔隙减小,密实度增大的过程。击实功是指每单位体积石灰土所消耗的能量,因此,击实功越大,相应的最大干密度就越高。

9. B

【考核点】石灰稳定砂砾的干燥收缩特性

【解　析】石灰稳定材料的干燥收缩，主要是由于水分蒸发而产生的。石灰稳定类材料中粒料增加时，将降低整体材料的比表面积和需水量，并对水化凝胶物的收缩产生一定的抑制作用，从而可较大幅度降低干燥收缩性。

10. B

【考核点】二灰的概念

【解　析】石灰、粉煤灰简称二灰，用石灰、粉煤灰作为胶结料制成的稳定土，简称二灰稳定土。

11. B

【考核点】二灰稳定材料的收缩特性

【解　析】二灰稳定材料的干缩和温缩机理及影响因素与石灰稳定类材料相同，其收缩程度主要取决于混合料的含水率、材料组成等。由于粉煤灰颗粒对混合料的收缩起着约束作用，因此，当石灰剂量不变时，二灰稳定材料的干缩系数和温缩系数随着粉煤灰用量的增加而减少；当粉煤灰用量不变时，二灰稳定材料的干缩系数和温缩系数随着粉煤灰用量的增加而增大。

12. A

【考核点】二灰稳定材料的收缩特性

【解　析】同第 11 小题。

13. A

【考核点】水泥稳定土的最佳含水量

【解　析】水泥稳定土的最佳含水量为素土的最佳含水量、拌和过程中蒸发所需的水量与水泥水化过程所需的水量三者之和。其中，素土的最佳含水量由土质(塑性指数)决定，水泥水化所需水量则由水泥剂量确定，水泥剂量越大，所需水量越大，则水泥稳定土的最佳含水量就越大。

14. A

【考核点】水泥稳定土的干缩特性

【解　析】水泥稳定类材料的干燥收缩主要因水分变化而引起，其干缩系数受粒料含量及矿物成分的影响。混合料中的黏性成分越高，土的塑性指数越大，混合料的干缩现象越严重。因此，水泥用量越多，干缩系数也越大。

15. B

【考核点】水泥稳定粒料的干缩特性

【解　析】水泥稳定类材料的干燥收缩主要因水分变化而引起，其干缩系数受粒料含量及矿物成分的影响。其中，粗颗粒粒料的比表面积小，活性低，与水的相互作用极其微弱，对水泥稳定类材料的干缩有抑制作用。因此，粒料用量越多，干缩系数就越小。

16. A

【考核点】水泥稳定土的干缩特性

【解　析】水泥稳定类材料的干燥收缩主要因水分变化而引起，其干缩系数受粒料含量及矿物成分的影响。混合料中的黏性成分越高，土的塑性指数越大，混合料的干缩现象越严重。因此，混合料中黏粒含量增加时，其干缩系数必然越大。

17. A

【考核点】水泥稳定土的干缩特性

【解 析】水泥稳定类材料的干燥收缩主要因水分变化而引起。在混合料内部水泥水化过程中,混合料的水分会不断减少,从而导致发生毛细管作用、吸附作用等使混合料产生体积收缩。因此,如果混合料含水量增加,则由于水分减少而发生的收缩就会更多。

18. B

【考核点】水泥或石灰剂量测定方法

【解 析】现行试验规程规定,水泥或石灰稳定类材料中水泥或石灰剂量测定采用EDTA 滴定法,试验采用的滴定溶液即为 EDTA 二钠标准溶液,其中,EDTA 二钠全称为乙二胺四乙酸二钠。

第四节 水泥混凝土和砂浆

【考试纲要】

1. 普通水泥混凝土的主要技术性质及其影响因素、配合比设计方法、质量评定;
2. 砂浆和水泥混凝土的特性;
3. 水泥混凝土强度测定方法;
4. 混凝土常用外加剂的作用和品种。

【复习提示】

1. 复习要点

考生应掌握水泥混凝土工作性定义及其检测方法,影响水泥混凝土工作性和力学性质的主要因素;熟悉水泥混凝土配合比设计中涉及的计算内容和方法、构成混凝土原材料的主要性能要求,熟悉砂浆的技术性质(施工和易性与强度指标),砂浆配合比设计方法;了解普通水泥混凝土变形性能和路用混凝土性能特点,力学性质(抗压和抗折强度)评定方法和强度计算方法。

重点:

(1)水泥混凝土的工作性或施工和易性及其影响因素和改善措施;

(2)水泥混凝土的技术性质及其影响因素和改善措施;

(3)水泥混凝土组成材料的技术要求、设计方法。

难点:

水泥混凝土的配合比设计及其力学性质。

2. 规范提示

《公路工程水泥及水泥混凝土试验规程》(JTG E30—2005),是在国家标准和其他通用行业标准变化的情况下,对原规程中有关试验条件、仪器设备乃至整个试验方法进行相应的修订后编制的。修订时,在试验方法的选取上,基本保持现行试验规程的格局,根据相关标准的修订情况,综合考虑本行业的需求和一般实验室仪器设备的可行性选取;试验方法中凡是已有国家标准的,以其为基础进行修订,尚无国家标准或国家标准不能适应行业要求的,积极采用国外或其他行业的先进标准;在主要内容上与通用标准保持一致。

《公路水泥混凝土路面施工技术细则》(JTG/T F30—2014)、《公路水泥混凝土路面设计规范》(JTG D40—2011)则规定了水泥混凝土路面对水泥混凝土材料的技术要求。其中,水泥混凝土的材料组成特点、配合比设计方法、技术性质及其指标测定方法等均为考核的主要内容。

习题精练

1. 对于水泥混凝土的粗集料,采用连续级配与间断级配相比较其最明显的缺点是(　　)。

A. 单位用水量大　　B. 拌和物流动性差

C. 拌和物易离析　　D. 单位水泥用量大

2. 道路混凝土配合比设计与普通混凝土相比,其最明显的差别是(　　)。

A. 设计指标　　B. 设计步骤　　C. 设计过程　　D. 设计思路

3. 在确定水泥混凝土的砂率时,未予考虑的因素是(　　)。

A. 耐久性　　B. 水灰比

C. 集料最大粒径　　D. 集料的品种(碎石、卵石)

4. 水泥混凝土工作性试验中得到的定量结果是(　　)。

A. 黏聚性　　B. 坍落度　　C. 保水性　　D. 易捣实性

5. 在计算水泥混凝土初步配合比时,混凝土的耐久性通过限制(　　)来保证。

A. 单位用水量　　B. 砂率

C. 最小水泥用量与最大水灰比　　D. 浆集比

6. 对水泥混凝土力学强度试验结果不会产生影响的因素是(　　)。

A. 混凝土强度等级　　B. 混凝土试件的龄期

C. 加载方式　　D. 混凝土试件的养护温度和湿度

7. 配制水泥混凝土首选(　　)的砂。

A. 比表面积大且密实度高　　B. 比表面积小且密实度低

C. 比表面积大但密实度低　　D. 比表面积小但密实度高

8. 调整水泥混凝土的工作性应在(　　)阶段进行。

A. 初步配合比　　B. 基准配合比　　C. 试验室配合比　　D. 工地配合比

9. 水泥混凝土配合比设计时,实际单位用水量最终是在(　　)阶段确定的。

A. 基准配合比　　B. 初步配合比

C. 试验室配合比　　D. 工地配合比

10. 混凝土中的水泥浆,在混凝土硬化前和硬化后起(　　)作用。

A. 胶结　　B. 润滑和填充并胶结

C. 润滑　　D. 填充

11. 规范规定,普通水泥混凝土的抗弯拉强度是以(　　)方式来测定的。

A. 小简支梁模型　　B. 三分点单点加载
C. 三分点双点加载　　D. 劈裂试验

12. 粗集料中针片状颗粒含量的大小将会影响到(　　)。
A. 混凝土的抗冻性　　B. 集料与水泥的黏结效果
C. 混凝土的力学性能　　D. 集料的级配

13. 规范规定,水泥胶砂的抗折拉强度是以(　　)方式来测定的。
A. 小简支梁模型　　B. 三分点单点加载
C. 三分点双点加载　　D. 纯拉

14. 普通水泥混凝土的强度等级是以具有95%保证率(　　)立方体抗压强度的代表值来确定的。
A. 3d　　B. 7d　　C. 28d　　D. 90d

15. 水泥混凝土对工作性的调整采用(　　)方法进行。
A. 理论计算　　B. 经验判断　　C. 实际试验检测　　D. 设计文件指定

16. 混凝土的坍落度试验不能检测混凝土的(　　)。
A. 黏聚性　　B. 保水性　　C. 含砂情况　　D. 耐久性

17. 采用间断级配配制的水泥混凝土具有(　　)的特点。
A. 节省水泥　　B. 工作性好　　C. 保水性好　　D. 易于施工

18. 水泥混凝土配合比设计时,对强度的检验是在(　　)阶段进行。
A. 基准配合比　　B. 初步配合比　　C. 试验室配合比　　D. 工地配合比

19. 水泥混凝土抗折强度试验,试件断裂面在规定范围之外时,该试件试验结果作废。是否在规定范围内,其判断依据是以(　　)为准。
A. 两加荷点界限　　B. 两加荷点与底面中轴线交点范围
C. 两加荷点与顶面中轴线交点范围　　D. 两加荷点与侧面中轴线交点范围

20. 从混凝土组成材料的质量和比例而言,不会显著影响混凝土强度的因素是(　　)。
A. 水灰比　　B. 粗集料岩性　　C. 水泥品种　　D. 水泥强度

21. 当采用同一种水泥时,决定混凝土强度的主要因素是(　　)。
A. 水泥用量　　B. 砂率　　C. 用水量　　D. 水灰比

22. 在混凝土中加入引气剂的主要目的是提高混凝土的(　　)。
A. 抗冻性　　B. 耐水性　　C. 早期强度　　D. 抗蚀性

23. 选择混凝土骨料时,应使其(　　)。
A. 总表面积大,空隙率大　　B. 总表面积小,空隙率大
C. 总表面积小,空隙率小　　D. 总表面积大,空隙率小

24. 水泥混凝土抗压强度的试件标准尺寸是(　　)mm。
A. $40\times40\times160$　　B. $100\times100\times100$
C. $150\times150\times150$　　D. $200\times200\times200$

25. 水泥混凝土抗弯拉强度的试件标准尺寸是(　　)mm。
A. $120\times120\times460$　　B. $100\times100\times400$
C. $150\times150\times550$　　D. $200\times200\times650$

26. 某组三块混凝土试件抗压强度测定结果分别为34.7、41.6、43.2(MPa),则该组试件抗压强度代表值为(　　)MPa。

A. 40.0　　B. 38.2　　C. 41.6　　D. 42.4

27. 水泥砂浆的强度主要取决于(　　)。

A. 水灰比与水泥强度等级　　B. 水灰比与水泥用量

C. 用水量与水泥强度等级　　D. 水泥用量与水泥强度等级

28. 下列关于混凝土强度的描述,不正确的是(　　)。

A. 混凝土强度等级是按立方体极限抗压强度来划分的

B. 在配合比相同的条件下,水泥强度等级越高,混凝土强度越高

C. 水泥与骨料表面的黏结强度将影响到混凝土的强度

D. 水灰比越大,混凝土强度越高

29. 为便于混凝土施工过程中拌和、振捣,要求混凝土有良好的(　　)。

A. 耐久性　　B. 抗侵蚀性　　C. 抗渗性　　D. 和易性

30. 混凝土配合比的设计中,"砂率"是指(　　)的百分比。

A. 砂的质量占混凝土质量　　B. 砂的质量占砂、石总质量

C. 砂的质量占水泥质量　　D. 砂的质量占水质量

31. 以下措施中不能提高水泥混凝土强度的是(　　)。

A. 加大水灰比　　B. 提高水泥强度

C. 选用碎石骨料　　D. 养护时温度提高并使湿度适当

32. 当水泥混凝土所用的水泥用量小于规定最低要求或水灰比超出规定最高要求时,所造成的问题是(　　)。

A. 强度无法保证　　B. 工作性不佳　　C. 不经济　　D. 耐久性不好

33. 试拌调整混凝土时,发现拌和物的保水性较差,应采用(　　)的措施来改善。

A. 增加砂率　　B. 减小砂率　　C. 增加水泥　　D. 减小水灰比

34. 水泥胶砂强度试验三个试件28d抗折强度分别为7.0MPa、9.0MPa、7.0MPa,则抗折强度试验结果为(　　)。

A. 7.0MPa　　B. 7.7MPa　　C. 9.0MPa　　D. 8.0MPa

35. 某钢筋混凝土结构的截面最小尺寸为300mm,钢筋直径为30mm,钢筋的中心间距为70mm,则该混凝土中集料最大公称粒径是(　　)。

A. 10mm　　B. 20mm　　C. 30mm　　D. 40mm

36. 坍落度试验适用于集料公称最大粒径及坍落度值的范围是(　　)。

A. 公称最大粒径≤31.5mm,坍落度值≥15mm

B. 公称最大粒径≤26.5mm,坍落度值≥10mm

C. 公称最大粒径≤31.5mm,坍落度值≥10mm

D. 公称最大粒径≤26.5mm,坍落度值≥15mm

37. 在设计坍落度相同条件下,一般而言,水泥混凝土中粗集料粒径越大,混凝土的单位用水量(　　)。

A. 越大　　B. 越小　　C. 无变化　　D. 以上说法均不对

38. 水泥混凝土抗压强度测试时，若试件尺寸大于标准尺寸，则抗压强度的测试结果较标准件(　　)。

A. 偏大　　B. 偏小　　C. 无变化　　D. 以上说法均不对

39. 当水泥混凝土流动性小时，可采用(　　)。

A. 增加用水量

B. 增加水泥用量

C. 在 W/C 不变的条件下，增加水泥浆的用量

D. 增加砂用量

40. 以下因素中，不会对水泥混凝土工作性试验有显著影响的是(　　)。

A. 水灰比　　B. 砂率　　C. 单位用水量　　D. 水泥强度

41. 在水泥、集料用量一定的情况下，水灰比增大，则水泥混凝土的流动性(　　)。

A. 增加　　B. 降低

C. 先增加后降低　　D. 先降低后增加

42. 在水泥浆数量不变的情况下，随着砂率的增大，则水泥混凝土的流动性(　　)。

A. 增加　　B. 降低

C. 先增加后降低　　D. 先降低后增加

43. 在水泥强度相同的情况下，随着水灰比增大，则水泥混凝土的强度(　　)。

A. 增加　　B. 降低

C. 先增加后降低　　D. 先降低后增加

44. 水泥混凝土配合比设计过程中，在选用砂率时，以下说法错误的是(　　)。

A. 随着水灰比的增加，砂率应增加

B. 同等条件下，粗集料为碎石时，其砂率应大于卵石

C. 随着粗集料粒径的增大，砂率应减小

D. 随着水泥混凝土流动性要求的提高，砂率应减小

45. 关于减水剂的功能，以下说法错误的是(　　)。

A. 在水泥用量不变的情况下，减少水用量从而提高水泥混凝土的强度

B. 在用水量及水泥用量不变的情况下，提高水泥混凝土拌和物的流动性

C. 其目的主要是减少水用量

D. 在流动性及水灰比不变的情况下，减少水泥用量，经济性好

46. 道路混凝土的强度等级划分指标是(　　)。

A. 抗压强度　　B. 抗弯拉强度

C. 抗劈裂强度　　D. 疲劳强度

47. 在进行水泥混凝土配合比设计时，若砂比较细，则采用的砂率应(　　)。

A. 大些　　B. 小些

C. 不变　　D. 以上说法均不对

48. 建筑砂浆的施工和易性包括保水性与(　　)。

A. 坍落度　　B. VB 稠度　　C. 流动性　　D. 捣实性

49. 建筑砂浆的流动性采用(　　)进行评价。

A. 坍落度　　B. VB 稠度　　C. 稠度　　D. 分层度

50. 建筑砂浆的保水性采用(　　)进行评价。

A. 坍落度　　B. VB 稠度　　C. 稠度　　D. 分层度

51. 建筑砂浆抗压强度试验时试件的尺寸是(　　)。

A. 100mm × 100mm × 100mm　　B. 150mm × 150mm × 150mm

C. 120mm × 120mm × 120mm　　D. 70.7mm × 70.7mm × 70.7mm

52. 建筑砂浆抗压强度试验时试件的养生龄期是(　　)。

A. 3d　　B. 7d　　C. 14d　　D. 28d

53. 建筑砂浆的强度等级采用(　　)进行划分。

A. 抗压强度　　B. 抗折强度

C. 抗劈裂强度　　D. 抗拉强度

54. 水泥胶砂强度试件在抗压试验时,以(　　)的速率均匀加载直至破坏。

A. 240N/s ± 20N/s　　B. 2400N/s ± 200N/s

C. 50N/s ± 10N/s　　D. 50N/s ± 5N/s

◇ 习题参考答案及解析 ◇

1. D

【考核点】水泥混凝土的组成材料

【解　析】水泥混凝土用的粗集料,采用连续级配或间断级配均可,但是由于连续级配集料的比表面积较大,故配置相同的水泥混凝土,比间断级配单位水泥用量较大。

2. A

【考核点】水泥混凝土的配合比设计指标

【解　析】普通水泥混凝土配合比设计时以配制强度为指标,而道路水泥混凝土配合比设计时以抗弯拉强度为指标。

3. A

【考核点】水泥混凝土的砂率

【解　析】水泥混凝土的砂率由集料品种、最大粒径及水灰比共同确定,故与耐久性无关。

4. B

【考核点】水泥混凝土工作性试验

【解　析】水泥混凝土工作性测试常用的试验方法有坍落度试验和维勃稠度试验,这两种方法都是定量评价方法。其中,坍落度试验得到的结果用坍落度值表示,维勃稠度试验得到的结果以维勃时间表示。

5. C

【考核点】水泥混凝土配合比设计

【解　析】水泥混凝土的耐久性很大程度上取决于它的密实程度;而就材料方面而言,混凝土的密实程度主要取决于混凝土的水灰比和水泥用量。因此,在混凝土配合比设计时,须对最大水灰比和最小水泥用量进行限制，以保证混凝土的耐久性。

6. A

【考核点】水泥混凝土的强度试验

【解　析】水泥混凝土的力学强度试验结果主要受混凝土组成材料、制备条件、养护条件(温度和湿度)、龄期以及试验条件(试件形状与尺寸、试件湿度、试件温度、支承条件和加载方式等)的影响。

7. D

【考核点】水泥混凝土用砂技术要求

【解　析】优质的水泥混凝土用砂希望具有高的密度和小的比表面积，这样才能达到既保证新拌混凝土有适宜的工作性和硬化后混凝土有一定的强度、耐久性，同时又达到节约水泥的目的。

8. B

【考核点】水泥混凝土配合比设计流程

【解　析】水泥混凝土配合比设计的主要内容包括：根据经验公式和试验参数确定各组成材料的比例，得出“初步配合比”；以初步配合比在试验室进行试拌，观察混凝土拌和的和易性是否满足要求，调整后提出“基准配合比”；对混凝土进行强度复核，如有其他要求，也应做出相应的检验复核，以便确定出满足施工、强度和耐久性要求且经济合理的“设计配合比”(或“试验室配合比”)；在施工现场，依据现场砂石材料的含水率对配合比进行修正，得出“施工配合比”。

9. D

【考核点】水泥混凝土配合比设计流程

【解　析】同第8小题。

10. B

【考核点】水泥混凝土的材料组成

【解　析】当水泥浆用量不足时，会使砂浆黏聚性变差，施工时易出现离析现象，硬化后混凝土强度低，耐久性差，耐磨性差，易起粉，翻砂；集料间的水泥浆润滑不够，施工流动性差，混凝土难于密实成型。当水泥浆用量过多时，会使混凝土成本提高，混凝土硬化后收缩增大，易引起干缩裂缝。

11. C

【考核点】水泥混凝土的抗弯拉强度试验

【解　析】按现行规范规定，水泥混凝土的抗弯拉强度采用标准方法制备成的150mm×150mm×550mm的梁型试件，在标准条件下养护28d后，按三分点双点加荷方式进行试验。

12. C

【考核点】水泥混凝土用粗集料技术要求

【解　析】粗集料的形状接近正立方体者为佳，不宜含有较多针状颗粒和片状颗粒，否则将显著降低水泥混凝土的抗折强度，同时影响新拌混凝土的和易性。

13. B

【考核点】水泥胶砂抗折强度试验

【解 析】按现行规范规定,水泥胶砂抗折强度试验采用棱柱体试件三分点单点加载模式。

14. C

【考核点】水泥混凝土的强度等级

【解 析】水泥混凝土的强度等级是根据立方体抗压强度标准值确定的。混凝土立方体抗压强度标准值是按照标准方法制作和养护的边长为150mm的立方体试件,在28d龄期用标准试验方法测定的抗压强度总体分布中的一个值,用$f_{cu,k}$表示,强度低于该值的百分比不超过5%(即具有95%保证率的抗压强度),以MPa计。

15. C

【考核点】水泥混凝土的工作性

【解 析】在混凝土的初步配合比确定后,应以初步配合比在试验室进行试拌,观察混凝土拌和的施工和易性是否满足要求,不满足时应进行调整,调整后再提出基准配合比。

16. D

【考核点】水泥混凝土的坍落度试验

【解 析】在做混凝土的坍落度试验时,可用目测方法评定混凝土拌和物的黏聚性、保水性、棍度和含砂情况。

17. A

【考核点】水泥混凝土的级配特点

【解 析】水泥混凝土用的粗集料,采用连续级配或间断级配均可,但是由于连续级配集料的比表面积较大,故配置相同的水泥混凝土,采用间断级配更节约水泥。

18. C

【考核点】水泥混凝土配合比设计流程

【解 析】同第8小题。

19. B

【考核点】水泥混凝土抗折强度试验

【解 析】水泥混凝土抗折强度试验,所测试件中如果断裂面位于两加荷点外侧(断面位置在试件断块短边一侧的底面中轴线上量得),则此试件测试结果作废。

20. B

【考核点】水泥混凝土的强度

【解 析】材料组成是水泥混凝土形成强度的内因,主要取决于水泥、水、砂、石及外加剂等的质量和配合比。其中,水泥强度和水灰比是最主要影响因素,而影响混凝土强度的集料特性则包括集料的强度、粒形及粒径。

21. D

【考核点】水泥混凝土的强度

【解 析】水泥混凝土的强度主要取决于起内部起胶结作用的水泥石的质量,水泥石的质量则取决于水泥的强度和水灰比。因此,当水泥的强度及其他特性一定时,混凝土的强度取决于水灰比。

22. A

【考核点】水泥混凝土的外加剂

【解　析】引气剂是指掺入混凝土拌和物后，经搅拌能在混凝土拌和物中引入大量均匀分布稳定而封闭的微小气泡以改善工作性，并在混凝土硬化后保留微小气泡以改善其抗冻融耐久性的物质。

23. C

【考核点】水泥混凝土的材料组成

【解　析】水泥混凝土在选择粗集料(骨料)时，应使混凝土具有较好的工作性及较高的密实性，且在较小的水泥用量下保证混凝土拌和物的和易性及强度，这就要求粗集料具有较小的比表面积，这样包裹集料所需的水泥浆数量减少，就节约了水泥；而要保证较高的密实度，则粗集料还应具有良好的级配，以减小空隙率。

24. C

【考核点】水泥混凝土抗压强度试验

【解　析】按现行规定，水泥混凝土抗压强度标准值是采用150mm的立方体试件，在标准养护条件下养护至28d龄期，按标准方法测定其受压极限破坏荷载再计算得到。

25. C

【考核点】水泥混凝土抗弯拉强度试验

【解　析】同第11小题。

26. C

【考核点】水泥混凝土抗压强度试验

【解　析】水泥混凝土抗压强度，以三个试件测值的平均值为测定值。如任一个测值与中值的差值超过中值的15%时，则取中值为测定值；如有两个测值与中值的差值均超过上述规定时，则该组试验结果无效。

27. A

【考核点】水泥砂浆的强度

【解　析】水泥砂浆的强度与混凝土的强度类似，主要取决于起胶结作用的水泥石的质量。水泥石的质量则取决于水泥的强度(标号)和水灰比。

28. D

【考核点】水泥混凝土的强度

【解　析】在水泥强度相同的情况下，水灰比越小，水泥石的强度越高，与集料的黏结力越大，混凝土的强度越高。

29. D

【考核点】水泥混凝土的施工和易性

【解　析】新拌混凝土的施工和易性，是指混凝土拌和物在现有施工条件下，易于施工操作(搅拌、运输、浇筑、振捣和表面处理)并获得质量均匀、成型密实的混凝土结构物的性能。

30. B

【考核点】水泥混凝土的配合比设计

【解　析】砂率是指混凝土中细集料(或砂)的质量占全部集料(砂、石)总质量的百分比，它反映了粗细集料的相对比例。

31. A

【考核点】水泥混凝土的强度

【解 析】在水泥强度相同的情况下，水灰比越小，水泥石的强度越高，与集料的黏结力越大，混凝土的强度越高。

32. D

【考核点】水泥混凝土的耐久性

【解 析】同第5小题。

33. A

【考核点】水泥混凝土的施工和易性

【解 析】如果砂率过小，砂浆数量不足会导致混凝土拌和物黏聚性和保水性降低，产生离析和流浆现象。

34. A

【考核点】水泥胶砂的抗折强度

【解 析】水泥胶砂的抗折强度试验结果取三个试件的平均值。当三个强度值中有超过平均值±10%的，应剔除后再平均，以平均值作为抗折强度试验结果。

35. C

【考核点】水泥混凝土的粗集料

【解 析】为保证混凝土的施工质量，保证混凝土构件的完整性和密实性，最大粒径不得超过结构截面最小尺寸的1/4和钢筋间最小净距的3/4。

36. C

【考核点】水泥混凝土的坍落度试验

【解 析】坍落度试验适用于集料公称最大粒径不大于31.5mm，坍落度值不小于10mm的混凝土拌和物，且该试验只对富水泥浆的新拌混凝土才敏感。

37. B

【考核点】水泥混凝土的组成材料

【解 析】集料在混凝土中所占体积最大，它的特性对混凝土拌和物和易性的影响较大。混凝土拌和物的和易性主要与集料的最大粒径、级配、颗粒形状、表面粗糙度和吸水性有关。一定质量的集料，其最大粒径增大会使比表面积减小。比表面积减小就需要更少的水泥浆来润滑，因此，用水量也就更小了。

38. B

【考核点】水泥混凝土的强度试验

【解 析】水泥混凝土的抗压强度试验，标准尺寸试件为边长150mm的立方体试件，抗压强度为极限破坏荷载与试件承压面积的比值，若试件非标准尺寸，则计算结果要乘以尺寸换算系数。当试件尺寸大于标准尺寸时，抗压强度计算值会偏小，因此要乘以一个大于1的换算系数；当试件尺寸小于标准尺寸时，抗压强度计算值会偏大，因此要乘以一个小于1的换算系数。

39. C

【考核点】水泥混凝土的流动性

【解 析】在组成材料确定的情况下,水泥混凝土拌和物的流动性随单位用水量的增加而增大,而单位用水量实际上决定了混凝土拌和物中的水泥浆数量。当水灰比一定时,若单位用水量过小,则水泥浆数量过少,集料颗粒间缺少足够的黏结材料,混凝土拌和物的流动性和黏结性都较差。但若单位用水量过多,在混凝土拌和物流动性增加的同时,黏聚性和保水性也将随之恶化。

40. D

【考核点】水泥混凝土的工作性影响因素

【解 析】影响新拌混凝土和易性的主要因素分内因和外因。内因是指组成材料的影响,有水灰比、单位用水量、砂率、水泥的品种和细度、集料的性质、外加剂;外因是指外界因素的影响,有环境因素(温度、湿度、风速)、时间因素。

41. A

【考核点】水泥混凝土的流动性

【解 析】在水泥、集料用量一定的情况下,水灰比的变化实际上是水泥浆稠度的变化,水灰比小则水泥浆稠度大,混凝土拌和物的流动性小;水灰比大则水泥浆稠度小,混凝土拌和物的流动性大。

42. C

【考核点】水泥混凝土的流动性

【解 析】在水泥浆数量一定的情况下,随着砂率的增加,砂浆在粗集料间形成的润滑作用更明显,混凝土拌和物的流动性得以提高,而当砂率持续增大并超过一定范围时,集料的总表面积随之增大,此时需要润滑的水分增多,拌和物流动性随之又开始降低。

43. B

【考核点】水泥混凝土的强度

【解 析】在水泥强度相同的情况下,水灰比越小,水泥石的强度越高,与集料的黏结力越大,混凝土的强度越高。

44. D

【考核点】水泥混凝土的配合比设计

【解 析】在水泥浆数量一定的情况下,随着砂率的增加,砂浆在粗集料间形成的润滑作用更明显,混凝土拌和物的流动性得以提高,而当砂率持续增大并超过一定范围时,集料的总表面积随之增大,此时需要润滑的水分增多,拌和物流动性随之又开始降低。

45. C

【考核点】水泥混凝土的减水剂

【解 析】减水剂的主要功能:在保证混凝土工作性及强度不变的条件下,可节约水泥用量;在保证混凝土工作性及水泥用量不变的条件下,可减少用水量,提高混凝土的强度;在保证混凝土用水量及水泥用量不变的条件下,可增大混凝土的流动性。

46. B

【考核点】道路水泥混凝土的强度等级

【解 析】道路路面或机场道面用水泥混凝土,以弯拉强度(或称抗折强度)为主要强度指标,抗压强度作为参考指标。

47. B

【考核点】水泥混凝土的配合比设计

【解　析】水泥混凝土配合比设计时，若采用的砂比较细，则配制成的混凝土黏性略大，比较绵软，易插捣成型，而且由于级配细、比表面积大，对新拌混凝土工作性影响较为敏感，因此应采用较小的砂率。

48. C

【考核点】建筑砂浆的和易性

【解　析】新拌砂浆在硬化前应具有良好的和易性，和易性包括流动性和保水性。

49. C

【考核点】建筑砂浆的流动性

【解　析】建筑砂浆的流动性是用稠度来表示，稠度是采用稠度仪测定。

50. D

【考核点】建筑砂浆的保水性

【解　析】建筑砂浆的保水性采用分层度表示，分层度采用分层度仪测定。

51. D

【考核点】建筑砂浆的抗压强度试验

【解　析】建筑砂浆抗压强度等级是以70.7mm×70.7mm×70.7mm的正方体试件，在标准温度(20℃±3℃)和规定湿度(水泥混合砂浆相对湿度为60%～80%，水泥砂浆和微沫砂浆相对湿度为90%以上)条件下，养护28d龄期的平均极限抗压强度而确定的。

52. D

【考核点】建筑砂浆的抗压强度试验

【解　析】建筑砂浆抗压强度等级是以70.7mm×70.7mm×70.7mm的正方体试件，在标准温度(20℃±3℃)和规定湿度(水泥混合砂浆相对湿度为60%～80%，水泥砂浆和微沫砂浆相对湿度为90%以上)条件下，养护28d龄期的平均极限抗压强度而确定的。

53. A

【考核点】建筑砂浆的强度等级

【解　析】建筑砂浆抗压强度是确定其强度等级的重要依据。

54. B

【考核点】水泥胶砂强度试验

【解　析】水泥胶砂强度试验，试件加载时，压力机加荷速度应控制在2400N/s±200N/s速率范围内，在接近破坏时更应严格掌握。

第五节　沥青材料

【考试纲要】

1. 石油沥青包括改性沥青、乳化沥青技术性质要求及应用；

2. 石油沥青的基本技术性质测定方法；

3. 石油沥青的组成结构。

【复习提示】

1.复习要点

考生应掌握沥青重要路用性质(例如黏滞性、感温性、高低温性、黏附性和耐久性等);熟悉沥青不同胶体结构类型及各类型的特点和划分方法;了解沥青组分概念和沥青重要性能试验操作方法,以及改性沥青、乳化沥青的基本概念和技术性质。

重点:

(1)沥青的技术性质和评价方法;

(2)改性沥青的改性工艺、技术性质以及技术标准;

(3)乳化沥青的技术标准和技术性质。

难点:

不同沥青的路用性能特点。

2.规范提示

《公路工程沥青及沥青混合料试验规程》(JTG E20—2011),是在原规程基础上总结了多年来我国在沥青及沥青混合料方面的研究成果和应用经验,参阅了大量国内外相关标准规范和技术资料,并广泛征求了有关单位意见,经过反复修改完成修订的。JTG E20—2011 修改完善了部分沥青试验方法的适用范围、仪具与材料技术要求、方法与步骤等,增补了沥青弯曲蠕变劲度试验、流变性质试验、断裂性能试验等。其中,沥青材料主要技术指标测试方法及其性能特点是主要考核内容,所测指标应满足《公路沥青路面施工技术规范》(JTG F40—2004)的相应技术要求。

习题精练

1.评价沥青老化性能的试验方法是(　　)。

A.闪点试验　　B.薄膜烘箱试验　　C.软化点试验　　D.溶解度试验

2.如果已知某沥青标号为90,则在针入度试验中3次平行试验的最大值和最小值间的允许偏差为(　　)(0.1mm)。

A.4　　B.3　　C.2　　D.6

3.沥青的针入度越高,说明该沥青(　　)。

A.黏稠程度越大　　B.标号越低

C.更适应环境温度较高的要求　　D.更适应环境温度较低的要求

4.以下指标中,不属于沥青三大指标的是(　　)。

A.黏度　　B.针入度　　C.软化点　　D.延度

5.我国现行规范中,沥青的分级指标的是(　　)。

A.黏度　　B.针入度　　C.软化点　　D.延度

6.某地区夏季气候凉爽,冬季寒冷,且年降雨量较少,则该地区气候分区可能是(　　)。

A.3-4-1　　B.3-2-3　　C.4-2-2　　D.1-2-4

7.沥青的针入度指数是一种评价沥青(　　)的指标。

A. 感温性　　B. 耐久性　　C. 黏滞性　　D. 塑性

8. 沥青黏稠性较高,说明沥青(　　)。

A. 标号较低　　B. 高温时易软化

C. 针入度较大　　D. 更适应我国北方地区

9. 广东地区修建某高速公路,应该优先选用的沥青标号是(　　)。

A. 110　　B. 70　　C. 100　　D. 80

10. 石油沥青老化后,其延度将(　　)。

A. 保持不变　　B. 变小　　C. 变大　　D. 先变小后变大

11. 沥青黏滞性越大,其相应的(　　)。

A. 针入度越大　　B. 高温稳定性越差

C. 抗车辙能力越弱　　D. 稠度越高

12. 软化点试验,若升温速度过慢,则软化点测值(　　)。

A. 偏大　　B. 偏小

C. 无影响　　D. 以上说法均不对

13. 沥青溶解度试验最后的不溶物属于(　　)。

A. 有机物　　B. 无机物　　C. 残留物　　D. 沥青质

14. 表征沥青材料的使用安全性的指标是(　　)。

A. 闪点　　B. 软化点　　C. 脆点　　D. 针入度

15. 沥青的针入度指数可作为沥青胶体结构的评价标准,当PI值在(　　)区间时,其胶体结构属溶—凝胶型。

A. < -2.0　　B. $-2 \sim +2$　　C. $-3 \sim +3$　　D. $> +2.0$

16. 道路石油沥青的黏性是用(　　)来表示的。

A. 针入度　　B. 脆点　　C. 软化点　　D. 延伸度

17. 石油沥青以下技术指标中,(　　)与沥青混合料的低温性能有关。

A. 针入度　　B. 延度　　C. 软化点　　D. 黏度

18. 石油沥青的软化点反映其(　　)性能。

A. 高温　　B. 低温　　C. 疲劳　　D. 施工

19. 石油沥青的化学组分可按四组分方法划分,不属于四组分的是(　　)。

A. 沥青质　　B. 蜡分　　C. 胶质　　D. 饱和分

20. 在沥青针入度试验中,若水温高于标准试验温度,则针入度测值(　　)。

A. 偏大　　B. 偏小

C. 无影响　　D. 以上说法均不对

21. 在沥青针入度试验中,若针头变钝,则针入度测值(　　)。

A. 偏大　　B. 偏小

C. 无影响　　D. 以上说法均不对

22. 采用环与球法自动软化点仪测试石油沥青的软化点,若水位低于标定水位,则软化点测值(　　)。

A. 偏高　　B. 偏低

C. 无影响　　D. 以上说法均不对

23. 现行规范中对石油沥青该指标范围未作要求，仅记录实测结果的是(　　)。

A. 延度　　B. 密度　　C. 针入度　　D. 含蜡量

24. 石油沥青在薄膜加热试验后，对其残留物未作要求的指标是(　　)。

A. 质量变化　　B. 密度　　C. 针入度　　D. 延度

25. 沥青与粗集料黏附性试验方法通常采用水煮法与水浸法，其适用的粗集料粒径的分界尺寸是(　　)。

A. 9.5mm　　B. 13.2mm　　C. 16mm　　D. 19mm

26. 沥青以下试验方法中，仅对改性沥青所要求的试验是(　　)。

A. 针入度　　B. 软化点　　C. 密度　　D. 弹性恢复

27. 以下沥青改性剂中，专门用于改善沥青低温性能的是(　　)。

A. SBR　　B. SBS　　C. EVA　　D. PE

28. 我国现行规范中，针入度试验针的负重为(　　)。

A. 80g　　B. 100g　　C. 120g　　D. 150g

29. 与沥青黏滞性无关的指标是(　　)。

A. 黏稠性　　B. 软化性　　C. 针入度　　D. 黏附性

30. 在15℃采用比重瓶测得的沥青密度是沥青的(　　)。

A. 表观密度　　B. 实际密度　　C. 相对密度　　D. 毛体积密度

31. 沥青材料随温度变化而产生的软化或变脆的性能称为(　　)。

A. 延性　　B. 温度稳定性

C. 软化性　　D. 无正确答案

32. 石油沥青的塑性用延度来表示，延度越大，塑性越(　　)。

A. 好　　B. 差

C. 无影响　　D. 以上答案都不对

习题参考答案及解析

1. B

【考核点】沥青老化试验

【解　析】现行试验规程规定，对道路石油沥青采用薄膜加热试验(TFOT)或旋转薄膜加热试验(RTFOT)测定其加热质量损失和加热后残留物性质的试验。

2. A

【考核点】沥青针入度试验

【解　析】沥青针入度试验时，同一试样3次平行试验结果在50~149(0.1mm)范围内时，测得的最大值和最小值之差应不大于4(0.1mm)。

3. D

【考核点】沥青的针入度指标

【解　析】在我国现行黏稠沥青技术标准中，针入度是划分沥青标号的主要指标。针入度值越大，表明沥青越软，越适应低温地区。

4. A

【考核点】沥青三大指标

【解　析】沥青三大指标是指针入度、软化点、延度。

5. B

【考核点】沥青分级指标

【解　析】在我国现行黏稠沥青技术标准中，针入度是划分沥青标号的主要指标。

6. B

【考核点】沥青路面使用性能气候分区

【解　析】按现行规范规定，夏凉冬寒降雨量较少（半干）属于3-2-3气候分区。

7. A

【考核点】沥青针入度指数

【解　析】沥青针入度指数是评价沥青感温性最常用的方法。

8. A

【考核点】沥青的黏稠性

【解　析】在我国现行黏稠沥青技术标准中，针入度是划分沥青标号的主要指标。针入度值越大，表明沥青愈软，黏稠性越小，沥青标号越高。反之，沥青黏稠性高，说明其标号低。

9. B

【考核点】沥青技术性能

【解　析】沥青针入度值越小，表明沥青黏稠性越大，沥青标号越低，越适用于高温地区。因此，广东地区应优先选用低标号沥青。

10. B

【考核点】沥青延度指标

【解　析】沥青老化后，沥青中轻质组分变少，沥青黏稠性增大，黏度增加，针入度值减小，软化点升高，延度变差。

11. D

【考核点】沥青黏滞性

【解　析】沥青的黏滞性是指沥青在外力作用下抵抗变形的能力，是反映沥青内部材料阻碍其相对流动的特性。沥青的黏滞性越大，表明沥青的稠度越大。

12. B

【考核点】沥青软化点试验

【解　析】软化点测定，是将沥青试样装入规定尺寸的铜环内，试样上放置标准钢球在水或甘油中，以规定的升温速度加热，使沥青软化下垂至规定距离时的温度，以℃表示。如果试验中升温速度太快，则沥青在钢球的重力作用下达不到标准方法下的温度时，也会下垂至规定距离，因此测定值会偏小。

13. B

【考核点】沥青溶解度试验

【解 析】沥青溶解度试验，通常采用的溶剂为三氯乙烯(有机溶剂)，沥青中所有的有机成分都可以溶解，因此最后的不溶物只能是无机物。

14. A

【考核点】沥青安全性

【解 析】沥青材料在使用时必须加热，当加热至一定温度时，沥青材料中挥发的油分蒸汽与周围空气组成混合气体，此混合气体遇火焰则发生闪火。若继续加热，油分蒸汽的饱和度增加，此种蒸汽与空气组成的混合气体遇火焰极易燃烧，从而引起火灾或导致沥青烧坏。为此，必须测定沥青的闪电与燃点。

15. B

【考核点】沥青胶体结构的评价标准

【解 析】沥青的针入度指数可作为沥青胶体结构的评价标准，当PI值在 -2 ~ +2 区间时，其胶体结构属溶—凝胶型。

16. A

【考核点】沥青黏性

【解 析】针入度试验是国际上普遍采用的测定黏稠石油沥青黏结性的一种方法。

17. B

【考核点】沥青的技术指标

【解 析】针入度和软化点既是反映沥青黏稠程度的指标，也是沥青黏度的一种量度。延度通常用来评价沥青的延性，用于评价沥青的低温塑性。

18. A

【考核点】沥青的软化点指标

【解 析】软化点愈高，表明沥青的耐热性愈好，即高温稳定性愈好。

19. B

【考核点】沥青的四组分

【解 析】沥青的四组分包括：沥青质、饱和分、芳香分、胶质。

20. A

【考核点】沥青的针入度试验

【解 析】沥青的针入度值越大，表明沥青越软。因此，如果试验水温偏高，则沥青试样温度偏高，以致沥青比标准试验温度时偏软，所以针入度测值就会偏高。

21. B

【考核点】沥青的针入度试验

【解 析】沥青针入度试验时，如果针头变钝，则不仅针的质量变小，针头在贯入试样时的阻力也会变大，从而导致贯入深度变小，针入度测值变小。

22. A

【考核点】沥青的软化点试验

【解 析】采用环与球法自动软化点仪测试软化点试验时，若测试仪器内水位较少，会导致水温升温偏快，沥青具有一定的黏滞性，从而导致其软化点测试结果偏高。

23. B

【考核点】沥青的技术指标

【解　析】沥青的延度、针入度、含蜡量都与沥青的性能直接相关，因此规范对其要有一定的限制。而密度对沥青的性能并无直接影响，因此未作要求。

24. B

【考核点】沥青的老化试验

【解　析】沥青老化试验评价指标包括质量变化、针入度、延度。可见，对密度并未要求。

25. B

【考核点】沥青与粗集料黏附性试验方法

【解　析】现行试验规程规定，沥青与粗集料黏附性试验方法根据沥青混合料的最大粒径决定，>13.2mm 者采用水煮法，≤13.2mm 者采用水浸法。

26. D

【考核点】沥青的技术指标

【解　析】我国聚合物改性沥青性能评价方法基本沿用了道路石油沥青质量标准体系，增加了一些评价聚合物性能的指标，如弹性恢复、黏韧性和离析（软化点差）等。

27. A

【考核点】沥青改性剂技术性能

【解　析】SBR 属于橡胶类改性材料，它可以大幅提高沥青的低温延度，增强韧度和黏韧性，并不同程度的改善耐老化性能，常用于改善沥青的低温性能；SBS 属于热塑性橡胶类改性材料，在改善沥青温度敏感性、提高低温韧性具有显著效果，能显著提高沥青的黏度、韧度和韧性，常用于改善沥青的高温稳定性；PE、EVA 属于热塑性树脂类改性材料，可以使沥青结合料的常温黏度增大，高温稳定性增加，沥青的强度和劲度提高，常用于改善沥青的高温稳定性。

28. B

【考核点】沥青的针入度试验

【解　析】现行试验规程规定，针入度试验的标准针、针连杆与附加砝码的总质量为 100g±0.1g，试验温度为 25℃，标准针贯入时间为 5s。因此，针的负重为 100g。

29. D

【考核点】沥青的黏滞性

【解　析】沥青的黏滞性（黏性）通常用黏度（黏稠度）表示。而针入度、软化点都是沥青相对黏度的评价指标，而黏稠性则直接反映了沥青的黏滞性。黏附性则是评价沥青与集料黏附性的指标。

30. B

【考核点】沥青的密度试验

【解　析】在已知水温（水的密度是确定的）的条件下，采用比重瓶法测得的沥青密度为沥青的实际密度；如果水温不知的情况下，则测得的沥青密度只能为沥青的相对密度。

31. B

【考核点】沥青的感温性

【解　析】沥青是复杂的胶体结构,黏度会随温度的不同而产生明显变化。温度升高时,沥青会变软,温度降低时,沥青会变脆。如果沥青性能随温度变化波动较小,则说明具有良好的温度稳定性。

32. A

【考核点】沥青的延度指标

【解　析】沥青的延性是指当其受到外力的拉伸作用时,所能承受的塑性变形的总能力,是沥青内聚力的衡量,通常用延度作为条件延性来表征。延度越大,表明沥青的塑性越大。

第六节　沥青混合料

【考试纲要】

1. 沥青混合料技术性质和技术标准;

2. 现行的沥青混合料配合比设计方法及相关试验;

3. 沥青混合料的结构类型、强度形成原理。

【复习提示】

1. 复习要点

考生应掌握沥青混合料三种结构类型特点、混合料主要性能(包括高低温稳定性、耐久性和抗疲劳性能等)及相应评价指标(包括稳定度和动稳定度、流值、孔隙率、饱和度、矿料间隙率等);熟悉沥青混合料配合比设计基本方法和试验过程、混合料几项关键指标计算公式(如密度、孔隙率、矿料间隙率和饱和度等)、SMA 混合料技术性能特点;了解沥青路面使用性能气候分区、沥青混合料组成原材料的基本性能要求等。

重点:

(1)沥青混合料的强度形成原理;

(2)沥青混合料的技术性质和技术要求;

(3)沥青混合料的配合比设计方法。

难点:

沥青混合料的技术性能评价方法和技术标准。

2. 规范提示

《公路工程沥青及沥青混合料试验规程》(JTG E20—2011),是在原规程基础上总结了多年来我国在沥青及沥青混合料方面的研究成果和应用经验,参阅了大量国内外相关标准规范和技术资料,并广泛征求了有关单位意见,经过反复修改完成修订的。JTG E20—2011 修改完善了部分沥青混合料试验方法的适用范围、仪具与材料技术要求、方法与步骤等,增补了沥青混合料中沥青含量试验、沥青混合料旋转压实试件制作方法、沥青混合料旋转压实和剪切性能试验、沥青混合料单轴压缩动态模量试验、沥青混合料四点弯曲疲劳寿命试验等。其中,沥青混合料配合比设计方法及试验过程、高低温稳定性及水稳定性能等技术指标常规试验方法是主要考核内容,所测指标应满足《公路沥青路面施工技术规范》(JTG F40—2004)、《公路沥青路面设计规范》(JTG D50—2006)的相应技术要求。

习题精练

1. 评价沥青混合料高温稳定性的试验方法是(　　)。

A. 车辙试验　　B. 间接拉伸试验

C. 小梁弯曲试验　　D. 残留稳定度试验

2. 某一马歇尔试件的质量为1200g,高度为65.5mm,制作标准高度为63.5mm的试件,混合料的用量应为(　　)。

A. 1152g　　B. 1182g　　C. 1171g　　D. 1163g

3. 对沥青混合料生产配合比不会产生影响的因素是(　　)。

A. 目标配合比　　B. 冷料上料速度

C. 集料加热温度　　D. 除尘的方法

4. 残留稳定度表征沥青混合料的(　　)。

A. 高温稳定性　　B. 低温抗裂性

C. 水稳定性　　D. 疲劳性能

5. 以下试验中,(　　)用于评价沥青混合料水稳定性。

A. 车辙试验　　B. 冻融劈裂试验

C. 弯曲试验　　D. 蠕变试验

6. 拌和沥青混合料时,一般矿料本身的温度应(　　)。

A. 高于拌和温度　　B. 低于拌和温度

C. 与拌和温度相同　　D. 以上说法均不对

7. 拌和现场进行沥青混合料抽检的目的不是为了检验(　　)。

A. 沥青混合料拌和的均匀性　　B. 沥青用量的多少

C. 马歇尔指标　　D. 残留稳定度的高低

8. 若沥青混合料的矿料配合比例为:碎石60%,砂32%,石粉8%,一个马歇尔试件的矿料按1200g计,其碎石用量应为(　　)。

A. 710g　　B. 700g　　C. 730g　　D. 720g

9. 沥青混合料的结构类型不包括(　　)。

A. 悬浮密实结构　　B. 悬浮空隙结构

C. 骨架密实结构　　D. 骨架空隙结构

10. 通常情况下,在沥青混合料设计中,矿质混合料合成级配曲线宜尽量接近设计级配中限,下列哪个筛孔的控制要求相对不太严格(　　)。

A. 0.075mm　　B. 1.18mm　　C. 2.36mm　　D. 4.75mm

11. 不能够测得沥青混合料马歇尔试件的毛体积密度的试验方法是(　　)。

A. 表干法　　B. 水中重法　　C. 蜡封法　　D. 体积法

12. 评价沥青混合料低温性能的试验方法是(　　)。

A. 马歇尔稳定度试验　　B. 车辙试验
C. 小梁弯曲试验　　D. 单轴压缩蠕变试验

13. 在 SMA 混合料中,掺入纤维的作用不包括(　　)。
A. 稳定沥青　　B. 增加混合料抗裂性能力
C. 提高混合料抗剪强度　　D. 增加抗滑能力

14. 沥青混合料随沥青用量的增加而出现峰值的物理力学指标是(　　)。
A. 表观密度　　B. 流值　　C. 空隙率　　D. 饱和度

15. 在进行沥青混合料配合比设计时,确定最佳沥青用量初始值 OAC_1 时,(　　)指标不会用到。
A. 马歇尔稳定度最大值　　B. 目标流值范围中值
C. 目标空隙率范围中值　　D. 目标沥青饱和度范围中值

16. 沥青混合料类型可按其公称最大粒径进行分类,分类中不包括(　　)。
A. 细粒式　　B. 中粒式　　C. 粗粒式　　D. 巨粒式

17. (　　)的沥青混合料具有良好的低温抗裂性与耐久性,但高温性能较弱。
A. 悬浮密实结构　　B. 骨架空隙结构
C. 骨架密实结构　　D. 悬浮空隙结构

18. SMA 沥青混合料的结构特点属于(　　)。
A. 悬浮密实结构　　B. 骨架空隙结构
C. 骨架密实结构　　D. 悬浮空隙结构

19. 沥青路面产生车辙,其主要原因是(　　)不足。
A. 抗拉强度　　B. 抗剪强度　　C. 抗弯拉强度　　D. 抗疲劳强度

20. 一般而言,随沥青黏度的增加,沥青混合料高温稳定性(　　)。
A. 减小　　B. 增加
C. 先减小后增加　　D. 先增加后减小

21. 一般而言,骨架型级配沥青混合料的高温稳定性较连续型级配(　　)。
A. 高　　B. 低
C. 无变化　　D. 以上说法均不对

22. 我国现行沥青混合料配合比设计方法是基于(　　)。
A. 车辙试验　　B. 旋转压实试验
C. 马歇尔试验　　D. 小梁弯曲试验

23. 马歇尔稳定度试验可直接测得的两个指标是(　　)。
A. 动稳定度,流值　　B. 动稳定度,劈裂强度
C. 稳定度,动稳定度　　D. 稳定度,流值

24. 车辙试验是评价沥青混合料高温稳定性的重要方法,其试验结果动稳定度是根据小轮行驶(　　)车辙板的变形量来进行计算的。
A. 30min 与 45min　　B. 30min 与 60min
C. 45min 与 60min　　D. 45min 与 65min

25. 对于高温易产生车辙路段,沥青混合料的空隙率应适当(　　)。

A. 增大　　B. 减小
C. 无变化　　D. 以上说法均不对

26. 在进行车辙试验时，若环境箱温度控制不准，高于标准试验温度，则沥青混合料动稳定度测试结果(　　)。
A. 变大　　B. 变小
C. 无变化　　D. 以上说法均不对

27. 在进行劈裂试验时，若加载速率快于规范标准，则沥青混合料的劈裂强度(　　)。
A. 变大　　B. 变小
C. 无变化　　D. 以上说法均不对

28. 关于沥青路面气候分区，以下说法中错误的是(　　)。
A. 沥青路面气候分区考虑了最高气温、最低气温及降雨量 3 个因素
B. 根据工程所在地近 30 年最热月平均最高气温，分为 3 个区
C. 根据工程所在地近 30 年最冷月平均最低气温，分为 4 个区
D. 沥青路面气候分区中，分区的标号数字最小，表明气候越严酷

29. 随沥青用量的增加，沥青混合料的饱和度会(　　)。
A. 减小　　B. 增加
C. 先减小后增加　　D. 先增加后减小

30. 沥青混合料配合比设计三阶段中不包括(　　)。
A. 目标配合比设计阶段　　B. 生产配合比设计阶段
C. 生产配合比验证阶段　　D. 基准配合比设计阶段

31. 在干旱地区，沥青混合料的冻融劈裂强度比要求可适当(　　)。
A. 提高　　B. 降低
C. 不变　　D. 以上说法均不对

32. 沥青混合料的油石比为 4.5%，则其沥青含量为(　　)。
A. 4.2%　　B. 4.3%　　C. 4.4%　　D. 4.7%

33. 以下特征中，不属于 SMA 沥青混合料的是(　　)。
A. 级配采用骨架空隙结构　　B. 沥青用量大
C. 矿粉用量多　　D. 掺入纤维

34. 与常规沥青混合料相比，以下试验方法中，专门针对 SMA 沥青混合料的是(　　)。
A. 车辙试验　　B. 马歇尔试验
C. 析漏试验　　D. 冻融劈裂试验

35. 现行规范中，沥青混合料标准马歇尔试件的高度范围是(　　)。
A. (62.5 ±1.3) mm　　B. (63.5 ±1.3) mm
C. (62.5 ±1.2) mm　　D. (63.5 ±1.2) mm

36. 现行规范中，沥青混合料车辙试验中标准车辙板的尺寸是(　　)。
A. (350 ×350 ×50) mm　　B. (300 ×300 ×50) mm
C. (350 ×350 ×60) mm　　D. (300 ×300 ×60) mm

37. 现行规范中，沥青混合料车辙试验时的试验温度是(　　)。

A. 50℃　B. 55℃　C. 60℃　D. 70℃

38. 沥青混合料马歇尔稳定度试验对试件加载速度是(　　)。

A. 10mm/min　B. 0.5mm/min

C. 1mm/min　D. 50mm/min

39. 集料的公称最大粒径比其最大粒径(　　)。

A. 小一个粒级　B. 大一个粒级

C. 相等　D. 以上说法均不对

40. 在沥青混合料 ATPB-30 中,ATPB 指的是(　　)。

A. 半开级配沥青碎石混合料　B. 开级配沥青稳定碎石混合料

C. 密实式沥青混凝土混合料　D. 密实式沥青稳定碎石混合料

41. 关于沥青混合料骨架—空隙结构的特点,下列说法有误的是(　　)。

A. 粗集料比较多　B. 空隙率大　C. 耐久性好　D. 热稳定性好

42. 在沥青混合料 ATB-40 中,ATB 指的是(　　)。

A. 半开级配沥青碎石混合料　B. 开级配沥青混合料

C. 密实式沥青混凝土混合料　D. 密实式沥青稳定碎石混合料

43. 特粗式沥青混合料是指(　　)等于或大于 31.5mm 的沥青混合料。

A. 最大粒径　B. 平均粒径　C. 最小粒径　D. 公称最大粒径

44. 在沥青混合料 OGFC-16 中,OGFC 指的是(　　)。

A. 半开级配沥青碎石混合料　B. 开级配排水性磨耗层混合料

C. 密实式沥青混凝土混合料　D. 密实式沥青稳定碎石混合料

45. 沥青混合料马歇尔稳定度试验中,FL 指的是(　　)。

A. 马歇尔稳定度　B. 流值　C. 沥青饱和度　D. 马氏模量

46. 关于温度及形变速率对沥青混合料抗剪强度的影响,下列说法不正确的是(　　)。

A. 随温度升高,沥青黏聚力减小

B. 随温度升高,沥青变形能力增强

C. 加荷频率低,可使沥青混合料产生过大的应力和塑性变形,产生较大的不可恢复的永久变形

D. 温度降低,会使混合料黏聚性下降,强度降低

47. 关于沥青与矿粉用量比例,下列说法正确的是(　　)。

A. 沥青用量越大,沥青与矿料之间的黏结力越大

B. 沥青用量越小,沥青与矿料之间的黏结力越大

C. 矿粉用量越大,沥青与矿料之间的黏结力越大

D. 以上说法都不对

48. 在沥青混合料 AM-20 中,AM 指的是(　　)。

A. 半开级配沥青碎石混合料　B. 开级配沥青混合料

C. 密实式沥青混凝土混合料　D. 密实式沥青稳定碎石混合料

49. 在夏季炎热地区,沥青混合料的动稳定度要求应该适当(　　)。

A. 提高　B. 降低　C. 不变　D. 以上说法均不对

◈ 习题参考答案及解析 ◈

1. A

【考核点】沥青混合料高温稳定性试验

【解　析】车辙试验是评价沥青混合料高温稳定性的重要试验方法。动稳定度(即车辙试验时45～60min内每产生1mm的车辙深度,试验轮行驶的次数)是评价沥青混合料抗车辙能力的指标。

2. D

【考核点】马歇尔试验

【解　析】马歇尔试件的体积与高度成正比,因此在密度不变时,试件的质量与高度也成正比。因此,标准高度马歇尔试件的质量为 $1200 \div 65.5 \times 63.5 = 1163$g。

3. B

【考核点】沥青混合料的配合比设计

【解　析】沥青混合料配合比设计分三阶段,依次是目标配合比、生产配合比、生产配合比验证。生产配合比阶段的混合料级配由目标配合比设计阶段的级配来确定,而集料除尘的方法不同,集料中的粉尘含量就不同,这对混合料级配中的粉料含量会造成一定影响,集料加热温度不够则会影响混合料拌和与压实温度,从而影响到混合料的空隙率与油石比。冷料上料速度虽然也由目标配合比确定,但是其影响的仅是热料仓各档料的供给平衡,进而影响混合料的生产效率,而对生产配合比本身并无影响。

4. C

【考核点】沥青混合料的水稳定性试验

【解　析】现行试验规程中对于沥青混合料水稳定性评价,规定的试验方法为残留稳定度试验和冻融劈裂试验。

5. B

【考核点】沥青混合料的水稳定性试验

【解　析】现行试验规程中对于沥青混合料水稳定性评价,规定的试验方法为残留稳定度试验和冻融劈裂试验。

6. A

【考核点】沥青混合料的拌和工艺

【解　析】沥青混合料拌和过程中,矿料温度应该高于拌和温度,因为拌和过程中会有温度损失。

7. D

【考核点】沥青混合料抽检

【解　析】在拌和现场,沥青混合料抽检的目的主要是检查混合料的均匀性、沥青用量以及密度、空隙率等马歇尔试件体积指标。残留稳定度是在配合比设计中检验混合料水稳定性能的指标。

8. D

【考核点】沥青混合料配合比设计

【解 析】沥青混合料中矿料质量为1200g,碎石:砂:石粉=60%:32%:8%,则碎石质量为1200×60%=720g。

9. B

【考核点】沥青混合料的结构类型

【解 析】按照沥青混合料的矿料级配组成特点,可将沥青混合料分为悬浮密实结构、骨架空隙结构和骨架密实结构三种类型。

10. B

【考核点】沥青混合料级配设计

【解 析】通常情况下,沥青混合料合成级配曲线宜尽量接近设计级配的中限,尤其应使0.075mm、2.36mm、4.75mm等筛孔的通过率尽量接近设计级配范围的中限。

11. B

【考核点】沥青混合料毛体积密度测试方法

【解 析】在工程中,沥青混合料试件的毛体积密度,常根据试件空隙率的大小,选择用表干法、蜡封法或体积法测定。

12. C

【考核点】沥青混合料低温性能评价方法

【解 析】现行规范规定,采用低温弯曲试验的破坏应变作为评价沥青混合料低温抗裂性能的指标。

13. D

【考核点】SMA沥青混合料材料组成特点

【解 析】SMA混合料属于骨架密实结构,其粗集料、细集料与矿粉用量较高,中间粒径集料用量较少,沥青用量大,因此需添加纤维以稳定沥青,同时提高沥青混合料高温抗剪切能力及低温抗裂性能。SMA抗滑性能主要取决于构造深度,与纤维无关。

14. A

【考核点】沥青混合料试件的体积参数

【解 析】根据沥青混合料的材料组成特点,其表观密度随油石比的增加先增加后减小,空隙率随油石比增加逐渐减小,饱和度随油石比的增加而增加,流值随油石比的增加而增大。

15. B

【考核点】沥青混合料配合比设计

【解 析】采用马歇尔试验方法确定沥青混合料最佳沥青用量时,最佳沥青用量OAC_1为密度最大值、稳定度最大值、目标空隙率(或范围中值)、沥青饱和度范围中值所对应的沥青用量的平均值。

16. D

【考核点】沥青混合料类型

【解　析】按照集料公称最大粒径，可分为特粗式、粗粒式、中粒式、细粒式和砂粒式。

17. A

【考核点】沥青混合料的组成结构特点

【解　析】沥青混合料按其组成结构分为悬浮—密实结构、骨架—空隙结构、骨架密实结构。其中，悬浮—密实结构黏聚力较高，混合料的密实性和耐久性较好，低温抗裂性能也较好，但内摩阻力较小，高温稳定性较差；骨架—空隙结构内摩擦角较高，高温稳定性较好，但黏聚力较低，耐久性差；骨架—密实结构同时具有良好的高温稳定性和低温抗裂性，但是施工和易性较差。

18. C

【考核点】SMA 沥青混合料结构特点

【解　析】沥青玛蹄脂碎石混合料(SMA)是典型的骨架密实结构。我国传统的 AC 型沥青混合料属于典型的悬浮—密实结构。开级配排水式磨耗层沥青混合料(OGFC)属于典型的骨架—空隙结构。

19. B

【考核点】沥青路面车辙病害

【解　析】沥青混合料是典型的黏弹塑性材料，在高温及长时间荷载作用下会产生显著的剪切变形，其中不可恢复的部分称为永久变形，即为车辙变形。可见车辙产生原因是沥青混合料抗剪性能不足。

20. B

【考核点】沥青混合料的高温稳定性

【解　析】沥青黏度越大，则其黏滞性越大，黏聚力越强，因此，沥青混合料的高温稳定性(主要取决于矿料颗粒间的内摩阻力和材料的黏聚力)也就越好。

21. A

【考核点】沥青混合料的高温稳定性

【解　析】骨架型沥青混合料由于粗集料能够形成骨架，一般具有较高的内摩阻力，高温稳定性较好；连续型级配一般属于悬浮密实结构，粗集料悬浮于沥青胶浆中，黏聚力较高，但内摩阻力较小，高温稳定性较差。

22. C

【考核点】沥青混合料配合比设计方法

【解　析】我国现行沥青混合料配合比设计方法为马歇尔试验方法。

23. D

【考核点】马歇尔稳定度试验

【解　析】马歇尔稳定度试验，是指在规定的温度和加荷速度下，对混合料试件施加压力直至破坏，测定稳定度和流值两项指标。

24. C

【考核点】车辙试验

【解　析】车辙试验采用动稳定度指标来评价沥青混合料的抗车辙能力。动稳定度是指试件在试验轮反复作用下产生 1mm 车辙变形所需要的行走次数，计算时采用 45min 和

60min 对应的车辙变形量进行计算。

25. B

【考核点】沥青混合料的高温性能

【解　析】在沥青混合料材料组成相同的情况下，适当减小混合料的空隙率，更有利于粗集料形成空间骨架结构，从而提高沥青混合料的内摩阻力，改善高温抗车辙性能。

26. B

【考核点】车辙试验

【解　析】现行规范规定车辙试验温度为 60℃，若试验时实际温度高于规定温度，则沥青混合料中的沥青黏度会较规定温度条件时低，同时沥青与集料的黏结力也会下降，相应地沥青混合料的高温抗变形能力也会减弱。

27. A

【考核点】劈裂试验

【解　析】在沥青混合料试件劈裂试验时，如果加载速率大于标准速率，则由于沥青的黏滞性，沥青混合料的变形会滞后于实际受力状态，以至于所施加荷载达到标准速率的破坏荷载时，混合料变形还没有达到破坏程度，荷载只能继续增加直到试件完全破坏，因此测得的劈裂强度偏大。

28. C

【考核点】沥青路面气候分区

【解　析】沥青路面气候分区，高温指标为最近 30 年内年最热月的平均日最高气温的平均值，低温指标为最近 30 年内的极端最低气温，雨量指标为最近 30 年内的降水量的平均值。分区标号中，数字越小表示气候因素越严重。

29. B

【考核点】沥青混合料饱和度指标

【解　析】沥青饱和度是指压实沥青混合料试件矿料间隙率中扣除被集料吸收的沥青以外的有效沥青实体体积，在矿料间隙中所占的百分率，随沥青用量的增加而增大。

30. D

【考核点】沥青混合料配合比设计

【解　析】沥青混合料配合比设计包括三个阶段：目标配合比设计阶段、生产配合比设计阶段、生产配合比验证阶段。

31. B

【考核点】沥青混合料的冻融劈裂强度指标

【解　析】沥青混合料的冻融劈裂强度是评价沥青混合料水稳定性的指标，在干旱地区，降水量较少，发生水损害的概率也较小，因此，在配合比设计时可适当降低沥青混合料的冻融劈裂强度比要求。

32. B

【考核点】沥青混合料油石比

【解　析】沥青混合料的油石比是指混合料中沥青质量和矿料质量的比值，而沥青含量(或沥青用量)是指混合料中沥青质量和沥青混合料总质量的比值，因此，当油石比为 4.5%

时,沥青含量就是4.5÷(100+4.5)/100=4.3%

33. A

【考核点】SMA沥青混合料材料组成特点

【解 析】SMA属于典型的骨架密实结构,其材料结构组成可概括为“三多一少”,即粗集料含量多、矿粉含量多、沥青含量多、细集料用量少,另外还有少量的纤维。

34. C

【考核点】SMA沥青混合料配合比设计

【解 析】SMA沥青混合料配合比设计流程与普通沥青混合料相同,只是在确定沥青混合料最佳油石比之后的性能检验阶段,增加了谢伦堡沥青析漏试验和肯塔堡飞散试验,主要用于检验确定的最佳油石比是否过大或过小。

35. B

【考核点】马歇尔试验

【解 析】现行试验规程规定,沥青混合料标准马歇尔试件的高度是63.5mm±1.3mm。

36. B

【考核点】车辙试验

【解 析】现行试验规程规定,沥青混合料标准车辙板的尺寸是300mm×300mm×50mm。

37. C

【考核点】车辙试验

【解 析】现行试验规程规定,沥青混合料车辙试验标准温度为60℃。

38. D

【考核点】马歇尔稳定度试验

【解 析】现行试验规程规定,沥青混合料马歇尔稳定度试验标准加载速度为50mm/min,标准试验温度为60℃。

39. A

【考核点】集料粒径

【解 析】集料最大粒径是指集料100%都要求通过的最小的标准筛筛孔尺寸;而公称最大粒径则是指集料可能全部通过或允许有少量不通过(一般容许筛余不超过10%)的最小标准筛筛孔尺寸,通常比集料最大粒径小一个粒级。

40. B

【考核点】沥青混合料级配类型

【解 析】在沥青混合料中,ATPB指的是排水式沥青碎石基层,属于开级配沥青稳定碎石。

41. C

【考核点】沥青混合料组成结构特点

【解 析】沥青混合料组成结构类型中,骨架空隙结构的特点是,粗集料所占比例较高，细集料很少，混合料空隙率较大，高温稳定性较好，但黏聚力低，耐久性差。

42. D

【考核点】沥青混合料级配类型

【解　析】在沥青混合料中，ATB 是指连续密级配沥青稳定碎石。

43. D

【考核点】沥青混合料类型

【解　析】特粗式沥青混合料是指集料公称最大粒径为 37.5mm、最大粒径为 53mm 的混合料。

44. B

【考核点】沥青混合料类型

【解　析】在沥青混合料中，OGFC 指的是开级配排水式沥青磨耗层。

45. B

【考核点】马歇尔稳定度试验

【解　析】沥青混合料的马歇尔稳定度试验中，测定的两个指标分别是稳定度和流值，其中，稳定度用 MS 表示，流值用 FL 表示。

46. D

【考核点】沥青混合料抗剪强度

【解　析】由于沥青混合料是一种黏弹塑性材料，其性能受温度影响较大，且变形有一定滞后性，因此在沥青混合料抗剪强度试验中，如果温度升高了，那沥青的黏聚力下降，混合料的抗剪强度降低，抗变形能力降低；如果加荷频率低，沥青混合料在相同的荷载作用下会有更充分的时间产生形变。

47. D

【考核点】沥青混合料沥青用量

【解　析】在沥青和矿料质量固定的条件下，沥青与矿料的比例（即沥青用量）是影响沥青混合料强度的重要因素。当沥青用量很少时，不足以形成结构沥青膜来黏结矿料颗粒。随着沥青用量增加，结构沥青薄膜逐渐形成，沥青与矿料之间的黏结力随沥青用量增加而增大。当沥青足够黏附在矿粉颗粒表面时，若沥青用量继续增加，过多的沥青会逐渐将矿料颗粒推开，在颗粒间不与矿粉发生交互作用的自由沥青，此时沥青胶浆的黏结力随自由沥青的增加而降低。而矿粉用量越大，相对沥青用量就会“变少”，即也不足以形成结构沥青膜来黏结矿料颗粒。

48. A

【考核点】沥青混合料类型

【解　析】在沥青混合料中，AM 是指半开级配沥青稳定碎石。

49. A

【考核点】沥青混合料的技术性能

【解　析】沥青混合料是一种黏弹塑性材料，温度越高，混合料黏聚力越低，即其抗高温车辙能力越差，因此在气温较高地区，对沥青混合料的高温稳定性要求应该提高一些。

第七节　建 筑 钢 材

【考试纲要】

1. 建筑钢材的主要技术性能和技术标准；

2. 建筑钢材的试验方法。

【复习提示】

1. 复习要点

考生应掌握钢材屈服强度、抗拉强度、屈强比等基本概念；了解主要建筑钢材类型、技术特点及其用途。

重点：

(1)钢材的分类及建筑钢材的类属；

(2)建筑钢材的技术性质。

难点：

建筑钢材的技术性能、指标及测试方法。

2. 规范提示

《公路钢筋混凝土及预应力混凝土桥涵设计规范》(JTG D62—2004)、《公路钢结构桥梁设计规范》(JTG D64—2015)对公路桥梁建筑用钢和钢筋混凝土用钢筋的基本技术性质(抗拉强度等)做了具体规定，其技术指标测试方法则应按照相应的国标进行。其中，钢材(或钢筋)的技术性质或钢结构(或构件)的设计指标等是主要考核内容。

习题精练

1. 在低碳钢的应力应变图中，有线性关系的是(　　)阶段。

A. 弹性阶段　　B. 屈服阶段　　C. 强化阶段　　D. 颈缩阶段

2. 伸长率是衡量钢材的(　　)指标。

A. 弹性　　B. 塑性　　C. 脆性　　D. 耐磨性

3. 钢材经过冷加工后(　　)。

A. 强度降低　　B. 强度提高　　C. 塑性提高　　D. 韧性提高

4. 预应力钢筋混凝土构件充分地发挥了(　　)。

A. 混凝土的抗拉强度　　B. 钢筋的抗拉强度

C. 混凝土的抗压强度　　D. 钢筋的抗压强度

5. 碳素钢的含碳量越高，则(　　)越高。

A. 强度　　B. 塑性　　C. 韧性　　D. 弹性

6. 钢材的含碳量高，则(　　)。

A. 强度、硬度、塑性都提高　　B. 强度提高，塑性降低

C. 强度降低,塑性提高　　D. 强度、塑性都降低

7. 建筑钢材通常应属于(　　)。

A. 优质钢　　B. 低合金钢　　C. 结构钢　　D. 高碳钢

8. 钢结构设计时,低碳素结构钢以(　　)强度作为设计计算取值的依据。

A. 弹性极限　　B. 屈服极限　　C. 极限抗拉　　D. $\sigma_{0.2\%}$

9. 钢材的冷弯性能表示钢材的(　　)。

A. 塑性　　B. 抗疲劳性能

C. 低温性能　　D. 内部结构的缺陷状况

10. 钢材的冷弯性能主要考察钢材的(　　)。

A. 与混凝土的黏结性能　　B. 抗疲劳性能

C. 低温性能　　D. 常温变形能力

11. 中碳钢和高碳钢没有明显的屈服点,通常以残余变形(　　)的应力作为屈服强度。

A. 0.1%　　B. 0.2%　　C. 0.5%　　D. 1%

12. 随着含碳质量分数的提高,钢材的(　　)。

A. 强度、硬度、塑性都提高　　B. 强度提高,塑性降低

C. 强度降低,塑性提高　　D. 强度、塑性都降低

13. 碳素钢牌号中分 A、B、C、D 四个等级,其区别依据是根据(　　)含量确定的。

A. 碳　　B. 硫、磷　　C. 锰　　D. 硅

14. 钢与铁重要区别是其含碳量不同,含碳量的界限为(　　),含碳量小于这个值时为钢;大于这个值时为铁。

A. 0.25%　　B. 0.60%　　C. 0.80%　　D. 2.0%

15. 钢材的屈强比是指(　　)的比值。

A. 屈服上限强度与极限抗拉强度　　B. 屈服下限强度与极限抗拉强度

C. 弹性极限强度与屈服下限强度　　D. 弹性极限强度与极限抗拉强度

16. 某标距为 10cm 长的钢筋做抗拉试验,拉断时试件拼合后标距长度为 11.5cm,则其伸长率为(　　)。

A. 13%　　B. 15%　　C. 14%　　D. 16%

17. 碳素结构钢牌号 Q235,表示这种钢的(　　)≥235MPa。

A. 屈服点　　B. 抗拉强度

C. 抗压强度　　D. 屈强比

习题参考答案及解析

1. A

【考核点】低碳钢的应力—应变关系

【解　析】低碳钢受拉至拉断经历了四个阶段:弹性阶段、屈服阶段、强化阶段和颈缩阶段。其中,弹性阶段的应力—应变成线性关系。

2. B

【考核点】钢材塑性指标

【解　析】钢材的塑性指标通常用伸长率和断面收缩率来表示。

3. B

【考核点】钢材冷加工性能

【解　析】冷加工处理是指将钢材在常温下进行冷加工,使之产生塑性变形,从而提高屈服强度,但刚才的塑性、韧性及弹性模量则会降低,这个过程称为冷加工强化处理。

4. B

【考核点】预应力钢筋混凝土构件特点

【解　析】预应力钢筋混凝土是为了弥补混凝土过早出现裂缝的现象,在构件使用(加载)以前,预先给混凝土一个预压力,即在混凝土的受拉区内,用人工加力的方法,将钢筋进行张拉,利用钢筋的回缩力,使混凝土受拉区预先受压力。因此,预应力钢筋混凝土构件利用的是钢筋的抗拉强度。

5. A

【考核点】碳素钢性能

【解　析】碳是决定钢材性能的最重要元素。碳素钢的含碳量越高,强度越高。

6. B

【考核点】钢材的性能

【解　析】碳是决定钢材性能的最重要元素。在一定含碳量范围($<0.8\%$)内,钢材的含碳量越高,钢材的强度和硬度越高,塑性(延性)和冲击韧性越低。

7. C

【考核点】钢材分类

【解　析】钢材按用途不同可分为结构钢、工具钢、特殊钢。其中,用于建筑结构、机械制造等的均为结构钢。

8. B

【考核点】钢结构设计

【解　析】钢材达到屈服极限后,其已经进入破坏阶段,故在结构设计时,均以屈服极限强度作为其设计强度。屈服强度是确定钢结构容许应力的主要依据。

9. D

【考核点】钢材的冷弯性能

【解　析】冷弯性能是指钢材在常温条件下,承受弯曲变形的能力,是反映钢材缺陷的一种重要工艺性能。

10. D

【考核点】钢材的冷弯性能

【解　析】冷弯性能是指钢材在常温条件下,承受弯曲变形的能力,是反映钢材缺陷的一种重要工艺性能。

11. B

【考核点】钢材的拉伸性能

【解　析】中碳钢和高碳钢屈服现象不明显，难以测定屈服点，通常以残余变形0.2%的应力作为屈服强度。

12. B

【考核点】钢材的性能

【解　析】在一定含碳量范围（<0.8%）内，钢材的含碳量越高，钢材的强度和硬度越高，塑性和冲击韧性越低。

13. B

【考核点】碳素钢牌号

【解　析】碳素钢牌号中A、B、C、D的等级划分依据是钢材中的硫磷含量。

14. D

【考核点】钢的定义

【解　析】炼钢的过程就是将生铁精炼，使碳的含量降低到一定的限度，同时把其他杂质的含量也降低到允许范围内。理论上，凡含碳量在2%以下，含有害杂质较少的铁碳合金均可称为钢。

15. B

【考核点】钢材的屈强比指标

【解　析】钢材的屈强比是指屈服下限强度和极限抗拉强度之比。

16. B

【考核点】钢材的塑性指标

【解　析】钢材伸长率以试件拉断后标距长度的增量与原标距长度的百分比表征。

17. A

【考核点】钢材的牌号

【解　析】通用结构钢采用代表屈服点的拼音字母Q、屈服点数值（单位为MPa）和质量等级（A、B、C、D、E）、脱氧方法（F、B、Z、TZ）等符号按顺序组成牌号。故Q235表示的就是屈服点值≥235MPa的钢材。

第八节　其他建筑材料

【考试纲要】

1. 纤维、土工合成材料及木材的主要技术性能；

2. 土工合成材料的试验方法。

【复习提示】

1. 复习要点

考生应掌握纤维、土工合成材料及木材的主要技术性能、评价指标及试验方法等，了解不同材料在道路工程中的应用情况。

重点：

(1)纤维的技术性能；

(2)土工合成材料技术性能。

难点：

土工合成材料技术性能评价方法及指标。

2.规范提示

《公路路基设计规范》(JTG D30—2015)、《公路沥青路面设计规范》(JTG D50—2006)、《公路路基施工技术规范》(JTG F10—2006)、《公路路面基层施工技术细则》(JTG/T F20—2015)、《公路沥青路面施工技术规范》(JTG F40—2004)、《公路水泥混凝土路面施工技术细则》(JTG/T F30—2014)等分别对适用的纤维或土工合成材料种类及其技术要求做出了明确规定,其有关技术指标的测试方法则应按照相应的国标规定进行。其中,适用于公路工程建筑的纤维与土工合成材料种类、技术性质、评价方法等为主要考核内容。

习题精练

1.下列选项中,(　　)不属于合成纤维。

A.聚酯纤维　B.木质素纤维　C.聚丙烯腈纤维　D.聚丙烯纤维

2.(　　)常用于沥青混合料中作为加筋材料,用来改善沥青混合料的抗裂性能。

A.聚酯纤维　B.木质素纤维　C.聚丙烯腈纤维　D.玄武岩纤维

3.(　　)常用于水泥混凝土中来改善水泥混凝土的耐久性。

A.聚酯纤维　B.木质素纤维　C.聚丙烯腈纤维　D.聚丙烯纤维

4.相对于天然纤维和人造纤维,合成纤维具有(　　)等性能特点。

A.强度高、密度小　B.强度小、密度高

C.强度高、弹性小　D.强度高但不耐磨、不耐酸碱

5.(　　)不属于土工合成材料。

A.聚乙烯土工膜　B.复合土工膜

C.土工格栅　D.石油沥青玻璃布油毡

6.无纺土工织物通常具有(　　)等性能特点。

A.较高的强度　B.断裂延伸率高　C.过滤差　D.排水性差

7.土工格栅常用作(　　),对土起加固作用。

A.过滤　B.排水

C.流体或蒸汽的阻拦层　D.加筋材料

8.厚度反映了土工合成材料的力学性能和水力性能,采用(　　)直接测量。

A.直尺　B.游标卡尺　C.卷尺　D.千分尺

9.下列选项中,(　　)试验不可以评价土工合成材料的拉伸性能。

A.宽条拉伸试验　B.直接拉伸试验

C.条带拉伸试验　D.接头/接缝宽条拉伸试验

10.评价土工织物和土工膜破损的扩大程度难易的力学指标是(　　)。

A.撕破强力　B.顶破强力　C.刺破强力　D.拉伸性能

11. 透水率是指垂直于土工织物平面流动的水，在水位差等于(　　)时的渗透流速。

A. 1　　B. 2　　C. 3　　D. 4

12. 评价土工织物阻止土颗粒通过能力的重要指标是(　　)。

A. 垂直渗透系数　　B. 透水率　　C. 水头差　　D. 孔径

13. 以下选项中，(　　)不属于土工合成材料的耐久性能。

A. 渗透性能　　B. 抗氧化性能　　C. 抗酸碱性能　　D. 抗紫外线性能

14. 用于路堤加筋的土工合成材料应具有足够的(　　)。

A. 摩擦性能　　B. 抗拉强度　　C. 渗透性能　　D. 耐久性能

15. 用于路面裂缝防治的土工合成材料宜采用(　　)。

A. 土工格栅　　B. 土工网　　C. 玻纤网　　D. 土工加筋带

16. 木材在公路工程中的用途是(　　)。

A. 加固路基　　B. 挡墙　　C. 加固路肩　　D. 模板

17. 建筑结构用木材，按其允许的(　　)可以分为三个材质等级。

A. 强度　　B. 刚度　　C. 密度　　D. 缺陷

习题参考答案及解析

1. B

【考核点】纤维分类

【解　析】合成纤维是指从一些本身并不含有纤维素或蛋白质的物质中，加工提炼出来的有机物质，再用化学合成与机械加工的方法制成的纤维。合成纤维主要有聚酰胺纤维、聚丙烯腈纤维、聚酯纤维、聚丙烯纤维、聚乙烯醇缩甲醛纤维以及特种纤维等。

2. A

【考核点】纤维适用性

【解　析】聚酯纤维常用于沥青混合料中作为加筋材料，来改善沥青混合料的抗裂性能。

3. D

【考核点】纤维适用性

【解　析】聚丙烯纤维常用于水泥混凝土中来改善水泥混凝土的耐久性。

4. A

【考核点】合成纤维特性

【解　析】相对于天然纤维和人造纤维，合成纤维具有强度高、密度小、弹性好、耐磨、耐酸碱和不霉不蛀等优越性能。

5. D

【考核点】土工合成材料类别

【解　析】土工合成材料包括土工织物、土工膜(聚乙烯土工膜等)、土工复合材料(复合土工膜等)、土工特种材料(土工格栅等)。石油沥青玻璃布油毡属于防水卷材。

6. B

【考核点】土工织物特性

【解　析】无纺土工织物过滤排水性能较好且断裂延伸率较高，但强度相对较低。

7. D

【考核点】土工格栅特性

【解　析】土工格栅质量轻且具有一定柔性，常用作加筋材料，对土起加固作用。

8. D

【考核点】土工合成材料的物理性能

【解　析】厚度是指土工合成材料在承受规定的压力下正反两面之间的距离。它反映了土工合成材料的力学性能和水力性能，采用千分尺直接测量。

9. B

【考核点】土工合成材料的拉伸性能

【解　析】拉伸性能是指材料抵抗拉伸断裂的能力。它是评价土工合成材料使用性能及工程设计计算时的最基本技术性能，主要包括宽条拉伸试验、接头/接缝宽条拉伸试验、条带拉伸试验。

10. A

【考核点】土工合成材料的力学性能

【解　析】撕破强力是指材料受荷载作用直至撕裂破坏时的极限破坏应力。它反映了土工合成材料抵抗扩大破损裂口的能力，是评价土工织物和土工膜破损的扩大程度难易的重要力学指标。

11. A

【考核点】土工合成材料的水力性能

【解　析】透水率是指垂直于土工织物平面流动的水，在水位差等于1时的渗透流速。

12. D

【考核点】土工合成材料的水力性能

【解　析】孔径反映了土工织物的过滤性能和透水性能，是评价材料阻止土颗粒通过能力的重要水力学指标，以有效孔径表征。

13. A

【考核点】土工合成材料的耐久性

【解　析】耐久性能是指土工合成材料抵抗自然因素长期作用，而其技术性能不发生大幅度衰退的能力，主要包括抗氧化性能、抗酸碱性能、抗紫外线性能等。

14. B

【考核点】土工合成材料的技术性能

【解　析】用于路堤加筋时选用的土工合成材料应具有足够的抗拉强度，并满足刺破强度、撕裂强度、顶破强度等要求。

15. C

【考核点】土工合成材料的技术性能

【解　析】用于路面裂缝防治的土工合成材料宜采用玻纤网和土工织物。

16. D

【考核点】木材的工程用途

【解　析】木材在公路工程中，常用作模板。

17. D

【考核点】木材的分级标准

【解　析】建筑结构用木材，按其允许的缺陷可以分为三个材质等级。

第二章　土质学与土力学

第一节　土的物理化学性质及工程分类

【考试纲要】

1. 土的工程分类；

2. 土的基本物理性质指标；

3. 黏性土的界限含水率；

4. 砂土的密实度；

5. 黏土颗粒与水的相互作用；

6. 土体工程性质的变化机理。

【复习提示】

1. 复习要点

考生应掌握土的生成与特性、物理性质、物理状态等基本概念，能够熟练运用三相比例指标之间的基本关系来研究土的工程力学性质，对土进行工程分类。

重点：

（1）三相比例指标及其相互换算。在土中应力计算、地基沉降计算等章节均会用到该知识点。

（2）黏性土的界限含水率及状态指标、可塑性指标——液限、塑限、液性指数、塑性指数及其用途。在土的工程分类、土中应力计算等章节会用到该知识点。

（3）砂土的密实度及评价方法——砂土密实度指标为孔隙比、相对密度和标准贯入击数。在土的压实特性、地基承载力等章节会用到该知识点。

（4）土的工程分类。在路基工程中会用到该知识点。

难点：

三相比例指标的相互换算。

2. 规范提示

《公路土工试验规程》（JTG E40—2007）和原规范（JTJ 051—1993）相比，涉及土的物理化学性质及土的工程分类方面做的修改如下：将“含水量”名称修改为“含水率”；比重试验增加了浮力法；界限含水率试验增加了 76g 锥入土 17mm 的液限试验方法和液限蝶式仪试验方法；在土的工程分类中，对塑性图进行了部分调整等。

《岩土工程勘察规范》（GB 50021—2001）（2009 版）在砂土密实度、土的工程分类的相关内容与原规范基本一致。

习题精练

1. 下列工程建设中，将土作为地基的是(　　)。

A. 路堤　　B. 地下建筑　　C. 堤坝　　D. 土坝

2. 标准贯入试验时，最初打入土层不记锤击数的土层厚度为(　　)。

A. 15cm　　B. 30cm　　C. 63.5cm　　D. 50cm

3. 已知某土样孔隙比 $e=1$，饱和度 $S_r=0$，则土样应符合的两项条件为(　　)。

①土粒、水、气三相体积相等　　②土粒、气两相体积相等

③土粒体积是气体体积的两倍　　④此土样为干土

A. ①②　　B. ①③　　C. ②③　　D. ②④

4. 下列土的三相比例指标不属于试验指标的是(　　)。

A. 土的密度　　B. 土粒密度　　C. 饱和度　　D. 含水率

5. 反映黏性土状态的指标的是(　　)。

A. w　　B. I_L　　C. w_p　　D. S_r

6. 对某黏性土进行搓条法试验时，当土条搓滚到 3mm 时，尚未开始断裂，表明土条的含水率(　　)。

A. 小于塑限　　B. 大于塑限　　C. 小于液限　　D. 大于液限

7. 黏性土是(　　)。

A. $I_p>10$ 的土　　B. 黏土和粉土的统称

C. 红黏土中的一种　　D. $I_p \leqslant 10$ 的土

8. 黏性土的天然含水率增大时，随之增大的是(　　)。

A. 塑限　　B. 液限　　C. 塑性指数　　D. 液性指数

9. 使黏性土具有可塑性的孔隙水主要是(　　)。

A. 毛细水　　B. 强结合水　　C. 弱结合水　　D. 重力水

10. 同一土样，其重度指标 γ_{sat}、γ_d、γ、γ'的大小关系是(　　)。

A. $\gamma_{sat}>\gamma_d>\gamma>\gamma'$　　B. $\gamma_{sat}>\gamma>\gamma_d>\gamma'$

C. $\gamma_{sat}>\gamma>\gamma'>\gamma_d$　　D. $\gamma_{sat}>\gamma'>\gamma>\gamma_d$

11. 理论上评价砂性土物理状态最合理的指标是(　　)。

A. γ_d　　B. D_r　　C. e　　D. w

12. 下列哪个指标不能反映砂土的密实度(　　)

A. 孔隙比 e　　B. 相对密实度 D_r

C. 标准贯入锤击数 $N_{63.5}$　　D. 液性指数 I_L

13. 测得某黏性土的液限为 40%，塑性指数为 17，含水率为 30%，则其相应的液性指数为(　　)。

A. 0.59　　B. 0.50　　C. 0.41　　D. 0.35

14. 在下列指标中，不可能大于 1 的指标是(　　)。

A. 含水率　　B. 孔隙比　　C. 液性指数　　D. 饱和度

15. 下列指标为体积比的有(　　)。

①e　②S_r　③γ_s　④w

A. ①②　　B. ①③　　C. ②③　　D. ②④

16. 控制填土压实质量常用(　　)指标。

A. γ_d　　B. γ_s　　C. γ　　D. w

17. 一块 1kg 的土样，放置一段时间后，含水率由 25% 下降到 20%，则土中的水减少了(　　)。

A. 0.06kg　　B. 0.05kg　　C. 0.04kg　　D. 0.03kg

18. 某建筑物地基需要压实填土 8000m^3，控制压实后的含水率 $w_1=14\%$，饱和度 $S_r=90\%$，填料重度 $\gamma=15.5\text{kN/m}^3$，天然含水率 $w_0=10\%$，土粒相对密度 $G_s=2.72$，则需要填料的方量为(　　)。

A. 11836.9m^3　　B. 12836.9m^3　　C. 10836.9m^3　　D. 92836.9m^3

19. 已知粉质黏土的土粒相对密度为2.73，含水率为30%，土的密度为1.85g/cm^3，浸水饱和后，该土的水下有效重度为(　　)。

A. 9.02kN/m^3　　B. 8.52kN/m^3　　C. 9.52kN/m^3　　D. 10.02kN/m^3

20. 在岩土工程勘察中，实测某中砂层的标准贯入锤击数为 18、20、17、16、18、17，请问该中砂的密实度为(　　)。

A. 松散　　B. 稍密　　C. 中密　　D. 密实

习题参考答案及解析

1. A

【考核点】地基的概念

【解　析】对于地下建筑、地下管线等，土体对建筑物起保护作用；对于堤坝和土坝，土用来作为挡水建筑物；对于路堤，它是将土作为地基。

2. A

【考核点】标准贯入试验

【解　析】标准贯入试验是用规定的锤重(63.5kg)和落距(76cm)把标准贯入器(带有刃口的对开管，外径 50mm，内径 35mm)打入土中，记录贯入一定深度(30cm)所需的锤击数 N 值的原位测试方法。标准贯入试验多与钻探相配合使用，钻具钻至试验土层高程以上约 15cm 处，以避免下层土受扰动。贯入前，应检查触探杆的接头，不得松脱。贯入时，穿心锤落距为 76cm，使其自由下落，将贯入器直打入土层中 15cm。以后每打入土层 30cm 的锤击数，即为实测锤击数 N。因此，在标贯试验时，最初打入土层不计锤击数的土层厚度为 15cm。

3. D

【考核点】土的三相组成及三相指标的基本概念

【解 析】土是由土粒、水和气体三部分组成，通常称之为土的三相组成（固相、液相和气相）。孔隙比 $e=\frac{V_V}{V_S}=1$，表明土粒、气体两相体积相等，饱和度 $S_r=\frac{V_W}{V_V}=0$，表明此土样只有土粒和气体两相，为干土。

4. C

【考核点】三相指标的基本概念

【解 析】三相比例指标中通过试验测定的指标称为试验指标，包括土的密度、土粒密度和含水率；可由试验指标计算求得的指标，称为换算指标，包括土的干密度（干重度）、饱和密度（饱和重度）、有效重度、孔隙比、孔隙率和饱和度。

5. B

【考核点】黏性土的状态指标

【解 析】塑性指数 I_p 反应黏性土可塑性的大小，可作为黏性土分类的指标；液性指数 I_L 反应黏性土的状态，$I_L>1$，黏土处于流动状态，$I_L<0$，黏土处于固态或者半固态，$0<I_L<1$，黏土处于可塑状态。

6. B

【考核点】塑限的测定方法

【解 析】塑限可采用搓条法测定，双手将天然湿度的土样搓成小圆球（球径小于10mm），放在毛玻璃板上再用手掌慢慢搓滚成小土条，用力均匀，搓到土条直径为3mm，出现裂纹，自然断开，这时土条的含水率就是塑限值。题中当土条搓滚到3mm时，尚未开始断裂，表明土条的含水率大于塑限。

7. A

【考核点】黏性土的概念

【解 析】根据《岩土工程勘察规范》（GB 50021—2001）（2009版），粒径大于0.075mm的颗粒含量不超过总质量50%的土属于细粒土，细粒土可划分为粉土（$I_p\leqslant10$）和黏性土（$I_p>10$）两大类，黏性土可再分为粉质黏土（$10<I_p\leqslant17$）和黏土（$I_p>17$）两个亚类。因此，黏性土是 $I_p>10$ 的土。

8. D

【考核点】黏性土的界限含水率

【解 析】$I_p=w_L-w_p$，$I_L=\frac{w-w_p}{I_p}$，因此，当天然含水率增大时，液性指数增大。

9. C

【考核点】黏土颗粒与水的相互作用

【解 析】土中水与固体颗粒之间并不是机械的混合，而是存在着复杂的物理化学作用。根据受颗粒表面静电应力作用的强弱，可以划分为三种类型：强结合水、弱结合水和自由水。当黏土中存在强结合水时，黏土表现为固态；当黏土中的水为弱结合水时，黏土呈可塑状态，弱结合水对黏性土的性质影响很大。

10. B

【考核点】土的重度指标

【解　析】土的重度指标，从大到小依次为：饱和重度、天然重度、干重度、有效重度。

11. B

【考核点】砂土密实度的评价

【解　析】土的孔隙比一般可以用来描述土的密实程度，但砂土的密实程度并不单独取决于孔隙比，其在很大程度上还取决于土的级配情况。相对密实度同时考虑了孔隙比和级配的影响，因此，从理论上讲，用相对密实度划分砂土的密实度是比较合理的。

12. D

【考核点】砂土密实度

【解　析】孔隙比、相对密实度和标准贯入击数都可以描述砂土的密实程度。

13. C

【考核点】黏土的塑性指数、液性指数

【解　析】黏土的塑性指数 $I_p = w_L - w_p$，$w_p = w_L - I_p = 40 - 17 = 23$。

液性指数 $I_L = \dfrac{w - w_p}{I_p} = \dfrac{30 - 23}{17} = 0.41$。

14. D

【考核点】土的物理性质指标的基本概念

【解　析】根据定义，含水率 $w = \dfrac{m_w}{m_s}$，孔隙比 $e = \dfrac{V_V}{V_S}$，液性指数 $I_L = \dfrac{w - w_p}{I_p}$，饱和度 $S_r = \dfrac{V_w}{V_v}$，不可能大于1的只有饱和度 S_r。

15. A

【考核点】三相指标的基本概念

【解　析】根据各指标的基本定义可知，孔隙比和饱和度这两个指标为体积比。

16. A

【考核点】三相指标及应用

【解　析】干密度(干重度)反映土颗粒排列的紧密程度，工程上常用干重度作为人工填土压实质量的控制指标。

17. C

【考核点】三相指标及应用

【解　析】欲求解减少的水量，需先求解出土颗粒的质量 m_s，由题意，$m = 1\text{kg}$，$w_1 = 25\%$，$w_2 = 20\%$，$w_1 = \dfrac{m - m_s}{m_s} = \dfrac{1 - m_s}{m_s} = 25\%$，则 $m_s = 0.8\text{kg}$，减小的水量 $\Delta W = m_s(w_1 - w_2) = 0.8 \times (25\% - 20\%) = 0.04\text{kg}$。

18. C

【考核点】三相指标及应用

【解　析】压实前填料的干重度 $\gamma_{d1} = \dfrac{\gamma}{1 + w} = \dfrac{15.5}{1 + 0.1} = 14.1\text{kN/m}^3$。

压实后，由 $S_r = \dfrac{wG_s}{e}$，有 $e = \dfrac{wG_s}{S_r} = \dfrac{0.14 \times 2.72}{0.9} = 0.423$，则填料的干重度 $\gamma_d = \dfrac{G_s}{1 + e} = \gamma_w =$

$\frac{2.72}{1+0.423}\times 10=19.1\text{kN/m}^3$。

根据压实前后土体干质量相等原则，计算填料方量为：

$V_1=\frac{V_2\gamma_{d2}}{\gamma_{d1}}=\frac{8000\times 19.1}{14.1}=10836.9\ \text{m}^3$。

19. A

【考核点】三相指标及应用

【解　析】根据三相指标的换算公式，有效重度 $\gamma'=\frac{\gamma(\gamma_s-\gamma_w)}{\gamma_s(1+w)}=\frac{18.5\times(27.3-10)}{27.3\times(1+30\%)}=9.02$。

20. C

【考核点】标准贯入试验

【解　析】计算平均值 $N=\frac{18+20+17+16+18+17}{6}=17.7$，根据《岩土工程勘察规范》(GB 50021—2001)(2009版)，$N\leqslant 10$，密实度为松散，$10<N\leqslant 15$，密实度为稍密，$15<N\leqslant 30$，密实度为中密 $N>30$，密实度为密实。

第二节　土中水的运动规律

【考试纲要】

1. 土的毛细特性；
2. 冻胀机理与影响因素；
3. 层流渗透定律(达西定律)；
4. 渗透系数及其影响因素；
5. 动水力的概念；
6. 流沙。

【复习提示】

1. 复习要点

考生应掌握达西定律的基本原理，掌握主要室内、室外渗透系数测定方法及影响土的渗透性的因素，掌握渗透力的计算、流沙现象的特点和判别；了解土中水的毛细现象。

重点：

(1)达西定律，是分析土的渗透性的基础。

(2)动水力的概念及计算。动水力的计算在工程实践中具有重要意义，在研究土体在水渗流时的问题性稳定时，必须考虑动水力的影响。

(3)渗透系数的计算。

(4)流沙现象的特点及判别。

难点：

(1)渗透系数的计算。

(2)流沙现象的特点及判别。

2. 规范提示

《公路土工试验规程》(JTG E40—2007)和原规范相比，涉及土中水的运动规律一节的内容，在渗透试验部分修订了变水头渗透试验方法：采用与国标和相关行业相同的简单的试验装置进行试验，试验用水要求与常水头渗透试验相同，对渗透系数计算公式也进行了修订。

习题精练

1. 在分析土体渗流问题时采用的理论主要为(　　)。

A. 极限平衡理论　B. 固结理论　C. 有效应力原理　D. 达西定律

2. 下列不能确定土的渗透系数的方法是(　　)。

A. 室内常水头渗透试验　B. 变水头渗透试验

C. 现场抽水试验　D. 加权法

3. 某渗透试验，渗流速度为 6×10^{-5}cm/s，水力梯度为 0.3，则该土体的渗透系数为(　　)。

A. 6.3×10^{-5}cm/s　B. 5.7×10^{-5}cm/s

C. 2.0×10^{-4}cm/s　D. 0.5×10^{-4}cm/s

4. 某试样长 25cm，其截面积为 103cm^2，作用于试样两端的固定水头差为 75cm，此时通过试样流出的水量为 100cm^3/min，则该试样的渗透系数 k 为(　　)。

A. 4.85×10^{-6}m/s　B. 5.39×10^{-6}m/s

C. 6.78×10^{-6}m/s　D. 5.39×10^{-5}m/s

5. 有一粉土地基，粉土厚 1.8m，但有一厚度为 15cm 的水平砂夹层。已知粉土渗透系数 $k=2.5\times10^{-4}$cm/s 砂土渗透系数为 $k=6.5\times10^{-2}$cm/s。假设它们本身的渗透性都是各向同性的，则这一复合土层的水平和垂直等效渗透系数分别为(　　)。

A. 5.65×10^{-3}cm/s，2.73×10^{-4}cm/s　B. 4.21×10^{-6}cm/s，6.78×10^{-6}cm/s

C. 6.78×10^{-6}cm/s，4.85×10^{-6}cm/s　D. 5.65×10^{-4}cm/s，3.12×10^{-5}cm/s

6. 某变水头试验，已知环刀内径 61.8mm，高 40mm，变水头管内径 0.8cm，$t_1=60$s 时水头 $H_1=20$cm，$t_2=180$s 时水头为 $H_2=15$cm，则该土样的渗透系数为(　　)。

A. 1.25×10^{-4}cm/s　B. 1.60×10^{-4}cm/s

C. 3.50×10^{-4}cm/s　D. 2.52×10^{-4}cm/s

7. 下列哪一项因素不影响土的渗透性(　　)。

A. 土的粒度成分及矿物成分　B. 结合水膜厚度

C. 土的重度　D. 水的黏滞度及土中气体

8. 动水力的单位是(　　)。

A. kN　B. kN/m　C. kN/m^3　D. kPa

9. 某砂性土坡，实际水力梯度大于临界水力梯度时，通常会产生(　　)现象。

A. 固结　B. 沉降　C. 变形　D. 流沙

10. 已知土体比重 $G_s=2.7$，孔隙比 $e=1$，则该土的临界水力坡降为(　　)。

A. 1.70　　B. 1.35　　C. 0.85　　D. 0.65

11. 下列哪一种土更容易发生流沙现象(　　)。

A. 粗砂或砾砂　　B. 细砂或粉砂　　C. 粉土　　D. 粗砂和粉土

12. 某基坑在细砂层中开挖,经施工抽水,待水位稳定后,实测水位情况如图所示。根据场地勘查报告提供:细砂层饱和重 $\gamma_{sat}=18.7\text{kN/m}^3$, $k=4.5\times10^{-2}\text{mm/s}$,试求渗透水流的平均速度 v,并判别是否会产生流沙现象(　　)。

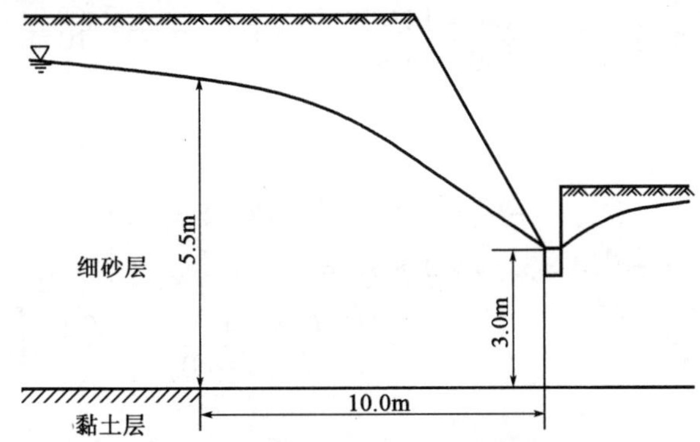

A. 1.13×10^{-3}mm/s,产生流沙现象　　B. 1.13×10^{-2}mm/s,不产生流沙现象

C. 2.48×10^{-2}mm/s,不产生流沙现象　　D. 2.48×10^{-3}mm/s,产生流沙现象

习题参考答案及解析

1. D

【考核点】达西定律

【解　析】在土力学中,分析土体渗流问题时采用的理论主要为达西定律。

2. D

【考核点】渗透系数的测定方法

【解　析】渗透系数可以在试验室通过常水头或变水头渗透试验测定,也可进行现场抽水试验确定。

3. C

【考核点】达西定律

【解　析】根据达西定律公式 $v=kI$ 可计算出渗透系数为: $k=v/I=6/0.3\times10^{-5}=2.0\times10^{-4}$cm/s。

4. B

【考核点】渗透系数的计算

【解　析】因为 $L=25\text{cm}$, $A=103\text{cm}^2$, $H=75\text{cm}$, $q=100\text{cm}^3/\text{min}=\frac{100}{60}\text{cm}^3/\text{s}$。则:

$$k=\frac{QL}{AHt}=\frac{qL}{AH}=\frac{\frac{100}{60}\times25}{75\times103}=5.39\times10^{-3}\text{cm/s}=5.39\times10^{-6}\text{m/s}。$$

5. A

【考核点】渗透系数计算

【解　析】先求水平等效渗透系数：

$$k_H=\frac{H_1k_1+H_2k_2}{H_1+H_2}=\frac{15\times650+(180-15)\times2.5}{15+(180-15)}\times10^{-4}=5.65\times10^{-3}\text{cm/s}。$$

再计算垂直等效渗透系数：

$$k_v=\frac{H_1+H_2}{H_1/k_1+H_2/k_2}=\frac{15+(180-15)}{15/650+(180-15)/2.5}\times10^{-4}=2.73\times10^{-4}\text{cm/s}。$$

6. B

【考核点】渗透系数计算

【解　析】试样截面积：$A=\pi D^2/4=3.14\times6.18^2/4=30\text{cm}^2$。

变水头管截面积：$a=\pi d^2/4=3.14\times0.8^2/4=0.5\text{cm}^2$。

渗透系数：$k=2.3\dfrac{aL}{A(t_2-t_1)}\lg\dfrac{H_1}{H_2}=2.3\times\dfrac{0.5\times4}{30\times(180-60)}\times\lg\dfrac{20}{15}=1.60\times10^{-4}\text{cm/s}$。

7. C

【考核点】影响土的渗透性的因素

【解　析】影响土的渗透性的因素主要有以下几种：①土的粒度成分及矿物成分；②结合水膜的厚度；③土的结构构造；④土中气体。

8. C

【考核点】动水力的概念

【解　析】动水力计算公式为 $G_D=\gamma_w I$，因此，其为体积力，单位为 kN/m^3。

9. D

【考核点】流沙特性

【解　析】若水的渗流方向自下而上，当实际水力梯度大于临界水力梯度时，向上的动水力将大于土的有效重度，此时土颗粒将处于悬浮状态而失去稳定，从而形成流沙现象。

10. C

【考核点】流沙特性

【解　析】当向上的渗透力等于土颗粒的有效重度时，土颗粒处于悬浮状态，此时的水力坡降为临界水力坡降。$i_{cr}=\dfrac{\gamma'}{\gamma_w}=\dfrac{G_s-1}{1+e}=\dfrac{2.7-1}{1+1}=0.85$。

11. B

【考核点】流沙特性

【解　析】流沙现象发生在土体表面渗流逸出处，不发生于土体内部。流沙现象主要发生在细砂、粉砂及粉土等土层中。

12. B

【考核点】渗流、流沙特性

【解　析】水力坡度 $I=\dfrac{\Delta h}{L}=\dfrac{5.5-3}{10}=0.25$，渗流速度 $v=kI=4.5\times10^{-2}\times0.25=$

1.13×10^{-2}mm/s，动水力 $G_D=\gamma_w I=10\times0.25=2.5\text{kN/m}^3<\gamma'=18.7-10=8.7\text{kN/m}^3$，故不会发生流沙现象。

第三节　土中应力计算

【考试纲要】

1. 自重应力计算方法；
2. 土中附加应力计算方法；
3. 土的有效应力原理。

【复习提示】

1. 复习要点

考生应了解土中应力计算的假设条件，掌握土中自重应力、附加应力以及有效应力原理的概念，能够熟练计算土中自重应力和附加应力。

重点：

(1)土中自重应力和附加应力计算。研究土的变形、强度及稳定性等力学问题时，都必须先掌握土中应力状态，因此，计算土中应力分布是土力学的重要内容之一。土中应力计算相关知识在地基沉降、土压力计算等知识点中均会涉及。

(2)基底压力的简化算法。在地基承载力验算时会涉及该知识点。

(3)土的有效应力原理。在土的抗剪强度、土的固结等章节会涉及该知识点。

难点：

土中附加应力计算。

2. 规范提示

土中应力计算、基底压力简化计算涉及的《公路桥涵地基与基础设计规范》(JTG D63—2007)为现行规范。

习题精练

1. 受荷载作用的土体，颗粒之间传递的应力，通常称为(　　)。

A. 有效应力　　B. 附加应力　　C. 总应力　　D. 孔隙水压力

2. 土中附加应力是由(　　)原因形成的。

A. 建筑荷载　　B. 固结　　C. 变形　　D. 布西奈斯克解

3. 土中应力包括(　　)。

A. 自重应力　　B. 基底应力　　C. 基底附加应力　　D. 重分布应力

4. 有效应力原理可表示为(　　)。

A. $\sigma=\bar{\sigma}-u$　　B. $\sigma=\bar{\sigma}+u$　　C. $\bar{\sigma}=\sigma+u$　　D. $u=\sigma+\bar{\sigma}$

5. 条形均布荷载中心线下，附加应力随深度减小，其衰减速度与基础宽度 B 的关系是

(　　)。

A. 与 B 无关　　B. B 越大,衰减越慢

C. B 越大,衰减越快　　D. 不确定

6. 甲、乙两个矩形基础,其基底长边尺寸相同,即 $L_{甲} = L_{乙}$;短边尺寸分别为 $b_{甲}$、$b_{乙}$;若基底附加应力相等且 $b_{甲} > b_{乙}$,则在基底下同一深度处的竖向附加应力值的大小关系正确的是(　　)。

A. $\sigma_{甲} > \sigma_{乙}$　　B. $\sigma_{甲} = \sigma_{乙}$　　C. $\sigma_{甲} < \sigma_{乙}$　　D. $\sigma_{甲} \leqslant \sigma_{乙}$

7. Boussineq 解的是如下图示的哪个半无限弹性体的问题(　　)。

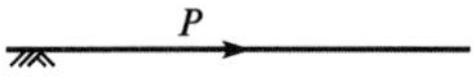

P

(A)

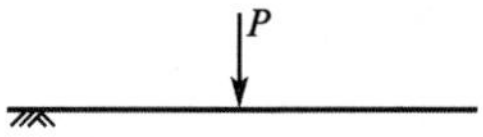

P

(B)

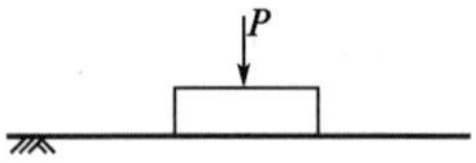

P

(C)

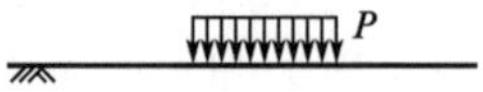

P

(D)

8. 下列(　　)在受到轴向荷载作用下其基底压力均匀分布。

A. 刚性基础　　B. 扩展基础　　C. 柔性基础　　D. 桩基础

9. 已知土层的饱和重度为 γ_{sat} 干重度为 γ_d,在计算地基沉降时,采用以下哪个公式计算地基土地下水位以下的自重应力(　　)。

A. $\sum z_i \gamma_{sat}$　　B. $\sum z_i \gamma_{di}$

C. $\sum z_i (\gamma_{sat} - \gamma_w)$　　D. $-\sum z_i \gamma_{sat}$

10. 当地下水位从地表处下降至基底平面处,对土中附加应力的影响是(　　)。

A. 附加应力增加　　B. 附加应力减少

C. 附加应力不变　　D. 没影响

11. 当地下水位从基础底面处上升到地表面,对附加应力的影响是(　　)。

A. 附加应力增加　　B. 附加应力减少

C. 附加应力不变　　D. 没影响

12. 一矩形基础,宽为 3m,长为 4m,在长边方向作用一偏心荷载 $F + G = 1200\text{kN}$。偏心距为多少时,基底不会出现拉应力?试问当 $p_{min} = 0$ 时,最大压力为(　　)。

A. $e = 0.58\text{m}, p_{max} = 400\text{kPa}$　　B. $e = 0.67\text{m}, p_{max} = 600\text{kPa}$

C. $e = 0.67, p_{max} = 200\text{kPa}$　　D. $e = 0.47\text{m}, p_{max} = 150\text{kPa}$

13. 已知某一矩形基础,宽为 2m,长为 4m,基底附加应力为 80kPa,角点下 6m 处竖向附加应力为 12.95kPa,现另一基础,宽为 4m,长为 8m,基底附加应力为 90kPa,试问该基础中心线下 6m 处竖向附加应力为(　　)。

A. 40kPa　　B. 75kPa　　C. 38kPa　　D. 58.3kPa

14. 某工程地基剖面图如图所示,则地下水位位于地面以下 2m 时基岩面上的自重应力为(　　)。

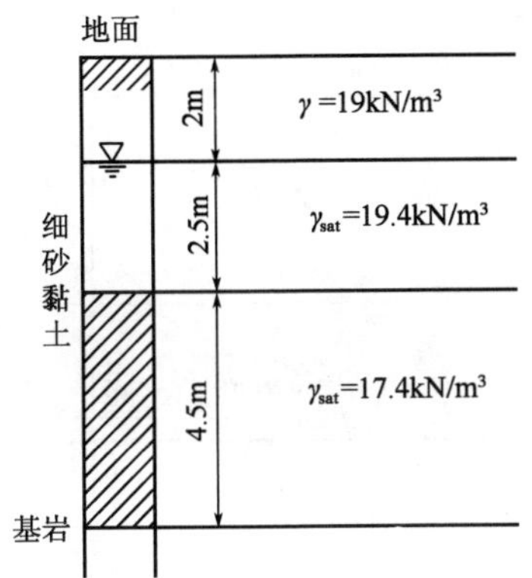

A. 94.8kPa　B. 69.5kPa　C. 61.57kPa　D. 125.6kPa

15. 工程中，当条形基础的长宽比为(　　)时，可将其视为平面应变问题。

A. $l/b \geqslant 8$　B. $l/b \geqslant 10$　C. $l/b \geqslant 5$　D. $l/b \geqslant 12$

16. 目前，计算土中应力时将土看成(　　)。

A. 均匀的、各向异性的弹性体

B. 均匀的、各向同性的弹性体

C. 均匀的、各向异性的半无限弹性体

D. 均匀的、各向同性的半无限弹性体

17. 某均质地基，天然重度为 20kN/m^3，饱和重度为 21kN/m^3，则距地表 24m 处的竖向自重应力为(　　)。

A. 504kPa　B. 480kPa

C. 480MPa　D. 504MPa

18. 下列哪种情况会出现基底应力重分布(　　)。

A. $e<\frac{b}{6}$　B. $e=\frac{b}{6}$　C. $e>\frac{b}{6}$　D. $e<0$

19. 图示桥墩基础，已知基础底面尺寸 $l=4\text{m}$，$b=10\text{m}$，作用在基础底面中心的荷载 $N=4000\text{kN}$，$M=2800\text{kN}\cdot\text{m}$。则基础底面的压力为(　　)。

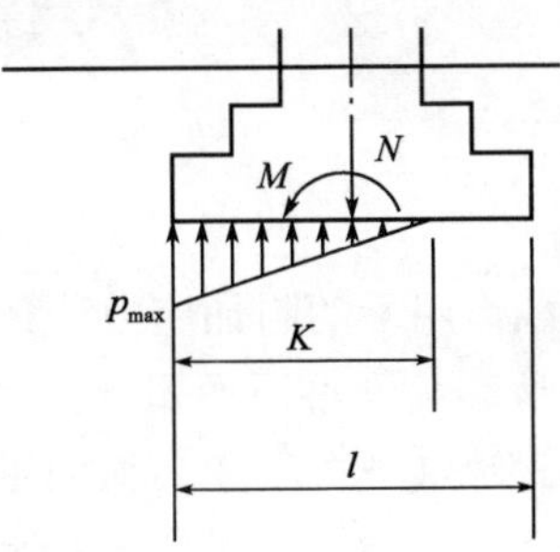

A. $e=0.58\text{m}$，$p'_{max}=935.6\text{kPa}$　B. $e=0.7\text{m}$，$p'_{max}=205\text{kPa}$

C. $e=0.75\text{m}$，$p'_{max}=1235.3\text{kPa}$　D. $e=0.47\text{m}$，$p'_{max}=676.2\text{kPa}$

20. 某土层剖面结构如图所示，则深度 $z=9\text{m}$ 处的有效应力 σ' 为(　　)。

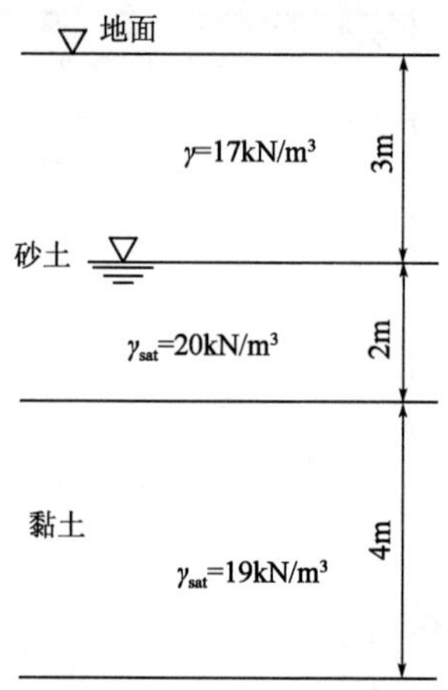

A. 135. 3kPa　　B. 120. 5kPa　　C. 108. 2kPa　　D. 176. 2kPa

◈ 习题参考答案及解析 ◈

1. A

【考核点】有效应力的概念

【解　析】受荷载作用的土体，由土颗粒间接触面承担的应力称为有效应力。

2. A

【考核点】附加应力的概念

【解　析】土中应力包括自重应力和附加应力，前者是因土受到重力作用而产生，因其一般随着土的形成就存在，因此也称为长驻应力；后者是因受到建筑物等外荷载作用而产生的。

3. A

【考核点】土中应力的概念

【解　析】土中应力包括自重应力和附加应力。

4. B

【考核点】有效应力原理

【解　析】同上述第 3 小题。

5. B

【考核点】均布竖向条形荷载作用下的附加应力计算

【解　析】根据均布竖向条形荷载作用下的附加应力系数值表可得，荷载中心线下的附加应力系数值，应取 $x/b=0.50$，此时水平向和竖直向的附加应力系数均随深宽比 z/b 的增大而减小，亦即当深度 z 一定时，宽度 b 越大，附加应力系数越大，附加应力也就越大，由此可得基础宽度越大，附加应力衰减越慢。

6. A

【考核点】均布竖向矩形荷载作用下附加应力计算

【解　析】据均布竖向矩形荷载作用下的附加应力系数值表可得，竖向附加应力系数随深宽比 z/b 的增大而减小，随长宽比 l/b 的增大而增大。据题意，$(z/b)_{甲}<(z/b)_{乙}$，故 $\sigma_{甲}>\sigma_{乙}$。

7. B

【考核点】竖向集中力作用下土中附加应力计算

【解　析】Boussineq 课题解决的是在均匀的个各向同性的半无限弹性体表面，作用一竖向集中力时，计算半无限体内任一点的应力。亦即竖向集中力作用下土中附加应力计算问题。

8. A

【考核点】基础的概念

【解　析】在中心荷载作用下，刚性基础不会出现挠曲变形，基底压力呈均匀分布；柔性基础底面的压力分布图形与基础上作用的荷载分布图形一致。

9. C

【考核点】自重应力计算

【解　析】计算自重应力时，如果地下水位以下的土受到水的浮力作用，那么水下部分的土应按浮重度计算。

10. B

【考核点】地下水位升降对附加应力的影响

【解　析】地下水位下降时，水中土体部分减少，该部分重度由 γ' 增大为 γ，因此会引起有效自重应力增加，从而使基底附加压应力（$p_0=p-\gamma D$）减小，基底下土中附加应力减小；反之，地下水位上升时，会引起有效自重应力减小，附加应力增加。

11. A

【考核点】地下水位升降对附加应力的影响

【解　析】同上述第 10 小题。

12. C

【考核点】基底压力计算

【解　析】当 $e_0\leqslant\dfrac{b}{6}=\dfrac{4}{6}=0.67\text{m}$，基底不会出现拉应力，当 $p_{\min}=0$ 时，$e_0=\dfrac{b}{6}=0.67\text{m}$，此时 $p_{\max}=\dfrac{F+G}{A}(1+\dfrac{e_0}{\rho})=\dfrac{1200}{3\times4}\times(1+1)=200\text{kPa}$。

13. D

【考核点】均布竖向矩形荷载作用下附加应力计算

【解　析】由题意，宽度为 2m、长度为 4m 的基础，角点下 6m 处的附加应力 $\sigma_{z1}=\alpha p_{01}$，$l/b=2$，$z/b=3$，$\alpha=\dfrac{\sigma_{z1}}{p_{01}}=\dfrac{12.95}{80}=0.162$；宽度为 4m、长度为 8m 的基础中心线下的附加应力可以等效为宽度为 2m、长度为 4m 的矩形基础角点下附加应力的 4 倍，则 $\sigma_{z2}=4\alpha p_{02}=4\times0.162\times90=58.3\text{kPa}$。

14. A

【考核点】自重应力计算

【解　析】基岩面上的附加应力为：

$\sigma_{cz}=\gamma_1 h_1+\gamma'_2 h_2+\gamma'_3 h_3=19\times2+(19.4-10)\times2.5+(17.4-10)\times4.5=94.8\text{kPa}$。

15. B

【考核点】条形基础的概念

【解　析】工程中，当条形基础的长宽比 $l/b\geqslant10$ 时，可将其视为平面应变问题。

16. D

【考核点】自重应力计算

【解　析】计算土中应力时，把土视为均匀的、各向同性的半无限弹性体材料。

17. B

【考核点】自重应力计算

【解　析】由天然重度乘以深度可得到 $\sigma_{cz}=\gamma_1 h_1=20\times24=480\text{kPa}$。

18. C

【考核点】基底压力

【解　析】由于荷载偏心距 e 的大小不同，基底压力的分布可能出现下述三种情况：

①当 $e<\frac{b}{6}$ 时，$p_{min}>0$，基底压力呈梯形分布；

②当 $e=\frac{b}{6}$ 时，$p_{min}=0$，基底压力呈三角形分布；

③当 $e>\frac{b}{6}$ 时，$p_{min}<0$，也即产生拉应力，但基底与土之间是不能承受拉应力的，这时基底压力将重新分布。

19. B

【考核点】基底压力计算

【解　析】$\frac{l}{6}=\frac{4}{6}=0.667\text{m}$，$e=\frac{M}{N}=\frac{2800}{4000}=0.7\text{m}>\frac{l}{6}$

$$p'_{max}=\frac{2N}{3\left(\frac{l}{2}-e\right)b}=\frac{2\times4000}{3\times\left(\frac{4}{2}-0.7\right)\times10}=205\text{kPa}$$

$$K=3\left(\frac{l}{2}-e\right)=3\times\left(\frac{4}{2}-0.7\right)=3.9\text{m}$$

20. C

【考核点】有效应力计算

【解　析】σ、u、σ' 的分布值计算如下表所示：

深度 z(m)	σ(kN/m^2)	u(kN/m^2)	σ'(kN/m^2)
2	$2\times17=34$	0	34
3	$3\times17=51$	0	51
5	$51+2\times20=91$	$2\times9.8=19.6$	71.4
9	$91+4\times19=167$	$6\times9.8=58.8$	108.2

第四节　土的力学性质

【考试纲要】

1. 土的强度；
2. 变形指标；
3. 土的压实特性；
4. 压实土的力学特性；
5. 土体强度理论；
6. 软土在荷载作用下的强度增长规律；
7. 土体抗剪强度；
8. 直剪试验及相应的强度指标；
9. 三轴试验及相应的强度指标。

【复习提示】

1. 复习要点

考生应掌握土的压缩特性及变形指标，土的应力历史及土性判断；理解土的强度定义，掌握库仑强度定律；熟练运用土的极限平衡条件式判别土的状态；掌握直剪试验、三轴试验及相应的强度指标，理解有效应力与抗剪强度的对应关系；了解软土在荷载作用下的强度增长规律；了解土的压实特性与压实土的力学特性。

重点：

(1)土的变形指标，包括压缩系数、压缩模量、变形模量、压缩指数和回弹指数等。在土体压缩性判定、地基最终沉降量的计算、地基沉降与时间的关系计算等知识点中均会涉及土的变形指标。

(2)土的抗剪强度理论，即摩尔—库仑强度理论，在工程实践中广泛应用。在分析土坡稳定性、土压力计算及地基承载力计算时均会用到土的抗剪强度理论。

(3)直剪试验及相应的强度指标。直剪试验有快剪、固结快剪和慢剪三种试验方法，要注意在工程实践中对直剪试验强度指标的合理选用。

(4)三轴试验及相应的强度指标。三轴试验有不固结不排水剪(UU 试验)、固结不排水剪(CU 试验)和固结排水剪(CD 试验)，要注意在工程实践中对三轴试验强度指标的合理选用。

难点：

(1)土的抗剪强度理论及其应用。

(2)三轴试验及相应的强度指标，抗剪强度与有效应力的对应关系。

2. 规范提示

工程实践中常常涉及土的抗剪强度指标的选用，例如《公路路基设计规范》(JTG D30—2015)在第 3.6.8 条中指出，高路堤与陡坡路堤稳定性分析的强度参数试验方法应符合下列要求：路基填土的强度参数 c、φ 值可采用直剪快剪或三轴不排水剪试验获得；地基土的强度参数 c、φ 值宜采用直剪固结快剪或三轴固结不排水剪试验获得；分析高陡路堤沿斜坡地基或软弱层带滑动的稳定性时,应结合场地条件,选择控制性层面的土层试验获得强度参数 c、φ 值,可采用直剪快剪或三轴不排水剪试验获得。

习题精练

1. 如果 $a_{1-2}=0.8\text{MPa}^{-1}$,则土的压缩性为(　　)。

A. 高压缩性土　　B. 中压缩性土　　C. 低压缩性土　　D. 极低压缩性土

2. 某均质土层厚3m,初始孔隙比为0.5,在载荷作用下孔隙比减小值为0.3,则该土层的沉降量为(　　)。

A. 0.4m　　B. 0.6m　　C. 0.5m　　D. 0.7m

3. 有一基础埋置深度1m,地下水位在地表处,饱和重度为 $\gamma_{sat}=18\text{kN/m}^3$,孔隙比与应力之间的关系为 $e=1.15-0.00125p$。若在基底下5m处的附加应力为75kPa,试问在基底下4~6m的压缩量是(　　)。

A. 19cm　　B. 9cm　　C. 25cm　　D. 5cm

4. 压缩系数的单位为(　　)。

A. kN　　B. kN/m　　C. 1/kPa　　D. kPa

5. 对于超固结土,其先期固结压力 P_c 与自重应力 P_0 的关系为(　　)。

A. $P_c>P_0$　　B. $P_c=P_0$　　C. $P_c<P_0$　　D. $P_c\neq P_0$

6. 有三个同一种类土样,它们的含水率都相同,但是饱和度不同,饱和度越大的土,其压缩性的变化是(　　)。

A. 压缩性越大　　B. 压缩性越小　　C. 压缩性不变　　D. 不确定

7. 两个土性相同的土样,单轴压缩试验得到变形模量 E_0,侧限压缩试验得到压缩模量 E_s,两者之间的相对关系为(　　)。

A. $E_0>E_s$　　B. $E_0=E_s$　　C. $E_0<E_s$　　D. 不确定

8. 三个饱和土样进行常规三轴不固结不排水试验,其围压 σ_3 分别为50kPa、100kPa、150kPa。最终测得的强度差别为(　　)。

A. σ_3 越大,强度越大　　B. σ_3 越大,孔隙水压越大,强度越小

C. 与 σ_3 无关,强度相似　　D. 不确定

9. 侧限压缩试验所得的压缩曲线(e-p 曲线)愈平缓,表示该试样土的压缩性(　　)。

A. 愈大　　B. 愈小　　C. 愈均匀　　D. 愈不均匀

10. 土中某点处于极限平衡状态时,剪切破坏面与大主应力作用方向所成的角度是(　　)。

A. $(45°+\varphi/2)$　　B. $(45°-\varphi/2)$　　C. 45°　　D. $(45°+\varphi)$

11. 砂土的抗剪强度是由(　　)构成的。

A. 土的黏聚力　　B. 有效应力　　C. 总应力　　D. 土的内摩阻力

12. 三轴试验时,试样所受的大主应力 σ_1 等于(　　)。

A. 中主应力 σ_2　　B. 中主应力 σ_2 + 小主应力 σ_3

C. 小主应力 σ_3　　D. 小主应力 σ_3 + 偏应力 q

13. 理论上抗剪强度与(　　)应有对应的关系。

A. 孔隙水压力 u　　B. 有效应力 σ'　　C. 总应力 σ　　D. 剪应力 τ

14. 水—弹簧模型主要用于模拟(　　)。

A. 有效应力原理　　B. 渗透作用　　C. 毛细作用　　D. 水压力变化

15. 土体的压缩性可用压缩系数 a 表示为(　　)。

A. a 越大,土的压缩性越小　　B. a 越大,土的压缩性越大

C. a 的大小与压缩性的大小无关　　D. 不确定

16. 土体压缩性 e-p 曲线是在(　　)条件下试验得到的。

A. 完全侧限条件　　B. 无侧限条件　　C. 部分侧限条件　　D. 现场试验

17. 压缩试验得到的 e-p 曲线,其中 p 是指(　　)。

A. 孔隙应力　　B. 总应力　　C. 有效应力　　D. 孔隙水压力

18. 饱和黏性土,在同一竖向荷载下进行快剪、固结快剪和慢剪,(　　)方法得到的强度最大。

A. 快剪　　B. 固结快剪　　C. 慢剪　　D. 一样大

19. 现场十字板试验得到的强度与室内(　　)试验方法测得的强度相当。

A. 慢剪　　B. 固结快剪　　C. 快剪　　D. 不排水剪

20. 有一饱和黏土试样,进行三轴固结不排水试验,并测得孔隙水压力,可以得到一个总应力圆和有效应力圆,试问两个应力圆的大小关系为(　　)。

A. 总应力圆大　　B. 有效应力圆大

C. 两个应力圆一样大　　D. 不确定

21. 直剪试验土样的破坏面在上下剪切盒之间,三轴试验土样的破坏面在(　　)的位置上。

A. 与试样顶面成 45°　　B. 与试样顶面成 $45° + \varphi/2$

C. 与试样顶面成 $45° - \varphi/2$　　D. 与试样顶面成 90°

22. 已知土中一点的主应力 σ_1、σ_3 及强度指标 c、φ,当用极限平衡条件式判定该点状态时,如 σ_1 的计算值大于已知值,表示该点(　　)。

A. 剪破　　B. 稳定　　C. 极限平衡状态　　D. 塑性变形

23. 一个砂样进行直接剪切试验,竖向应力 $p = 100$kPa,破坏时 $\tau = 57.7$kPa,试问这时的大小主应力 σ_1、σ_3 为(　　)。

A. 250kPa,56.6kPa　　B. 150kPa,85.3kPa

C. 100kPa,57.7kPa　　D. 200kPa,66.3kPa

24. 土样内摩擦角 $\varphi = 26°$,黏聚力为 $c = 20$kPa,承受大主应力和小主应力分别为 $\sigma_1 =$ 450kPa,$\sigma_3 = 150$kPa,则该土样(　　)。

A. 达到极限平衡,并已经破坏　　B. 处于极限平衡

C. 没有达到极限平衡状态　　D. 处于极限平衡,但未破坏

25. 对某干砂试样进行直剪试验,当 $\sigma = 300$kPa 时,测得 $\tau_f = 200$kPa,求:(1)干砂的内摩擦角 φ;(2)大主应力与剪破面的夹角。(　　)

A. 33.7°,61.8°　　B. 22.5°,45.0°

C. 34.5°,62.3°　　D. 22.8°,56.3°

26. 一饱和黏性土试样在三轴仪中进行固结不排水试验，施加周围压力 $\sigma_3=200\text{kPa}$，试样破坏时的主应力差 $\sigma_1-\sigma_3=300\text{kPa}$，测得孔隙水压力 $u_f=180\text{kPa}$，整理试验结果得有效内摩擦角 $\varphi'=30°$，有效黏聚力 $c'=75.1\text{kPa}$。如果破坏面与水平面的夹角为60°，试问破坏面上的法向应力与剪应力以及试样中的最大剪应力分别为(　　)。

A. 275kPa,130kPa,150kPa　　B. 375kPa,230kPa,250kPa

C. 175kPa,0kPa,175kPa　　D. 275kPa,150kPa,150kPa

27. 已知作用在通过土体中某点的切面 $A—A$ 上的法向应力为250kPa，剪应力为40.8kPa，作用在与它相垂直的切面 $B—B$ 上的法向应力为50kPa。该点处于极限平衡状态，破坏面与小主应力面成30°角。求：

(1)作用在该点上的大主应力和小主应力；

(2)大主应力面与平面 $B—B$ 的夹角(从大主应力面顺时针方向至平面 $B—B$)；

(3)小主应力面与平面 $A—A$ 的夹角(从小主应力面顺时针方向至平面 $A—A$)；

(4)土的黏聚力 c 和内摩擦角 φ。

(1)(　　)

A. 258kPa,42kPa　　B. 240kPa,45kPa

C. 280kPa,54kPa　　D. 260kPa,42kPa

(2)(　　)

A. 58°35′　　B. 78°54′　　C. 65°36′　　D. 45°54′

(3)(　　)

A. 58°35′　　B. 78°54′　　C. 65°36′　　D. 45°54′

(4)(　　)

A. $c=25\text{kPa},\varphi=17°$　　B. $c=38\text{kPa},\varphi=30°$

C. $c=35\text{kPa},\varphi=20°$　　D. $c=50\text{kPa},\varphi=20°$

28. 某饱和黏性土无侧限抗压强度试验的不排水抗剪强度 $c_u=30\text{kPa}$，如果对同一土样进行三轴不固结不排水试验，施加周围压力 $\sigma_3=300\text{kPa}$，问试件将在多大的轴向压力作用下发生破坏(　　)。

A. 360kPa　　B. 190kPa　　C. 100kPa　　D. 250kPa

◈ 习题参考答案及解析 ◈

1. A

【考核点】土的压缩性

【解　析】工程中一般采用压力间隔 $p_1=100\text{kPa}$ 至 $p_2=200\text{kPa}$ 时对应的压缩系数 a_{1-2} 来评价土的压缩性：$a_{1-2}<0.1\text{MPa}^{-1}$ 时，属低压缩性土；$0.1\leqslant a_{1-2}<0.5\text{MPa}^{-1}$ 时，属中压缩性土；$a_{1-2}\geqslant 0.5\text{MPa}^{-1}$ 时，属高压缩性土。

2. B

【考核点】土的压缩性

【解　析】由题意知，土层厚 $h=3\text{m}$，$e_1=0.5$，$\Delta e=0.3$。

由单向压缩公式：$s=\dfrac{e_1-e_2}{1+e_1}h=\dfrac{0.3}{1+0.5}\times 3=0.6\text{m}$。

3. B

【考核点】压缩量计算

【解　析】基底下 4～6m 土层对应的自重应力平均值为：

$$\sigma_{cz}=\frac{(18-9.8)\times 5+(18-9.8)\times 7}{2}=49.2\text{kPa}$$

基底下 4～6m 土层对应的附加应力平均值亦即为基底下 5m 处的附加应力 75kPa，则：

$$e_1=1.15-0.00125\times 49.2=1.089$$

$$e_2=1.15-0.00125\times(49.2+75)=0.995$$

$$s=\frac{e_1-e_2}{1+e_1}H=\frac{1.089-0.995}{1+1.089}\times 2=0.090\text{m}$$

4. C

【考核点】压缩系数定义

【解　析】土的压缩系数是土在有侧限条件下压缩性的一个指标，定义为 $a=\dfrac{e_1-e_2}{p_2-p_1}$，故其单位为 1/kPa。

5. A

【考核点】超固结土的应力关系

【解　析】前期固结压力 P_c 和土层自重应力 P_0，超固结比定义为：$\text{OCR}=\dfrac{P_c}{P_0}$；OCR > 1 时为超固结土，则 $P_c>P_0$。

6. B

【考核点】土的压缩性的影响因素

【解　析】土的压缩性指的是土受压时体积缩小的性能，主要是其中孔隙体积被压缩而引起，题中提到对于 w 相同的，但 S_r 不同的三种土，其中 S_r 越大，说明孔隙中水的体积越大，就越不能被压缩，压缩性越小。

7. C

【考核点】压缩模量与变形模量的关系

【解　析】测试变形模量时，土样周围没有约束，测试压缩模量时，土样的周围有环刀约束，故在应力相等时，测试变形模量时的应变较大，故变形模量小于压缩模量。

8. C

【考核点】三轴不固结不排水试验

【解　析】不固结不排水试验，在施加围压以及偏压的时候，排水阀门始终关闭，围压的变化只会引起孔隙水压力的变化，而莫尔应力圆的直径保持不变，土的抗剪强度相似。

9. B

【考核点】侧限压缩试验

【解　析】侧限压缩试验所得的压缩曲线（e-p 曲线）愈平缓，说明体积变化越小，则可被压缩性就越小。

10. B

【考核点】极限平衡状态时剪切破坏面与大主应力的关系

【解　析】由摩尔—库仑强度理论得出破裂面与大主应力的作用面成 $45° + \frac{\varphi}{2}$ 的夹角，则与大主应力方向的夹角为 $45° - \frac{\varphi}{2}$。

11. D

【考核点】砂土的抗剪强度

【解　析】由抗剪公式 $\tau_f = c + \sigma\tan\varphi$，得知土体的抗剪强度由 c（黏聚力）和 φ（内摩擦角）决定，由砂土的特性 $c = 0$，则只由土的内摩擦角决定。所以砂土的抗剪强度是由土的内摩阻力构成。

12. D

【考核点】三轴试验

【解　析】三轴试验主要步骤如下：将土切成圆柱体套在橡胶膜内，放在密封的压力室中，然后向压力室内压入水，使试件在各个方向受到周围压力，并使液压在整个试验过程中保持不变，这时试件内各向的三个主应力都相等，因此不产生剪应力。然后再通过传力杆对试件施加竖向压力，这样，竖向主应力就大于水平向主应力，当水平向主应力保持不变，而竖向主应力逐渐增大时，试件终于受剪而破坏。设剪切破坏时由传力杆加在试件上的竖向压应力为 q，则试件上的小主应力为 σ_3，大主应力为 $\sigma_1 = \sigma_3 + q$。

13. B

【考核点】抗剪强度与有效应力的关系

【解　析】抗剪强度有效应力法表示为：$\tau_f = c' + \sigma'\tan\varphi'$，$c'$ 和 φ' 分别为有效黏聚力和有效内摩擦角，统称为有效应力抗剪强度指标。由于考虑了孔隙水压力的影响，因此，对同一种土，不论采取哪一种试验方法，只要能准确量测出土样破坏时的孔隙水压力，则均可用有效应力法来表示强度关系，而且所得的有效抗剪强度指标应该是相同的。即在理论上，抗剪强度和有效应力有对应关系。

14. A

【考核点】水—弹簧模型

【解　析】水—弹簧模型主要用于模拟饱和土压缩时土骨架和孔隙水的分担作用，或有效应力原理。

15. B

【考核点】压缩系数

【解　析】压缩系数 a 是 e-p 压缩曲线的斜率，$a = \frac{e_1 - e_2}{p_2 - p_1}$，压缩曲线的陡缓程度（即斜

率大小)可以表示压缩性的大小,压缩系数越大,土的压缩性越高。

16. A

【考核点】侧限压缩试验

【解　析】在压缩过程中,土样在金属环内不会有侧向膨胀,只有竖向变形,这种方法称为侧限压缩试验。不会有侧向膨胀,只有竖向变形,就是完全侧限。

17. C

【考核点】压缩试验

【解　析】在做压缩试验之时,先用金属环刀切取原状土样,放入上下有透水石的压缩仪内,分级加载,并没有考虑孔隙水压力。

18. C

【考核点】直剪试验

【解　析】为了近似模拟土体在现场受剪的排水条件,直剪试验有快剪、固结快剪和慢剪三种试验方法。快剪是对试样施加竖向力后,立即快速施加水平剪应力使试样剪切破坏,由于剪切速率较快,对于渗透系数较低的土,一般认为土样在剪切过程中没有排水固结;固结快剪是对试样施加竖向力后,让试样充分排水,待固结稳定后,再快速施加水平剪应力使试样剪切破坏;慢剪是对试样施加竖向力后,让试样充分排水,待固结稳定后,以缓慢的速率施加水平剪应力直至试样剪切破坏,从而使试样在受剪过程中一直充分排水和产生体积变形。因此,对于同一饱和黏性土样,慢剪得到的抗剪强度最大,固结快剪次之,快剪得到的抗剪强度最小。

19. C

【考核点】现场十字板试验

【解　析】十字板剪切试验主要用于测定饱和软黏土的原位不排水抗剪强度,与快剪测得的抗剪强度相当。

20. C

【考核点】三轴固结不排水试验有效应力圆和总应力圆的关系

【解　析】固结不排水剪是在施加围压时,使试样充分排水,待其固结稳定后,再施加偏应力,使试样在不排水条件下剪切破坏。总应力圆的直径为 $\sigma_1-\sigma_3$,有效应力圆的直径为 $\sigma'_1-\sigma'_3$,根据有效应力原理,$\sigma=\sigma'+u$,则 $\sigma_1-\sigma_3=(\sigma'_1+u)-(\sigma'_3+u)=\sigma'_1-\sigma'_3$,故有效应力圆和总应力圆一样大。

21. B

【考核点】压缩量计算

【解　析】在三轴试验下,土样是沿其最薄弱的面剪切破坏,即是与试样顶面成 $45°+\varphi/2$。

22. B

【考核点】土的强度理论

【解　析】假设土体在 σ_{1f} 和 σ_3 处于极限平衡状态,则由 σ_{1f} 和 σ_3 组成的摩尔应力圆与抗剪强度线相切,根据极限平衡条件,可得到 σ_1 的计算值 σ_{1f},若 $\sigma_{1f}>\sigma_1$,则由真实的应力 σ_1 和 σ_3 组成的摩尔应力圆的半径小于 σ_{1f} 和 σ_3 组成的摩尔应力圆的半径,此时摩尔应力圆和抗剪强度线相离,土体处于弹性平衡状态。

23. D

【考核点】土体任意一点的应力状态

【解　析】由砂土的库仑定律 $\tau_f = \sigma \times \tan\varphi$，$\tan\varphi = \frac{\tau_f}{\sigma} = \frac{57.7}{100} = 0.577$，$\varphi = 30^\circ$。$\sigma = \frac{\sigma_1 + \sigma_3}{2} + \frac{\sigma_1 - \sigma_3}{2}\cos2\alpha$ 与 $\tau = \frac{\sigma_1 - \sigma_3}{2}\sin2\alpha$，其中 $\alpha = 60^\circ$。

$$\begin{cases} 100 = \dfrac{\sigma_1 + \sigma_3}{2} + \dfrac{\sigma_1 - \sigma_3}{2}\cos(2 \times 60^\circ) \\ 57.7 = \dfrac{\sigma_1 - \sigma_3}{2}\sin(2 \times 60^\circ) \end{cases}，求出 \begin{cases} \sigma_1 = 200\text{kPa} \\ \sigma_3 = 66.3\text{kPa} \end{cases}$$

24. C

【考核点】极限平衡状态判断

【解　析】$\sigma_{1f} = \sigma_3 \tan^2(45^\circ + \frac{\varphi}{2}) + 2c\tan(45^\circ + \frac{\varphi}{2})$，或者是 $\sigma_{3f} = \sigma_1 \tan^2(45^\circ - \frac{\varphi}{2}) - 2c\tan(45^\circ - \frac{\varphi}{2})$，以第一个公式计算。$\sigma_{1f} = 150 \times \tan^2(45^\circ + \frac{26^\circ}{2}) + 2 \times 20 \times \tan(45^\circ + \frac{26^\circ}{2}) = 448\text{kPa} < 450\text{kPa}$，故未达到极限平衡。

25. A

【考核点】库仑定律与莫尔应力圆

【解　析】由砂土的库仑定律 $\tau_f = \sigma \times \tan\varphi$，$\tau_f = 200\text{kPa}$，$\sigma = 300\text{kPa}$，可以求出 $\varphi = 33.7^\circ$，其中大主应力与剪破面的夹角为 $45^\circ + \frac{\varphi}{2}$，计算可知为 61.8°。

26. A

【考核点】土的强度理论、三轴压缩试验

【解　析】由试验得：

$\sigma_1 = 300 + 200 = 500\text{kPa}$，$\sigma_3 = 200\text{kPa}$。

计算破坏面上的法向应力 σ 和剪应力 τ：

$$\begin{aligned} \sigma &= \frac{1}{2}(\sigma_1 + \sigma_3) + \frac{1}{2}(\sigma_1 - \sigma_3)\cos2\alpha \\ &= \frac{1}{2}(500 + 200) + \frac{1}{2}(500 - 200)\cos120^\circ \\ &= 275\text{kPa} \end{aligned}$$

$$\begin{aligned} \tau &= \frac{1}{2}(\sigma_1 - \sigma_3)\sin2\alpha = \frac{1}{2}(500 - 200)\sin120^\circ \\ &= 129.9\text{kPa} \end{aligned}$$

最大剪应力发生在 $\alpha = 45^\circ$ 的平面上，有：

$$\tau_{\max} = \frac{1}{2}(\sigma_1 - \sigma_3) = \frac{1}{2}(500 - 200) = 150\text{kPa}$$

27. A、B、B、B

【考核点】莫尔圆与应力关系

【解　析】应力作用原理为 $\sigma_1+\sigma_3=\sigma_x+\sigma_y=$常数。

$$\left.\begin{matrix}\sigma_{\max}\\ \sigma_{\min}\end{matrix}\right.=\frac{\sigma_x+\sigma_y}{2}\pm\sqrt{\left(\frac{\sigma_x-\sigma_y}{2}\right)^2+\tau_x^2}$$

$$\tan 2\alpha_0=-\frac{2\tau_x}{\sigma_x-\sigma_y}\Rightarrow\alpha_0=11.1^\circ$$

α_0 为主平面的外法线与 x 轴的夹角。

$$\left.\begin{aligned}\frac{\sigma_1+\sigma_2}{2}&=150^\circ\\ \frac{\sigma_1-\sigma_3}{2}&=\sqrt{100^2+40.8^2}\end{aligned}\right\}\Rightarrow\begin{aligned}\sigma_1&=258\text{kPa}\\ \sigma_2&=42\text{kPa}\end{aligned}$$

$$\theta=\arctan\frac{40.8}{50-42}=78.9^\circ$$

$$\sigma_1=\sigma_3\tan^2 60^\circ+2c\tan 60^\circ\Rightarrow c=38.11\text{kPa}$$

$$45^\circ+\frac{\varphi}{2}=60^\circ\Rightarrow\varphi=30^\circ$$

28. A

【考核点】无侧限抗压强度试验、三轴试验

【解　析】$\tau_{\max}=\dfrac{\sigma_1-\sigma_3}{2}=c_u$，$\sigma_1=2\times c_u+\sigma_3=2\times30+300=360\text{kPa}$。

第五节　地基沉降计算与地基承载力

【考试纲要】

1. 分层总和法；
2. 一维固结理论；
3. 地基沉降的历时特征；
4. 地基破坏性状；
5. 地基承载力；
6. 地基承载力确定方法；
7. 地基容许承载力及其修正方法。

【复习提示】

1. 复习要点

考生应掌握地基沉降计算的分层总和法，能熟练进行地基沉降计算；掌握太沙基一维渗流固结理论，能熟练进行固结度的计算、沉降与时间关系计算；了解地基沉降的历时特征；了解地基破坏模式及破坏过程；掌握地基承载力的确定方法，能够熟练运用规范公式确定地基容许承载力。

重点：

(1)分层总和法计算地基沉降。在工程中需要计算两种沉降，地基的最终沉降量及任意时刻的沉降量,地基的最终沉降量计算最常用的方法是分层总和法。《公路桥涵地基与基础设计规范》(JTG D63—2007)中给出的"压力面积法"实际上是一种简化了的分层总和法。

(2)太沙基一维渗流固结理论,用于分析沉降与时间的关系。

(3)地基容许承载力的计算方法。在地基承载力验算时会涉及该知识点。

难点:

(1)分层总和法计算地基最终沉降量。

(2)太沙基一维渗流固结理论及应用。

2. 规范提示

《公路桥涵地基与基础设计规范》(JTG D63—2007)对墩台基础的最终沉降量的计算方法做了简化和改进,用"压力面积法"替代了原规范的"分层总和法"。原规范采用分层总和法把地基土视作直线变形体,在外荷载作用下的变形只发生在有限厚度的范围内(即压缩层),将压缩层厚度分层,分别求出各分层的应力,然后用"应力—应变"关系式求出各分层的变形量再总和起来即为地基的最终沉降量。现行规范从以下几个方面予以简化或改进:①"压力面积法"要求每天然土层当作一层来计算沉降量,减少了计算工作量;②采用平均附加应力系数$\bar{\alpha}$,而不采用附加应力系数 α;③对地基变形计算深度重新做了规定,采用相对变形作为控制标准;④引入沉降经验系数 ψ_s;⑤基底压力图形,近似简化为矩形。

《公路桥涵地基与基础设计规范》(JTG D63—2007)有关地基容许承载力的计算和原规范相比,做了部分调整:修正后的地基承载力容许值[f_a]对应于原规范中的[σ],与原规范相比,新规范的部分岩土分类方法有所变化,因此部分地基承载力基本容许值表也有所调整。需要特别注意的是规范对各种黏性土的地基承载力修正时均不考虑基础宽度修正,即 $k_1=0$。这是因为地基受压后,黏土和黄土地基的后期沉降量较大,基础愈宽,沉降也愈大,这对桥涵的正常运营是不利的。宽度增加时,黏土和黄土的 $k_1=0$,可以保证基础不致产生过大的沉降。

习题精练

1. 在摩擦角为零的黏土地基上,有两个埋置深度相同,宽度不同的条形基础,哪个基础的极限荷载大(　　)。

A. 基础宽度大的极限荷载大　　B. 基础宽度小的极限荷载大

C. 两个基础极限荷载一样大　　D. 不确定

2. 下列哪种方法不能用于计算地基沉降量(　　)。

A. 分层总和法　　B. 应力面积法　　C. $e-\lg p$ 法　　D. 库仑定律

3. 下列哪项不属于单向固结理论的基本假定(　　)。

A. 压缩土体为匀质、各向同性的饱和土体

B. 饱和土体中的水体和土颗粒不可压缩

C. 土体中水的流动属于紊流

D. 一次性加荷

4. 严格的一维固结变形发生在(　　)。

A. 土体中发生大变形的情况　　B. 只在试验室内有侧限的固结试验
C. 土体中发生任意变形　　D. 土体发生剪切破坏时

5. 土的固结系数越大,土体固结(　　)。
A. 越慢　　B. 越快　　C. 不变　　D. 不确定

6. 次固结变形(　　)。
A. 与主固结变形同时发生　　B. 主固结变形完成后发生
C. 与加载过程同时发生　　D. 不确定

7. 用分层总和法计算地基沉降时,附加应力曲线表示(　　)。
A. 总应力　　B. 孔隙水压力　　C. 有效应力　　D. 超孔隙水压力

8. 所谓土的固结,主要是指(　　)。
A. 总应力引起超孔隙水压力增长的过程
B. 超孔隙水压力消散,有效应力增长的过程
C. 总应力不断增加的过程
D. 有效应力不断减小的过程

9. 黏土层的厚度均为4m,情况之一是双面排水,情况之二是单面排水。当地面瞬时施加一无限均布荷载,两种情况土性相同,$U = 1.128(T_v)^{1/2}$,达到同一固结度所需要的时间差是(　　)。
A.2 倍　　B.4 倍　　C.8 倍　　D.1 倍

10. 地基土整体剪切破坏中,*P-S* 曲线上的第一个转折点相应的荷载为(　　)。
A. 临界荷载　　B. 极限荷载　　C. 临塑荷载　　D. 容许荷载

11. 在地基破坏过程的剪切阶段,首先出现塑性变形的应是(　　)。
A. 基础中心　　B. 基础左边的两个角点
C. 基础右边的两个角点　　D. 基础边缘

12. 确定地基容许承载力时,不再做宽度修正的是(　　)。
A. 砂土　　B. 碎石土　　C. 黏土　　D. 砾石

13. 所谓临界荷载,是指(　　)。
A. 持力层中将出现塑性区时的荷载
B. 持力层中将出现连续滑动面时的荷载
C. 持力层中出现某一允许大小塑性区时的荷载
D. 破坏荷载

14. 荷载试验的中心曲线形态上,从线性关系开始变成非线性关系的界限荷载称为(　　)。
A. 允许荷载　　B. 临界荷载
C. 临塑荷载　　D. 极限荷载

15. 黏土的固结系数 $C_v = 1.42 \times 10^{-4} \mathrm{cm^2/s}$,压缩系数 $a = 0.0029 \mathrm{kPa^{-1}}$,孔隙比 $e = 1.0$,则黏土的渗透系数为(　　)。
A. 2×10^{-6}cm/s　　B. 2×10^{-7}cm/s　　C. 3×10^{-6}cm/s　　D. 3×10^{-7}cm/s

16. 两个不同的黏土层 A、B,其厚度关系为 $H_A = 1.6H_B$。当施加外荷载由 100kPa 增加至

150kPa 时,A 土层的孔隙比由 0.60 减至 0.52,B 土层的孔隙比由 0.65 减至 0.62。已知固结度达到 50% 所需要的时间为 $t_B = 2t_A$,则两土层的渗透系数之比为(　　)。

A. 12∶1　　B. 13∶1　　C. 14∶1　　D. 15∶1

17. 某矩形基础底面尺寸为 4m × 2m,基底压力 $p_0 = 150$kPa,埋深 1m,地基土第一层为 5m 厚的黏土,不排水变形模量 $E_u = 40$MPa,第二层为 8m 厚的黏土,$E_u = 75$MPa,其下为坚硬土层。试估算基础的瞬时沉降为(　　)。

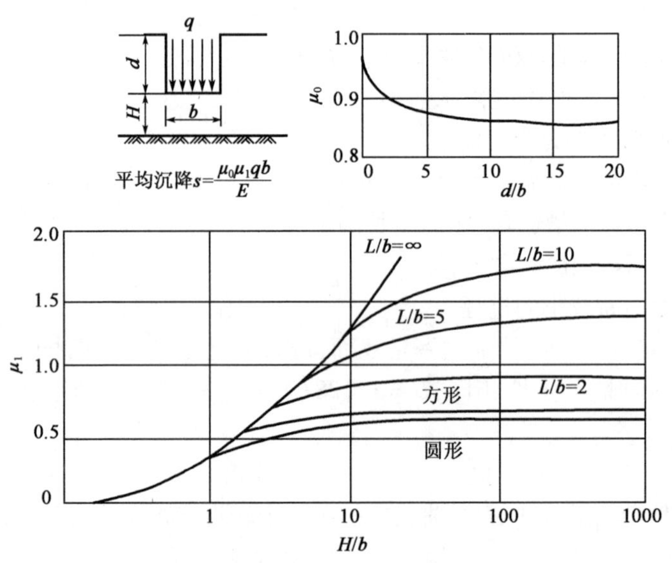

A. 4.5mm　　B. 2.3mm　　C. 5.2mm　　D. 3.5mm

18. 某仓库面积为 12.5m × 12.5m,均布堆载 100kPa,地基剖面如图(a)所示。从黏土层中心部位取样做室内压缩试验得到压缩曲线如图(b)所示,土样的初始孔隙比 e_0 为 0.67。试求由均布堆载引起的沉降量(砂土层沉降量不计)为(　　)。

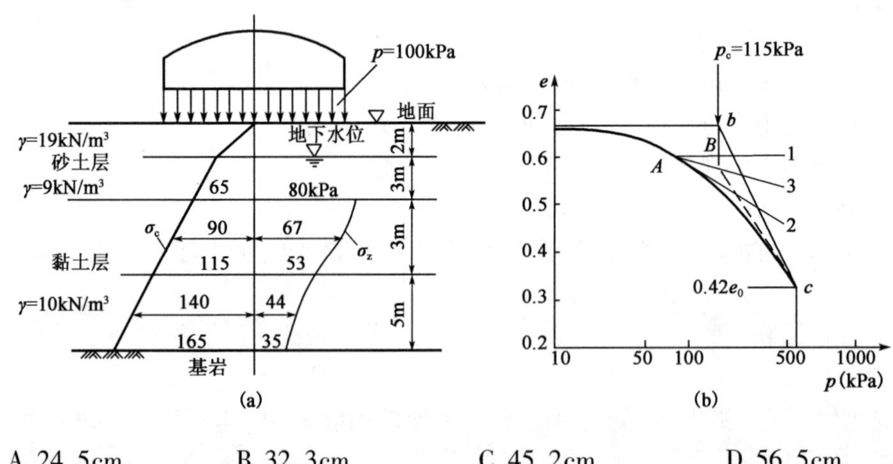

(a)　　(b)

A. 24.5cm　　B. 32.3cm　　C. 45.2cm　　D. 56.5cm

19. 设饱和黏土层的厚度为 10m,位于不透水坚硬岩层上,由于基底上作用着竖向均布荷载,在土层中引起的附加应力的大小和分布如图所示。若土层的初始孔隙比 $e_0 = 0.8$,压缩系

数 $a_v=2.5\times10^{-4}kPa^{-1}$，渗透系数 $k=0.02m/a$，试问：①加荷一年后，基础中心点的沉降量为多少？②当基础的沉降量达到 20cm 时需要多少时间？

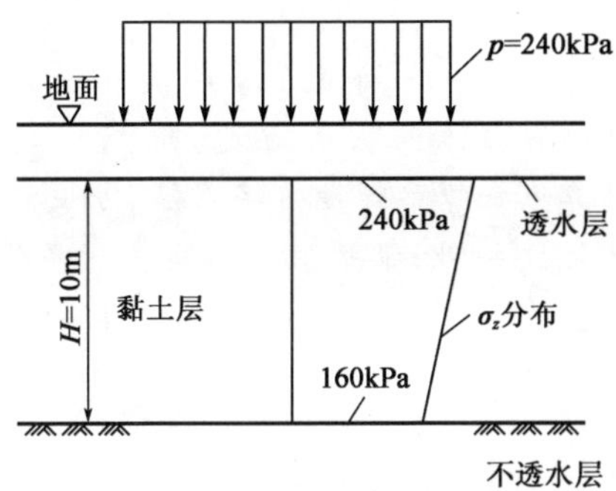

(1)(　　)

A. 14.5cm　　B. 12.7cm　　C. 15.2cm　　D. 16.5cm

(2)(　　)

A. 2.8 年　　B. 3.3 年　　C. 4.2 年　　D. 5.5 年

20. 某桥墩基础如图所示。已知基础底面宽度 $b=5m$、长度 $l=10m$、埋置深度 $h=4m$，作用在基底中心的竖直荷载 $N=8000kN$，地基土的性质如图所示。请确定地基容许承载力，并验算地基强度是否满足要求(　　)。

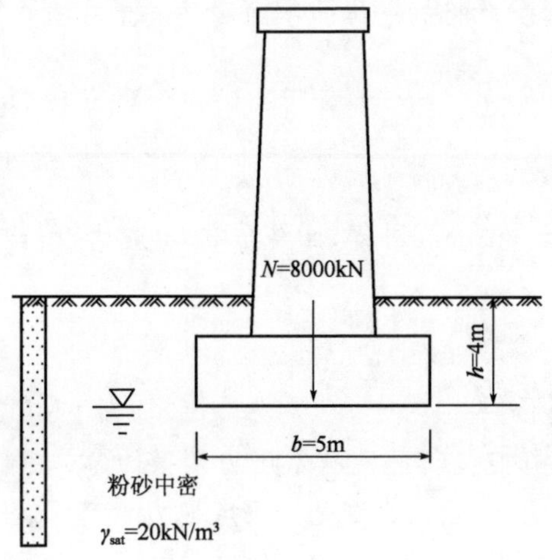

A. 170kPa，地基强度满足要求　　B. 170kPa，地基强度不满足要求

C. 150kPa，地基强度满足要求　　D. 150kPa，地基强度不满足要求

习题参考答案及解析

1. C

【考核点】地基承载力

【解　析】已知条形基础在中心荷载下的地基承载力公式为:

$p_u=\frac{1}{2}\gamma BN_r+qN_q+cN_c$。当 $\varphi=0$ 时,$N_r=0$,所以两者承载力一样。

2. D

【考核点】地基沉降量的计算方法

【解　析】地基沉降的计算方法包括弹性力学方法、分层总和法、应力面积法等。e-lg$p$ 曲线法计算地基的沉降与 e-p 曲线法一样,都是以无侧限变形条件下压缩量的基本公式和分层总和法为前提的,所不同的是 Δe 应由现场压缩曲线来获得,初始孔隙比应取 e_0,压缩指数也应由现场压缩曲线求得。

3. C

【考核点】太沙基一维固结理论的基本假设

【解　析】固结理论的基本假设如下:①土是均质、各向同性和完全饱和的;②土粒和孔隙水都是不可压缩的;③土中附加应力沿水平面是无限均匀分布的,因此土层的压缩和土中水的渗流都是一维的;④土中水的渗流服从于达西定律;⑤在渗透固结中,土的渗透系数 k 和压缩系数 a 都是不变的常数;⑥外荷是一次骤然施加的。

4. B

【考核点】一维固结定义

【解　析】一维固结又叫单向固结。土体在荷载作用下土中水的渗流和土体的变形仅发生在一个方向的固结问题。严格的一维固结问题只发生在室内有侧限的固结试验中,实际工程中并不存在。

5. B

【考核点】固结系数

【解　析】$\frac{\partial u}{\partial t}=C_{\mathrm{v}}\frac{\partial^2 u}{\partial^2 z}$,由公式可知,固结系数 C_{v} 越大,超静孔隙水压力消散得越快,土的固结也就越快。

6. B

【考核点】次固结变形

【解　析】次固结沉降是指超静孔隙水压力消散为零,在有效应力基本上不变的情况下,随时间继续发生的沉降量,一般认为这是在恒定应力状态下,土中的结合水以黏滞流动的形态缓慢移动,造成水膜厚度相应地发生变化,使土骨架产生徐变的结果。

7. C

【考核点】附加应力

【解　析】饱和土中总应力是由上面土体的重力、静水压力及外荷载所产生的应力,一部分由土颗粒间的接触面承担,称为有效应力;而由于建筑物荷重使基底增加的压力称为基底附加压力。所以基地附加应力是外荷载对地基产生的有效应力。

8. B

【考核点】土的固结概念

【解　析】固结:在荷载或其他因素作用下,土体孔隙中水分逐渐排出、体积压缩、密度增大的现象。固结指土的压缩过程,但大多数情况下,固结仅指饱和土的排水压密过程,分主固结与次固结。当饱和土受压后,其附加压力由有效压力和孔隙水压力共同分担,分担的情况随时间而变化。最初,由于土中孔隙水不能及时排出,附加压力几乎全由孔隙水压力承担,产生超静水压力水头。孔隙水在此水头作用下由孔隙中排出,土骨架受压缩,附加压力逐渐转移到骨架上,有效压力逐渐加大,而孔隙水压力逐渐减小,最后附加压力全部由有效压力承担,土的压缩过程就此结束。这整个过程,即称固结或排水固结。故固结过程也可以理解为孔隙水压力消散的过程。土固结的快慢取决于土中水排出的速度,即取决于土的渗透性和渗透途径的长短,透水性差,渗透途径长则固结时间也长。

9. B

【考核点】固结度

【解　析】当地面瞬时施加一无限均布荷载,$\zeta=1$,其他条件都相同,双面排水的最大排水距离为土层厚度的一半,单面排水的最大排水距离为土层厚度,故双面排水的时间因数 $T_{v1}=\frac{C_v t_1}{(H/2)^2}$,单面排水的时间因数 $T_{v2}=\frac{C_v t_2}{H^2}$,当固结度相同时,时间因数相等 $T_{v1}=T_{v2}$,则 $\frac{t_1}{t_2}=\frac{(H/2)^2}{H^2}=\frac{1}{4}$,故而是4倍关系。

10. C

【考核点】整体剪切破坏模式的破坏过程

【解　析】整体剪切破坏的破坏过程分为三个阶段:线性变形阶段(压密阶段)、塑性变形阶段(剪切阶段)、破坏阶段(隆起阶段)。在 *P-S* 曲线上压密阶段和剪切阶段的分界点对应的荷载称为比例界限,亦即临塑荷载;剪切阶段和破坏阶段分界点对应的荷载为极限荷载。

11. D

【考核点】地基的破坏过程

【解　析】整体剪切破坏的特征:当基础上的荷载较小时,基础压力与沉降的关系近乎直线变化,此时属弹性变形阶段。随着荷载的增大,并达到某一数值时,首先在基础边缘处的土开始出现剪切破坏。随着荷载的增大,剪切破坏地区也相应地扩大,此时压力与沉降关系呈曲线形状,属弹性塑性变形阶段。若荷载继续增大,超过极限荷载,则处于塑性破坏阶段。

局部剪切破坏的特征:局部剪切破坏的过程与整体剪切破坏相似,破坏也从基础边缘下开始,随着荷载增大,剪切破坏地区也相应地扩大。

因此,地基破坏过程的剪切阶段,首先出现塑性变形的是基础的边缘。

12. C

【考核点】不同类型地基容许承载力计算

【解　析】若地基土为黏土和粉土时,受压后其后期沉降量较大,基础愈宽,沉降也愈大,这对建筑物正常使用是不利的,加上在制定基本容许承载力值时,已适当考虑了基础宽度的影响,故对黏性土和粉土的地基容许承载力不再考虑宽度修正,这样可以保证基础不致产生过大的沉降。

13. C

【考核点】临界荷载

【解　析】使地基中塑性开展区达到一定深度或范围，但未与地面贯通，地基仍有一定的强度，能够满足建筑物的强度变形要求的荷载，此时作用于基础底面的荷载，被称为临界荷载。

14. C

【考核点】临塑荷载

【解　析】临塑荷载(比例界限)：指基础边缘地基中刚要出现塑性区时基底单位面积上所承担的荷载，它相当于地基从压缩阶段过渡到剪切阶段时的界限荷载，即 P-S 曲线上第一个转折点所对应的荷载，称为地基临塑荷载。

15. A

【考核点】太沙基一维渗流固结理论及应用

【解　析】由 $C_v=\dfrac{k(1+e_0)}{a_v\cdot\gamma_w}$，得 $k=C_v\times\dfrac{a_v\gamma_w}{1+e_0}=1.42\times10^{-8}\text{m}^2/\text{s}\times\dfrac{0.0029\times10}{1+1}=2\times10^{-6}\text{cm/s}$。

16. C

【考核点】太沙基一维渗流固结理论及应用

【解　析】由 $k_v=\dfrac{C_v\gamma_w a_v}{1+e_1}$，$T_v=\dfrac{C_v t}{H^2}$，$a_v=\dfrac{e_1-e_2}{p_2-p_1}$，将题中相关参数带入，其中 $T_{vA}=T_{vB}$，

$\dfrac{k_{vA}}{k_{vB}}=\dfrac{H_A^2 a_{vA}}{t_A(1+e_{1A})}\times\dfrac{t_B(1+e_{1B})}{H_B^2 a_{vB}}=1.6^2\times2\times\dfrac{1.65}{1.60}\times\dfrac{0.08}{0.03}=\dfrac{352}{25}=14:1$。

17. C

【考核点】地基沉降量

【解　析】$D/b=0.5$，查图，$\mu_0=0.94$。

考虑上层黏土，$H/b=4/2=2$，$l/b=2$，$E_u=40\text{MPa}$。

查图，$\mu_1=0.60$，因此 $s_1=0.94\times0.60\times\dfrac{2\times150}{40}=4.23\text{mm}$。

考虑二层黏土，均有 $E_u=75\text{MPa}$，$H/b=12/2=6$，$l/b=2$，查图，$\mu_1=0.85$，因此 $s_2=0.94\times0.85\times\dfrac{2\times150}{75}=3.20\text{mm}$。

考虑一层黏土，有 $E_u=75\text{MPa}$，则 $s_3=0.94\times0.6\times\dfrac{2\times150}{75}=2.26\text{mm}$。

因此，总的瞬时沉降为：$s=s_1+s_2-s_3=4.23+3.20-2.26=5.17\text{mm}$。

18. D

【考核点】地基沉降量

【解　析】(1)从图中查得自重应力：黏土层顶面的自重应力为65kPa；黏土层中心处的自重应力为115kPa；黏土层中心处的自重应力为165kPa。

(2)由图(b)可得 c 点的横坐标为 630kPa,所以压缩指数为:$C_c=\dfrac{0.67-0.28}{\lg(630/115)}=0.53$。

(3)将黏土层分为两层,每层的厚度 H_i 为 5m,平均自重应力分别为 90kPa、140kPa,分别求出其相应的初始孔隙比:

$$e_{0i}=e_0-C_c\lg(\frac{p_{0i}}{p_0})$$

$$e_{01}=0.67-0.53\lg(\frac{90}{115})=0.726$$

$$e_{02}=0.67-0.53\lg(\frac{140}{115})=0.625$$

(4)计算沉降量。堆场中心处的沉降量为:

$$\begin{aligned}s&=\sum\frac{H_i}{1+e_{0i}}C_c\lg(\frac{p_{0i}+\Delta p_i}{p_{0i}})\\&=\frac{500}{1+0.726}\times0.53\lg(\frac{90+67}{90})+\frac{500}{1+0.625}\times0.53\lg(\frac{140+44}{140})\\&=37.1+19.4\\&=56.5\text{cm}\end{aligned}$$

19. B、A

【考核点】沉降与时间的关系

【解　析】(1)该土层的平均附加(固结)应力为:

$$\sigma_z=\frac{240+160}{2}=200\text{kPa}$$

则基础的最终沉降量为:

$$s=\frac{a_v}{1+e_0}\sigma_z H=\frac{2.5}{1+0.8}\times10^{-4}\times200\times1000=27.8\text{cm}$$

该土层的固结系数为:

$$C_v=\frac{k(1+e_0)}{a_v\gamma_w}=\frac{0.02\times(1+0.8)}{2.5\times10^{-4}\times10}=14.4\text{m}^2/\text{年}$$

时间因数为:

$$T_v=\frac{C_v}{H^2}=\frac{14.4\times1}{10^2}=0.144$$

土层的固结应力为梯形分布,其参数为:

$$\xi=\frac{160}{240}=0.667$$

由 T_v 和 ξ 值可求得土层的平均固结度为 $U_t=0.458$,则加荷一年后的沉降量为:

$$s_t=U_t s=0.458\times27.8=12.73\text{cm}$$

(2)已知基础的 $s_t=20$cm,最终沉降量 $s=27.8$cm。

则土层的平均固结度为:

$$U=\frac{s_t}{s}=\frac{20}{27.8}=0.72$$

由 U 和 ξ 值得时间因数为0.4095，则沉降量达到20cm所需的时间为：

$$t=\frac{T_v H^2}{C_v}=\frac{0.4095\times10^2}{14.4}=2.844\text{ 年}$$

20. A

【考核点】容许地基承载力

【解　析】按规范《公路桥涵地基与基础设计规范》(JTG D63—2007)确定地基容许承载力：

$$[\sigma]=100+1\times10\times(5-2)+2\times20\times(4-3)=100+30-40=170\text{kPa}$$

基底压力 $[\sigma]=\frac{N}{bl}=\frac{8000}{5\times10}=160\text{kPa}<[\sigma]$，故地基强度满足。

第六节　土坡稳定分析

【考试纲要】

1. 砂性土土坡稳定分析方法；
2. 黏性土土坡圆弧滑动体整体稳定分析方法；
3. 条分法的基本原理；
4. 毕肖普条分法；
5. 土坡稳定分析中一些特殊问题的考虑。

【复习提示】

1. 复习要点

考生应掌握砂性土土坡稳定性分析方法；掌握黏性土坡圆弧滑动体整体稳定分析方法；掌握条分法的基本原理，掌握毕肖普条分法，了解其他条分法，弄清楚各种条分法的异同；能熟练进行土坡稳定性分析计算；了解土坡稳定分析中的一些特殊问题。

重点：

(1)砂性土土坡稳定性分析。对于砂性土土坡，土坡破坏模式为平面滑动，土坡稳定性取决于土体内摩擦角和土坡坡角。

(2)黏性土土坡稳定性分析。条分法广泛应用于黏性土土坡稳定性分析，在工程实践中，对于规模较大的碎裂结构岩质边坡和土质边坡宜采用简化毕肖普条分法。

难点：

条分法分析黏性土土坡稳定性。

2. 规范提示

《公路路基设计规范》(JTG D30—2015)规定，对于路堤堤身稳定性、路堤和地基的整体稳定性宜采用简化毕肖普条分法。需要指出的是，原规范(JTG D30—2004)考虑到不同的地基情况，采用了考虑地基平均固结度和不同地基强度参数表达的简化毕肖普条分法，现行规范为避免理解上的困难和混乱，采用了通常的简化毕肖普条分法。

习题精练

1. 一均质无黏性土土坡，土的饱和重度 $\gamma_{sat}=20.2\text{kN/m}^3$，内摩擦角 $\varphi=30°$，若要该土坡的稳定安全系数为1.2，试问在干坡或完全浸水条件下以及沿坡面有顺坡渗流时，土坡的安全坡角分别是（　　）。

A. 25°35′，26°35′　　B. 33°25′，26°35′

C. 24°54′，13°25′　　D. 36°25′，43°26′

2. 如图中的土坡坡高10m，软弱土层在坡底以下2m，$l=16\text{m}$。土坡本身土的重度 $\gamma=19\text{kN/m}^3$，有效抗剪强度指标 $c'=10\text{kPa}$、$\varphi'=30°$，软弱土层的不排水抗剪强度 $c_u=12.5\text{kPa}$、$\varphi_u=0°$。则该土坡沿复合滑动面的抗滑稳定安全系数为（　　）。

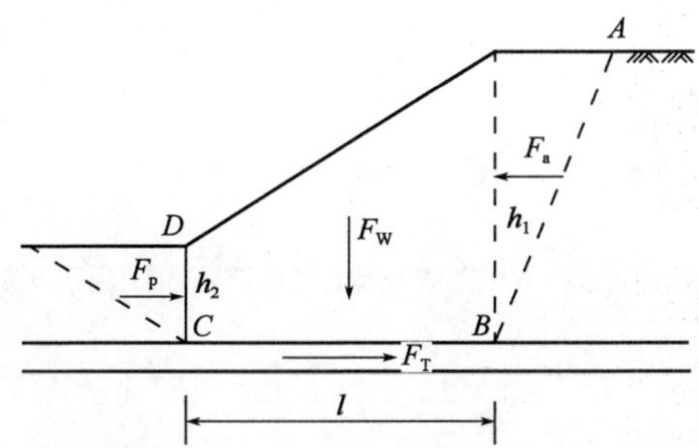

A. 1.17　　B. 1.25　　C. 1.36　　D. 0.89

3. 砂性土坡稳定性分析中假定滑动面是（　　）。

A. 平面　　B. 折线　　C. 不规则面　　D. 曲面

4. 砂性土坡的稳定安全系数与坡高（　　）。

A. 无关　　B. 有关　　C. 不能确定　　D. 成正比例关系

5. 均质黏土土坡稳定性分析中假定滑动面是（　　）。

A. 平面　　B. 圆弧　　C. 复合滑动面　　D. 不规则曲面

6. 费伦纽斯确定最危险滑动面圆心时认为土的内摩擦角 $\varphi=0$ 时，最危险圆弧为（　　）。

A. 中点圆　　B. 坡面圆　　C. 试算确定　　D. 坡脚圆

◈ 习题参考答案及解析 ◈

1. C

【考核点】砂性土坡稳定性分析

【解　析】干坡或完全浸水时，得

$$\tan\beta=\frac{\tan\varphi}{K_s}=\frac{0.557}{1.2}=0.464$$

$$\beta = 24°54'$$

有顺坡渗流时，得

$$\tan\beta = \frac{\gamma'\tan\varphi}{\gamma_{sat}K_s} = \frac{10.4 \times 0.557}{20.2 \times 1.2} = 0.239$$

$$\beta = 13°25'$$

上述计算结果表明，在稳定安全系数相同的条件下，有顺坡渗流作用的土坡稳定角要比无渗流作用时的稳定坡角小得多。也就是说，在相同坡角的情况下，有顺坡渗流的土坡，其安全系数必然小。

2. A

【考核点】黏性土坡稳定性分析

【解　析】假定复合滑动面的交接点在坡肩和坡脚的竖线下端，如图所示。

而 F_a 与 F_p 分别为 AB 与 CD 面上的主动土压力和被动土压力，按朗金土压力理论计算，则临界深度为：

$$z_0 = \frac{2c'}{\gamma\tan(45° - \varphi'/2)} = \frac{2 \times 10}{19 \times \tan(45° - 30°/2)} = 1.82\text{m}$$

因此

$$F_a = \frac{1}{2}\gamma(h_1 - z_0)^2\tan^2(45° - \varphi'/2)$$

$$= \frac{1}{2} \times 19 \times (12 - 1.82)^2 \times \tan^2(45° - 30°/2) = 327.8\text{kN/m}$$

$$F_b = \frac{1}{2}\gamma h_2^2\tan^2(45° + \varphi'/2) + 2c'h_2\tan(45° + \varphi'/2) = 183.3\text{kN/m}$$

而总的不排水抗剪力为：$F_T = c_u l = 12.5 \times 16 = 200\text{kN/m}$。

所以，抗滑稳定安全系数：$F_s = \dfrac{F_p + F_T}{F_a} = 1.17$。

3. A

【考核点】砂性土坡稳定性分析

【解　析】砂性土坡稳定性分析基本假定有：①假定滑动面是平面；②滑体为刚性体；③滑面处于极限平衡。

4. A

【考核点】砂性土坡稳定性分析

【解　析】砂性土的土坡稳定安全系数为：$K = \dfrac{\tan\varphi}{\tan\beta}$，与坡高无关。

5. B

【考核点】黏性土坡稳定性分析

【解　析】黏性土坡稳定性分析基本假定有：①均质黏性土土坡；②滑动面为圆弧；③滑体为刚性体；④滑面处于极限平衡。

6. D

【考核点】费伦纽斯确定最危险滑动面圆心的方法

【解　析】费伦纽斯提出当土的内摩擦角 $\varphi = 0$ 时，土坡的最危险圆弧滑动面通过坡脚。

第三章　工 程 地 质

第一节　岩石与矿物

【考试纲要】

1. 矿物与岩石的概念；

2. 三大类岩石的特点；

3. 常见的岩石类型及其特征；

4. 岩石的工程地质性质及影响岩石工程性质的主要因素。

【复习提示】

1. 复习要点

考生应掌握矿物和岩石的工程性质及其区别；熟悉常见岩石的类型及其特征；了解常见岩石的工程地质性质。

重点：

(1)矿物的概念及其物理性质、常见造岩矿物的主要鉴别特征；

(2)三大类岩石的矿物成分、结构和构造特点；

(3)道路工程建设中常见的岩石类型及其特征；

(4)矿物与岩石的区别；

(5)影响岩石工程地质性质的主要因素。

难点：

(1)道路工程建设中常见的岩石类型及其特征；

(2)影响岩石工程地质性质的主要因素。

2. 规范提示

《公路工程地质勘察规范》(JTG C20—2011)涉及本节的内容如下：

(1)岩石坚硬程度的划分(坚硬岩、较坚硬岩、较软岩、软岩、极软岩)。

(2)岩层厚度分类(巨厚层、厚层、中厚层、薄层)。

(3)公路隧道围岩分级。

(4)对岩石的描述应包括成因、年代、颜色、主要矿物、结构、构造及岩层厚度等内容。

(5)在进行工程地质勘察时要求查明沿线的地层岩性，包括成因、类型、矿物成分、结构与构造等；各类岩体的物理力学性质；沿线筑路材料的类别、料场位置、储量及开采条件。

习题精练

1. 按照形成矿物的地质作用不同,可将矿物分为(　　)、次生矿物和变质矿物三种类型。

A. 黏土矿物　　B. 原生矿物
C. 碎屑矿物　　D. 固态矿物

2. 下列各组矿物中,属于次生矿物的是(　　)。

A. 正长石、黑云母　　B. 方解石、高岭石
C. 绿泥石、绢云母　　D. 滑石、橄榄石

3. 组成岩浆岩的矿物,按其颜色及化学成分的特点可分为浅色矿物和深色矿物。下列各组矿物中属于浅色矿物的是(　　)。

A. 滑石、石榴子石　　B. 高岭石、方解石
C. 正长石、石英　　D. 辉石、角闪石

4. 根据 SiO_2 的含量,可将岩浆岩分为四大类,分别是超基性岩、基性岩、中性岩和(　　)。

A. 碱性岩　　B. 酸性岩　　C. 侵入岩　　D. 喷出岩

5. 对于岩浆岩而言,从超基性岩到酸性岩,随着 SiO_2 含量的增加,岩石中深色矿物含量的变化是(　　)。

A. 由少到多　　B. 由多到少
C. 不发生变化　　D. 与浅色矿物含量同步变化

6. 下列各种矿物中,抗风化能力最弱的矿物是(　　)。

A. 正长石　　B. 黑云母　　C. 角闪石　　D. 石英

7. 某岩浆岩具有全晶质等粒结构,块状构造,则该岩石最可能为(　　)。

A. 喷出岩　　B. 深成岩　　C. 浅成岩　　D. 侵入岩

8. 一般情况下,花岗岩中的主要矿物成分为(　　),次要矿物为黑云母、角闪石等。

A. 方解石、高岭石　　B. 滑石、绿泥石
C. 辉石、斜长石　　D. 石英、正长石

9. 下列各种岩浆岩中,与沥青结合能力好的是(　　)。

A. 酸性岩　　B. 中性岩　　C. 玄武岩　　D. 花岗岩

10. 下列各组岩浆岩中,属于酸性岩的是(　　)。

A. 辉长岩、玄武岩　　B. 正长岩、闪长岩
C. 花岗岩、流纹岩　　D. 辉绿岩、安山岩

11. 下列岩浆岩中,属于喷出岩的是(　　)。

A. 花岗岩　　B. 闪长岩　　C. 辉绿岩　　D. 玄武岩

12. 下列各组矿物中,(　　)是沉积岩所特有的,是矿物组成上区别于岩浆岩的一个重要特征。

A. 黑云母、白云石　　B. 正长石、石英
C. 绿泥石、滑石　　D. 黏土矿物、方解石

13. 某地同时分布着胶结物不同的三种中粒石英砂岩，分别是硅质砂岩（K）、钙质砂岩（M）和泥质砂岩（N），则它们的强度大小关系最可能是（　　）。

A. K < M < N　　B. K > M > N　　C. K = M > N　　D. K > M = N

14. 下列沉积岩中，属于黏土岩类的是（　　）。

A. 粉砂岩　　B. 钙质页岩　　C. 泥灰岩　　D. 凝灰岩

15. 在坚硬的厚层石灰岩中，夹有以下厚度较薄的（　　）时，则可构成软弱夹层。

A. 硅质砂岩　　B. 页岩　　C. 白云岩　　D. 钙质砾岩

16. 由于沉积环境复杂多变，沉积岩常具有层理构造、层面构造及层间构造。这些构造都导致沉积岩具有明显的（　　）特征。

A. 各向同性　　B. 成分均匀　　C. 各向异性　　D. 整体稳定

17. 碎屑岩的工程性质除受组成岩石的碎屑物质影响外，最主要取决于（　　）。

A. 岩石的结构　　B. 岩石的构造

C. 胶结物成分　　D. 胶结物成分和胶结形式

18. （　　）为多孔岩石，且多数岩性坚硬，性脆，在构造应力作用下张性裂隙发育，故常具有较强的透水性。

A. 黏土岩　　B. 砂岩　　C. 石灰岩　　D. 白云岩

19. 下列沉积岩中，岩性软弱，遇水作用后最易软化或泥化的岩石是（　　）。

A. 钙质砂岩　　B. 石灰岩　　C. 砂质页岩　　D. 铁质粉砂岩

20. 下列各组矿物中，为岩浆岩、沉积岩和变质岩所共有的矿物是（　　）。

A. 方解石、正长石、滑石　　B. 石英、高岭石、绢云母

C. 石英、黑云母、正长石　　D. 绿泥石、绢云母、滑石

21. 可以根据以下各组矿物中的（　　）把变质岩与其他岩石区别开来。

A. 黑云母、高岭石　　B. 正长石、斜长石

C. 方解石、白云石　　D. 绿泥石、石榴子石

22. 下列各种岩石构造中，（　　）是变质岩所特有的，也是识别变质岩的显著标志。

A. 块状构造　　B. 层面构造　　C. 片状构造　　D. 杏仁构造

23. 下列各组岩石中，属于沉积岩的是（　　）。

A. 石灰岩、页岩、粉砂岩　　B. 云母片岩、石英岩、花岗岩

C. 闪长岩、玄武岩、花岗岩　　D. 片麻岩、粗面岩、千枚岩

24. 岩石的工程地质性质包括物理性质、（　　）和力学性质三个主要方面。

A. 化学性质　　B. 变形性质　　C. 孔隙性质　　D. 水理性质

25. 三种岩浆岩 Q_1、Q_2、Q_3，它们的软化系数分别为 0.85、0.64、0.92，则这三种岩石的抗水、抗风化和抗冻性相对最差的是（　　）。

A. Q_1　　B. Q_2　　C. Q_3　　D. Q_1 和 Q_3

26. 三种板岩 S_1、S_2、S_3，它们的软化系数分别是 0.42、0.76、0.79，在水作用下岩石强度和稳定性相对最差的岩石是（　　）。

A. S_1　　B. S_2　　C. S_3　　D. S_2 和 S_3

27. 岩石的软化性可用软化系数表示。一般认为软化系数（　　）的岩石，工程地质性质

较差,是强软化的岩石。

A. 大于 1　　B. 小于 0.75　　C. 小于 1　　D. 大于 0.75

28. 岩石的抗冻性可用岩石强度损失率(降低率)表示,一般认为强度损失率(　　)的岩石是不抗冻的。

A. 大于 2%　　B. 大于 25%　　C. 小于 2%　　D. 小于 25%

29. 同一种岩石的抗压强度、抗剪强度、抗拉强度、抗弯强度中,(　　)最小。

A. 抗压强度　　B. 抗剪强度　　C. 抗弯强度　　D. 抗拉强度

30. 根据矿物颗粒间的联结方式不同,可将岩石分为结晶联结的岩石和胶结联结的岩石两类。就同一种结晶联结的岩石而言,(　　)对岩石力学性质影响最明显。

A. 岩石的矿物成分　　B. 岩石中矿物颗粒大小

C. 岩石的构造　　D. 岩石的成因

31. 以下四种中粒长石砂岩,其胶结物分别为钙质、硅质、泥质、铁质,则一般情况下,强度和稳定性最低的是(　　)。

A. 钙质砂岩　　B. 铁质砂岩　　C. 硅质砂岩　　D. 泥质砂岩

32. 下列岩石中,工程地质性质相对比较好的是(　　)。

A. 玄武岩　　B. 片岩　　C. 页岩　　D. 泥岩

33. 某岩石具有片理构造,且片理发育,片状矿物含量高,岩石强度低,抗风化能力差,极易风化削落,这描述的是(　　)的特征。

A. 片麻岩　　B. 片岩　　C. 页岩　　D. 粉砂岩

习题参考答案及解析

1. B

【考核点】矿物的成因分类

【解　析】按成因,可将矿物分为三种类型:①原生矿物;②次生矿物;③变质矿物。

2. B

【考核点】矿物的分类及常见的造岩矿物

【解　析】常见的次生矿物有黏土矿物(高岭石、蒙脱石、伊利石等)、方解石、白云石、石膏、褐铁矿等。

3. C

【考核点】岩浆岩的矿物成分及常见的浅色矿物和深色矿物

【解　析】组成岩浆岩的矿物都是原生矿物。原生矿物按其颜色及化学成分的特点可分为浅色矿物和深色矿物。浅色矿物主要有石英、正长石、斜长石、白云母等。

4. B

【考核点】岩浆岩的分类

【解　析】按 SiO_2 含量的不同,岩浆岩可分为酸性岩(SiO_2含量 >65%)、中性岩(SiO_2含量 52% ~65%)、基性岩(SiO_2含量 45% ~52%)和超基性岩(SiO_2含量 <45%)。

5. B

【考核点】岩浆岩中矿物成分变化的规律

【解　析】黑色矿物的含量与 SiO_2 含量呈互为消长的关系。从超基性岩、基性岩、中性岩到酸性岩,SiO_2 的含量由少到多,那么深色矿物含量一定是由多到少,而浅色矿物则正好相反。

6. B

【考核点】矿物抗风化性的特点及规律

【解　析】一般而言,深色矿物抗风化性弱,浅色矿物抗风化性强。就单个矿物而言,石英抗风化能力最强,其次是正长石、角闪石和辉石,而黑云母和黄铁矿最易被风化。

7. B

【考核点】岩浆岩的结构构造特征

【解　析】全晶质结构多见于深成岩和浅成岩中;显晶质和等粒结构是深成岩特有的结构。全部侵入岩都是块状构造,部分喷出岩也具有块状构造。

8. D

【考核点】花岗岩的主要矿物组成及其识别

【解　析】花岗岩为酸性深成侵入岩,其主要矿物成分为石英、正长石,次要矿物为黑云母和角闪石。

9. C

【考核点】岩浆岩的工程特性

【解　析】道路工程中,把 SiO_2 含量大于 65% 的岩石称为酸性石料,SiO_2 含量在 52% ~ 65% 之间的岩石称为中性石料,SiO_2 含量小于 52% 的岩石称为碱性石料。碱性石料亲水性弱,它和沥青结合能力好;而酸性石料亲水性强,它和沥青结合能力差;中性石料和沥青结合能力介于碱性石料和酸性石料之间。按上述标准划分,玄武岩为碱性石料,花岗岩为酸性石料。

10. C

【考核点】常见的岩浆岩及其特征

【解　析】辉长岩和玄武岩为基性岩;正长岩和闪长岩均为中性岩;花岗岩和流纹岩为酸性岩;辉绿岩为基性岩,安山岩为中性岩。

11. D

【考核点】岩浆岩的分类及常见的岩浆岩

【解　析】花岗岩为酸性侵入岩,闪长岩为中性侵入岩,辉绿岩为基性侵入岩,而玄武岩则为基性喷出岩。

12. D

【考核点】沉积岩区别于其他岩石的特征

【解　析】绿泥石、滑石为变质矿物,它们通常存在于变质岩中;黏土矿物和方解石是次生矿物,它们是沉积岩所特有的,是沉积岩在矿物组成上区别于岩浆岩的重要特征,在一些浅变质岩中也可能含有黏土矿物和方解石;而黑云母、白云母、正长石、石英在三大类岩石中都可能含有。

13. B

【考核点】沉积岩中的胶结物类型及其对沉积岩强度的影响

【解　析】一般情况下，硅质胶结强度最高，铁质胶结强度仅次于硅质胶结，钙质胶结强度比铁质胶结略低，泥质胶结强度最低。

14. B

【考核点】沉积岩的分类

【解　析】沉积岩按其结构可大致地分为三大类：①碎屑岩类：具有碎屑结构沉积岩，主要包括凝灰岩、砾岩、砂岩、粉砂岩等；②黏土岩类：具有泥质结构的沉积岩，包括泥岩和页岩；③化学及生物化学岩类：具有化学结晶结构及生物结构的沉积岩，包括石灰岩、泥灰岩、白云岩等。

15. B

【考核点】常见沉积岩的工程性质

【解　析】页岩是一种软弱岩石，它常以薄层的形式夹在厚层的石灰岩中形成软弱夹层。

16. C

【考核点】沉积岩的构造对其工程性质的影响

【解　析】由于沉积岩具有层理、层面等构造，而导致岩石成分、结构沿一定方向不连续，使得岩层在不同方向上表现出不同的性质，这称之为各向异性。

17. D

【考核点】影响碎屑岩工程性质的因素

【解　析】碎屑岩是碎屑物质被胶结物胶结而形成。因此，碎屑岩的工程性质除受碎屑物质影响外，还与胶结物成分及胶结形式有关。

18. B

【考核点】沉积岩的矿物成分和结构对其工程性质的影响

【解　析】砂岩具砂质结构，岩石具有多孔性，岩性坚硬而性脆，在构造运动作用下易产生很多张裂隙，所以常具有较强的透水性，在地下常构成透水层或含水层。

19. C

【考核点】岩石的成分对岩石工程性质的影响

【解　析】页岩是由黏土矿物所组成，属于软弱岩石，遇水后易软化或崩解泥化。

20. C

【考核点】岩石的矿物成分

【解　析】方解石、高岭石为次生矿物，它们主要存在于沉积岩中，在变质岩中也可见到。滑石、绢云母、绿泥石为变质矿物，它们只存在于变质岩中。而石英、正长石、黑云母在三大类岩石中都可含有。

21. D

【考核点】变质岩在矿物成分上与其他岩石的区别

【解　析】变质矿物通常只存在于变质岩中，根据变质矿物即可把变质岩与其他岩石区别开来。绿泥石、石榴子石是变质矿物。

22. C

【考核点】各类常见岩石的构造特征

【解　析】片状构造是片理构造的一种表现形式,它是变质岩所特有的。

23. A

【考核点】常见的沉积岩及其特征

【解　析】石灰岩、页岩、粉砂岩属于沉积岩。云母片岩、石英岩、板岩、千枚岩、片麻岩属于变质岩。闪长岩、玄武岩、花岗岩、粗面岩属于岩浆岩。

24. D

【考核点】岩石的工程地质性质及其影响因素

【解　析】岩石的工程性质通常包括物理性质、水理性质及力学性质三个主要方面。

25. B

【考核点】岩石的软化系数及其工程意义

【解　析】软化系数越小,表示岩石在水的作用下的强度和稳定性越差,也就意味着该岩石的抗水、抗风化和抗冻性越差。

26. A

【考核点】岩石的软化系数及其对岩石强度和稳定性的影响

【解　析】岩石的软化系数与岩石强度和稳定性有密切的关系。一般地,岩石的软化系数越小,表示岩石在水作用下的强度和稳定性越差。

27. B

【考核点】岩石的软化系数及其对岩石工程性质的影响

【解　析】一般地,岩石的软化系数越小,岩石的工程性质越差。通常认为软化系数小于0.75的岩石是强软化的岩石,其工程性质较差。

28. B

【考核点】岩石强度损失率及其工程意义

【解　析】强度损失率越大,岩石的抗冻性越差。一般认为,强度损失率大于25%的岩石是不抗冻的。

29. D

【考核点】岩石强度的概念及其特性

【解　析】岩石的强度可以分为抗压强度、抗剪强度、抗弯强度和抗拉强度等。在岩石的各种强度中,抗压强度最大,其次是抗剪强度和抗弯强度,而抗拉强度最小。而且,岩石越坚硬,其值相差越大。岩石的抗剪强度和抗压强度是评价岩石稳定性的重要指标。

30. B

【考核点】岩石的结构对岩石工程地质性质的影响

【解　析】结晶联结的岩石,矿物颗粒越小,它们之间相互接触面面积越大,产生的化学键力就越大,矿物颗粒之间联结越牢固;反之,矿物颗粒之间联结越差。因此,对同一种结晶联结的岩石而言,矿物颗粒的大小对岩石的强度影响最明显。

31. D

【考核点】影响岩石工程地质性质的主要因素

【解　析】砂岩是碎屑结构的沉积岩,属于胶结联结的岩石。胶结联结的岩石,其强度和稳定性主要取决于胶结物的成分和胶结的形式,同时也受碎屑(矿物)成分的影响。就胶结物的成分来说,硅质胶结的强度和稳定性高,泥质胶结的强度和稳定性低,铁质和钙质胶结介于两者之间。

32. A

【考核点】影响岩石工程地质性质的主要因素

【解　析】片岩因其片理发育,片状矿物含量高,岩石抗风化能力差,极易风化剥落。页岩、泥岩主要含黏土矿物,岩性软弱,抗风化能力差,遇水易软化。玄武岩一般致密坚硬,强度较高。

33. B

【考核点】各类岩石的工程地质性质

【解　析】页岩、粉砂岩属于沉积岩,它们不具有片理构造。片麻岩片理不发育,所含矿物主要是粒状矿物,强度较高。片岩的片理较发育,所含矿物主要为片状矿物。

第二节　地 质 构 造

【考试纲要】

1. 地质构造的概念;
2. 地质构造的类型及特性;
3. 产状的概念;
4. 地壳运动;
5. 地质构造图;
6. 各种地质构造在地质图中的表现形式和特点。

【复习提示】

1. 复习要点

考生应掌握地质构造的概念、地质构造的主要类型、特点及工程地质评价;熟悉地质构造在地质图中的表现形式和特点,地质构造与公路工程的关系;了解地层接触关系与地质年代的概念。

重点:

(1)地壳运动及地质作用的概念;
(2)地层的接触关系、地层的相对地质年代单位与时间地层单位;
(3)岩层产状及其表示;
(4)地质构造的主要类型、特点及工程地质评价;
(5)各种地质构造在地质图中的表现形式和特点;
(6)地质构造与公路工程的关系。

难点:

(1)各种地质构造在地质图中的表现形式和特点;
(2)地质构造与公路工程的关系。

2. 规范提示

《公路工程地质勘察规范》(JTG C20—2011)涉及本节的内容如下:

(1)岩体完整程度划分,岩体节理发育程度划分,岩质边坡岩体结构分类。

(2)公路工程地质勘察内容中均要求查明勘察区域内地层的成因、年代、层序、厚度、岩性等;地质构造的类型、产状、规模、形态特征、分布范围及其与公路工程的关系。

(3)在公路工程地质勘察报告中要求对公路沿线地层岩性、地质构造、新构造运动等基本地质条件进行说明,并评价地质构造对边坡稳定性、公路建筑物选址的影响。

(4)地质构造对不良地质现象(滑坡、崩塌、泥石流)形成的影响。

(5)工程地质图的内容与编制。

习题精练

1. 相对地质年代可以反映地层(　　)。
   A. 形成的确切时间　　B. 形成的地质环境
   C. 物质组成　　D. 形成的先后顺序及相对新老关系

2. 下列所描述的地层接触关系中,属于沉积岩地层间接触关系的是(　　)。
   A. 沉积接触　　B. 平行不整合　　C. 侵入接触　　D. 穿插接触

3. 上、下相邻的两套地层之间呈角度不整合接触,这表明(　　)。
   A. 两套地层的产状一致,形成的时代不连续
   B. 两套地层的产状不一致,形成的时代连续
   C. 两套地层的产状不一致,形成的时代不连续
   D. 两套地层的产状一致,形成的时代连续

4. 岩层在地壳中的空间方位,称为岩层的(　　)。
   A. 产状　　B. 结构　　C. 构造　　D. 形态

5. 岩层在空间的水平延伸方向,可用岩层的(　　)表示。
   A. 倾向　　B. 倾角　　C. 走向　　D. 分布范围

6. 下列对褶曲特点的描述中,不正确的是(　　)。
   A. 褶曲的转折端是指褶曲两翼岩层互相过渡的弯曲部分
   B. 褶曲的轴面可以是直立的,也可以是倾斜的
   C. 褶曲的方位可用轴(线)的方位表示
   D. 褶曲的翼(部)是指构成褶曲的一系列岩层中最外侧的岩层

7. 下列有关褶曲的描述中,不正确的是(　　)。
   A. 在野外,背斜山与向斜谷以及背斜谷与向斜山都可见到
   B. 在野外应主要根据地表出露岩层的分布特征来识别褶曲
   C. 由于褶曲核部岩层破碎、强度低,而翼部岩层完整、强度高。因此,在褶皱区一般应将隧道布置在褶曲的翼部
   D. 在野外应完全以地形的起伏情况作为识别褶曲的标志

8. 下列有关张裂隙特征的描述中正确的是(　　)。
   A. 裂隙产状稳定,延伸较远　　B. 裂隙面平直光滑

C. 在砾岩中可切穿砾石　　D. 裂隙呈开口或楔形，并常被岩脉充填

9. 地表浅层的某岩层中存在大量裂隙，这些裂隙分布零乱，无明显的方向性，但相互连通，此裂隙最可能是(　　)。

A. 构造张裂隙　B. 风化裂隙　C. 卸荷裂隙　D. 剪裂隙

10. 下列关于岩石中裂隙的描述，不正确的是(　　)。

A. 裂隙破坏了岩石的整体性，促使风化速度加快

B. 裂隙能增强岩石的透水性，使岩石强度降低

C. 裂隙的存在能增强岩石爆破作业的效果

D. 裂隙对岩石工程性质能产生明显影响

11. 下列地质构造中，(　　)可造成地层的缺失。

A. 正断层　B. 背斜褶曲　C. 张裂隙　D. 单斜构造

12. 下列地质构造中，(　　)可造成地层对称重复排列。

A. 剪裂隙　B. 水平构造　C. 向斜褶曲　D. 逆断层

13. 褶曲(　　)处的岩层由于受到较大应力作用，产生许多裂隙，岩层破碎。

A. 翼部　B. 轴面　C. 核部或转折端　D. 枢纽

14. 下列关于逆断层特性的描述中，不正确的是(　　)。

A. 逆断层一般是由于岩体受到水平方向挤压应力作用形成

B. 逆断层走向常与压应力方向垂直

C. 逆断层的断层面从陡倾角至缓倾角都有

D. 逆断层破碎带较窄，常有断层角砾岩和破碎岩块，且角砾和岩块棱角分明

15. 下列各种地质构造中，(　　)是受水平挤压应力作用而形成的。

A. 剪裂隙　B. 正断层　C. 张裂隙　D. 逆断层

16. 下列关于各种地质构造成因的描述中，不正确的是(　　)。

A. 背斜褶曲是岩层在水平挤压应力作用下形成的

B. 逆断层主要是岩体受水平挤压应力作用下形成的

C. 正断层一般是由于岩体受到水平张拉应力或重力作用形成

D. 向斜褶曲是岩层在水平张拉应力作用下形成的

17. 地质图是反映一个地区地层分布、岩性和地质构造等基本地质内容的图件。一幅完整的普通地质图应包括平面图、(　　)和综合地层柱状图。

A. 剖面图　B. 水文地质图　C. 地形图　D. 地貌图

18. 当断层走向和岩层走向平行时，在断层面(线)两侧，出露老岩层的一侧为(　　)。

A. 下降盘　B. 断层的下盘　C. 上升盘　D. 断层的上盘

19. 当断层走向和岩层走向垂直或斜交时，无论是正断层还是逆断层，岩层分界线错动方向和岩层倾向方向一致(或向前错动)的一侧为(　　)。

A. 上升盘　B. 下盘　C. 下降盘　D. 上盘

20. 当断层走向与褶曲轴线垂直或斜交时，如果褶曲是背斜，则核部岩层变宽的一侧为(　　)。

A. 下盘　B. 下降盘　C. 上盘　D. 上升盘

21. 角度不整合在地质图上的特征是上下两套岩层之间产状不相同，地质年代不连续，(　　)。

A. 两套地层分界线彼此不平行

B. 两套地层分界线彼此平行

C. 新岩层的分界线切断了老岩层的分界线

D. 老岩层的分界线切断了新岩层的分界线

22. 倾伏褶曲在地质图上表现为(　　)。

A. 两翼岩层分界线平行延伸　　B. 两翼岩层分界线被切断

C. 两翼岩层分界线向一端闭合　　D. 两翼岩层间呈不整合接触

23.《岩土工程勘察规范》(GB 50021—2001)中把在全新世地质时期内有过地震活动或近期正在活动，在将来(今后一百年)可能继续活动的断裂叫(　　)。

A. 活动断裂　　B. 工程活断层　　C. 发震断裂　　D. 全新活动断裂

24. 活断层按两盘错动方向可分为走向滑动型断层和倾向滑动型断层，下述属于走向滑动型断层特点的是(　　)。

A. 以逆断层更为常见，断层面倾角较缓

B. 错动时上盘为主动盘，岩体较下盘破碎

C. 多数是受水平挤压形成

D. 断层面陡倾或直立，平直延伸

习题参考答案及解析

1. D

【考核点】相对地质年代的概念及地质意义

【解　析】在地质历史中，地质体形成(或地质事体发生)的确切时间称为绝对地质年代，而这些地质体形成的先后顺序和新老关系则称为相对地质年代。

2. B

【考核点】地层的接触关系

【解　析】沉积岩地层的接触关系可分为整合接触和不整合接触两大类，而不整合接触又可分为平行不整合接触(又称假整合接触)与角度不整合接触。岩浆岩与沉积岩之间的接触关系有沉积接触和侵入接触。岩浆岩之间的接触关系主要有穿插关系。

3. C

【考核点】角度不整合接触的含义及形成

【解　析】不整合接触又可分为：①平行不整合：上、下两套地层产状一致，形成的时代不连续；②角度不整合：上、下两地层产状不一致，形成的时代不连续。

4. A

【考核点】岩层产状的概念

【解　析】岩层或结构面的空间分布状态称为它的产状。岩层的产状是指岩层在地壳

中的空间方位(或位置)。

5. C

【考核点】岩层产状及其产状三要素

【解　析】岩层产状可用走向、倾向、倾角三个要素表示,这称之为产状三要素。走向表示岩层在空间的水平延伸方向;倾向表示岩层在空间的倾斜方向;倾角表示岩层在空间倾斜的程度。

6. D

【考核点】褶曲要素及形态特征

【解　析】褶曲要素包括:①核(部);②翼(部);③轴面;④轴(线);⑤枢纽;⑥转折端。其中,翼是核部两侧对称出现的岩层,当背斜与向斜相连时,翼是公用的。

7. D

【考核点】褶曲的形态特征及其与地形的关系

【解　析】从地形上看,岩层变形形成褶曲之初,背斜相对地势高成山,向斜地势低成谷。然而有些褶曲在经过较长时间的剥蚀后,背斜往往成谷或低地;向斜最后相对成山。因此,背斜山与向斜谷、背斜谷与向斜山在野外都可见到。因此不能完全以地形的起伏作为识别褶曲的标志。

8. D

【考核点】构造裂隙的分类及张裂隙的特征

【解　析】张裂隙的主要特征有:裂隙产状不稳定,延伸不远即行消失,裂隙面弯曲且粗糙,裂隙两壁间的裂缝较宽,呈开口或楔形,并常被岩脉充填;张裂隙一般发育较稀,裂隙间距较大,很少密集成带。当张裂隙发育于砾岩中时,常常绕过砾石。

9. B

【考核点】裂隙的分类及风化裂隙的特征

【解　析】张裂隙和剪裂隙属于构造裂隙,具有明显的方向性和规律性。卸荷裂隙是因岩体卸荷发生回弹变形而形成的,这种裂隙多呈层状,常形成裂隙带,多平行于岩层表面,其深度可很大。只有风化裂隙广泛发育在岩石表层,分布零乱,无明显的方向性,但相互间连通性强。

10. C

【考核点】裂隙的工程地质评价

【解　析】岩石中的裂隙破坏了岩石的整体性,促使风化速度加快;增强了岩体的透水性,使岩体强度和稳定性降低。岩石中的裂隙可导致边坡容易发生崩塌或碎落。同时裂隙使岩石破碎,从而影响爆破作业的效果。

11. A

【考核点】地质构造的类型、特征及识别

【解　析】在各种地质构造中,断层可造成地层的缺失或重复,这种地层的缺失或重复只出现在断层线(或断层面)的两侧。褶曲可造成地层产生对称地重复排列。

12. C

【考核点】褶皱构造的特征

【解　析】断层可造成地层重复排列，但该重复是单向的，不是对称重复。褶曲可造成地层产生对称重复排列。裂隙和水平构造不会造成地层重复。

13. C

【考核点】褶曲要素及其特征

【解　析】褶曲的核部或转折端处的岩层由于遭到构造作用的强烈破坏，岩石破碎严重，完整性差、强度低、稳定性差，抗风化的能力较弱，透水、储水能力强。

14. D

【考核点】断层的分类及逆断层的特征

【解　析】逆断层的断层线的方向常和岩层走向或褶皱轴的方向近于一致，和压应力作用的方向垂直。逆断层由于受到强烈水平挤压应力作用，所以破碎带较宽。

15. D

【考核点】各类地质构造的成因

【解　析】正断层和张裂隙主要受张拉应力作用形成；剪裂隙是岩石受剪切应力作用形成。逆断层一般是岩石受到水平挤压应力形成。

16. D

【考核点】地质构造与地应力的关系

【解　析】对于褶皱构造而言，无论是背斜，还是向斜，它们都是在水平挤压应力作用下形成的。

17. A

【考核点】地质图的组成

【解　析】地质图可分为多种，其中最常见的是普通地质图。一幅完整的普通地质图应包括地质平面图、地质剖面图和综合地层柱状图三部分。普通地质图常简称为地质图。

18. C

【考核点】断层地质图上的表现特征及断层类型的判定

【解　析】在地质图上，当断层走向与岩层走向平行时，在断层面两侧地层发生重复或缺失，造成断层面两侧岩层地质年代不同。通常，出露老岩层的一侧为上升盘，出露新岩层的一侧为下降盘，地层倒转时则相反。

19. A

【考核点】断层地质图上的表现特征及断层类型的判定

【解　析】在地质图上，当断层走向与岩层走向垂直或斜交时，在断层面两侧岩层的分界线被切断而发生错动。无论是正断层还是逆断层，岩层分界线错动方向和岩层倾向方向一致（或向前错动）的一侧为上升盘，反之为下降盘。

20. D

【考核点】断层在地质图上的判定

【解　析】由于褶曲两翼地层向外或向内倾斜，当断层走向与褶曲轴线垂直或斜交时，断盘的上升或下降，都会造成褶曲核部地层在断层线两侧宽窄发生变化。对于背斜褶曲而言，核部岩层变宽的一侧为上升盘，变窄的一侧为下降盘。

21. C

【考核点】角度不整合在地质图上的表现特征

【解　析】角度不整合接触是指上、下不同的两套地层产状不一致，地质年代也不连续。因此，在地质图上，新地层的分界线切断了下部老地层的分界线，而且它们之间的地质年代不连续。

22. C

【考核点】倾伏褶曲在地质图上的表现特征

【解　析】在地质图上，倾伏褶曲两翼岩层界线不平行，在倾伏端交汇成封闭弯曲线（或倾伏褶曲的地层分界线在转折端闭合）。

23. D

【考核点】全新活动断裂的含义

【解　析】活断层又称活动断裂。《岩土工程勘察规范》(GB 50021—2001)中规定，在全新世地质时期（一万年）内有过地震活动或近期正在活动，在今后一百年内可能继续活动的断裂叫全新活动断裂。

24. D

【考核点】活断层的分类及其特点

【解　析】活断层按两盘错动可分为走向滑动型断层（平移断层）和倾向滑动型断层（逆断层及正断层）。走向滑动型断层最常见，其特点是断层面陡倾或直立、平直延伸，部分规模很大，断层中常蓄积有较高的能量，引发高震级强烈地震。

第三节　外动力地质作用

【考试纲要】

1. 外动力地质作用；
2. 风化作用；
3. 残积层、坡积层、洪积层和冲积层的工程地质特征；
4. 河流地质作用的表现形式；
5. 河流下蚀作用和侧蚀作用发育的特点。

【复习提示】

1. 复习要点

考试应掌握常见松散堆积层（残积层、坡积层、洪积层和冲积层）的形成及其工程地质特征；熟悉风化作用的基本类型及影响因素，河流地质作用的特点与表现形式，河流的侵蚀、搬运及沉积作用特点；了解外力地质作用的形式及特点。

重点：

(1)外动力地质作用的概念、基本形式及特点；

(2)风化作用的含义、基本类型、影响因素；残积层的形成与特点；

(3)坡积层的成因、分布、工程地质特征，影响坡积层稳定性的主要因素；

(4)冲沟的形成阶段,洪积层的成因、分布、工程地质特征;

(5)河流地质作用的特点与表现形式,河流的侵蚀、搬运及沉积作用特点,冲积层的工程地质特征与工程性质。

难点:

(1)残积层、坡积层、洪积层和冲积层的工程地质特征;

(2)河流侵蚀作用发育的特点及其与道路工程的关系。

2.规范提示

《公路工程地质勘察规范》(JTG C20—2011)涉及本节的内容如下:

(1)岩石风化程度的划分;

(2)岩石的描述应包括对岩石风化程度说明的内容;

(3)道路、桥梁和隧道工程地质勘察内容中均要求查明勘察区域内岩石的风化程度;地表覆盖层或地基土层(残积层、坡积层、洪积层、冲积层)的成因、厚度、类型、分布范围、胶结程度和密实度、含水状态和工程性质;地表水的类型、成因、分布及发育情况及对斜坡稳定性的影响。

习题精练

1.外力地质作用的表现方式有风化作用、剥化作用、搬运作用、沉积作用和(　　)。

A.成岩作用　　B.岩浆作用　　C.变质作用　　D.地壳运动

2.外力地质作用总的趋势使得地表(　　)。

A.高处削低　　B.填平低洼

C.崎岖不平　　D.削高填低,夷平地表

3.在野外地表可见到有些岩石发育着大量由表及里、纵横交错的风化裂隙,使岩石发生层层剥离,最终崩解,破碎成大小不一的碎块或碎屑,岩石的这种变化主要是由(　　)造成的。

A.物理风化　　B.冰冻风化　　C.岩石释重　　D.温差风化

4.某工程需在巨厚岩层中开挖一深基坑,在该基坑开挖完成不久,其坑底表面出现一系列与坑底表面平行的裂隙,这些裂隙可能是由于(　　)所致。

A.物理风化　　B.生物机械风化

C.剥蚀作用　　D.岩石释重

5.在严寒的高纬度地区和低纬度的高寒山岳地区,主要发生(　　)。

A.温差风化　　B.冰冻风化

C.物理风化　　D.可溶盐的结晶撑裂作用

6.(　　)的强弱主要取决于温度变化的速度和幅度,特别是昼夜温度变化的幅度越大,该作用则越强烈。

A.冰冻风化　　B.溶解作用

C.可溶盐的结晶撑裂作用　　D.温差风化

7.从风化类型的分布看,在干旱的内陆盆地,(　　)的发生常常是十分惊人的。

A.温差风化　　B.冰冻风化

C. 氧化作用　　D. 可溶盐的结晶撑裂作用

8. 在野外常见到的花岗岩的球状风化就是(　　)的具体表现形式。

A. 冰冻风化　　B. 温差风化　　C. 物理风化　　D. 盐类结晶作用

9. 引起化学风化作用的主要因素是(　　)。

A. 温度　　B. 湿度

C. 水和空气中的各种化学成分　　D. 岩石的性质

10. 若岩层中含有硬石膏层,硬石膏层与水接触后可发生(　　)而引起体积膨胀,对围岩会产生很大的压力,促使岩石破坏。

A. 溶解作用　　B. 水解作用　　C. 水化作用　　D. 化学风化

11. 花岗岩中的正长石经(　　)变成高岭石,可使岩石成分改变,结构破坏,从而降低岩石的物理力学性质。

A. 氧化作用　　B. 水解作用　　C. 水化作用　　D. 溶解作用

12. 碳酸盐类岩石,如石灰岩等,经(　　)能够将比较难溶于水的碳酸盐变为易溶解的重碳酸盐,因而加强了水对岩石的溶解作用,可形成溶洞、溶穴等岩溶现象。

A. 溶解作用　　B. 水化作用　　C. 水解作用　　D. 碳酸化作用

13. 我国南方地区雨量充沛、潮湿温暖。因此,(　　)较强烈。

A. 物理风化　　B. 化学风化　　C. 温差风化　　D. 水化作用

14. 岩石经长期的物理、化学风化作用以后,再经生物的化学风化作用,最终所形成的松散物质叫(　　)。

A. 碎屑物质　　B. 残积物　　C. 黏土物质　　D. 土壤

15. 在相同的地表环境条件下,喷出岩(K_1)、浅成岩(K_2)、深成岩(K_3)抗风化能力的强弱顺序为(　　)。

A. $K_1 < K_2 < K_3$　　B. $K_1 > K_2 > K_3$　　C. $K_1 < K_2 > K_3$　　D. $K_1 > K_2 < K_3$

16. 下列选项中,不属于确定岩石风化程度分级依据的是(　　)。

A. 岩石强度变化　　B. 岩石成因与类型

C. 岩石破碎程度　　D. 岩石矿物成分改变

17. 下列选项中,属于防治边坡岩石风化措施的是(　　)。

A. 抹面法　　B. 胶结灌浆法　　C. 挖除法　　D. 选项 A + B + C

18. 下列有关残积层工程地质性质的描述中,不正确的是(　　)。

A. 残积层孔隙度大,透水性强

B. 残积层物质未经胶结,结构松散

C. 残积层强度和稳定性高,承载力大

D. 残积层作为建筑物的地基时,可能产生不均匀沉陷,作为路堑边坡时,则可能出现坍塌和冲刷

19. 下列松散堆积物中,属于风化作用产物的是(　　)。

A. 冲积物　　B. 坡积物　　C. 洪积物　　D. 残积物

20. 下列表述的各种因素中,对坡积层稳定性影响最小的因素是(　　)。

A. 下伏基岩顶面的倾斜程度　　B. 下伏基岩与坡积层接触带的含水情况

C. 坡积层物质的厚度　　D. 坡积层本身的性质

21. 下列有关洪积层特征的描述中,不正确的是(　　)。

A. 组成物质分选不良,粗细混杂,碎屑物质多带棱角,磨圆度不佳

B. 有不规则的交错层理、透镜体、尖灭及夹层等

C. 物质成分单一,碎屑物质主要是砾石

D. 山前洪积层由于周期性的干燥,常含有可溶性盐类物质,在土粒和细碎屑间,往往形成局部的软弱结晶联结,但遇水作用后,联结就会破坏

22. 下列有关松散堆积物特征的描述中,不正确的是(　　)。

A. 坡积层主要分布在山坡坡脚处

B. 洪积层主要分布在沟谷进入山前平原、山间盆地、流入河流处

C. 冲积层主要分布在河床、冲积扇、冲积平原或三角洲中

D. 残积层主要分布在沟谷低洼处

23. 下列有关洪积层工程性质的描述中,不正确的是(　　)。

A. 靠近沟谷口的粗碎屑沉积地段,孔隙大、透水性强,地下水埋藏深,压缩性小,承载力大

B. 洪积层外围的细碎屑沉积地段,如果黏土颗粒发生凝聚并析出可溶盐分,承载力也比较好

C. 在粗碎屑与细碎屑沉积地段之间的过渡带,常有泉水出露,形成沼泽,压缩性大

D. 洪积层外围的细碎屑沉积地段,颗粒细小,透水性弱,无论何时均表现为压缩性大,承载力低

24. 下列有关松散堆积物特征的描述中,属于坡积层特征的是(　　)。

A. 主要由碎屑物质和少量黏土组成,碎屑颗粒由地表向深处由细变粗

B. 主要由碎石和黏土组成,碎石棱角明显、无分选性,其成分与下伏基岩无关,而与山坡上部基岩成分成关

C. 由石块、岩屑、砂砾、砂土、黏性土组成,成分复杂,其中可见交错层理、透镜体及尖灭层

D. 主要由砂砾、卵石及细粉砂组成,物质分选性好、层理明显、磨圆度高

25. 下列有关河流下蚀作用的描述中,不正确的是(　　)。

A. 河流下蚀不能无止境地进行,而是以其侵蚀基准面为下限

B. 河流下蚀总是从河口开始,由河的下游逐渐向河源方向发展

C. 河流的下蚀可使分水岭遭到剥蚀切割,河流长度增加,以至发生河流袭夺现象

D. 河流的下蚀作用的强弱主要取决于流速、流量的大小,因此下蚀作用可无限进行

26. 下列有关河流侧蚀作用特性的描述中,不正确的是(　　)。

A. 侧蚀作用可使河床变弯、变宽、变长

B. 侧蚀作用可使河弯曲率变大、河床底纵坡变小、流速降低

C. 河流发展到蛇曲阶段时,侧蚀将不再进行

D. 只要流水流动不断,河流的侧蚀可无限地进行

27. 下列有关河流侵蚀作用特性的描述中,不正确的是(　　)。

A. 河流的下蚀作用和侧蚀作用不可能在同一河段同时进行

B. 一般在河流的中下游、平原区河流或处于老年期的河流，以侧蚀作用为主

C. 在河流的上游、山区河流，以下蚀作用为主

D. 河流的下蚀作用和侧蚀作用，常是同时进行的

28. 下列对河流地质作用特征的描述中，不正确的是（　　）。

A. 河流上游河床中沉积物较粗大，越向下游沉积物颗粒越细小

B. 从河床断面上看，河水流速减小时，粗大颗粒先沉积，细小颗粒后沉积

C. 河流搬运能力与河水流速关系最大

D. 河流的搬运物主要是泥砂

29. 下列对河流冲积层工程性质的描述中，不正确的是（　　）。

A. 古河床相冲积物的压缩性低，强度较高

B. 现代平原区河床相冲积物密实度较差，透水性强

C. 牛轭湖相冲积物的压缩性高，承载力低

D. 三角洲相冲积物颗粒粗大密实，承载力高

30. 下列表述的各种松散堆积物中，（　　）的磨圆度佳、分选性好、层理构造明显。

A. 坡积层　　B. 冲积层　　C. 残积层　　D. 洪积层

31. 下列表述的各组松散堆积物中，均为由暂时性流水地质作用形成的是（　　）。

A. 冲积层、坡积层　　B. 洪积层、残积层

C. 冲积层、洪积层　　D. 坡积层、洪积层

32. 下列有关河流地质作用的描述中，不正确的是（　　）。

A. 河流的下蚀作用和侧蚀作用常是同时存在的

B. 一般在河流上游以下蚀作用为主，侧蚀作用微弱，常形成峡谷

C. 一般在地壳上升强烈地区，河流的侧蚀作用强烈，下蚀作用微弱

D. 一般在河流下游以侧蚀作用为主，下蚀作用减弱，河谷宽，河曲多

习题参考答案及解析

1. A

【考核点】外力地质作用的概念及其表现形式

【解　析】按其作用方式不同，外力地质作用可分为风化作用、剥蚀作用、搬运作用、沉积作用及（固结）成岩作用等。

2. D

【考核点】外力地质作用的特征

【解　析】外力地质作用总的趋势是切削地壳表面隆起的部分，填平地壳表面低洼的部分，不断使地壳的面貌发生变化，并使地壳表面趋于平缓。

3. D

【考核点】引起物理风化作用的主要因素

【解 析】温差风化是由于温度的变化产生温差，温差可促使岩石膨胀和收缩交替进行，久而久之则引起岩石由表及里产生很多纵横交错的裂隙，最终使岩石发生层层剥落破碎。

4. D

【考核点】岩石释重对物理风化的影响

【解 析】无论是何种岩石，在其形成以后，都因其上覆盖巨厚的岩层而承受巨大重力作用。一旦上覆岩层遭受剥蚀或开挖而卸荷时，岩石上部释重（或卸荷），随之产生向上或向外的膨胀作用，使岩石破碎，形成一系列与地表平行的裂隙，这种现象或作用称之为岩石释重。

5. B

【考核点】水的冻结对风化的影响

【解 析】严寒的高纬度地区及低纬度的高寒山岳地区温度变化的幅度不大，变化的速度较慢，这不利于温差风化的进行。如果在这些地区蒸发作用不显著，可溶盐含量不多时，也不利可溶盐的结晶撑裂作用的发生。而只要温度长期在0℃上下变化，就有利于冰冻风化的发生。

6. D

【考核点】温度变化对风化的影响

【解 析】温差风化的强弱主要取决于温度变化的速度和幅度，特别是速度。因而温度昼夜变化对岩石风化影响最大。

7. D

【考核点】物理风化发育的特点

【解 析】在干旱及半干旱气候区，由于蒸发作用强烈，广泛地分布着各种可溶盐类。这些盐类不断反复地发生结晶与潮解，可使岩石破坏；在昼夜温度变化很大的缺少植被和水的干旱沙漠地区，温差风化强烈；而冰冻风化则在气候寒冷区发育，因此主要发生在严寒的高纬度地区和低纬度的高寒山岳地区。

8. B

【考核点】温差风化作用的特征

【解 析】温差风化在岩石内部产生纵横交错的裂缝，长期以往，岩石中的裂缝可逐渐加大加深，由表及里地不断崩解，破碎成大大小小的碎块，可导致岩石由表及里层层剥蚀，最终成为球状的风化体。

9. C

【考核点】影响化学风化作用的主要因素

【解 析】化学风化作用会引起岩石在原地发生化学反应，并可产生新矿物。因此，水溶液和空气中的各种化学成分（如氧气、二氧化碳等）是引起化学风化作用的主要因素。温度、湿度及岩石性质对化学风化作用的方式及产物会产生影响。

10. C

【考核点】水化作用的概念

【解 析】水化作用的结果产生了含水矿物，改变了原有矿物的成分，引起体积膨胀，对岩石会产生一定的破坏作用。硬石膏遇水后可以和水发生化学反应，形成含水的石膏，改变原有矿物的成分，引起岩石体积膨胀。

11. B

【考核点】水解作用的概念

【解　析】正长石遇水可离解，离解出的钾、钙等离子与水中的氢氧根离子结合，形成可溶于水的氢氧化物随水流失，析出的一部分 SiO_2 可呈胶体溶液随水流失，或形成蛋白石残留于原地，其余部分可形成难溶于水的高岭石而残留于原地。因此，正长石经水解作用变成高岭石就是一种水解现象。

12. D

【考核点】碳酸化作用的概念

【解　析】碳酸盐类岩石是一种难溶于水的矿物，在一般的水中溶解的速度很慢，但当遇到含有二氧化碳的水后，可发生化学反应，生成易溶解的重碳酸盐，可大大加快水对此类岩石的溶解速度，这种作用就是碳酸化作用。

13. B

【考核点】化学风化作用的特征

【解　析】引起物理风化作用的主要因素是温差。物理风化在气候干燥、温差较大的内陆腹地强烈；引起化学风化作用的主要因素是水和空气中含的各种化学成分。化学风化在温暖、潮湿的地区最为活跃，进行得也比较彻底。因此，我国南方地区温暖潮湿，雨水充沛，温差变化较小，适宜于化学风化作用的发生。

14. D

【考核点】风化作用的产物与土壤的形成

【解　析】岩石经长期的物理风化作用，发生机械破碎形成较粗的碎屑物质；再经化学风化作用，这些较粗的碎屑物质发生化学变化形成大量的黏土物质；最后经生物化学风化作用，产生大量的腐殖质，这样岩石最终就变成了含有腐殖质、矿物质、水和空气的松散物质，这种松散的物质就是土壤。

15. B

【考核点】岩石抗风化的能力

【解　析】风化作用实质上是由于岩石生成时的环境和条件与目前它所处的环境和条件的差异造成的。如果岩石生成时的环境和条件与目前地表环境和条件接近，则岩石抵抗风化能力强，反之则容易风化。因此，喷出岩比浅成岩抗风化能力强，浅成岩又比深成岩抗风化能力强。一般情况下沉积岩比岩浆岩和变质岩抗风化能力强。

16. B

【考核点】确定岩石风化程度分级的依据

【解　析】确定岩石风化程度（分级）的主要依据是岩石的颜色变化、矿物成分改变、岩石破碎程度、岩石强度变化四个方面。

17. D

【考核点】岩石风化的防治措施

【解　析】岩石风化的防治措施主要有：①挖除法；②抹面法；③胶结灌浆法；④排

水法。

18. C

【考核点】残积层的工程地质性质

【解 析】残积层中孔隙和裂隙发育,孔隙度高,物质未经胶结,结构松散,透水性强。因此,残积层易遭冲刷,强度和稳定性差;残积层由于孔隙多,成分和厚度很不均匀,所以作为建筑物地基时其承载力低,易产生过量沉降或不均匀沉降。作为路堑边坡时,易产生坍塌和冲刷等问题。

19. D

【考核点】风化作用的产物

【解 析】岩石经风化作用,形成各种风化产物,其中易溶部分被水溶解流失,大部分物质残留在原地形成残积物。冲积物是由河流沉积作用形成的;坡积物是由坡面细流的地质作用(洗刷作用)形成的;洪积物是由山洪急流的地质作用(冲刷作用)形成的。

20. C

【考核点】影响坡积层稳定性的因素

【解 析】一般情况下,影响坡积层稳定性的因素主要有三个方面:①下伏基岩顶面的倾斜程度;②下伏基岩与坡积层接触带的含水情况;③坡积层本身的性质。

21. C

【考核点】洪积层的工程地质特征

【解 析】洪积层的主要特征:①物质成分复杂,组成物质分选不良,粗细混杂,碎屑物质多带棱角,磨圆度不佳;②有不规则的交错层理、透镜体、尖灭及夹层等;③山前洪积层由于周期性的干燥,常含有可溶盐类物质,在土粒和细碎屑间,往往形成局部的软弱结晶联结,但遇水作用后,联结就会破坏。

22. D

【考核点】松散堆积层的形成与分布

【解 析】残积层在风化强烈的基岩裸露的山区、丘陵区以及剥蚀平原区都可分布。

23. D

【考核点】洪积层的工程地质性质

【解 析】洪积层的细碎屑沉积地段(外围)通常颗粒细小,透水性弱,压缩性大,承载力低。但如果在沉积过程中受到周期性的干燥,黏土颗粒发生凝聚并析出可溶盐分时,承载力较高。

24. B

【考核点】坡积层的特征

【解 析】坡积层主要由碎石和黏土组成,碎石棱角明显,无分选,其成分与下伏基岩无关,而与山坡上部基岩成分有关;洪积层由石块、岩屑、砂砾、砂土、黏性土组成,成分复杂,其中可见交错层理、透镜体及尖灭层;冲积层主要由砂砾、卵石以及细砂、黏性土组成,物质分选性好、层理明显、磨圆度高。

25. D

【考核点】河流下蚀作用的特点

【解　析】随着河流下蚀作用的进行，河床不断加深，河床纵坡逐渐变缓，造成河流流速降低，侵蚀能量削弱，达到一定的基准面后，河流的下蚀作用将趋于消失。因此，河流下蚀不能无止境地进行，而以其侵蚀基准面为下限。

26. D

【考核点】河流侧蚀作用的特点

【解　析】由于河流侧蚀的不断进行，致使河流一个河湾接着一个河湾，并使河湾的曲率越来越大，河流的长度越来越长，结果使河床的比降逐渐减小，流速不断降低，侵蚀能量逐渐削弱，直至常水位时已无能量继续发生侧蚀为止。因此，河流的侧蚀作用也不能无限进行。

27. A

【考核点】河流侵蚀作用的特点

【解　析】下蚀作用和侧蚀作用是河流侵蚀作用的两个密切联系的方面，在任何河段，下蚀作用与侧蚀作用总是同时地进行，只不过两种作用的强度可能不同，或以下蚀为主，或以侧蚀为主，在这两种作用的共同作用下，河床不断地加深和拓宽。

28. D

【考核点】河流搬运与沉积作用的特点

【解　析】河流搬运能力与流速密切相关。当流速很高时，河流可以搬运粗大石块、巨砾等，而当流速很低时，即便是细小的泥砂也可以沉积下来。

29. D

【考核点】河流沉积作用及沉积物的特点

【解　析】牛轭湖相沉积物一般多由富含有机质的淤泥和泥炭组成，天然含水率很大，抗压强度小，压缩性高，承载力低；三角洲相冲积物颗粒细，含水率高，常呈饱和状态，承载力较低。

30. B

【考核点】冲积层与其他松散堆积层的区别

【解　析】由于河流搬运距离长，河流沉积作用具有明显的分选性和磨圆度。因此，在第四纪松散堆积层中，河流沉积作用形成的冲积层具有分选性好、磨圆度佳、层理明显的特征，这些特征也是区分冲积层和其他堆积层的标志。

31. D

【考核点】常见的第四纪松散堆积物及其成因

【解　析】在常见的第四纪松散堆积物中，冲积层由河流地质作用形成，残积层由风化作用所形成，洪积层由山洪急流地质作用形成，坡积层由坡面细流地质作用所形成。

32. C

【考核点】河流侵蚀作用及其特点

【解　析】一般而言，河流上游河床纵坡大，流速高，河流下蚀作用强烈，侧蚀作用微弱，常形成峡谷；在河流的中下游河湾增多，河床纵坡小，流速降低，横向环流作用相对增强，侧蚀显著，下蚀作用减弱，河谷宽而浅；地壳上升造成河床抬高，增大河床纵坡，流速增大，下蚀作用强烈，侧蚀作用微弱。

第四节 地 貌

【考试纲要】

1. 地貌的概念；

2. 河流阶地的概念及成因，河流阶地与山区公路建设的关系；

3. 山岭地貌和平原地貌；

4. 不同地貌单元公路建设中可能遇到的工程地质问题；

5. 地貌与地形的区别及联系。

【复习提示】

1. 复习要点

考生应掌握河流阶地的形成及其与山区公路建设的关系，不同地貌单元公路建设中可能遇到的工程地质问题；熟悉山岭地貌、各种平原地貌的形成及其特点，地貌与地形的关系；了解内、外力地质作用与地貌的关系以及影响地貌的发展变化的主要因素。

重点：

(1) 地貌的概念，地貌与地形的区别及联系，地貌的基本类型；

(2) 内、外力地质作用与地貌形成、发展和变化的关系；

(3) 山岭地貌、河谷地貌、平原地貌的特点及其与公路工程建设的关系。

难点：

(1) 河流阶地的形成及其与山区公路建设的关系；

(2) 不同地貌单元公路建设中可能遇到的工程地质问题。

2. 规范提示

《公路工程地质勘察规范》(JTG C20—2011)涉及本节的内容如下：

(1) 在公路工程地质各阶段及各专项勘察内容中均要求查明勘察区域内的地形地貌的成因、类型、分布、规模、形态特征。

(2) 在各类公路工程地质勘察报告中均要求说明地形地貌的类型、分布、规模以及地形地貌对公路工程地质条件影响程度的评价。

习题精练

1. 地壳表面的各种地貌在不断地形成和发展变化。促使地貌形成和发展变化的动力是(　　)。

A. 外力地质作用　　B. 构造运动

C. 风化作用和地表流水地质作用　　D. 内力地质作用和外力地质作用

2. (　　)形成了地壳表面的基本起伏，对地貌的形成和发展起决定性作用。

A. 风化作用　　B. 内力地质作用

C. 外力地质作用　　　　　　　　　　　D. 地表流水地质作用

3. 下列有关内、外力地质作用关系的描述中，正确的是(　　)。

A. 地壳上升，侵蚀、剥蚀、搬运作用变弱，堆积作用增强

B. 地壳下降，侵蚀、剥蚀、搬运作用增强，堆积作用变弱

C. 地壳下降，侵蚀、剥蚀、搬运、堆积作用都变弱

D. 地壳上升，侵蚀、剥蚀、搬运作用增强、堆积作用变弱

4. 下列有关地貌形成和发展变化的描述中，不正确的是(　　)。

A. 地貌的形成和发展是内、外力地质作用共同作用的结果

B. 我们现在看到的各种地貌形态，就是地壳在内、外力地质作用下发展到现阶段的形态表现

C. 地貌的形成和发展变化，首先取决于内、外力地质作用之间的量的对比

D. 地貌的形成和发展变化主要受地质构造、岩性、气候条件等因素的影响，与地貌水准面无关

5. 下列地貌中，不属于山地地貌的是(　　)。

A. 高山　　　　B. 丘陵　　　　C. 高原　　　　D. 低山

6. 山顶呈长条状延伸时称山脊。山脊高程较低的鞍部，即相连两个山顶之间较低的部分称为(　　)。

A. 山脊线　　　　B. 圆顶　　　　C. 平顶　　　　D. 垭口

7. 下列关于单面山与公路建设关系的描述中，不正确的是(　　)。

A. 单面山的前坡陡峻，坡脚常分布有较厚的坡积物，稳定性差，对布设路线不利

B. 单面山的后坡平缓，坡积物较薄，常常是布设路线的理想部位

C. 单面山的后坡多由外力的剥蚀作用形成，坡脚分布有较厚的坡积物，稳定性差，不利于路线的布设

D. 在岩层倾角较大的单面山的后坡上深挖路堑时，容易产生顺层滑坡

8. 在褶皱形成的初期，往往是背斜形成高地(背斜山)，向斜形成凹地(向斜谷)。经长期剥蚀后背斜成谷，而向斜则成山岭，这称为(　　)。

A. 剥蚀地形　　　　B. 顺地形　　　　C. 构造地形　　　　D. 地形倒置现象

9. 下列关于构造型垭口工程地质条件的描述中，不正确的是(　　)。

A. 断层破碎带型垭口岩体破碎严重，工程地质条件较差，一般不宜采用隧道方案通过

B. 背斜张裂带型垭口岩石裂隙发育、岩层破碎，但工程地质条件较断层破碎带型好，当采用路堑通过时，一般可采用较陡的边坡坡度

C. 单斜软弱层型垭口岩性松软、风化严重，稳定性差，故不宜深挖，否则须放缓边坡并采取防护措施。穿越这一类垭口，宜优先考虑隧道方案

D. 背斜张裂带型垭口构造裂隙发育，岩石破碎，工程地质条件与水文地质条件都很差，不宜采用隧道方案通过

10. 下列有关剥蚀型垭口特征与工程建设关系的描述中，不正确的是(　　)。

A. 垭口形态特征与山体地质结构有明显联系

B. 垭口表面松散覆盖层很薄，基岩多半裸露

C. 在气候干燥寒冷地带，岩性坚硬和切割较深的垭口本身较薄，宜采用隧道方案或深挖路堑通过

D. 在石灰岩地区的溶蚀性垭口，无论是明挖路堑或开凿隧道，都应注意溶洞或其他地下溶蚀地貌的影响

11. 下列有关剥蚀—堆积型垭口特征与工程地质性质的描述中，不正确的是(　　)。

A. 垭口外形浑缓，垭口宽厚，宜于公路展线

B. 垭口表面松散堆积层较厚，有时还发育有湿地或高地沼泽，水文地质条件较差

C. 路线宜以深路堑或高路堤的形式通过

D. 开挖后的稳定条件主要决定于堆积层的地质特征和水文地质条件

12. 下列有关直线形山坡特性的描述中，不正确的是(　　)。

A. 山体岩性单一，经长期强烈的冲刷剥蚀，可形成直线形山坡，此山坡的稳定性一般较高

B. 由单斜岩层构成的直线形山坡，若在与岩层层面一致的一侧山坡上深挖路堑，易发生顺层滑坡

C. 山体岩性松软破碎，经长期剥蚀碎落和坡面堆积可形成直线形山坡，其稳定性较差

D. 由单斜构造形成的山岭，两侧山坡坡度相同，均由剥蚀作用形成

13. 下列各选项中，不属于构造平原特征的是(　　)。

A. 地形面与岩层面一致，堆积物厚度不大

B. 基岩埋藏较深，地下水一般也埋藏较深

C. 在干旱或半干旱地区如排水不畅，常易形成盐渍化

D. 在多雨的冰冻地区常易造成道路的冻胀和翻浆

14. 下列各选项中，不属于剥蚀平原特征的是(　　)。

A. 地形面与岩层面不一致

B. 上覆堆积物很薄，基岩常裸露于地表

C. 在低洼地段有时覆盖有厚度稍大的残积物、坡积物、洪积物等

D. 剥蚀平原的工程地质条件一般较差，不宜修建公路路基

15. 下列各选项中，不属于堆积平原特征的是(　　)。

A. 地形分布面积不大，起伏强烈，往往分布有厚度较小的松散堆积物

B. 河流冲积平原下伏基岩往往埋藏很深，堆积物很厚，地下水一般埋藏较浅

C. 山前洪积冲积平原堆积物主要是砾石、砂、粉土或黏土，地下水埋藏较浅

D. 湖积平原中的堆积物淤泥和泥炭的含量较多，总厚度一般较大，其中常常夹有薄层细砂或黏土

16. 下列有关河流阶地特征的描述中，不正确的是(　　)。

A. 侵蚀阶地的特点是阶地由基岩组成，在阶地面上没有或很少有冲积物覆盖，这种阶地多见于地壳上升的山区河谷中

B. 基座阶地的特点是阶地由基岩和冲积物两种不同物质组成，其上层为厚度不大的冲积物，下层为基岩

C. 堆积阶地全部由冲积物组成，表明该地区冲积层很厚，地壳上升引起的河流下切未能把冲积层切透，多分布在河流中、下游地区

D. 纵向阶地是河流地质作用的结果，与地壳运动无关

17. 沿河谷布设的山区公路，在通常情况下应将路线布设在河谷地貌的(　　)上。

A. 谷底　　B. 阶地　　C. 谷坡　　D. 谷肩

◇ 习题参考答案及解析 ◇

1. D

【考核点】地貌形成和发展变化

【解　析】促使地貌形成和发展变化的动力是内、外力地质作用。地貌的形成和发展是内、外力地质作用长期共同作用的结果。

2. B

【考核点】地貌与地质作用的关系

【解　析】地壳运动使地壳岩层受到强烈的挤压、拉伸或扭动而形成一系列褶皱带和断裂带，还在地壳表面造成大规模的隆起区和沉降区，另外，地下岩浆的喷发活动对地貌的形成和发展也产生一定的影响，可形成火山锥、熔岩盖等。

3. D

【考核点】内、外力地质作用的关系及其对地貌的影响

【解　析】地壳上升，侵蚀、剥蚀、搬运等作用增强，堆积作用就变弱；地壳下降，则堆积作用增强，侵蚀、剥蚀、搬运等作用变弱。

4. D

【考核点】地貌形成和发展变化的影响因素

【解　析】地貌形成和发展变化，首先取决于内、外力地质作用之间的量的对比。其次，地貌形成和发展变化也决定于地貌水准面。最后，地貌形成和发展变化还受地质构造、岩性、气候条件等因素的影响。

5. C

【考核点】地貌的形态分类

【解　析】按地貌的形态特征，可将地貌分成山地和平原两大类。山地又可分为高山、中山、低山和丘陵；平原又可分为高原、高平原、低平原和洼地。

6. D

【考核点】垭口的概念及其与公路工程的关系

【解　析】山顶是山岭地貌的最高部分。山顶呈长条状延伸时称山脊。山脊高程较低的鞍部，即相连两山顶之间较低的山腰部分称为垭口。

7. C

【考核点】单面山与公路工程的关系

【解　析】单面山的前坡多由外力剥蚀作用形成，坡脚常分布有较厚的坡积物和倒石

堆,稳定性差,对路线布设不利。

8. D

【考核点】地形与地质构造的关系

【解 析】顺地形是指地形的形态与地质构造形态一致。若由构造运动形成的构造地形经外力风化剥蚀后,地形的形态与地质构造的形态相反,该地形称为逆地形或负地形,这种现象称为地形倒置现象。

9. D

【考核点】垭口的工程地质条件及其与公路建设的关系

【解 析】背斜张裂带型垭口虽然构造裂隙发育,岩层破碎,但工程地质条件相对于断层破碎带型好一些,主要是水文地质条件好,有利于边坡稳定性。一般可采用路堑、低路堤通过。当采取路堑方案通过时,一般可采用较陡的边坡坡度。如果采用隧道方案,也是一种较好的垭口类型。

10. A

【考核点】剥蚀型垭口的特点

【解 析】剥蚀型垭口的形态特征与山体地质结构无明显联系。这种垭口的特点是:松散覆盖层很薄,基岩多半裸露。垭口的肥瘦(厚薄)和形态特点主要取决于岩性、气候及外力的切割程度等因素。可采用隧道方案、深挖路堑等方式通过。

11. C

【考核点】剥蚀—堆积型垭口的特点

【解 析】剥蚀—堆积型垭口是在山体地质结构的基础上,以剥蚀和堆积作用为主导因素所形成的。这类垭口外形浑缓、宽厚,宜于公路展线,但松散堆积层较厚,有时还发育有湿地或高地沼泽,水文地质条件较差,故不宜降低过岭高程,道路多以低路堤或浅路堑的形式通过。

12. D

【考核点】单面山的形成特点

【解 析】由单斜构造(单斜岩层)形成的山岭称为单面山。其两侧山坡一般不对称,与岩层倾向相反的山坡短而陡,称为前坡,多是由外力的剥蚀作用所形成;与岩层倾向一致的山坡长而缓,称后坡。由于后坡的坡面就是岩层面,所以又称为构造坡。

13. B

【考核点】构造平原的特征

【解 析】构造平原主要是由地壳构造运动所形成,其特点是地形面与岩层面一致,堆积物厚度不大。由于基岩埋藏不深,所以地下水一般埋藏较浅。在干旱或半干旱地区如排水不畅,常易形成盐渍化。在多雨的冰冻地区则常易造成道路的冻胀和翻浆。

14. D

【考核点】剥蚀平原的特点

【解 析】剥蚀平原的特点是地形面与岩层面不一致,堆积物常常很薄,基岩常常裸露于地表,在低洼地段有时才覆盖有厚度稍大的残积物、坡积物、洪积物等。剥蚀平原的工程地质条件一般较好,非常适宜于进行各种工程建设。

15. A

【考核点】堆积平原的特征

【解　析】堆积平原是在地壳缓慢而稳定下降的条件下，经各种外力作用的堆积填平所形成，其特点是地形开阔平缓，起伏不大，往往分布有厚度很大的松散堆积物。

16. D

【考核点】河流阶地的成因

【解　析】河流阶地是地壳运动平稳、上升反复变化引起河流相应的不断侧蚀、下蚀作用的结果。一条河流有多少级阶地是由该地区地壳运动平稳、上升周期次数决定的，每剧烈上升一次就应当有相应的一级阶地形成。

17. B

【考核点】河流阶地与公路建设的关系

【解　析】河流阶地，它一方面缓和了山谷坡脚地形的平面曲折和纵向起伏，有利于路线平纵面设计和减少工程量，另一方面又不易遭受山坡变形和洪水淹没的威胁，易于保证路基稳定。所以阶地在通常情况下，是河谷地貌中布设路线的理想地貌部位。

第五节　水 文 地 质

【考试纲要】

1. 地下水埋藏类型；

2. 上层滞水、潜水、承压水和岩溶水的分布规律及特点。

【复习提示】

1. 复习要点

考生应掌握上层滞水、潜水、承压水和岩溶水的分布规律及特点，地下水与工程建设的关系；熟悉地下水的基本分类方法及基本类型；了解地下水的物理性质和化学成分。

重点：

(1)地下水的物理性质和化学成分；

(2)地下水的基本分类方法及基本类型；

(3)上层滞水、潜水、承压水和岩溶水的分布规律及特点；

(4)地下水的侵蚀性及其评价；

(5)地下水的地质作用与工程建设的关系。

难点：

(1)上层滞水、潜水、承压水和岩溶水的分布规律及特点；

(2)地下水的地质作用与工程建设的关系。

2. 规范提示

《公路工程地质勘察规范》(JTG C20—2011)涉及本节的内容如下：

(1)在公路工程地质各阶段及各项勘察内容中均要求查明勘察区域内的地下水的类型、分布、埋藏条件、埋深、赋存、补给、排泄和径流条件、水量、水质及腐蚀性。

(2)在各类公路工程地质勘察报告中均要求说明地下水的类型、性质、分布范围及发育规律以及地下水对公路工程的危害和影响程度的评价。

习题精练

1. 下列所表述的各项条件中,(　　)不是地下水富集必须具备的条件。
A. 有较厚的松散堆积层　　B. 有较多的储水空间
C. 有充足的补给水源　　D. 有良好的汇水条件
2. 下列有关地下水矿化度的描述中,正确的是(　　)。
A. 我国北方地下水矿化度较南方的低
B. 高矿化度的地下水中以 SO_4^{2-} 为主要成分
C. 平原区地下水的矿化度较山区地下水矿化度低
D. 高矿化的地下水能降低混凝土的强度,腐蚀钢筋,促使混凝土分解
3. 地下水的一般酸性侵蚀的强弱主要取决于水中的(　　)。
A. 矿化度　　B. pH 值
C. 硬度　　D. SO_4^{2-} 含量
4. 地下水的结晶性侵蚀的强弱主要取决于水中(　　)的含量。
A. CO_2　　B. HCO_3^-　　C. Cl^-　　D. SO_4^{2-}
5. 根据地下水的埋藏条件,可把地下水分为(　　)三类。
A. 孔隙水、裂隙水、岩溶水　　B. 气态水、固态水、结合水
C. 结合水、毛细水、重力水　　D. 上层滞水、潜水、承压水
6. 下列有关上层滞水特征的描述中,不正确的是(　　)。
A. 埋藏浅、分布范围不大、是一种局部的和暂时性的地下水
B. 分布区、补给区和排泄区不一致
C. 水量和水质主要受气候控制,季节性变化明显
D. 主要接受大气降水或地表水下渗的补给,以蒸发形式排泄或向隔水底板边缘排泄
7. 下列有关上层滞水与公路工程关系的描述中,不正确的是(　　)。
A. 可使地基土的强度下降
B. 在寒冷地区,易引起道路的冻胀和翻浆
C. 分布范围和水位高低变化大,常给工程的设计、施工带来困难
D. 土质边坡滑坍、黄土路基沉陷、路基冻胀均与上层滞水无关
8. 下列有关潜水特征的描述中,不正确的是(　　)。
A. 潜水含水层直接与包气带相接,一般情况下,其分布区与补给区一致
B. 潜水面的形状或水力坡度大小与地形有一定程度的一致性
C. 潜水的水量和水质受气候影响明显,动态变化显著
D. 潜水的排泄方式为蒸发排泄
9. 下列有关潜水特征的描述中,不正确的是(　　)。
A. 潜水具有自由表面,在重力作用下,通常由水位高的地方向水位低的地方流动,流动

的快慢取决于含水层的渗透性能和潜水面的水力坡度

B. 潜水的排泄方式有径流排泄（也叫水平排泄）和蒸发排泄（也叫垂直排泄）两种，水平排泄在山区最为普遍，而垂直排泄在干旱和平原区较为明显

C. 湿润气候和地形切割强烈的地区往往形成含盐量低的淡水；而干旱和低平地形区常形成含盐量高的咸水以及形成地表盐渍化

D. 在山区和河流中、上游，潜水接受地表水补给；平原地区和河流下游，则常常是地表水接受潜水补给

10. 下列有关承压水特征的描述中，不正确的是(　　)。

A. 具有自由水面，在重力作用下可流动

B. 分布区与补给区不一致，常常是补给区远小于分布区

C. 动态变化稳定，受气候影响较小

D. 水质不易受污染

11. 下列地质构造中，不利于形成承压水的地质构造是(　　)。

A. 断层　　B. 单斜构造

C. 向斜构造　　D. 背斜构造

12. 下列所表述的地下水的特征中，(　　)是潜水的特征。

A. 不具自由水面，并承受一定的静水压力

B. 动态受气候、水文因素的变化不显著

C. 含水层厚度受气候因素的影响显著

D. 分布区与补给区不一致

13. 下列有关岩溶水特征与规律的描述中，不正确的是(　　)。

A. 含水层系统独立完整

B. 空间分布极不均匀

C. 水量在时间上变化大，受气候影响明显

D. 水的矿化度高，不易受到污染

14. 下列有关地下水特征的描述中，不属于岩溶水的是(　　)。

A. 动态比较稳定，受气候影响较小

B. 在空间的分布变化大，水力联系密切

C. 大气降水是其主要补给来源

D. 水量动态多变，随季节变化大

15. 下列有关地下水特征的描述中，属于岩溶水特征的是(　　)。

A. 水面形状与地形有一定程度的一致性

B. 可以是潜水，也可以是承压水，空间分布极不均匀，运动状况复杂

C. 不具自由水面，并承受一定的静水压力，水质不易受污染

D. 动态比较稳定，受气候影响较小

16. 下列关于地下水补给来源的表述中，不正确的是(　　)。

A. 大气降水补给　　B. 植物根系补给

C. 含水层之间的补给　　D. 地表水补给

17. 下列关于地下水排泄方式的表述中,不正确的是(　　)。

A. 蒸发　　　　B. 泉水

C. 植物吸收　　　　D. 含水层之间的排泄

18. 下列关于潜水的补给、排泄、径流的表述中,不正确的是(　　)。

A. 潜水主要以大气降水和地表水的下渗补给

B. 在重力作用下,潜水可由水位高处向水位低处径流

C. 排泄方式有两种,一是蒸发为主的蒸发排泄,二是水平方向上流到其他含水层及地表低处的径流排泄

D. 潜水承受一定的静水压力,可以由低处向高处径流,并以上升泉的形式出露于地表

19. 下列关于承压水的补给、排泄、径流的表述中,不正确的是(　　)。

A. 承压水在含水层出露地表较高处的补给区接受大气降水或地表水的下渗补给

B. 承压水从承压区向出露地表较低的排泄区径流,也可由低处向高处流动

C. 承压水可以通过不断蒸发而排泄,或通过地表水直接下渗而得到补给

D. 在含水层出露地表较低处的排泄区以泉或溢流形式排向地表或地表水,也可通过导水断层向地表或其他含水层排泄

20. 下列不良地质现象或地质作用的形成,与地下水作用无关的是(　　)。

A. 地面沉降、流沙　　　　B. 潜蚀、基坑突涌

C. 路基冻胀　　　　D. 洗刷作用、坡积物

习题参考答案及解析

1. A

【考核点】地下水的富集条件

【解　析】地下水的富集必须具备三个条件:①有较多的储水空间;②有充足的补给水源;③有良好的汇水条件。

2. D

【考核点】地下水性质与工程建设的关系

【解　析】高矿化水含有侵蚀成分,它能降低混凝土的强度,腐蚀钢筋,促使混凝土分解,故拌和混凝土时不允许用高矿化水,在高矿化水中的混凝土也应注意采取防护措施。

3. B

【考核点】地下水的酸碱度及其与工程建设的关系

【解　析】地下水的一般酸性侵蚀的强弱主要取决于水中氢离子浓度的大小,而地下水的氢离子浓度是用 pH 值表示的。

4. D

【考核点】地下水的侵蚀性

【解　析】结晶性侵蚀主要是硫酸(盐)侵蚀,是指地下水中 SO_4^{2-} 含量超过一定数

值时，对混凝土造成侵蚀破坏，并和混凝土中的氢氧化钙发生反应生成石膏，其体积膨胀到原来的1.5倍。SO_4^{2-}、石膏还可以与混凝土中的水化铝酸钙作用，生成水化铝酸钙结晶，其体积增大到原来体积的2.2倍。由于结晶膨胀作用而导致混凝土强度降低，以致破坏。

5. D

【考核点】地下水的分类

【解　析】根据地下水的埋藏条件，可以把地下水划分为三类：上层滞水、潜水和承压水。按含水层空隙性质（含水介质）的不同，可以把地下水划分为孔隙水、裂隙水和岩溶水。

6. B

【考核点】上层滞水的分布规律与特征

【解　析】上层滞水接近地表，接受大气降水或地表水下渗的补给，以蒸发形式或向隔水底板边缘排泄。其主要特征包括：埋藏浅，分布面积小，水量不大；水量和水质受气候控制，季节性变化强烈；分布区、补给区和排泄区一致；矿化度低，水质易受污染。

7. D

【考核点】上层滞水与公路工程的关系

【解　析】上层滞水埋藏浅，水位高低和分布范围变化明显，常常是引起土质边坡滑坍、黄土路基沉陷、路基冻胀和翻浆等病害的重要因素，也可使地基土的强度减弱。

8. D

【考核点】潜水的分布规律与特征

【解　析】潜水的排泄方式有两种：一种是径流到适当地形处，以泉、渗流等形式排泄出地表或流入地表水，即径流排泄或水平排泄；另一种是通过包气带或植物蒸发进入大气，即蒸发排泄或垂直排泄。水平排泄在地形切割强烈的山区最为普遍，而垂直排泄则在干旱和平原地区较为明显。

9. D

【考核点】潜水的基本特征

【解　析】在山区和河流中、上游地区，一般潜水埋藏在沟谷两侧斜坡下，水位较高，而河流位于沟谷底部，水位低，因此是潜水通过径流补给地表河流；平原地区和河流下游则常常是地表水补给潜水。

10. A

【考核点】承压水的特点

【解　析】承压水的特征包括：①形成条件特殊，水量一般较大；②分布区、补给区与排泄区通常不一致，常常是补给区远小于分布区；③具有承压性，无自由水面；④受气候、水文等因素影响较小，动态变化较稳定；⑤由于隔水顶板的保护，水质不易受污染。

11. D

【考核点】承压水与地质构造的关系

【解　析】承压水的形成主要取决于定地质构造。适宜形成承压水的地质构造大致有两种：①向斜构造（向斜盆地，又称自流盆地）；②单斜构造（又称自流斜地）。

12. C

【考核点】潜水的特点

【解　析】潜水直接通过包气带与地表发生联系,气候、水文因素的变动,对它影响显著,丰水季节或年份,潜水接受的补给量大于排泄量,潜水位上升,含水层厚度增加,埋藏深度变小。干旱季节正好与之相反。因此,潜水的动态有明显的季节性变化。

13. D

【考核点】岩溶水的分布规律与特征

【解　析】岩溶水具有以下特征:①含水层系统独立完整,与地表水的流域系统相似;②空间分布极不均匀,水力联系密切;③水量在时间上变化大,受气候影响明显;④水的矿化度低,但易污染;⑤大气降水是其主要补给来源。

14. A

【考核点】承压水的特点

【解　析】由于承压水的含水层上面是隔水层,不能发生垂直蒸发排泄。因此其分布区与补给区不一致,动态比较稳定,水位、水量、水质等受气候因素的影响小,且不易受到污染。

15. B

【考核点】岩溶水的特征

【解　析】岩溶水按埋藏条件,可以是潜水,也可以是承压水。岩溶水在空间的分布极不均匀,变化很大;由于流动条件不同,岩溶水的运动状况相当复杂。水量受气候影响明显,矿化度低,易受污染。

16. B

【考核点】地下水的补给方式

【解　析】地下水主要的补给来源有以下四种:①大气降水补给;②地表水补给;③含水层之间的补给;④人工补给。

17. C

【考核点】地下水的排泄方式

【解　析】地下水主要的排泄方式有五种:①蒸发;②泉水;③向地表水排泄;④含水层之间的排泄;⑤人工排泄。

18. D

【考核点】潜水的补给、径流和排泄

【解　析】潜水是一种重力水,在重力的作用下可以从高水位(高处)流向低水位(低处)。

19. C

【考核点】承压水的补给、径流和排泄

【解　析】①承压水的补给:在含水层出露地表较高处的补给区接受大气降水或地表水的下渗补给;②承压水的排泄:在含水层出露地表较低处的排泄区以泉或溢流形式排向地表或地表水,也可通过导水断层向地表或其他含水层排泄。

20. D

【考核点】地下水与工程建设的关系

【解　析】坡面细流对整个坡面进行的缓慢、均匀的侵蚀、搬运和堆积作用称之为洗刷作用。由该作用在山坡的低凹处或坡脚处形成的松散堆积物称之为坡积物。因此，洗刷作用和坡积物与地下水无关。

第六节　不 良 地 质

【考试纲要】

1. 崩塌的概念、形成条件及其防治；

2. 滑坡的概念、形态要素、形成条件及影响因素，滑坡的分类与防治；

3. 泥石流的概念、形成条件、发育特点，泥石流的分类以及防治。

【复习提示】

1. 复习要点

考生应掌握崩塌、滑坡、泥石流的形成条件及其防治；熟悉崩塌、滑坡、泥石流的分类。

重点：

（1）崩塌的形成条件及其防治措施；

（2）滑坡的形成条件及影响因素，滑坡的分类与防治；

（3）泥石流的形成条件及其防治措施。

难点：

（1）崩塌的防治，包括崩塌的勘测调查要点、防治原则；

（2）滑坡的防治，包括滑坡的工程地质勘察（包含滑坡调查、滑坡勘探、滑坡试验），滑坡的防治原则与防治措施；

（3）泥石流的防治，包括泥石流的勘测要点、泥石流地区道路选线原则、泥石流的防治措施。

2. 规范提示

《公路工程地质勘察规范》（JTG C20—2011）涉及本节的内容如下：

（1）公路岩质边坡破坏类型。

（2）在公路工程地质各阶段及各专项工程地质勘察内容中均要求查明勘察区域内不良地质的成因、类型、性质、分布范围、规模、形态特征、形成条件、发生与发展规律。

（3）在各类公路工程地质勘察报告中均要求说明不良地质的类型、性质、分布范围及发育规律以及不良地质对公路工程的危害和影响程度的评价。

习题精练

1. 下列有关崩塌形成条件及因素的表述中，不正确的是（　　）。

A. 地形条件　　B. 岩性条件　　C. 岩石的结构　　D. 构造条件

2. 某岩质路堑边坡在施工过程中发生了崩塌。据现场观测估算该崩塌体体积约为 $4500m^3$，则该崩塌规模为（　　）。

A. 小型崩塌　　B. 中型崩塌　　C. 大型崩塌　　D. 巨型崩塌

3. 根据崩塌产生的机理对崩塌所进行分类中,不包括的是(　　)。

A. 倾倒式崩塌　　B. 滑移式崩塌　　C. 膨胀式崩塌　　D. 弯曲式崩塌

4. 下列关于崩塌的勘测调查要点的表述中,不正确的是(　　)。

A. 查明斜坡的地形条件,如斜坡的高度、坡度、外形等

B. 查明斜坡岩性和地质构造特征,如岩石类型、岩石风化程度、主要构造面的产状等

C. 查明斜坡的岩石成因、矿物成分以及岩石的结构与构造等

D. 查明地表水和地下水对斜坡稳定性的影响以及当地的地震烈度等

5. 下列措施中,不属于崩塌防治措施的是(　　)。

A. 加固坡面　　B. 危岩支顶　　C. 绿化坡面　　D. 拦截防御

6. 下列选项中,不属于滑坡形态要素的是(　　)。

A. 滑坡体　　B. 滑动面　　C. 滑坡剪出口　　D. 滑坡鼓丘

7. 下列在滑坡体及其周界附近存在的各种裂隙中,分布在滑坡体上部,与滑坡壁的方向大致吻合,多呈弧形的是(　　)。

A. 剪切裂隙　　B. 鼓张裂隙　　C. 扇形裂隙　　D. 拉张裂隙

8. 下列各因素中,不属于影响滑坡形成和发展的因素的是(　　)。

A. 地层岩性　　B. 水的作用　　C. 地质构造　　D. 岩石的透水性

9. 下列组成斜坡的各种岩石中,不易产生滑坡的是(　　)。

A. 页岩　　B. 石英岩　　C. 泥岩　　D. 千枚岩

10. 下列各种岩石组成的高陡斜坡中,在相同条件下容易发生崩塌现象的是(　　)。

A. 泥岩　　B. 石灰岩　　C. 千枚岩　　D. 页岩

11. 某黄土斜坡在雨后发生了滑坡,现场观测测算该滑坡体体积为640000m^3,则根据滑坡体的体积,该滑坡为(　　)。

A. 小型滑坡　　B. 中型滑坡　　C. 大型滑坡　　D. 巨型滑坡

12. 滑坡可按滑动面的埋藏深度进行分类。若某膨胀土滑坡的滑动面埋藏深度为13m,则该滑坡应为(　　)。

A. 浅层滑坡　　B. 中层滑坡　　C. 深层滑坡　　D. 超深层滑坡

13. 滑坡工程地质勘察应查明的内容中,不包括(　　)。

A. 地形地貌、地层岩性、地质构造、水文地质条件、地震动参数及当地气象资料

B. 滑坡的成因、类型、规模、分布范围、发育规律及诱发因素

C. 地下水与地表水的类型、水力联系、分布、成因、水量

D. 滑坡周界、滑坡裂缝、滑坡壁、滑坡台阶、滑坡鼓丘、滑坡洼地等的分布位置

14. 下列选项中,不属于滑坡野外识别标志的是(　　)。

A. 地形地物标志　　B. 地质构造标志

C. 地层构造标志　　D. 水文地质标志

15. 下列选项中,不属于滑坡防治措施的是(　　)。

A. 排水　　B. 刷方减重　　C. 设置抗滑桩　　D. 拦截防御

16. 下列关于泥石流流域分区的表述中,不正确的是(　　)。

A. 形成区　　B. 变形区　　C. 流通区　　D. 堆积区

17. 下列各项条件中,不属于泥石流形成条件的是(　　)。

A. 地形条件　　B. 人类活动的影响　　C. 地质构造条件　　D. 水文气象条件

18. 下列关于泥石流发育特点的表述中,正确的是(　　)。

A. 区域性、间歇性　　B. 突发性、长期性

C. 隐蔽性、复杂性　　D. 连续性、严重性

19. 根据泥石流的流体性质,泥石流可划分(　　)。

A. 泥流、泥石流、水石流　　B. 稀性泥石流、黏性泥石流

C. 沟谷型泥石流、山坡型泥石流　　D. 大型泥石流、中型泥石流、小型泥石流

20. 下列关于泥石流地区选线原则的表述中,不正确的是(　　)。

A. 路线应避开处于发育旺盛期的特大型、大型泥石流、泥石流群和大面积分布的山坡型泥石流地段

B. 路线通过泥石流沟时,应避开沟谷纵坡由陡变缓和沟谷急弯部位,避免压缩沟谷断面,并应依据设计年限内泥石流的淤积高度留足净空,在有利位置以桥梁通过

C. 路线通过泥石流堆积区,应避开淤积严重的堆积扇区,远离泥石流堵河范围内的河段

D. 当路线必须通过泥石流堆积区,又无法避开淤积严重的堆积扇区时,可在泥石流堆积扇上挖沟设桥或做路堑,并应依据堆积作用的强烈程度确定路线设计高程

21. 下列关于泥石流防治措施的表述中,不正确的是(　　)。

A. 跨越和排导　　B. 坡面加固　　C. 水土保持　　D. 滞流与拦截

习题参考答案及解析

1. C

【考核点】崩塌的形成条件及因素

【解　析】崩塌形的基本成条件及因素,归纳起来主要有以下四个方面:①地形条件;②岩性条件;③构造条件;④其他自然因素。当然,人类的工程活动也会引发崩塌的发生。

2. B

【考核点】崩塌的规模

【解　析】根据崩塌体体积 V 的大小,将崩塌分为三类:①小型崩塌:$V \leq 500\text{m}^3$;②中型崩塌:$500\text{m}^3 < V \leq 5000\text{m}^3$;③大型崩塌:$V > 5000\text{m}^3$。

3. D

【考核点】崩塌的形成机理

【解　析】根据崩塌产生的机理,将崩塌分为五类:①倾倒式崩塌;②滑移式崩塌;③膨胀式崩塌;④拉断式崩塌;⑤错断式崩塌。

4. C

【考核点】崩塌的勘测调查要点

【解　析】崩塌的勘测调查主要是针对于崩塌的形成条件及因素展开的。而岩石成因、矿物成分以及岩石的结构与构造等与崩塌的形成关系不大。

5. C

【考核点】崩塌的防治措施

【解　析】防治崩塌常用的措施包括:①清除坡面危岩;②加固坡面;③危岩支顶;④拦截防御;⑤调整水流。

6. C

【考核点】滑坡的形态要素

【解　析】滑坡的形态要素主要有:滑坡体,滑坡面、滑坡带和滑坡床,滑坡壁,滑坡周界,滑坡台阶,滑坡舌或滑坡鼓丘,滑坡裂缝,滑坡洼地等。

7. D

【考核点】滑坡的特征

【解　析】按受力性质不同,滑坡裂隙可分为以下四种:①拉张裂隙;②剪切裂隙;③鼓张裂隙;④扇形裂隙。其中,拉张裂隙是滑坡体与滑坡壁拉开时,在滑坡体上部形成的弧形裂隙,其方向与滑坡壁的方向大致吻合。

8. D

【考核点】影响滑坡形成和发展的因素

【解　析】影响滑坡形成和发展的因素概括起来主要有以下几个方面:①地层岩性;②地质构造;③水的作用;④地形地貌;⑤地震、风化、降雨以及人为因素等。

9. B

【考核点】影响滑坡的因素

【解　析】滑坡主要发生在易于亲水软化的土层和软质岩层中。当坚硬岩层内存在有利于滑动的软弱面时,在适当的条件下也可能形成滑坡。易于产生滑坡的土层有胀缩黏土、黄土和黄土类土,以及黏性的山坡堆积层等。易产生滑坡的软质岩层有页岩、泥岩、泥灰岩、千枚岩、片岩等遇水易软化的岩层。

10. B

【考核点】崩塌的形成条件

【解　析】岩性条件是影响崩塌形成的重要因素。一般情况下,坚硬的岩石(如厚层石灰岩、花岗岩、砂岩、石英岩、玄武岩等)具有较大的抗剪强度和抗风化能力,能形成高陡的斜坡,在外来因素的影响下,一旦斜坡稳定性遭到破坏,即产生崩塌现象。

11. C

【考核点】滑坡的分类

【解　析】根据滑坡体的体积 V,将滑坡分为四种类型:①小型滑坡:$V \leqslant 40000\mathrm{m}^3$;②中型滑坡:$40000\mathrm{m}^3 < V \leqslant 300000\mathrm{m}^3$;③大型滑坡:$300000\mathrm{m}^3 < V \leqslant 1000000\mathrm{m}^3$;④巨型滑坡:$V > 1000000\mathrm{m}^3$。

12. B

【考核点】滑坡的类型

【解　析】根据滑动面的埋藏深度 H,滑坡可分为三类:①浅层滑坡:$H \leqslant 6\mathrm{m}$;②中层滑坡：$6m < H \leqslant 20m$；③深层滑坡：$H > 20m$。另外，根据滑动方式，滑坡可分为两类：①推移式滑坡；②牵引式滑坡。根据滑坡体的物质组成，滑坡可分为堆积层滑坡、基岩滑坡、黄土滑坡、破碎岩体滑坡、膨胀土滑坡等类型。

13. C

【考核点】滑坡工程地质勘察内容

【解　析】地形地貌、地层岩性、质构造、水文地质条件、当地气象资料，滑动面(带)的分布位置、层数、厚度、形态特征、物质组成、含水状态及其物理力学性质，滑坡体的物质组成，滑床的形态特征、物质组成、物理力学性质和地质结构，地下水的类型、分布、埋藏条件等均是滑坡地质勘察的内容。

14. B

【考核点】滑坡的识别标志

【解　析】滑坡的野外识别标志主要有：①地形地物标志；②地层构造标志；③水文地质标志。

15. D

【考核点】滑坡的防治措施

【解　析】滑坡的防治措施大致可分为三大类：①排水；②力学平衡法；③改善滑动面(带)岩土性质等。

16. B

【考核点】泥石流的形成特征

【解　析】典型的泥石流流域，一般可以划分为以下三个动态区：①形成区；②流通区；③堆积区。

17. C

【考核点】泥石流形成的条件

【解　析】泥石流形成条件主要有四个方面：①地质条件；②地形条件；③水文气象条件；④人类活动的影响。归纳起来，形成泥石流有三个基本条件：①流域有丰富的松散固体物质；②有便于集水集物的地形条件；③短期内有突发性的大量流水的来源。

18. A

【考核点】泥石流发育的特点

【解　析】泥石流的发育具有两个特点：①区域性；②间歇性(周期性)。

19. B

【考核点】泥石流的分类

【解　析】根据泥石流的流体性质，泥石流可分为以下两种：①稀性泥石流(包括泥流、水石流、泥石流)；②黏性泥石流(包括泥流、泥石流)。

20. D

【考核点】泥石流地区道路选线原则

【解　析】路线通过泥石流堆积区，应避开淤积严重的堆积扇区，远离泥石流堵河范围内的河段。无法避开时，不得在泥石流堆积扇上挖沟设桥或做路堑，并应依据堆积作用的强烈程度确定路线设计高程。

21. B

【考核点】泥石流的防治措施

【解　析】泥石流的防治措施归纳起来主要有以下几个方面:①水土保持;②跨越;③排导;④滞流与拦截。

第七节　特殊性岩土

【考试纲要】

1. 软土的特征及其工程地质性质;
2. 黄土的特征及其工程地质性质;
3. 膨胀土的特征及其工程地质性质;
4. 盐渍土的特征及其工程地质性质。

【复习提示】

1. 复习要点

考生应掌握软土、黄土、膨胀土和盐渍土的特征及其工程地质性质;熟悉软土、黄土、膨胀土和盐渍土分布地区的道路工程地质勘察及工程地质选线;了解软土、黄土、膨胀土和盐渍土的形成、分布及其分类。

重点:

(1)软土、黄土、膨胀土和盐渍土的特征及其工程地质性质;

(2)软土、黄土、膨胀土和盐渍土分布地区道路常见的病害及其防治;

(3)软土、黄土、膨胀土和盐渍土分布地区的道路工程地质勘察。

难点:

(1)软土的工程性质及软土地基的变形破坏;

(2)黄土的湿陷性及湿陷性黄土的地基处理;

(3)膨胀土地区的路基变形与破坏及防护措施;

(4)盐渍土的工程性质及盐渍土的路基病害。

2. 规范提示

《公路工程地质勘察规范》(JTG C20—2011)涉及本节的内容如下:

(1)在公路工程地质各阶段及各项勘察内容中均要求查明勘察区域内的特殊性岩土的类型、分布范围、规模、形成条件、工程地质性质、发生与发展规律。

(2)在各类公路工程地质勘察报告中均要求说明特殊性岩土的类型、性质、分布范围及发育规律以及特殊性岩土对公路工程的危害和影响程度的评价。

习题精练

1. 下列各种特殊性岩土中,不属于软土范围的是(　　)。

A. 软黏性土　　B. 粉砂土　　C. 淤泥质土　　D. 泥炭

2. 下列有关特殊性岩土的特征中,不属于软土特征的是(　　)。

A. 粒度成分主要为黏粒及粉粒

B. 黏粒中的黏土矿物主要是伊利石,其次是高岭石

C. 颗粒组成以粉土颗粒为主,占 60% ~70%

D. 具有典型的海绵状或蜂窝结构,常具有层理构造

3. 下列有关特殊性岩土的工程性质中,不属于黄土的是(　　)。

A. 结构疏松,具有大孔隙,密度较低　　B. 具有湿陷性

C. 结构紧密,孔隙比小　　D. 抗剪强度中等,多为中压缩性

4. 下列有关黄土湿陷性的描述中,不正确的是(　　)。

A. 一般认为黄土中黏粒含量大于 20% 时,湿陷性明显减小或无湿陷性

B. 一般认为干密度小于 $1.5g/cm^3$ 的黄土具有湿陷性

C. 含水率与湿陷性有一定关系。一般认为,当含水率超过 25% 时,黄土就不再具有湿陷性了

D. 年代越老的黄土压缩性越高,湿陷性越强。

5. 下列特殊性岩土的特征中,不属于膨胀土的是(　　)。

A. 颗粒成分以黏粒为主,含量在 35% ~50% 以上,其次是粉粒,砂粒最少

B. 黏土矿物以蒙脱石、伊利石为主,高岭石含量很少

C. 富含碳酸盐,具有湿陷性

D. 具有强烈的膨胀、收缩特性,裂隙发育

6. 下列膨胀土物理性质指标中,不属于膨胀土胀缩性指标的是(　　)。

A. 超固结比　　B. 自由膨胀率　　C. 膨胀率　　D. 线缩率

7. 为了正确区分和评价膨胀土,必须测定其胀缩性指标。下列用以判别膨胀土的标准中,不正确的是(　　)。

A. 自由膨胀率 $F_S > 40\%$ 时,为膨胀土

B. 膨胀率 $C_{SW} \geq 4\%$ 时,为膨胀土

C. 线缩率 $e_{SL} \geq 5\%$ 时,为膨胀土

D. 超固结比 $R > 1$ 时,为膨胀土

8. 下列关于盐渍土形成条件的表述中,不正确的是(　　)。

A. 地下水的矿化度较高,有充分的盐分来源

B. 地下水埋藏较浅,毛细作用能达到地表或接近地表,有被蒸发作用影响的可能

C. 地形平坦开阔,降雨丰富

D. 气候比较干燥,一般年降雨量小于蒸发量

9. 下列地段中,不利于盐渍土分布的地段是(　　)。

A. 内陆洼地　　B. 山坡低凹处

C. 河流两岸的漫滩、低阶地、牛轭湖　　D. 三角洲洼地

10. 下列有关盐渍土工程性质的描述中,不正确的是(　　)。

A. 碳酸盐类盐渍土中的 Na_2CO_3 的含量超过 0.5% 时,遇水即发生显著的膨胀作用

B. 硫酸盐类盐渍土中含盐量超过2%时，由于温度的下降可发生剧烈膨胀

C. 盐渍土的强度与土的含水率关系密切，含水率较低且含盐量较高时，土的强度就较低，反之较高

D. 盐渍土中的易溶盐遇水后会发生溶解，土层也因溶蚀作用而下陷

11. 下列有关盐渍土工程性质的描述中，不正确的是(　　)。

A. 水对土体的稳定性影响很大，在潮湿的情况下，一般均表现为吸湿软化，稳定性降低

B. 氯盐类盐渍土中的含盐量增大时，一般可使土的天然孔隙比降低，土的密度增大

C. 硫酸盐类和碳酸盐类盐渍土中的含盐量增大时，其土体密度就减小

D. 土体在潮湿状态时，土中的含盐量越大，其强度越高

12. 下列有关盐渍土工程特性的描述中，不正确的是(　　)。

A. 氯盐类盐渍土干燥时强度高，潮湿时易溶解，因而具有很大的塑性和压缩性

B. 硫酸盐类盐渍土因温差变化可产生胀缩现象

C. 碳酸盐类盐渍土遇水后可产生体积膨胀现象

D. 硫酸盐类盐渍土中含盐量增大时其密度就增加

13. 下列有关特殊性岩土颗粒组成或特点的表述中，不正确的是(　　)。

A. 黄土中的颗粒组成以粉粒为主

B. 膨胀土中的颗粒组成以黏粒为主

C. 软土中的颗粒组成以黏粒及粉粒为主

D. 盐渍土中易溶盐的含量均在0.5%以下

14. 下列有关路基盐胀的表述中，不正确的是(　　)。

A. 在硫酸盐渍土分布区，低温季节土体膨胀，路基出现不均鼓胀；高温季节土体收缩，路基出现松软

B. 粉土路基的盐胀作用最为强烈

C. 土体中含盐量越大，则土体膨胀量越大

D. 降温速率对盐胀有明显影响，降温缓慢则盐胀量大，降温快则盐胀量小

15. 下列有关软土的判定指标中，不正确的是(　　)。

A. 天然含水率 $w \geqslant$ 液限 w_L　　B. 天然孔隙比 $e \geqslant 1.0$

C. 压缩系数 $a_{0.1-0.2} > 0.5\text{MPa}^{-1}$　　D. 十字板抗剪强度 $c_u > 35\text{kPa}$

16. 下列关于我国软土成因类型的表述中，不正确的是(　　)。

A. 沿海沉积型　　B. 山坡沉积型

C. 内陆湖盆沉积型　　D. 河滩沉积型

17. 下列关于软土地区工程地质条件选线原则的表述中，不正确的是(　　)。

A. 路线应避开软土分布广、厚度大、处置困难的地带。无法避开时，应选择软土厚度较小、下卧硬层横坡较缓的地带以最短的距离通过

B. 桥位选择应避开软土厚度大、土层结构复杂、岸坡稳定存在隐患的部位

C. 软土地区的路堤高度宜控制在设计临界高度以内

D. 在平原区选线，路线宜靠近湖塘，近距离平行河流、水渠等布线，但应避开古牛轭

湖、古湖盆等有软土分布的地带，避免从其中部通过

18. 下列关于软土工程地质勘察内容的表述中，不正确的是(　　)。

A. 地形地貌的成因、类型、分布和形态特征

B. 地质构造的类型、规模、形态特征、产状

C. 软土的成因、地质年代、分布范围、埋藏深度、地层结构、分层厚度

D. 软土的物理、力学、水理性质和地基的承载力；地下水的类型、埋深、水位变化

19. 下列关于黄土的湿陷性评价，正确的是(　　)。

A. 当湿陷系数 δ_s 的值小于 0.03 时，应定为非湿陷性黄土

B. 当湿陷系数 δ_s 的值大于 0.015 时，应定为非湿陷性黄土

C. 当湿陷系数 δ_s 的值大于或等于 0.015 时，应定为湿陷性黄土

D. 当湿陷系数 δ_s 的值小于 0.07 时，应定为非湿陷性黄土

20. 某地区分布有较厚的湿陷性黄土层，经试验测试该黄土的湿陷系数 δ_s 值为 0.03，则该黄土的湿陷程度为(　　)。

A. 湿陷性轻微　　B. 湿陷性中等　　C. 湿陷性较重　　D. 湿陷性强烈

21. 在进行黄土地区道路初步勘察时，路基勘探测试点应沿路线中线布置，地形平缓、地层简单、黄土湿陷性轻微的路段，勘探测试点的数量每公里不得少于(　　)个；地形地貌复杂、地层变化大、黄土湿陷性中等及以上路段，应增加勘探测试点数量。

A. 5　　B. 4　　C. 3　　D. 2

22. 在进行黄土地区道路详细勘察时，地层单一，黄土湿陷性轻微路段，每段填、挖路基勘探测试点的数量不宜少于(　　)个，平均间距不宜大于 500m。

A. 1　　B. 2　　C. 3　　D. 4

23. 膨胀性岩土地区道路路基勘探点应沿拟定的路线中线布置，平均间距不宜大于(　　)m，做代表性勘探。

A. 100　　B. 150　　C. 200　　D. 250

24. 膨胀性岩土地区路基勘探深度应大于大气影响层深度。当膨胀土层的厚度较大时，挖方路基的勘探深度应达设计高程以下不小于(　　)m。

A. 8　　B. 7　　C. 6　　D. 5

25. 膨胀土原状样应从地面以下 1m 开始采取。在大气影响层深度范围内，取样间距为 1.0m；在大气影响层深度以下，取样间距不宜大于(　　)m。

A. 1.5　　B. 2.0　　C. 2.5　　D. 3.0

26. 下列关于膨胀土地区地质条件选线原则的表述中，不正确的是(　　)。

A. 路线应远离地表水体或地下水发育的膨胀土地段

B. 路线应以路堤形式通过，避免挖方

C. 路线应避开裂隙发育、地表冲蚀严重或有滑坡、溜塌、地裂等不良地质发育的地段

D. 路线应避开中、强膨胀土地带。必须通过时，应避开土层结构复杂或软弱夹层发育的地带，并以最短距离通过

27. 盐渍土地区路基勘探点应沿拟定的路线中线布置，平均间距不宜大于 500m。盐渍土发育路段，应选择代表性位置布置勘探横断面，每条勘探横断面上勘探点的数量不宜少于

(　　)个。

A. 1　　B. 2　　C. 3　　D. 4

28. 下列关于影响黄土湿陷性因素的表述中,不正确的是(　　)。

A. 黄土的含水率　　B. 黄土的密实度

C. 黄土的粒度成分　　D. 黄土的形成年代

◈ 习题参考答案及解析 ◈

1. B

【考核点】软土的概念

【解　析】软土是一类土的总称,并非指某一种特定的土。一般将软土分为软黏性土、淤泥质土、淤泥、泥炭质土和泥炭等,即其性质大体与上述概念相近的土都可以归为软土。

2. C

【考核点】软土的特征

【解　析】软土是一类特殊的黏性土。软土的粒度成分主要为黏粒及粉粒,黏粒含量高达 60% ~70% 。

3. C

【考核点】黄土的工程性质

【解　析】黄土的粒度成分以粉粒为主,结构疏松,具有大孔隙,密度较低;黄土的压缩性中等,抗剪强度中等;黄土浸水具有湿陷性。

4. D

【考核点】黄土的湿陷性

【解　析】年代越老土的黄土,固结程度越完全,大孔隙退化得越彻底、土质越密实、压缩性越小,湿陷性越弱。

5. C

【考核点】膨胀土的特征

【解　析】膨胀土是一种黏性土,其结构紧密、孔隙比小;具有强烈的膨胀、收缩特性;天然状态下强度高,但遇水后强度降低;膨胀土中各种成因的裂隙十分发育;早期生成的膨胀土具有超固结性。

6. A

【考核点】膨胀土的胀缩性指标

【解　析】常用的表示膨胀土的胀缩性指标有:自由膨胀率、膨胀率、线缩率等。超固结比是反映膨胀土天然固结状态的一个指标。

7. D

【考核点】膨胀土的判定

【解　析】常用来对膨胀土进行判别的指标有自由膨胀率、膨胀率、线缩率等。①当自由膨胀率 $F_S \geq 40\%$ 时,为膨胀土;②当膨胀率 $C_{SW} \geq 4\%$ 时,为膨胀土;③当线缩率 $e_{SL} \geq 5\%$ 时,为膨胀土。超固结比是判断膨胀土天然固结状态的指标。

8. C

【考核点】盐渍土形成条件

【解　析】地表以下1m深度范围内的土层,当其易溶盐的平均含量大于0.3%,具有融陷、盐胀等特性时,应判定为盐渍土。盐渍土形成的条件主要有三个:①地下水的矿化度较高,有充分的盐分来源;②地下水埋藏较浅,毛细作用能达到地表或接近地表,有被蒸发作用影响的可能;③气候比较干燥,一般年降雨量小于蒸发量。

9. B

【考核点】盐渍土的分布

【解　析】由于盐渍土的形成受其形成条件的限制,一般分布在地势比较低且地下水位较高的地段,如内陆洼地、盐湖、河流两岸的漫滩、低阶地、牛轭湖及三角洲洼地、山间洼地等地段。

10. C

【考核点】盐渍土的工程性质

【解　析】盐渍土的强度与土的含水率关系密切,含水率较低且含盐量较高时,土的强度就较高,反之较低。盐渍土遇水发生溶解,地基会因溶蚀而沉陷。水对盐渍土的稳定性影响很大,在潮湿的情况下,一般均表现为吸湿软化,使稳定性降低。

11. D

【考核点】盐渍土的工程性质

【解　析】盐渍土不仅遇水发生膨胀,易溶盐遇水还会发生溶解,地基也会因溶蚀作用而下陷。土体在潮湿状态时,土中的含盐量越大,则其强度越低。

12. D

【考核点】盐渍土的工程性质

【解　析】当土中的含盐量增大时,其最佳密度逐渐减小,如当硫酸盐渍土和碳酸盐渍土中的含盐量增大时,其密度减小。但氯化盐渍土中的含盐量增大时,一般可使土的天然孔隙比降低,土的密度增大。

13. D

【考核点】特殊性岩土的特征

【解　析】黄土的颗粒组成以粉土颗粒为主;膨胀土的颗粒组成以黏粒为主;软土的颗粒组成以黏粒及粉粒为主;盐渍土中易溶盐的含量平均在0.3%以上。

14. C

【考核点】盐渍土的盐胀规律

【解　析】含盐量对膨胀影响的基本规律是,含盐量小于某一值时土体膨胀不明显,大于该值后膨胀量迅速增加,但含盐量增加到不能被土中水完全溶解时,多余的盐分将不再形成盐胀,即盐胀量不再随含盐量的增加而增加。

15. D

【考核点】软土的概念及其判定

【解　析】在静水或缓慢流水环境中沉积,具有以下工程地质特性的土,应判定为软土:①天然含水率 $w \geq$ 液限 w_L;②天然孔隙比 $e \geq 1.0$;③压缩系数 $a_{0.1-0.2} > 0.5\text{MPa}^{-1}$;④标

准贯入试验锤击数 $N<3$ 击；⑤静力触探比贯入阻力 $P_s \leqslant 750$kPa；⑥十字板抗剪强度 $c_u<35$kPa。

16. C

【考核点】软土的成因及分布

【解　析】我国软土的成因主要有以下几种：①沿海沉积型。按沉积部位分为四种：a. 滨海相；b. 泻湖相；c. 溺谷相；d. 三角洲相。②内陆湖盆沉积型。③沼泽沉积型。

17. D

【考核点】软土地区地质条件选线的原则

【解　析】在平原区选线，路线宜远离湖塘，避免近距离平行河流、水渠等布线；应避开古牛轭湖、古湖盆等有软土分布的地带，避免从其中部通过。在丘陵和山间谷地选线，路线宜选择在地势较高、硬壳层较厚的地带，避免有软土分布的沟谷、洼地或下卧硬层横坡较陡的地带。

18. B

【考核点】软土工程地质勘察的内容

【解　析】软土的性质及其对工程活动的影响与地质构造的类型、规模、形态特征、产状等关系不显著。因此，软土工程地质勘察应查明那些影响软土性质的因素，如地形地貌，软土的成因、年代、分布、埋深，软土下卧硬层的起伏形态和横向坡度、地表硬壳层的分布范围及厚度，地下水的类型、埋深、水位变化情况、水质及腐蚀性等。

19. C

【考核点】湿陷性黄土的判定

【解　析】①当湿陷系数 δ_s 的值小于0.015时，应定为非湿陷性黄土；②当湿陷系数 δ_s 的值大于或等于0.015时，应定为湿陷性黄土。

20. B

【考核点】湿陷性黄土湿陷程度的划分

【解　析】湿陷性黄土湿陷程度可划分为轻微、中等和强烈三个等级，具体的规定如下：①当 $0.015 \leqslant \delta_s \leqslant 0.03$ 时，湿陷程度为湿陷性轻微；②当 $0.03<\delta_s \leqslant 0.07$ 时，湿陷程度为湿陷性中等；③当 $\delta_s>0.07$ 时，湿陷程度为湿陷性强烈。

21. D

【考核点】黄土地区道路工程地质勘察

【解　析】在进行黄土地区道路初步勘察时，路基勘探测试点，应沿路线中线布置，地形平缓、地层简单、黄土湿陷性轻微的路段，勘探测试点的数量每公里不得少于2个；地形地貌复杂、地层变化大、黄土湿陷性中等及以上路段，应增加勘探测试点数量。

22. A

【考核点】黄土地区道路工程地质勘探

【解　析】在进行黄土地区道路详细勘察时，地层单一，黄土湿陷性轻微路段，每段填、挖路基勘探测试点的数量不宜少于1个，平均间距不宜大于500m；地层变化大，黄土湿陷性中等及以上的路段，勘探测试点的数量应增加，其平均间距不宜大于200m；不良地质发育路段，宜布置横向勘探断面进行勘探，每条勘探断面上勘探点的数量不宜少于2个。

23. C

【考核点】膨胀性岩土地区路基勘探

【解　析】膨胀性岩土地区路基勘探点应沿拟定的路线中线布置，平均间距不宜大于200m，做代表性勘探。陡坡路堤、填土高度大于10m的路堤或挖方深度大于10m的路堑应选择代表性位置布置横向勘探断面，每条勘探断面勘探点的数量不宜少于2个。

24. A

【考核点】膨胀土地区路基勘探

【解　析】膨胀土地区工程地质勘探宜采用挖探、钻探辅以必要的物探手段相结合的综合勘探方法进行。膨胀土地区路基勘探深度应大于大气影响层深度。当膨胀土层的厚度较大时，填方路基的勘探深度应达设计高程以下5～8m，挖方路基的勘探深度应达设计高程以下不小于8m。

25. B

【考核点】膨胀土地区路基勘探

【解　析】膨胀土原状样应从地面以下1m开始采取。在大气影响层深度范围内，取样间距为1.0m；在大气影响层深度以下，取样间距不宜大于2.0m。

26. B

【考核点】膨胀土地区地质选线的原则

【解　析】路线应选择地形平缓、坡面完整、植被良好的地带通过，避免平行坡面或沿山前斜坡地带布线，并宜垂直垄岗轴线。路线应以浅挖、低填的方式通过。

27. B

【考核点】盐渍土路基勘探

【解　析】盐渍土地区路基勘探点应沿拟定的路线中线布置，初步勘察时平均间距不宜大于500m，详细勘察时平均间距不宜大于200m；盐渍土发育路段，应选择代表性位置布置勘探横断面，每条勘探横断面上勘探点的数量不宜少于2个。

28. C

【考核点】影响黄土湿陷性的因素

【解　析】影响黄土湿陷性的主要因素是：①黄土的天然含水率；②黄土的形成年代；③黄土的密实程度。

第八节　公路工程地质勘察

【考试纲要】

1. 道路勘察的基本勘察方法；
2. 桥基勘察的基本勘察方法；
3. 隧道勘察的基本勘察方法。

【复习提示】

1. 复习要点

考生应掌握公路工程（道路、桥梁、隧道）地质勘察的方法；熟悉公路工程地质勘察的阶段与内容。

重点：

(1)公路工程地质勘察的阶段与内容；

(2)公路工程(道路、桥梁、隧道)地质勘察的方法。

难点：

公路工程地质勘察方法中的勘探与试验方法。

2. 规范提示

《公路工程地质勘察规范》(JTG C20—2011)涉及本节的内容如下：

(1)公路工程地质勘察的工作程序；

(2)公路工程地质勘察阶段的划分；

(3)公路工程地质勘察内容和方法。

习题精练

1. 公路工程地质勘察的方法主要有研究既有资料、调查与测绘、(　　)、试验与长期观测等几种。

A. 计算　　B. 勘探　　C. 摄影　　D. 记录

2. 收集和研究路线通过地区既有的有关资料，是工程地质勘察的一种主要方法，收集的资料一般应包括(　　)。

A. 项目投资人　　B. 项目投资金额

C. 项目工期　　D. 项目区内已有道路的工程经验

3. 隧道工程地质勘察通常包括两项内容，一是隧道方案与位置的选择，二是(　　)。

A. 隧道施工方法的选择　　B. 隧道方案的比较

C. 隧道洞口与洞身的勘察　　D. 隧道的测量

4. 工程地质调查是调查与测绘的主要方式，它主要是用直接观察和(　　)的方法进行的。

A. 访问群众　　B. 仪器观察

C. 图件分析　　D. 计算分析

5. 工程地质测绘在无航摄资料时，主要依靠野外工作，根据不同比例尺的精度要求，对观察点、地质构造及各种地质界线等的标测方法有目测法、(　　)、仪器法三种。

A. 经验法　　B. 半仪器法　　C. 半经验法　　D. 估计法

6. 工程地质测绘的基本方法有路线法、(　　)、追索性。

A. 穿越法　　B. 等距法　　C. 并行法　　D. 布点法

7. 勘探是工程地质勘察的重要方法，公路工程地质勘探的方法有(　　)、钻探、地球物理勘探等几类。

A. 锤击　　B. 触探　　C. 挖探　　D. 冲振

8. 挖探是公路工程地质勘探中广泛采用的一种方法。以下勘探方法中，属于挖探的是

(　　)。

A. 槽探　　B. 钻探　　C. 电法勘探　　D. 地震勘探

9. 工程地质勘察中,钻探是广泛采用的一种最重要的勘探手段,以下各种勘探方法中,属于钻探的是(　　)。

A. 试坑　　B. 探井　　C. 洛阳铲勘探　　D. 槽探

10. 工程地质试验是工程地质勘察的重要环节,是对岩土的工程性质进行定量评价的必不可少的方法。工程地质试验可分为室内试验和(　　)两种。

A. 野外试验　　B. 标准试验　　C. 验证试验　　D. 工艺试验

11. 工程地质室内试验一般包括岩土工程性质的常规试验和(　　)两个方面。

A. 物理性质试验　　B. 力学性质试验

C. 工程地质问题的专门试验　　D. 水文地质试验

12. 工程地质野外试验主要包括岩土的透水性试验和(　　)两个方面。

A. 岩土强度试验　　B. 岩土成分试验

C. 岩土物理性质试验　　D. 岩土的力学试验

13. 隧道详细工程地质勘察阶段的勘察工作应以(　　)为主。

A. 调查与测绘　　B. 挖探

C. 测绘　　D. 钻探和试验

14. 在隧道勘察中(　　)一般用于隧道洞口的勘察。

A. 调查　　B. 挖探　　C. 钻探　　D. 试验

15. 桥梁工程地质勘察的内容很多,以下属于桥基勘察主要内容的是(　　)。

A. 河谷地质构造　　B. 谷坡、岸坡有无不良地质现象

C. 河床地层结构　　D. 天然建筑材料

16. 公路工程地质勘察应按工程地质调绘、勘探测试、(　　)及报告编制的程序扩展工作,正确反映工程建设场地的工程地质条件,为公路工程建设提供资料完整、评价正确的工程地质勘察报告。

A. 原位试验　　B. 勘察成果修正

C. 地质资料综合分析　　D. 勘察成果评审

17. 公路工程地质勘察可分为(　　)等阶段。

A. 初步勘察和详细勘察两个阶段

B. 初步勘察、技术勘察和详细勘察三个阶段

C. 预可勘察、初步勘察和详细勘察三个阶段

D. 预可勘察、工可勘察、初步勘察和详细勘察四个阶段

18. 在进行桥梁工程地质详细勘察时,桥梁墩、台的勘探钻孔应根据地质条件在基础的周围或中心布置。工程地质条件简单的桥位,每个墩(台)宜布置(　　)个钻孔。

A. 1　　B. 2　　C. 3　　D. 4

19. 在进行桥梁工程地质详细勘察时,桥梁墩台的勘探钻孔深度,对于桩基础而言,钻孔钻入持力层以下的深度不得小于(　　)m。持力层下有软弱地层分布时,钻孔深度应加深。

A. 2　　B. 3　　C. 4　　D. 5

20. 下列关于项目地质勘察大纲内容的表述中,不正确的是(　　)。

A. 项目概况　　B. 地质勘察执行的技术标准

C. 勘察实施方案　　D. 工程地质评价与建议

◈ 习题参考答案及解析 ◈

1. B

【考核点】公路工程地质勘察方法

【解　析】公路工程地质勘察方法主要有:收集和研究既有资料、调查与测绘、勘探、试验与长期观测等几种。

2. D

【考核点】勘察方法之资料的收集与研究

【解　析】收集的资料一般应包括以下几个方面的内容:区域地质资料,地形地貌资料,区域水文地质资料,各种特殊地质地段及不良地质现象的分布、发育程度与活动特点等,地震资料,气象资料,其他有关资料,工程经验等。

3. C

【考核点】隧道工程地质勘察

【解　析】隧道工程地质勘察通常包括两项内容:一是隧道方案与位置的选择;二是隧道洞口与洞身的勘察。

4. A

【考核点】调查与测绘的方法

【解　析】工程地质调查主要是用直接观察和走访群众的方法,需要时可配合适量的勘探和试验工作。

5. B

【考核点】工程地质测绘方法

【解　析】当无航摄资料时,工程地质测绘主要依靠野外工作。根据不同比例尺的精度要求,对观察点、地质构造及各种地质界线等的标测方法有三种:①目测法;②半仪器法;③仪器法。

6. D

【考核点】工程地质测绘的基本方法

【解　析】工程地质测绘的基本方法主要有三种:①路线法;②布点法;③追索法。上述三种方法中,路线法可用于各种比例尺测绘,布点法适用于大、中比例尺测绘,追索法多用于中、小比例尺测绘。

7. C

【考核点】工程地质勘探方法

【解　析】工程地质勘探是指为查明工程地质条件而进行的钻探、物探和坑(槽、硐)探等工作的总称。公路工程地质勘探的方法有挖探(包括坑探、槽探)、钻探、地球物理勘探等。

8. A

【考核点】挖探的方式

【解　析】公路工程地质勘察中的挖探主要为坑探、槽探、硐探等。坑探是垂直向下掘进的土坑,浅者称为试坑,深者称为探井。槽探是挖掘成狭长的槽形探坑,一般应垂直于岩层走向或构造线布置。硐探是在岩土体中挖掘探洞以查明相关的工程地质条件。

9. C

【考核点】工程钻探的方式

【解　析】钻探是工程地质勘察中广泛采用的一种勘探方法。钻探可分为简易钻具钻探、钻机钻探。其中简易钻探主要包括洛阳铲勘探、锥探、小螺纹钻勘探。

10. A

【考核点】工程地质试验

【解　析】工程地质试验可分为室内试验和野外试验两种。室内试验是对调查测绘、勘探及其他过程中所采取的样品进行试验,这种试验通常在试验室中进行。野外试验是在现场岩土的原处并在自然条件下进行的,基本保持了岩土的天然结构与状态,这种试验也称现场试验或原位试验。

11. C

【考核点】工程地质室内试验

【解　析】工程地质室内试验包括两个方面:一是岩土工程性质的常规试验,又可分为土的试验,岩石的试验;二是工程地质问题的专门试验,就是对某些尚未被认识清楚的工程地质问题,可通过专门设计的模型试验或模拟试验作出解答。

12. D

【考核点】工程地质野外试验

【解　析】野外试验主要包括两个方面:一是岩土的透水性试验,主要包括压水试验、抽水试验等;二是岩土的力学试验,包括触探(静力触探、动力触探、标准贯入试验)、载荷试验、剪力试验、旁压试验等。

13. D

【考核点】隧道详细勘察方法

【解　析】隧道详细勘察工作一般以钻探和试验为主,并根据地质条件和工程地质问题,辅以其他适当的方法进行综合勘探。

14. B

【考核点】隧道工程地质勘探方法

【解　析】挖探是指采用人工开挖探坑或探槽,以查明地表层土体状况的勘探方法。在隧道勘察中挖探一般用于隧道洞口的勘探。

15. C

【考核点】桥基地质勘探

【解　析】要确定桥梁基础类型、基础埋置深度等就必须查明河谷或河床的地层结构、河床冲积层的类型及厚度等。

16. C

【考核点】公路工程地质勘察工作程序

【解　析】公路工程地质勘察应按工程地质调绘、勘探测试、地质资料综合分析及报告编制的程序开展工作,正确反映工程建设场地的工程地质条件,为公路工程建设提供资料完整、评价正确的工程地质勘察报告。

17. D

【考核点】公路工程地质勘察阶段的划分

【解　析】公路工程地质勘察可分为预可行性研究阶段工程地质勘察(简称预可勘察)、工程可行性研究阶段工程地质勘察(简称工可勘察)、初步设计阶段工程地质勘察(简称初步勘察)和施工图设计阶段工程地质勘察(简称详细勘察)四个阶段。

18. A

【考核点】桥梁工程地质勘察方法

【解　析】在进行桥梁工程地质详细勘察时,桥梁墩、台的勘探钻孔应根据地质条件在基础的周围或中心布置。工程地质条件简单的桥位,每个墩(台)宜布置1个钻孔。工程地质条件较复杂的桥位,每个墩台的钻孔数量不得少于1个。工程地质条件复杂的桥位,应结合现场地质条件及基础工程设计要求确定每个墩台的钻孔数量。

19. D

【考核点】桥梁工程地质勘察方法

【解　析】在进行桥梁工程地质详细勘察时,桥梁墩台的勘探钻孔深度应根据基础类型和地基的地质条件确定,并符合下列要求:①天然地基或浅基础:钻孔钻入持力层以下的深度不得小于3m。②桩基、沉井、锚碇基础:钻孔钻入持力层以下的深度不得小于5m。持力层下有软弱地层分布时,钻孔深度应加深。

20. D

【考核点】工程地质勘察大纲

【解　析】在开展工程地质勘察之前,应编制项目地质勘察大纲。项目勘察大纲应包括以下内容:①项目概况;②地质勘察执行的技术标准;③自然地理和工程地质概况;④勘察实施方案;⑤组织机构、人员组成、设备配置、计划进度、质量管理、安全和环保措施;⑥提交的成果资料;⑦其他需要说明的问题。

第四章　工 程 勘 测

第一节　一 般 规 定

【考纲纲要】

1. 各等级公路项目不同设计阶段的勘测内容与深度；

2. 不同设计阶段勘测新技术、新方法及其应满足的基本精度要求；

3. 控制测量桩、路线控制桩的埋设、书写等的规定与要求；

4. 桩标记录、勘测记录的规定与要求。

【复习提示】

1. 复习要点

考生应掌握各等级公路项目不同设计阶段的勘测内容与深度；熟悉不同设计阶段勘测新技术、新方法及其精度要求，熟悉控制测量桩、路线控制桩的埋设、书写等的规定与要求；了解桩标记录、勘测记录的相关规定与要求。

重点：

各等级公路项目不同设计阶段的勘测内容与深度。

2. 规范提示

各等级公路项目不同设计阶段的勘测内容与深度，控制测量桩、路线控制桩的埋设与书写，各等级公路项目不同设计阶段的勘测内容与深度，桩标记录、勘测记录等内容涉及《公路勘测规范》（JTG C10—2007）和《公路勘测细则》（JTG/T C10—2007）。

习题精练

1. 公路测量标志分为控制测量桩、路线控制桩和（　　）三种。

A. 标志桩　　　　B. 转点桩

C. 断链桩　　　　D. 交点桩

2. 下列关于路线控制桩的描述中，错误的是（　　）。

A. 路线控制桩顶面宜与地面齐平，并加设指示桩

B. 路线控制桩不能作为控制测量桩

C. 路线控制桩位于岩石或建筑物上时，可用油漆标记。

D. 路线控制桩宜采用油漆或记号笔书写桩号、标注中心位置

3. 下列关于控制测量桩的描述中，错误的是（　　）。

A. 不同的控制测量桩可以共用

B. 路线控制桩可同时作为控制测量桩使用

C. 控制测量桩应按起、终点方向顺序连续编号

D. 所有控制测量桩都应采用混凝土桩

4. 测量数据记录发生错误时,下列哪种处理方式是正确的(　　)。

A. 所有测量数据不得涂改,必须重测

B. 记录内容用横道线整齐划掉,在其上方重新记录正确的数值,并在备注栏注明原因

C. 角度记录中的分位、距离和水准记录中的分米位的读记错误可在实地更改

D. B、C 均正确

5. 控制测量桩三等 GPS 点可书写成(　　)。

A. 3G　　B. G3　　C. GC　　D. CG

6. 关于公路工程建设项目不同设计阶段外业勘测内容与深度,下列说法正确的是(　　)。

A. 均没有差异　　B. 深度存在较大差异,内容基本相同

C. 深度基本相同,内容存在较大差异　　D. 均存在较大差异

◈ 习题参考答案及解析 ◈

1. A

【考核点】测量标志分类

【解　析】公路测量标志分为控制测量桩、路线控制桩和标志桩三种。

2. B

【考核点】测量标志要求

【解　析】路线控制桩可以作为控制测量桩。

3. D

【考核点】测量标志要求

【解　析】控制测量桩应采用混凝土,亦可采用不易破碎的石材或其他具有较高强度的材料制成。

4. C

【考核点】勘测记录

【解　析】角度记录中的分位、距离和水准记录中的分米位的读记错误可在实地更改,故 A 是错误的,允许改正的内容应用横道线整齐划去错误的记录,在其上方重新记录正确的数值,并在备注栏注明原因,故 B 也是错误的。

5. C

【考核点】测量桩志书写

【解　析】控制测量的等级可分别以"A"、"B"、"C"、"D"表示"一等"、"二等"、"三等"、"四等",书写时,控制测量的等级符号一般添加于测量符号之后。

6. B

【考核点】不同设计阶段的勘测内容与深度

【解 析】深度存在较大差异,内容基本相同。

第二节 控 制 测 量

【考纲纲要】

1. 公路平面控制测量的主要方法,平面控制点的布设、测量、观测等技术要点;
2. 公路高程控制测量的主要方法,高程控制点的布设、测量、观测等技术要点;
3. 公路控制测量应提交的技术资料。

【复习提示】

1. 复习要点

考生应掌握公路控制测量(包括平面控制测量和高程控制测量)的主要方法,控制点的布设、测量、观测等技术要点,熟悉公路控制测量相关要求,使用测量仪器进行各类控制测量工作;了解公路控制测量应提交的技术资料。

重点:

运用公路控制测量相关要求,合理选取控制测量等级,导线测量外业测量及内业计算,交会定点测量及计算,四等水准测量实施,三角高程测量实施。

难点:

导线测量计算;四等水准测量的观测与计算方法。

2. 规范提示

(1)平面控制测量和高程控制测量等级的选取涉及《公路勘测规范》(JTG C10—2007)和《公路勘测细则》(JTG/T C10—2007)。

(2)导线测量外业测量及内业计算,交会定点测量与计算等涉及《工程测量规范》(GB 50026—2007)和《公路勘测细则》(JTG C10—2007)。

(3)水准测量观测的主要技术要求涉及《国家三、四等水准测量规范》(GB/T 12898—2009)。

习题精练

1. 以下哪一项是导线测量中必须进行的外业工作( )。

A. 测水平角 B. 测高差 C. 测气压 D. 测垂直角

2. 如图所示支导线,AB 边的坐标方位角为 $\alpha_{AB}=125°30'30''$,转折角如图,则 CD 边的坐标方位角 α_{CD} 为( )。

A. 75°30′30″　　B. 15°30′30″
C. 45°30′30″　　D. 25°29′30″

3. 根据两点坐标计算边长和坐标方位角的计算称为(　　)。
A. 坐标正算　　B. 导线计算
C. 前方交会　　D. 坐标反算

4. 闭合导线角度闭合差的分配原则是(　　)。
A. 反号平均分配　　B. 按角度大小成比例反号分配
C. 任意分配　　D. 分配给最大角

5. 分别在两个已知点向未知点观测,测量两个水平角后计算未知点坐标的方法是(　　)。
A. 导线测量　　B. 侧方交会　　C. 后方交会　　D. 前方交会

6. 导线测量外业工作不包括的一项是(　　)。
A. 选点　　B. 测角　　C. 测高差　　D. 量边

7. 已知线段 AB 的方位角为 220°,则线段 BA 的方位角为(　　)。
A. 220°　　B. 40°　　C. 50°　　D. 130°

8. 设 AB 距离为 200.23m,方位角为 121°23′36″,则 AB 的 x 坐标增量为(　　)m。
A. −170.919　　B. 170.919　　C. 104.302　　D. −104.302

9. 闭合导线在 x 轴上的坐标增量的理论值(　　)。
A. 为一不等于 0 的常数　　B. 与导线形状有关
C. 总为 0　　D. 由路线中两点确定

10. 在未知点上设站对三个已知点进行测角交会的方法称为(　　)。
A. 后方交会　　B. 前方交会　　C. 侧方交会　　D. 无法确定

11. 国家控制网,是按(　　)建立的,它的低级点受高级点逐级控制。
A. 一至四等　　B. 一至四级　　C. 一至二等　　D. 一至二级

12. 导线点属于(　　)。
A. 平面控制点　　B. 高程控制点　　C. 坐标控制点　　D. 水准控制点

13. 下列属于平面控制点的是(　　)。
A. 水准点　　B. 三角高程点　　C. 三角点　　D. 以上答案都不对

14. 导线测量的外业工作是(　　)。
A. 选点、测角、量边　　B. 埋石、造标、绘草图
C. 距离丈量、水准测量、角度测量　　D. 测水平角、测竖直角、测斜距

15. 附合导线的转折角,一般用(　　)法进行观测。
A. 测回法　　B. 红黑面法　　C. 三角高程法　　D. 二次仪器高法

16. 若两点 C、D 间的坐标增量 Δx 为正,Δy 为负,则直线 CD 的坐标方位角位于第(　　)象限。
A. 一　　B. 二　　C. 三　　D. 四

17. 某直线 AB 的坐标方位角为 230°,其两端间坐标增量的正负号为(　　)。
A. $-\Delta x, +\Delta y$　　B. $+\Delta x, -\Delta y$　　C. $-\Delta x, -\Delta y$　　D. $+\Delta x, +\Delta y$

18. 某导线全长 620m,算得 $f_x = 0.123$m,$f_y = -0.162$m,则导线全长相对闭合差 K 为(　　)。

A. 1/2200　　B. 1/3100　　C. 1/4500　　D. 1/3000

19. 导线的坐标增量闭合差调整后,应使纵、横坐标增量改正数之和等于(　　)。

A. 纵、横坐标增量闭合差,其符号相同

B. 导线全长闭合差,其符号相同

C. 纵、横坐标增量闭合差,其符号相反

D. 导线全长闭合差,其符号相反

20. 导线的角度闭合差的调整方法是将闭合差反符号后(　　)。

A. 按角度大小成正比例分配　　B. 按角度个数平均分配

C. 按边长成正比例分配　　D. 按边长成反比例分配

21. 导线坐标增量闭合差的调整方法是将闭合差反符号后(　　)。

A. 按角度个数平均分配　　B. 按导线边数平均分配

C. 按边长成反比例分配　　D. 按边长成正比例分配

22. 四等水准测量中,前后视距差的累积值,不能超过(　　)。

A. 3m　　B. 5m　　C. 6m　　D. 10m

23. 一对双面水准尺,其红面底端起始刻划值之差为(　　)。

A. 1m　　B. 0.5m　　C. 0.1m　　D. 0m

24. 四等水准测量中,同一站同一水准尺的红、黑面中丝读数差,不能超过(　　)。

A. 3m　　B. 2m　　C. 3mm　　D. 2mm

25. 四等水准测量中,黑面高差 -(红面高差 ±0.1m)应不超过(　　)。

A. 2mm　　B. 3mm　　C. 5mm　　D. 7mm

26. 在三角高程测量中,当两点间的距离较大时,一般要考虑地球曲率和(　　)的影响。

A. 大气折光　　B. 大气压强　　C. 测站点高程　　D. 两点间高差

27. 根据全站仪坐标测量的原理,在测站点瞄准后视点后,方向值应设置为(　　)。

A. 测站点至后视点的方位角　　B. 后视点至测站点的方位角

C. $0°0'0''$　　D. $90°$

28. 导线计算中所使用的距离应该是(　　)。

A. 任意距离均可　　B. 倾斜距离

C. 水平距离　　D. 大地水准面上的距离

29. 高斯平面直角坐标系中,直线的方位角是按以下哪种方式量取的(　　)。

A. 纵坐标北端起逆时针　　B. 横坐标东端起逆时针

C. 纵坐标北端起顺时针　　D. 横坐标东端起顺时针

30. 衡量导线测量精度的一个重要指标是(　　)。

A. 坐标增量闭合差　　B. 导线全长闭合差

C. 导线全长相对闭合差　　D. 相对闭合差

31. 在测量学科中,距离测量的常用方法有钢尺量距、电磁波测距和(　　)测距。

A. 视距法　　B. 经纬仪法　　C. 水准仪法　　D. 罗盘仪法

32. 地面两点 A、B 的坐标分别为 A(1256.234,362.473),B(1246.124,352.233),则 A、B 间的水平距离为(　　)。

A. 14.390m　　B. 207.070m　　C. 103.535m　　D. 4.511m

33. 用全站仪进行距离或坐标测量前,不仅要设置正确的大气改正数,还要设置(　　)。

A. 乘常数　　B. 湿度　　C. 棱镜常数　　D. 温度

34. 用全站仪进行距离或坐标测量前,需设置正确的大气改正数,设置的方法可以是直接输入测量时的气温和(　　)。

A. 气压　　B. 湿度　　C. 海拔　　D. 风力

35. 当多跨桥梁总长度为 2000m 时,平面控制测量等级采用(　　)。

A. 二等　　B. 三等　　C. 四等　　D. 一级

36. 当隧道贯通长度为 3000m 时,高程控制测量等级采用(　　)。

A. 二等　　B. 三等　　C. 四等　　D. 五等

37. 平面控制网坐标系的确定,应满足测区内投影长度变形不大于(　　)。

A. 1.0cm/km　　B. 1.5cm/km　　C. 2.0cm/km　　D. 2.5cm/km

38. 测定点的平面坐标的主要工作是(　　)。

A. 测量水平距离　　B. 测量水平角

C. 测量水平距离和水平角　　D. 测量竖直角

39. 在用全站仪进行角度测量时,若不输入棱镜常数和大气改正数,则(　　)所测角值。

A. 影响　　B. 不影响

C. 水平角影响,竖直角不影响　　D. 水平角不影响,竖直角影响

40. 关于附和导线角度闭合差的调整计算的描述,下列说法正确的是(　　)。

A. 附和导线角度闭合差的调整计算与观测角度有关

B. 附和导线角度闭合差的调整计算与观测角度无关

C. 当观测角为左角时,改正数与闭合差同符号,当观测角为右角时,改正数与闭合差反符号

D. 当观测角为右角时,改正数与闭合差同符号,当观测角为左角时,改正数与闭合差反符号

41. 支导线由于缺乏检核条件,所以一般仅作补点使用,且控制点的个数不得超过(　　)个。

A. 1　　B. 2　　C. 3　　D. 4

42. 下列(　　)坐标增量满足直线的坐标方位角位于第四象限。

A. $-\Delta x, +\Delta y$　　B. $+\Delta x, -\Delta y$　　C. $-\Delta x, -\Delta y$　　D. $+\Delta x, +\Delta y$

43. 在用全站仪进行点位放样时,若棱镜高和仪器高输入错误,则(　　)放样点的平面位置。

A. 影响　　B. 不影响

C. 盘左影响,盘右不影响　　D. 盘左不影响,盘右影响

44. 地面上有 A、B、C 三点,已知 AB 边的坐标方位角 $\alpha_{AB}=35°23'$,测得左夹角 $\angle ABC=89°34'$,则 CB 边的坐标方位角 $\alpha_{CB}=$(　　)。

A. $124°57'$　　B. $304°57'$　　C. $-54°11'$　　D. $305°49'$

45. 路线平面控制测量宜采用(　　)方法进行。

A. 导线测量　　B. GPS 测量　　C. 三角测量　　D. 三边测量

46. 在某二等平面控制测量中，测得 A 点纵坐标正确的为(　　)。

A. $y_A = 120281.0588\text{m}$　　B. $y_A = 120281.059\text{m}$

C. $x_A = 120281.0588\text{m}$　　D. $x_A = 120281.059\text{m}$

47. 下列关于平面控制点布设的说法，错误的是(　　)。

A. 特大型构造物每一端应埋设两个以上平面控制点

B. 四等及以上平面控制网中相邻点之间的距离不得小于 500m

C. 路线平面控制点到路线中心线的距离应大于 50m，宜小于 300m

D. 路线平面控制点到路线中心线的距离应小于 30m

48. 测回法观测水平角，若右方目标的方向值 $b_{右}$ 小于左方目标的方向值 $a_{左}$ 时，水平角 β 的计算方法是(　　)。

A. $\beta = a_{左} - b_{右}$　　B. $\beta = b_{右} - 180° - a_{左}$

C. $\beta = b_{右} + 360° - a_{左}$　　D. $\beta = b_{右} + 180° - a_{左}$

49. 下面关于 GPS 网设计的说法，错误的是(　　)。

A. 各级 GPS 网应逐级布设，不可跨级布设

B. GPS 控制网应同附近等级高的国家平面控制网点联测，联测点数应不少于 3 个

C. GPS 网点位应均匀分布，相邻点间距离最大不宜超过该网平均点间距的 2 倍

D. 点位应避开由于地面或其他目标反射所引起的多路径干扰的位置

50. 公路控制测量应提交的技术资料不包括(　　)。

A. 各种调查、勘测原始记录及检验资料　　B. 仪器检验报告

C. 平面控制网联测及布网略图　　D. 高程控制测量联测及路线示意图

51. 在全圆测回法中，同一测回不同方向之间的 $2C$ 值为 $-18''$、$+2''$、0、$+10''$，其 $2C$ 互差应为(　　)。

A. $28''$　　B. $-18''$　　C. $1.5''$　　D. $10''$

52. 下列关于跨河水准测量的说法，错误的是(　　)。

A. 当水准路线通过宽度为各等级水准测量的标准视线长度 2 倍以下的江河时，可用一般的水准测量观测方法进行

B. 跨河视线不得通过草丛、沙丘、沙滩、芦苇的上方

C. 两岸由仪器至水边的一段河岸，其距离应近于相等

D. 视线长度超过 3500m 时，应采用光学测微法进行观测

53. 往返丈量直线 AB 的长度为：$D_{AB} = 126.72\text{m}$，$D_{BA} = 126.76\text{m}$，其相对误差为(　　)。

A. $K = 1/3100$　　B. $K = 1/3500$　　C. $K = 0.000315$　　D. $K = 0.00315$

54. 某隧道贯通长度为 8000m，高程控制测量等级应选(　　)。

A. 二等　　B. 三等　　C. 四等　　D. 五等

55. 在一个已知点和一个未知点上分别设站，向另一个已知点进行观测的交会方法是(　　)。

A. 后方交会　　B. 前方交会　　C. 侧方交会　　D. 无法确定

56. 水平角观测不符合要求时，下列处理方法错误的是(　　)。

A. 因角度闭合差超限或平差计算中技术指标不能满足规定要求时，应进行认真分析择取测站整站重测

B. 若一测回中重测方向数超过本站方向数的 1/3 时，该测回应重测

C. 零方向下半测回的归零差超限时，该测回应重测

D. 因测回互差超限而重测时，应重测所有测回

57. 高速公路路线平面控制测量中，导线的边长可采用(　　)测量。

A. 经纬仪　　B. 光电测距仪

C. 普通钢尺　　D. 光电测距仪、普通钢尺均可

58. 以下方法中不能用于高程测量的是(　　)。

A. 水准测量　　B. 三角高程测量

C. 导线测量　　D. GPS 测高

59. 设 $H_A = 15.032\text{m}$，$H_B = 14.729\text{m}$，$h_{AB} =$ (　　)。

A. −29.761m　　B. −0.303m　　C. 0.303m　　D. 29.761m

60. 高程控制测量应采用(　　)的方法进行。

A. 水准测量　　B. 三角高程测量

C. GPS 高程测量　　D. 水准测量或三角高程测量

61. 附合水准路线高差闭合差的计算公式为(　　)。

A. $f_h = h_{往} - h_{返}$　　B. $f_h = \sum h$

C. $f_h = \sum h - (H_{终} - H_{始})$　　D. $f_h = H_{终} - H_{始}$

习题参考答案及解析

1. A

【考核点】导线测量的外业工作

【解　析】导线测量中，必须进行的外业工作包括：选点、测水平角、测边长和测方位角，而不测高差、气压和垂直角。

2. B

【考核点】方位角推算公式

【解　析】$\alpha_{前} = \alpha_{后} + 180° - \beta_{右}$，$\alpha_{前} = \alpha_{后} + \beta_{左} - 180°$。

3. D

【考核点】坐标正反算

【解　析】由两个已知点的坐标反算坐标方位角和边长叫坐标反算。

4. A

【考核点】闭合导线角度闭合差的分配原则

【解　析】闭合导线角度闭合差的分配原则是反号平均分配。

5. D

【考核点】前方交会的概念

【解　析】前方交会法是分别在两个已知点向未知点观测，测量两个水平角后计算未知点坐标的方法。

6. C

【考核点】导线测量的外业工作

【解 析】导线测量中必须进行的外业工作包括:选点、测水平角、测边长和测方位角。

7. B

【考核点】正反方位角的关系

【解 析】$\alpha_{正}=\alpha_{反}\pm180°$。

8. D

【考核点】坐标正算公式

【解 析】$\left.\begin{array}{l}\Delta x_{AB}=D_{AB}\cdot\cos\alpha_{AB}\\\Delta y_{AB}=D_{AB}\cdot\sin\alpha_{AB}\end{array}\right\}$,设 AB 距离为 200.23m,方位角为 121°23′36″,则 AB 的 x 坐标增量为 -104.302m。

9. C

【考核点】闭合导线的特点

【解 析】闭合导线的纵横坐标增量总和的理论值应为零,即:

$$\left.\begin{array}{l}\sum\Delta x_{理}=0\\\sum\Delta y_{理}=0\end{array}\right\}$$

10. A

【考核点】后方交会的概念

【解 析】后方交会是在待定点设站,向 3 个已知点进行观测,根据测定的水平角和已知点的坐标,计算待定点的坐标。

11. A

【考核点】国家控制测量的布设原则

【解 析】国家控制网,是按一至四等建立的,它的高级点控制低级点,低级点加密高级点,逐级控制。

12. A

【考核点】控制点分类

【解 析】导线点属于平面控制点。

13. C

【考核点】平面控制点类型

【解 析】平面控制点是指用于平面控制测量的点,比如:导线点、三角点等。

14. A

【考核点】导线测量的外业工作

【解 析】导线测量的外业工作是选点、测角和量边。

15. A

【考核点】附和导线角度测量方法

【解 析】附合导线的转折角,一般用测回法进行观测。

16. D

【考核点】坐标方位角的取值

【解 析】若两点间的坐标增量 Δx 为正,Δy 为负,则直线的坐标方位角位于第四象限。

即，第一象限（$+\Delta x$，$+\Delta y$），第二象限（$-\Delta x$，$+\Delta y$），第三象限（$-\Delta x$，$-\Delta y$），第四象限（$+\Delta x$，$-\Delta y$）。

17. C

【考核点】坐标方位角的取值

【解　析】某直线 AB 的坐标方位角为第三象限，其两端间坐标增量的正负号为 $-\Delta x$，$-\Delta y$。即，第一象限（$+\Delta x$，$+\Delta y$），第二象限（$-\Delta x$，$+\Delta y$），第三象限（$-\Delta x$，$-\Delta y$），第四象限（$+\Delta x$，$-\Delta y$）。

18. D

【考核点】导线全长相对闭合差的计算

【解　析】导线全长闭合差是由距离测量误差产生的，所以衡量导线测量精度用导线全长相对闭合差比较客观，导线测量精度的公式是 $K = 1/(f_D/\sum D)$。

19. C

【考核点】导线内业计算的校核

【解　析】导线的坐标增量闭合差调整后，应使纵、横坐标增量改正数之和等于纵、横坐标增量闭合差，其符号相反。

20. B

【考核点】导线的角度闭合差的调整方法

【解　析】导线的角度闭合差的调整方法是将闭合差反符号后按角度个数平均分配。

21. D

【考核点】导线坐标增量闭合差的分配原则

【解　析】导线坐标增量闭合差的调整方法是将闭合差反符号后按边长成正比例分配。

22. D

【考核点】四等水准测量主要技术要求

【解　析】四等水准测量中，前后视距差的累积值，不能超过 10m。

23. C

【考核点】双面水准尺的特点

【解　析】一对双面水准尺，黑面底端起始刻划都为 0，但其红面底端起始刻划值之差为 0.1m。

24. C

【考核点】四等水准测量主要技术要求

【解　析】四等水准测量中，同一站同一水准尺的红、黑面中丝读数差，不能超过 3mm。

25. C

【考核点】四等水准测量主要技术要求

【解　析】四等水准测量中，黑面高差 −（红面高差 ±0.1m）应不超过 5mm。

26. A

【考核点】三角高程测量注意事项

【解　析】在三角高程测量中，当两点间的距离较大时，一般要考虑地球曲率和大气折光的影响。

27. A

【考核点】全站仪坐标测量原理

【解　析】根据全站仪坐标测量的原理，在测站点瞄准后视点后，方向值应设置为测站点至后视点的方位角。

28. C

【考核点】导线测量的内业计算

【解　析】导线计算中所使用的距离应该是水平距离。

29. C

【考核点】坐标方位角定义

【解　析】高斯平面直角坐标系中，直线的方位角是按纵坐标北端起顺时针量取的。

30. C

【考核点】导线测量的内业计算

【解　析】导线测量的角度测量和距离测量都会产生误差，而距离测量精度用相对误差衡量比较客观，所以衡量导线测量精度的一个重要指标是导线全长相对闭合差。

31. A

【考核点】距离测量方法

【解　析】在测量学科中，距离测量的常用方法有钢尺量距、电磁波测距和视距法测距。

32. A

【考核点】坐标反算

【解　析】$\Delta x_{AB} = x_B - x_A$；$\Delta y_{AB} = y_B - y_A$；$D_{AB} = \sqrt{\Delta x_{AB}^2 + \Delta y_{AB}^2}$。

33. C

【考核点】全站仪距离测量基本原理

【解　析】用全站仪进行距离或坐标测量前，不仅要设置正确的大气改正数，还要设置棱镜常数。

34. A

【考核点】全站仪距离测量基本原理

【解　析】用全站仪进行距离或坐标测量时，大气改正数设置的方法可以是直接输入测量时气温和气压。

35. B

【考核点】平面控制测量等级的选取

【解　析】《公路勘测规范》（JTG C10—2007）规定，多跨桥梁 L，$2000 \leqslant L < 3000$，平面控制测量取三等。

36. B

【考核点】高程控制测量等级的选取

【解　析】《公路勘测规范》（JTG C10—2007）规定，隧道贯通长度 L_G，$3000 \leqslant L_G < 6000$，高程控制测量取三等。

37. D

【考核点】《公路勘测规范》(JTG C10—2007)中关于投影变形的规定

【解　析】《公路勘测规范》(JTG C10—2007)规定,平面控制网坐标系的确定,应满足测区内投影长度变形不大于2.5cm/km的要求。

38. C

【考核点】坐标正算

【解　析】根据坐标正算公式可知,要确定一点平面坐标,需测量水平距离和水平角。

39. B

【考核点】全站仪测角原理

【解　析】全站仪进行角度测量时,若不输入棱镜常数和大气改正数,对测角无影响。

40. D

【考核点】附和导线测量的内业计算

【解　析】当观测角为右角时,改正数与闭合差同符号;当观测角为左角时,改正数与闭合差反符号。

41. B

【考核点】支导线测量的特点

【解　析】支导线由于缺乏检核条件,所以一般仅作补点使用,且控制点的个数不得超过2个。

42. B

【考核点】各个象限坐标增量的正负号

【解　析】第一象限($+\Delta x$, $+\Delta y$);第二象限($-\Delta x$, $+\Delta y$);第三象限($-\Delta x$, $-\Delta y$);第四象限($+\Delta x$, $-\Delta y$)。

43. B

【考核点】全站仪平面坐标放样原理

【解　析】全站仪进行点位放样时,若棱镜高和仪器高输入错误,则不影响平面位置的放样,只影响高程。

44. A

【考核点】坐标方位角的计算

【解　析】$\alpha_{前} = \alpha_{后} + \beta_{左} - 180°$,$\alpha_{正} = \alpha_{反} \pm 180°$,$\alpha_{BC} = 304°57'$

$\alpha_{CB} = \alpha_{BC} \pm 180° = 124°57'$

45. A

【考核点】路线控制测量

【解　析】路线平面控制测量宜采用导线测量方法进行。

46. C

【考核点】测量坐标系概念及坐标的数字取位要求

【解　析】纵坐标为x,二等的平面控制测量坐标应取0.0001m。

47. D

【考核点】平面控制点布设要求

【解　析】路线平面控制点到路线中心线的距离应大于50m，宜小于300m。

48. C

【考核点】水平角计算方法

【解　析】测回法观测水平角，若右方目标的方向值小于左方目标的方向值时，水平角β的计算方法是，右方目标的方向值加上360°再减去左方目标的方向值。

49. A

【考核点】GPS测量设计要求

【解　析】各级GPS网一般逐级布设，在保证精度、密度等技术要求时可跨级布设。

50. A

【考核点】公路控制测量应提交的技术资料

【解　析】各种调查、勘测原始记录及检验资料是初测阶段需提交的技术资料。

51. A

【考核点】$2C$互差的计算

【解　析】最小值为-18″，最大值为10″，故互差为28″。

52. D

【考核点】跨河水准测量技术要求

【解　析】视线长度超过3500m时，采用的方法应根据测区条件进行专题设计。

53. A

【考核点】相对误差

【解　析】$K=(126.76-126.72)/(126.72+126.76)=1/3168$，通常计为1/3100。

54. A

【考核点】高程控制测量等级选用

【解　析】当隧道贯通长度大于等于6000m时，应选二等高程控制测量。

55. C

【考核点】侧方交会的概念

【解　析】在一个已知点和一个未知点上分别设站，向另一个已知点进行观测的交会方法，即为侧方交会。

56. D

【考核点】角度观测技术要求

【解　析】因测回互差超限而重测时，应认真分析研究，除明显孤值外，一般应重测观测结果中最大值和最小值的测回。

57. B

【考核点】距离测量技术要求

【解　析】高速公路路线控制测量应选用一级，而一级及一级以上导线的边长，应采用光电测距仪施测。

58. C

【考核点】高程控制测量方法

【解　析】导线测量属于平面控制测量。

59. B

【考核点】高差计算

【解　析】$h_{AB} = H_B - H_A = 14.729 - 15.032 = -0.303$。

60. D

【考核点】高程控制测量方法

【解　析】高程控制测量应采用水准测量或三角高程测量的方法进行。

61. C

【考核点】水准路线高差闭合差计算

【解　析】附合水准路线高差闭合差的计算公式为：$f_h = \sum h - (H_{终} - H_{始})$。

第三节　地形图测绘

【考纲纲要】

1. 不同设计阶段对地形图测绘、图式、比例、精度等的技术要求；

2. 航空摄影测量、水下地形图测绘、数字地面模型等的技术要求及其应用要点。

【复习提示】

1. 复习要点

考生应掌握地形图比例尺、比例尺精度、等高线、等高距、等高线平距、等高线分类及等高线特性等基本概念；熟悉不同设计阶段对地形图测绘、图式、比例、精度等的技术要求；了解航空摄影测量、水下地形图测绘、数字地面模型等的技术要求及其应用。

重点：

灵活运用地形图比例尺、比例尺精度，合理选取测图比例尺，根据等高线的等高距、等高线平距、等高线表示典型地貌，根据等高线的特性判断地面的起伏状态，地形图的应用。

难点：

等高线的相关知识及地形图的应用。

2. 规范提示

（1）地形图比例尺、比例尺精度、等高线等内容涉及《工程测量规范》（GB 50026—2007）。

（2）航空摄影测量、水下地形图测绘、数字地面模型等内容涉及《公路勘测规范》（JTG C10—2007）。

（3）地形图符号分类涉及《国家基本比例尺地图图式　第 1 部分：1∶500，1∶1000，1∶2000 地形图图式》（GB/T 20257.1—2007）。

习题精练

1. 一段 324m 长的距离在 1∶2000 地形图上的长度为（　　）。

A. 1.62cm　　B. 3.24cm　　C. 6.48cm　　D. 16.20cm

2. 等高距是两相邻等高线之间的(　　)。

A. 高程之差　B. 平距　C. 间距　D. 斜距

3. 下列四种比例尺地形图,比例尺最大的是(　　)。

A. 1∶5000　B. 1∶2000　C. 1∶1000　D. 1∶500

4. 高差与水平距离之(　　)为坡度。

A. 和　B. 差　C. 比　D. 积

5. 地形图的比例尺用分子为 1 的分数形式表示时,则(　　)。

A. 分母大,比例尺大,表示地形详细　B. 分母小,比例尺小,表示地形概略

C. 分母大,比例尺小,表示地形详细　D. 分母小,比例尺大,表示地形详细

6. 一组闭合的等高线是山丘还是盆地,可根据(　　)来判断。

A. 助曲线　B. 首曲线　C. 计曲线　D. 高程注记

7. 下列关于地形图的基本等高距的说法,正确的是(　　)。

A. 等高距的选择只与测图比例尺有关

B. 等高距的选择与测图比例尺无关

C. 等高距的选择与测图比例尺和地形条件有关,测量区域地形、地貌复杂时,应采用较大的等高距

D. 等高距的选择只与地形条件有关

8. 在地形图中,表示测量控制点的符号属于(　　)。

A. 比例符号　B. 半比例符号　C. 地貌符号　D. 非比例符号

9. 在地形图上等高距不变时,等高线平距与地面坡度的关系是(　　)。

A. 平距大则坡度小　B. 平距大则坡度大

C. 平距大则坡度不变　D. 平距值等于坡度值

10. 将地面上各种地物的平面位置按一定比例尺,用规定的符号缩绘在图纸上,这种图称为(　　)。

A. 地图　B. 地形图　C. 平面图　D. 断面图

11. 在地图上,地貌通常是用(　　)来表示的。

A. 高程值　B. 等高线　C. 任意直线　D. 地貌符号

12. 地形测量中,若比例尺精度为 b,测图比例尺为 $1:M$,则比例尺精度与测图比例尺大小的关系为(　　)。

A. b 与 M 无关　B. b 与 M 相等

C. M 越小 b 越高　D. M 越小 b 越低

13. 1∶1000 地形图的比例尺精度是(　　)。

A. 1m　B. 1cm　C. 10cm　D. 0.1mm

14. 测图比例尺应根据设计阶段、工程性质及地形、地貌等因素选用,初步设计阶段一般应选用(　　)比例尺。

A. 1∶10000　B. 1∶1000　C. 1∶2000　D. 1∶500

15. 下图为某地形图的一部分,三条等高线所表示的高程如图所视,A 点位于 MN 的连线上,点 A 到点 M 和点 N 的图上水平距离分别为 $MA = 3\text{mm}$,$NA = 2\text{mm}$,则 A 点高程为(　　)。

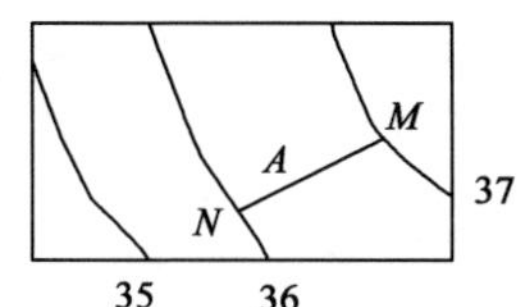

A. 36.4m　　B. 36.6m　　C. 37.4m　　D. 37.6m

16. 数字地面模型(DTM)可以通过(　　)方法进行数据采集。

A. 摄影测量　　B. 地形图数字化　　C. 野外实测　　D. 以上三种方法均可

17. 公路数字地面模型不宜采用(　　)方法建模。

A. 格网　　B. 三角网

C. 格网与三角网混合　　D. 基于点

18. 数字地面模型在公路设计中的应用包括(　　)。

①根据路线桩号进行高程插值;

②计算生成等高线;

③纵、横断面插值;

④点高程插值。

A. ①②　　B. ①②③　　C. ②③④　　D. ①②③④

19. 按照 1/2 基本等高距加密的等高线是(　　)。

A. 首曲线　　B. 计曲线　　C. 间曲线　　D. 助曲线

20. 展绘控制点时,应在图上标明控制点的(　　)。

A. 点号及坐标　　B. 点号及高程　　C. 坐标及高程　　D. 高程及方向

21. 航测内业应提交图纸类资料有(　　)。

A. 地形图、影像图、路线方案及控制导线图等

B. 地形图、影像图、路线方案及控制导线图、加密点位略图、分幅略图等

C. 地形图、影像图、路线方案及控制导线图、控制刺点片、野外调绘片等

D. 地形图、影像图、路线方案及控制导线图、加密点位略图、野外调绘片等

习题参考答案及解析

1. D

【考核点】地形图比例尺的概念

【解　析】地形图比例尺的基本概念。比例尺是指地形图图纸上长度与实地距离之比,写出分子是1的形式,$\frac{1}{M}=\frac{l}{L}$。

2. A

【考核点】等高距的概念

【解　析】等高距是地形图上相邻两根等高线的高程之差。

3. D

【考核点】地形图比例尺的概念

【解　析】比例尺是地形图图纸上长度与实地距离之比，写出分子是1的形式，$\frac{1}{M}=\frac{l}{L}$。分母越小，比值越大，比例尺越大。

4. C

【考核点】坡度的概念

【解　析】高差与水平距离之比为坡度。

5. D

【考核点】比例尺概念

【解　析】根据比例尺定义，分母小，则比例尺大，表示地形详细。

6. D

【考核点】等高线表示的特殊地貌

【解　析】判断一组闭合的等高线是山丘还是盆地，可根据高程注记和示坡线方向来区分。

7. C

【考核点】等高距的选择

【解　析】等高距的选择与测图比例尺和地形条件有关，测量区域地形、地貌复杂时，应采用较大的等高距。

8. D

【考核点】地形图图式中地物符号的分类

【解　析】测量控制点是点状符号，应该属于非比例符号。

9. A

【考核点】等高线的等高距、等高线平距与地面坡度的关系

【解　析】等高距与等高线平距(水平距离)之比为坡度，并用百分比表示。

10. C

【考核点】平面图和地形图的区别

【解　析】将地面上各种地物的平面位置按一定比例尺，用规定的符号缩绘在图纸上，这种图称为平面图。如果既表示各种地物，又用等高线表示出地貌，就是地形图。

11. B

【考核点】等高线的概念

【解　析】在地形图上，通常用等高线表示地貌。

12. C

【考核点】比例尺精度的具体应用

【解　析】地形测量中，若比例尺精度为 b，测图比例尺为 $1:M$，测图比例尺越大，比例尺精度越高，则比例尺精度与测图比例尺大小的关系为 M 越小、b 越高。

13. C

【考核点】比例尺精度的概念

【解　析】地形图上0.1mm所对应的实地投影长度，称为这种比例尺地形图的最大精

度,或称该地形图比例尺精度。所以 1:1000 地形图的比例尺精度是 10cm。

14. C

【考核点】地形图比例尺的选用

【解　析】根据《公路勘测规范》(JTG C10—2007)规定,初步设计阶段测图比例尺应采用 1:2000、1:5000。

15. A

【考核点】地形图的应用

【解　析】应用地形图上的等高线的高程注记,可以确定任意点的高程,方法是按比例内插。

16. D

【考核点】数字地面模型数据采集

【解　析】可通过摄影测量、地形图数字化、野外实测方法,进行数字地面模型的数据采集。

17. D

【考核点】公路数字地面模型建模

【解　析】公路数字地面模型宜采用格网、三角网或格网与三角网混合的方式构建。

18. D

【考核点】数字地面模型的应用

【解　析】数字地面模型原则上可应用于公路勘察设计的各个阶段,公路设计中的应用包括:根据路线桩号进行高程插值;计算生成等高线;纵、横断面插值;点高程插值。

19. C

【考核点】等高线的分类

【解　析】按照 1/2 基本等高距加密的等高线是间曲线。

20. B

【考核点】展绘控制点的要求

【解　析】展绘控制点时,应在图上标明控制点的点号及高程。

21. B

【考核点】航测的内业

【解　析】航测内业应提交图纸类资料有:地形图、影像图、路线方案及控制导线图、加密点位略图、分幅略图等。

第四节　初　　测

【考纲纲要】

1. 依据批复的工程可行性研究初步拟定的路线起终点、中间控制点及路线基本走向,在地形图、航测像片、数字地面模型或实地对所拟定的勘测方案进行初测的技术要求;

2. 初测阶段路线、路基、路面、排水、小桥涵、大中桥、隧道、路线交叉、沿线设施、环境保护、临时工程、工程经济等的调查与勘测的基本技术要求;

3. 初测应提交的技术资料。

【复习提示】

1. 复习要点

考生应掌握对所拟定的勘测方案进行初测的一系列技术要求;熟悉初测阶段路线、路基、路面、排水、小桥涵、大中桥、隧道、路线交叉、沿线设施、环境保护、临时工程、工程经济等的调查与勘测的基本技术要求;了解初测应提交的技术资料。

重点:

初测阶段路线、路基、路面、排水、小桥涵、大中桥、隧道、路线交叉、沿线设施、环境保护、临时工程、工程经济等的调查与勘测的基本技术要求、初测提交的技术资料。

难点:

初测阶段路线、路基、路面、排水、小桥涵、大中桥、隧道、路线交叉的调查与勘测的基本技术要求。

2. 规范提示

初测阶段路线、路基、路面、排水、小桥涵、大中桥、隧道、路线交叉、沿线设施、环境保护、临时工程、工程经济等的调查与勘测的基本技术要求,初测提交的技术资料涉及《公路勘测规范》(JTG C10—2007)、《公路勘测细则》(JTG/T C10—2007)和《公路工程技术标准》(JTG B01—2014)。

习题精练

1. 初步测量简称初测,是两阶段设计的第一阶段,其任务是(　　)。

①线路沿线的平面控制测量和高程控制测量;

②测量线路沿线的带状地形图测绘;

③搜集沿线水文、地质等相关资料;

④必要桩中线测量;

⑤逐桩高程测量。

A. ①②③④　　B. ②③④　　C. ②③⑤　　D. ①④⑤

2. 关于路线勘测与调查的叙述,错误的是(　　)。

A. 纸上定线时,应将具有特殊要求的位置和设施标注于地形图上

B. 现场定线前,应在地形图上确定控制点、绕避点,选择路线通过的最佳位置

C. 不管是纸上定线还是现场定线,均应进行实地放桩,进行纵、横断面测量

D. 纸上定线时,应在地形图上点绘或实测控制性横断面

3. 初测阶段大、中桥测量内容不包括(　　)。

A. 建立满足大、中桥设计精度要求的平面控制网

B. 实地放出桥轴线和引道,进行纵、横断面测量

C. 桥位地形图测量

D. 水下地形图测量

4. 初测阶段地形图的测绘范围(　　)。

A. 根据公路等级及地形条件确定

B. 根据地形条件及设计需要确定

C. 中线每侧不宜小于 300m

D. 根据公路等级、地形条件及设计需要确定

习题参考答案及解析

1. A

【考核点】初测内容

【解　析】初测任务包括:①线路沿线的平面控制测量和高程控制测量;②测量线路沿线的带状地形图测绘;③收集沿线水文、地质等相关资料;④进行必要的中桩、中平、横断面测量和交叉位置高程测量。

2. C

【考核点】路线勘测与调查

【解　析】不管是纸上定线还是现场定线,均应根据专业调查需要,进行路线放线。

3. A

【考核点】大、中桥勘测与调查

【解　析】初测阶段可不专门布设桥梁平面和高程控制网。

4. D

【考核点】初测阶段地形图测绘要求

【解　析】地形图的测绘范围应根据公路等级、地形条件及设计需要等合理确定,应能满足线形优化及构造物布置的需要。

第五节　定　　测

【考纲纲要】

1. 现场核对初步设计审批意见的执行与优化、调整的定测技术要求;

2. 定测阶段路线中线敷设、中桩高程测量、横断面测量,路基、路面、排水、小桥涵、大中桥、隧道、路线交叉、沿线设施、环境保护、临时工程、工程经济等的调查与勘测的基本技术要求;

3. 定测应提交的技术资料:一次定测的适用条件、勘测调查内容及其测量精度。

【复习提示】

1. 复习要点

考生应掌握路线中线敷设、中桩高程测量、横断面测量,路基、路面、排水、小桥涵、大中桥、隧道、路线交叉、沿线设施、环境保护、临时工程、工程经济等的调查与勘测的基本技术要求;熟悉一次定测的适用条件、勘测调查内容及其测量精度;了解现场核对初步设计审批意见的执行与优化、调整的定测技术要求。

重点：

路线交点和转点的测设、转角的测定、里程桩的设置、单圆曲线的计算与测设、缓和曲线的计算与测设及特殊情况下圆曲线测设、路线纵断面测量和路线横断面测量。

难点：

单圆曲线的计算与测设方法、缓和曲线的计算与测设方法、路线纵断面测量方法。

2. 规范提示

（1）路线交点和转点的测设、转角的测定，里程桩的设置、单圆曲线的测设及缓和曲线的测设，路线纵断面、横断面测量涉及《公路勘测规范》（JTG C10—2007）和《公路勘测细则》（JTG/T C10—2007）。

（2）单圆曲线的计算与测设、缓和曲线的计算与测设方法涉及《公路工程技术标准》（JTG B01—2014）。

习题精练

1. 定测阶段，在对初测阶段施测的路线平面、高程控制测量进行检查时，下列做法错误的是（　　）。

A. 当控制点的点位分布满足设计要求时，应对其进行全面检测，检测成果与初测成果的较差在限差以内时，应采用现成果作为作业的依据

B. 当个别段落控制点分布由于损坏或因方案变更引起不能满足设计要求时，应进行补设

C. 当检测成果与初测成果的较差超出限差时，应对整个控制网进行复测或重测

D. 控制点分布不能满足设计要求时，应对整个控制网进行复测或重测

2. 公路中线里程桩测设时，短链是指（　　）。

A. 实际里程大于原桩号　　B. 实际里程小于原桩号

C. 实际里程与原桩号相等　　D. 原桩号测错

3. 公路中线测量在纸上定好线后，用穿线交点法在实地放线的工作程序为（　　）。

A. 放点、穿线、交点　　B. 计算、放点、穿线

C. 计算、交点、放点　　D. 交点、穿线、放点

4. 公路中线测量中，设置转点的作用是（　　）。

A. 传递高程　　B. 传递方向　　C. 加快观测速度　　D. 提高观测精度

5. 用经纬仪观测某交点的右角，若后视读数为200°00′00″，前视读数为0°00′00″，则外距方向的读数为（　　）。

A. 80°　　B. 100°　　C. 200°　　D. 280°

6. 若某圆曲线的切线长为35m，曲线长为66m，则其切曲差为（　　）。

A. 29m　　B. 29m　　C. 2m　　D. 4m

7. 设圆曲线主点 YZ 的里程为 K6 +325.40，曲线长为90m，则其 QZ 点的里程为（　　）。

A. K6 +280.40　　B. K6 +235.40　　C. K6 +370.40　　D. K6 +415.40

8. 若某交点里程为 K6 +500. 80,圆曲线的切线长为 35m,曲线长为 65m,则 YZ 点的里程为(　　)。

A. K6 +535. 80　　B. K6 +530. 80　　C. K6 +528. 80　　D. K6 +465. 80

9. 按桩距在曲线上设桩,通常有两种方法,即(　　)和整桩距法。

A. 零桩距法　　B. 倍桩距法　　C. 整桩号法　　D. 零桩号法

10. 曲线(圆曲线和缓和曲线)的详细测设方法,主要有(　　)法和偏角法。

A. 直角法　　B. 交会支距法　　C. 偏角支距法　　D. 切线支距法

11. 采用偏角法测设圆曲线时,其偏角应等于相应弧长所对圆心角的(　　)。

A. 2 倍　　B. 3 倍　　C. 2/3　　D. 1/2

12. 曲线测设中,路线交点(JD)不能设桩或安置仪器的情况,称为(　　)。

A. 假交　　B. 虚交　　C. 难交　　D. 复交

13. 路线中平测量是测定路线(　　)的高程。

A. 水准点　　B. 转点　　C. 交点　　D. 中桩

14. 路线纵断面测量分为(　　)和中平测量。

A. 基平测量　　B. 面积测量　　C. 高程测量　　D. 角度测量

15. 基平水准点设置的位置应选择在(　　)。

A. 路中心线上　　B. 路边线上　　C. 施工范围内　　D. 施工范围外

16. 虚交切基线法测设圆曲线时,测得 $\alpha_A = 63°10'$、$\alpha_B = 42°18'$,切基线长 $AB = 62.52$m,则切基线的圆曲线半径为(　　)。

A. 65. 25m　　B. 62. 42m　　C. 62. 40m　　D. 63. 50m

17. 曲线上遇障碍物时,可以采用的方法不包括(　　)。

A. 等量偏角法　　B. 等偏支距法　　C. 等边三角形法　　D. 矩形法

18. 测设的基本工作是测设已知的(　　)、水平角和高程。

A. 空间距离　　B. 水平距离　　C. 空间坐标　　D. 平面坐标

19. 测设点平面位置的方法,主要有直角坐标法、极坐标法、(　　)和距离交会法。

A. 横坐标法　　B. 纵坐标法　　C. 平面坐标法　　D. 角度交会法

20. 道路纵断面图的高程比例尺通常比水平距离比例尺(　　)。

A. 小 1 倍　　B. 小 10 倍　　C. 大 1 倍　　D. 大 10 倍

21. 路线中平测量时,视线高等于(　　) + 后视读数。

A. 后视点高程　　B. 转点高程　　C. 前视点高程　　D. 任意已知点高程

22. 高速公路中平测量中,其高差闭合差的允许值为(　　),L 为高程测量路线长度(km)。

A. $\pm 30\sqrt{L}$　　B. $\pm 50\sqrt{L}$　　C. $\pm 20\sqrt{L}$　　D. $\pm 40\sqrt{L}$

23. 缓和曲线起点对终点的偏角 δ 和终点对起点的偏角关系 b_0 是(　　)。

A. $\delta = 2b_0$　　B. $\delta = b_0$　　C. $\delta = 3b_0$　　D. $\delta = 1.5b_0$

24. JD_3 的里程桩号为 K6 + 790. 306,$\alpha = 39°01'09''$,圆曲线半径 $R = 2000$m,缓和曲线长 $l_s = 100$m。则切线长为(　　)。

A. 758. 687m　　B. 558. 687m　　C. 658. 687m　　D. 758. 123m

25. JD_3 的里程桩号为 K6 + 790.306，$\alpha = 39°01'09''$，圆曲线半径 $R = 2000$m，缓和曲线长 $l_s = 100$m。则 HZ 点的里程为(　　)。

A. K7 + 493.646　　B. K7 + 439.646　　C. K7 + 293.646　　D. K7 + 548.993

26. 缓和曲线终点处的切线角，称为(　　)。

A. 终点角　　B. 极切角　　C. 缓和曲线角　　D. 终切角

27. 路线中桩高程测量可采用(　　)方法。

A. 水准测量　　B. 三角高程　　C. GPS-RTK　　D. A、B、C 均可

28. 高速公路横断面测量可采用(　　)方法。

A. 全站仪、GPS-RTK

B. 手持式无棱镜激光测距仪、数字地面模型

C. 手水准仪、经纬仪、抬杆法

D. A、B、C 均可

◇ 习题参考答案及解析 ◇

1. A

【考核点】对初测控制测量核查

【解　析】当控制点的点位分布满足设计要求时，应对其进行全面检测，检测成果与初测成果的较差在限差以内时，应采用原成果作为作业的依据。

2. B

【考核点】路线中线敷设位置的要求

【解　析】短链的定义。

3. A

【考核点】交点的测设步骤

【解　析】公路中线测量在纸上定好线后，用穿线交点法在实地放线的工作程序为放点、穿线、交点。

4. B

【考核点】测设(放样)的概念

【解　析】公路中线测量中，当两交点不通视时，就要设置转点，转点的作用是传递方向。

5. D

【考核点】曲线主点的测设

【解　析】测角时后视方向的水平度盘读数为 a，前视方向的读数为 b，则分角线方向的水平盘读数应为 $c = \frac{a+b}{2}$。用经纬仪观测某交点的右角，若后视读数为 200°00′00″，前视读数为 0°00′00″(360°00′00″)，则外距方向的读数为 280°。

6. D

【考核点】曲线测设元素的计算

【解　析】

$$\left.\begin{aligned}&\text{切线长}\quad T=R\tan\frac{\alpha}{2}\\&\text{曲线长}\quad L=R\alpha\frac{\pi}{180^\circ}\\&\text{外距}\quad E=R\left(\sec\frac{\alpha}{2}-1\right)\\&\text{切曲差}\quad D=2T-L\end{aligned}\right\}$$

若某圆曲线的切线长为35m，曲线长为66m，则其切曲差为4m。

7. A

【考核点】主点里程的计算

【解　析】

$$\left.\begin{aligned}&\text{ZY 里程}=\text{JD 里程}-T\\&\text{YZ 里程}=\text{ZY 里程}+L\\&\text{QZ 里程}=\text{YZ 里程}-L/2\\&\text{JD 里程}=\text{QZ 里程}+D/2\qquad\text{（校核）}\end{aligned}\right\}$$

圆曲线主点YZ的里程为K6+325.40，曲线长为90m，则其QZ点的里程为K6+280.40。

8. B

【考核点】主点里程的计算

【解　析】

$$\left.\begin{aligned}&\text{ZY 里程}=\text{JD 里程}-T\\&\text{YZ 里程}=\text{ZY 里程}+L\\&\text{QZ 里程}=\text{YZ 里程}-L/2\\&\text{JD 里程}=\text{QZ 里程}+D/2\qquad\text{（校核）}\end{aligned}\right\}$$

交点里程为K6+500.80，圆曲线的切线长为35m，曲线长为65m，则YZ点的里程为K6+530.80。

9. C

【考核点】曲线详细的测设设桩分类

【解　析】按桩距在曲线上设桩，通常有两种方法，即整桩号法和整桩距法。

10. D

【考核点】曲线详细的测设方法分类

【解　析】曲线（圆曲线和缓和曲线）的详细测设方法，主要有切线支距法和偏角法。

11. D

【考核点】偏角法测设圆曲线

【解　析】偏角法测设圆曲线时，其偏角是指弦切角（切线方向和弦线方向的夹角）应等于相应弧长所对圆心角的一半，即1/2。

12. B

【考核点】虚交的概念

【解　析】曲线测设中，若路线交点（JD）不能设桩或安置仪器的情况，称为虚交。

13. D

【考核点】中平测量的概念

【解　析】路线中平测量是指测定路线中桩的高程。

14. A

【考核点】路线纵断面测量

【解　析】路线纵断面测量分为基平测量和中平测量。

15. D

【考核点】基平水准点的设置

【解　析】基平水准点设置的位置应选择在施工范围外。

16. B

【考核点】虚交切基线法测设圆曲线

【解　析】基线 AB 与圆曲线相切。AB 称为切基线,可以起到控制曲线位置的作用。测出 α_A 和 α_B,丈量 AB,设曲线的半径为 R,切线长分别为 T_1 和 T_2。

则 $AB = T_1 + T_2 = R\tan\frac{\alpha_A}{2} + R\tan\frac{\alpha_B}{2} = R\left(\tan\frac{\alpha_A}{2} + \tan\frac{\alpha_B}{2}\right)$。

即 $R = \dfrac{AB}{\tan\frac{\alpha_A}{2} + \tan\frac{\alpha_B}{2}}$。

17. B

【考核点】特殊情况下圆曲线测设

【解　析】曲线上遇障碍物时,可以采用等量偏角法、等边三角形法和矩形法等方法,但不包括支距法。

18. B

【考核点】测设的基本工作

【解　析】测设的基本工作是测设已知的水平距离、水平角和高程。

19. D

【考核点】测设点平面位置的方法

【解　析】测设点平面位置的方法,主要有直角坐标法、极坐标法、角度交会法和距离交会法。

20. D

【考核点】道路纵断面图的绘制

【解　析】道路的高程起伏相对于里程而言是比较小的,为了比较明显地表示地面起伏状态,在绘制道路纵断面图时,高程比例尺通常为水平距离比例尺的 10 倍。

21. A

【考核点】中平测量计算

【解　析】路线中平测量时,视线高 = 后视点高程 + 后视读数。

22. A

【考核点】路线中平测量高差闭合差限差

【解　析】路线中平测量限差与路线等级有关，高速公路基平测量中，其高差闭合差的允许值为$f_{h容} = \pm 30\sqrt{L}$；二级以下公路$f_{h容} = \pm 50\sqrt{L}$。L为高程测量路线长度(km)。

23. A

【考核点】缓和曲线偏角概念

【解　析】缓和曲线起点对终点的偏角δ和终点对起点的偏角关系b_0是：$\delta = 2b_0$。

24. A

【考核点】带有缓和曲线的平曲线测设元素的计算

【解　析】

$$\left.\begin{array}{ll} \text{切线长} & T_H = (R+p)\tan\dfrac{\alpha}{2} + q \\ \text{曲线长} & L_H = R(\alpha - 2\beta_0)\dfrac{\pi}{180^\circ} + 2l_s = R\alpha\dfrac{\pi}{180^\circ} + l_s \\ \text{其中圆曲线长} & L_Y = R(\alpha - 2\beta_0)\dfrac{\pi}{180^\circ} = R\alpha\dfrac{\pi}{180^\circ} - l_s \\ \text{外距} & E_H = (R+p)\sec\dfrac{\alpha}{2} - R \\ \text{切曲差} & D_H = 2T_H - L_H \end{array}\right\}$$

式中：

$$\left.\begin{array}{l} p = \dfrac{l_s^2}{24R} \\ q = \dfrac{l_s}{2} - \dfrac{l_s^3}{240R^2} \end{array}\right\}$$

由题目所给条件可以计算：$\beta_0 = \dfrac{l_s}{2R} \cdot \dfrac{180}{\pi} = 1°25'56.6''$

$$p = \frac{l_s}{24R} = 0.208$$

$$q = \frac{l_s}{2} - \frac{l_s^3}{240R^2} = 49.999$$

$$T_H = (R+p)\tan\frac{\alpha}{2} + q = 758.687$$

25. A

【考核点】带有缓和曲线的平曲线主点里程的计算

【解　析】HZ点的里程 = ZH里程 + 曲线长。

则：HZ点的里程 = K6 + 031.619 + 1462.027 = K7 + 493.646。

26. C

【考核点】缓和曲线角概念

【解　析】缓和曲线终点处的切线角，称为缓和曲线角。

27. D

【考核点】中桩高程测量方法

【解　析】中桩高程测量可采用水准测量、三角高程测量或 GPS-RTK 方法施测。

28. A

【考核点】不同等级公路横断面测量方法

【解　析】高速公路可采用全站仪、GPS-RTK 进行横断面测量，不能用手持式无棱镜激光测距仪、手水准仪测量。

第五章　结构设计原理

第一节　钢筋混凝土结构设计原则

【考纲纲要】

1. 钢筋与混凝土的黏结机理；
2. 钢筋锚固规定；
3. 极限状态设计；
4. 承载能力极限状态；
5. 正常使用极限状态；
6. 作用(荷载)效应组合；
7. 材料的设计强度。

【复习提示】

1. 复习要点

考生复习中需掌握如下知识点：

钢筋与混凝土之间的可靠黏结是两者能够共同工作的基础。钢筋与混凝土的黏结作用由三部分组成：①混凝土中水泥胶体与钢筋表面的化学胶着力；②钢筋与混凝土接触面上的摩擦力；③钢筋表面与水泥胶体产生的机械咬合力。钢筋的锚固长度主要与钢筋抗拉强度、钢筋直径及钢筋与混凝土极限锚固黏结应力有关。

目前我国使用的《公路钢筋混凝土及预应力混凝土桥涵设计规范》(JTG D62—2004)(以下简称《公路桥规》)，采用以概率理论为基础的极限状态设计法，按分项系数的设计表达式进行设计。

极限状态的定义为整体结构或结构的一部分超过某一特定状态，不能满足设计规定的某一功能要求时，此特定状态为该功能的极限状态。结构的主要功能包括安全性、适用性和耐久性。公路桥涵应进行承载能力极限状态和正常使用极限状态设计或验算，前者对应于桥涵及其构件达到最大承载能力或出现不适于继续承载的变形或变位的状态，后者对应于桥涵及其构件达到正常使用或耐久性的某项限值的状态。

《公路桥规》根据桥梁在施工和使用过程中面临的不同情况，规定公路桥涵应考虑持久状况、短暂状况和偶然状况三种设计状况，对不同的设计状况应分别进行相应的极限状态设计。

作用按随时间的变异可分为永久作用、可变作用和偶然作用和地震作用四类。作用代表值是针对不同的设计目的所采用的规定值。桥梁结构设计时，应根据各种极限状态的设计要求采用不同的荷载代表值。永久作用的代表值采用标准值；可变作用的代表值应采用标准值、频遇值或准永久值；偶然作用的代表值可以考虑仅采用标准值。

设计时应考虑结构上可能同时出现的作用，按承载能力极限状态和正常使用极限状态进行作用效应组合，并取其最不利效应组合进行设计。公路桥涵结构按承载能力极限状态设计时，应采用基本组合、偶然组合和地震组合三种作用效应组合；按正常使用极限状态设计时，应根据不同的设计要求，采用频遇组合和准永久组合两种作用效应组合。

钢筋和混凝土材料的实测强度具有变异性，其值是具有离散性的随机变量。材料强度标准值是材料强度的代表值，是人为取定的一个值，它由标准试件按标准试验方法经数理统计得到的材料性能概率分布的某一分位值确定。公路桥涵中材料强度标准值取其概率分布的0.05分位值，即由试验平均值减去1.645倍的均方差，具有不小于95%的保证率。材料强度设计值是用材料强度标准值除以材料性能分项系数后的取值。

重点：

重点掌握现行《公路桥规》中关于材料强度取值的原则和方法，三种设计状况，极限状态的定义、分类及内涵，作用的分类及其代表值以及作用组合的原则和方法等知识点。

难点：

熟悉极限状态的内涵以及作用组合的原则和方法。

2. 规范提示

材料的强度取值，极限状态设计方法，极限状态划分及作用（荷载）效应组合计算等基本概念和知识点均涉及现行《公路钢筋混凝土及预应力混凝土桥涵设计规范》（JTG D62—2004）、《公路桥涵设计通用规范》（JTG D60—2015）的相关规定，上述两本规范以下统一简称为《公路桥规》。当这两本规范用词或用语不同时，应以后者为准，例如前者的“短期效应组合”和“长期效应组合”在后者中已改为“频遇组合”和“准永久组合”。

习题精练

1. 当桥梁结构出现以下情况（　　）时，认为结构超过了正常使用极限状态。

A. 影响正常使用的振动

B. 结构构件或其连接处因超过材料强度而破坏

C. 结构转变成机动体系

D. 结构或构件丧失稳定

2. 现行《公路桥规》要求针对下列哪些状况进行相应的极限状态设计（　　）。

A. 对短暂状况进行正常使用极限状态设计

B. 对偶然状况进行正常使用极限状态设计

C. 对持久状况进行承载能力极限状态和正常使用极限状态设计

D. 对偶然状况进行正常使用极限状态和承载能力极限状态设计

3. 桥梁工程中的作用分类为（　　）。

A. 自重作用、活载作用、偶然作用和地震作用

B. 可变作用、永久作用、偶然作用和地震作用

C. 偶然作用、可变作用、自重作用和地震作用

D. 永久作用、活载作用、偶然作用和地震作用

4. 桥梁设计中的基本组合是指永久作用的设计值与可变作用的(　　)相组合。

A. 标准值　　B. 频遇值

C. 准永久值　　D. 设计值

5. 现行《公路桥规》中,关于混凝土立方体强度标准值取为试验平均值减去(　　)。

A. 2σ　　B. σ　　C. 1.645σ　　D. 3σ

6. 普通钢筋有光圆钢筋和变形钢筋之分,哪一种钢筋与混凝土之间的黏结力大(　　)。

A. 光圆钢筋　　B. 变形钢筋

C. 两者相同　　D. 两者都很小

7. 光圆钢筋与混凝土的黏结作用由(　　)组成。

A. 混凝土中水泥胶体与钢筋表面的化学胶着力

B. 钢筋与混凝土接触面上的摩擦力

C. 钢筋表面与水泥胶产生的机械咬合力

D. 以上三部分

8. 钢筋与混凝土两种材料能够共同工作是基于(　　)。

A. 钢筋与混凝土两者间的黏结力在外荷载作用下能够共同变形

B. 钢筋与混凝土具有相近的温度线膨胀系数,两者可以共同工作

C. 包裹在钢筋外面的混凝土可以保证结构的耐久性

D. 与上述三项均有关

9. 在影响钢筋黏结力的各项因素描述中,下列(　　)是不正确的。

A. 钢筋表面越粗糙,黏结强度越高

B. 钢筋净距是确保黏结强度的重要因素

C. 混凝土集料粒径是黏结强度能够达到发挥的重要因素

D. 钢筋与混凝土的黏结强度随混凝土强度等级的提高而提高

10. C25 混凝土采用具有弯钩端的 R235 受拉钢筋时,其锚固长度应为(　　)。

A. $25d$　　B. $30d$　　C. $35d$　　D. $40d$

11. C30 混凝土采用直端的 HRB335 受压钢筋时,其锚固长度应为(　　)。

A. $25d$　　B. $30d$　　C. $35d$　　D. $40d$

12. C50 混凝土采用弯钩端的 HRB400 受拉钢筋时,其锚固长度应为(　　)。

A. $40d$　　B. $35d$　　C. $30d$　　D. $25d$

13. 现行《公路桥规》的频遇组合中,汽车荷载频遇值系数是(　　)。

A. 1.0　　B. 0.4　　C. 0.7　　D. 0.9

14. 现行《公路桥规》要求验算的极限状态有哪两种(　　)。

A. 承载能力极限状态和变形极限状态

B. 正常使用极限状态和承载能力极限状态

C. 承载能力极限状态和应力极限状态

D. 正常使用极限状态和抗裂极限状态

15. 当桥梁结构出现(　　)时,认为结构超过了承载能力极限状态。

A. 影响正常使用或外观的变形

B. 影响正常使用或耐久性的局部损坏

C. 影响正常使用的振动

D. 结构或结构的一部分作为刚体失去平衡

16. 现行《公路桥规》将公路桥涵的安全等级划分为三级，对于不同等级的桥梁采用不同的桥梁结构重要性系数 γ_0 进行设计。下列说法正确的是(　　)。

A. 一级桥涵的结构重要性系数为1.2

B. 三级桥涵的结构重要性系数为0.95

C. 二级桥涵的结构重要性系数为1.0

D. 一级桥涵的结构重要性系数为1.05

17. 混凝土桥梁正常使用极限状态计算时应包括(　　)内容。

A. 抗裂性　　B. 裂缝宽度

C. 挠度　　D. 以上各项

18. 在《公路桥规》的设计规定中，偶然作用中不包括(　　)。

A. 汽车撞击作用　　B. 地震作用

C. 船舶撞击作用　　D. 漂流物撞击作用

19. 在《公路桥规》的设计规定中，下列各作用中(　　)不属于桥梁作用中的永久作用。

A. 结构自重　　B. 预应力作用

C. 水的浮力和基础变位作用　　D. 温度作用

20. 在《公路桥规》的设计规定中，下列各作用中(　　)不属于桥梁作用中的可变作用。

A. 混凝土收缩、徐变作用　　B. 风荷载

C. 冰压力　　D. 支座摩阻力

21. 桥梁承载能力极限状态计算时应包括(　　)内容。

A. 承载力计算　　B. 结构稳定计算

C. 必要时进行倾覆和滑移的验算　　D. 以上各项

22. 桥梁变形计算的目的是为了确保结构的(　　)。

A. 稳定性　　B. 刚度

C. 耐久性　　D. 安全性

23. 桥梁工程设计取用基本组合时，永久作用应采用其(　　)。

A. 频遇值　　B. 准永久值

C. 标准值或设计值　　D. 代表值

24. 桥梁工程设计取用基本组合时，对于结构重力，当考虑对结构的承载能力不利组合时，永久作用效应分项系数取值应为(　　)。

A. 1.1　　B. 1.2　　C. 1.1 或 1.2　　D. 1.3

25. 桥梁工程设计取用基本组合时，作为主要作用的汽车荷载效应(含汽车冲击力、离心力)的分项系数取值应为(　　)。

A. 1.4　　B. 1.3　　C. 1.2　　D. 1.1

26. 桥梁正常使用极限状态按频遇组合设计时，采用(　　)作为可变作用的代表值。

A. 标准值　　B. 频遇值

C. 准永久值　　D. 活载值

27. 桥梁正常使用极限状态按准永久组合设计时，采用(　　)作为可变作用的代表值。

A. 标准值　　B. 频遇值

C. 准永久值　　D. 活载值

28. 桥梁结构设计中，作用频遇组合时，可变作用效应的频遇值系数取值中(　　)为错。

A. 汽车荷载(不计冲击力)0.7，人群作用1.0

B. 风荷载取0.75，温度梯度作用取0.8

C. 其他作用取0.95

D. 人群作用1.0，温度梯度作用取0.8

29. 桥梁结构设计中，作用准永久组合时可变作用效应的准永久值系数取值中(　　)为错。

A. 汽车荷载(不计冲击力)0.4，人群作用0.4

B. 风荷载取0.75，温度梯度作用取0.8

C. 其他作用取0.8

D. 人群作用0.4，温度梯度作用取0.8

30. 公路桥涵中材料强度标准值取其概率分布的0.05分位值，具有不小于(　　)的保证率。

A. 85%　　B. 97.73%

C. 95%　　D. 90%

31. 现行《公路桥规》中关于混凝土强度等级的试件尺寸规定为(　　)。

A. 100mm×100mm×100mm　　B. 150mm×150mm×150mm

C. 200mm×200mm×200mm　　D. 150mm×150mm×450mm

32. 现行《公路桥规》中，关于混凝土立方体强度取值的保证率不小于(　　)。

A. 95%　　B. 97.73%　　C. 84.97%　　D. 85%

33. 材料的设计强度是用材料强度标准值(　　)材料分项系数后的值。

A. 加上　　B. 乘以　　C. 减去　　D. 除以

34.《公路桥规》中规定的钢筋混凝土受力构件的最低混凝土强度等级是(　　)。

A. C25　　B. C20　　C. C15　　D. C30

35.《公路桥规》中HRB400钢筋的抗拉强度设计值f_{sd}和抗压强度设计值f'_{sd}在取值上(　　)。

A. 前者小　　B. 后者小

C. 相等　　D. 没有可比性

36. 现行《公路桥规》关于混凝土及普通钢筋的材料强度分项系数的取值，(　　)是正确的。

A. 1.45和1.2　　B. 1.25和1.25

C. 1.35和1.1　　D. 1.2和1.2

37. 下列各项因素中，(　　)与桥梁结构混凝土的耐久性无关。

A. 混凝土的碳化　　B. 化学侵蚀和碱集料反应

C. 电化学腐蚀和应力腐蚀　　　　D. 冻融循环和温度变化的影响

◇ 习题参考答案及解析 ◇

1. A

【考核点】对于两种极限状态的理解

【解　析】公路桥梁设计中将桥梁分为正常使用极限状态和承载能力极限状态。正常使用极限状态包括:影响正常使用或外观的变形;影响正常使用或耐久性的局部损坏;影响正常使用的振动;影响正常使用的其他特定状态。

2. C

【考核点】桥梁的状况与极限状态设计方法的关系

【解　析】根据桥梁在施工和使用过程中面临的不同情况,《公路桥规》规定公路桥涵应考虑持久状况、短暂状况、偶然状况三种设计状况,对不同的设计状况应分别进行相应的极限状态设计。其中持久状况包括承载能力极限状态和正常使用极限状态。

3. B

【考核点】《公路桥规》中的作用分类

【解　析】《公路桥规》按时间的变化将作用分为永久作用、可变作用、偶然作用和地震作用四类。

4. D

【考核点】作用效应组合时的取值原则

【解　析】桥梁结构设计时,应根据各种极限状态的设计要求采用不同的作用代表值。基本组合规定为永久作用设计值与可变作用设计值的组合,这种组合用于桥梁结构承载能力极限状态设计。

5. C

【考核点】混凝土材料强度取值的保证率

【解　析】混凝土材料强度标准值是标准试件按标准试验方法经数理统计得到的材料性能概率分布的某一分位值。现行《公路桥规》中混凝土立方体强度标准值取其概率分布的0.05分位值,即由试验平均值减去1.645倍的均方差,具有不小于95%的保证率。

6. B

【考核点】钢筋与混凝土的黏结力

【解　析】钢筋与混凝土的黏结作用由三部分组成:①混凝土中水泥胶体与钢筋表面的化学胶着力;②钢筋与混凝土接触面上的摩擦力;③钢筋表面与水泥胶体产生的机械咬合力。变形钢筋与混凝土间的摩擦力和机械咬合力最大。

7. D

【考核点】钢筋与混凝土的黏结力

【解　析】钢筋与混凝土的黏结作用由三部分组成:①混凝土中水泥胶体与钢筋表面的化学胶着力;②钢筋与混凝土接触面上的摩擦力;③钢筋表面与水泥胶体产生的机械咬合力。光圆钢筋与混凝土间的胶着力、摩擦力和机械咬合力三者均存在。

8. D

【考核点】钢筋与混凝土的黏结力

【解　析】题中 A、B、C 三项因素均存在，且都很重要。

9. C

【考核点】钢筋与混凝土的黏结力

【解　析】钢筋与混凝土间的黏结力与混凝土集料的粒径的相关性很小。

10. B

【考核点】钢筋的锚固长度

【解　析】《公路桥规》中表 9.1.4 的规定值。

11. A

【考核点】钢筋的锚固长度

【解　析】《公路桥规》中表 9.1.4 的规定值。

12. D

【考核点】钢筋的锚固长度

【解　析】《公路桥规》中表 9.1.4 的规定值。

13. C

【考核点】汽车荷载频遇值系数取值

【解　析】《公路桥规》的汽车荷载频遇值系数为 0.7。

14. B

【考核点】现行规范的极限状态划分

【解　析】《公路桥规》中表 9.1.4 的规定值。

15. D

【考核点】承载能力极限状态的基本概念

【解　析】《公路桥规》中承载能力极限状态的概念。

16. C

【考核点】桥梁结构重要性系数的基本概念及取值

【解　析】《公路桥规》中桥梁结构重要性系数的取值方法。

17. D

【考核点】正常使用极限状态的基本概念

【解　析】《公路桥规》中正常使用极限状态的概念。

18. B

【考核点】作用分类及内涵

【解　析】《公路桥规》中偶然作用包括汽车撞击作用，船舶或漂流物撞击作用。

19. D

【考核点】作用分类及内涵

【解　析】《公路桥规》中永久作用中不包括温度作用。

20. A

【考核点】作用分类及内涵

【解　析】《公路桥规》中可变作用不包括混凝土收缩、徐变作用。

21. D

【考核点】承载能力极限状态的基本概念

【解　析】《公路桥规》承载能力极限状态的内涵应包括 A、B、C 中的各项内容。

22. B

【考核点】正常使用极限状态的内涵

【解　析】《公路桥规》规定正常使用极限状态中变形计算的实质是控制结构的刚度。

23.【答案】C

【考核点】荷载组合

【解　析】《公路桥规》规定的基本组合中永久作用应取其标准值。

24. B

【考核点】荷载组合分项系数的取值方法

【解　析】《公路桥规》规定对于结构重力，当考虑对结构承载能力不利的组合时，永久作用效应分项系数取值应为 1.2。

25. A

【考核点】荷载组合分项系数的取值方法

【解　析】《公路桥规》规定作为主要作用的汽车荷载效应（含汽车冲击力、离心力）的分项系数取值应为 1.4。

26. B

【考核点】频遇组合的内涵

【解　析】《公路桥规》规定正常使用极限状态中频遇组合中的汽车荷载作用应取其频遇值。

27. C

【考核点】准永久组合的内涵

【解　析】《公路桥规》规定正常使用极限状态中准永久组合中汽车荷载作用应取其准永久值。

28. C

【考核点】频遇组合的内涵

【解　析】《公路桥规》规定正常使用极限状态的频遇组合中汽车荷载作用应取其频遇值，其频遇值系数为 0.7，其他作用取 0.95 是错误的。

29. C

【考核点】准永久组合的内涵

【解　析】《公路桥规》规定正常使用极限状态的准永久组合中汽车荷载作用应取其准永久值，其准永久值系数为 0.4，其他作用取 0.8 是错误的。

30. C

【考核点】材料强度取值的保证率

【解　析】《公路桥规》规定材料强度标准值取其概率分布的 0.05 分位值，具有不小于 95% 的保证率。

31. B

【考核点】混凝土强度等级的定义

【解　析】《公路桥规》规定混凝土强度等级的试件尺寸规定为150mm × 150mm × 150mm。

32. A

【考核点】材料强度取值的保证率

【解　析】《公路桥规》中关于混凝土强度立方体强度取值的保证率不小于95%。

33. D

【考核点】材料强度设计值取值方法

【解　析】《公路桥规》规定材料的强度设计值是用材料强度标准值除以材料分项系数后的值。

34. B

【考核点】材料强度取值

【解　析】《公路桥规》中规定钢筋混凝土受力构件的最低混凝土强度等级是C20。

35. C

【考核点】钢筋材料强度取值

【解　析】受混凝土极限压应变的制约,《公路桥规》中HRB400钢筋的抗拉强度设计值f_{sd}和抗压强度设计值f'_{sd}在取值上相同。

36. A

【考核点】材料强度取值

【解　析】《公路桥规》采用的混凝土及普通钢筋材料强度分项系数取值分别为1.45和1.2。

37. C

【考核点】耐久性设计

【解　析】电化学腐蚀和应力腐蚀主要影响钢筋混凝土结构中普通钢筋或预应力钢筋的耐久性。

第二节　受弯构件承载力计算

【考纲纲要】

1. 全梁承载能力校核与构造要求;
2. 正截面受力过程和破坏特征;
3. 正截面抗剪承载力计算;
4. 斜截面的受力特点和破坏形态;
5. 斜截面抗剪承载力计算;
6. 斜截面抗剪力影响因素;
7. 斜截面抗弯承载力;
8. 连续梁的斜截面抗剪承载力。

【复习提示】

1. 复习要点

考生应了解和掌握双筋截面梁内受压钢筋的作用、T 形截面梁受压翼板有效宽度、受弯构件斜截面破坏机理及影响受弯构件斜截面抗剪承载力的主要因素、受弯构件的常用截面形式、受弯构件(板、梁)内钢筋的种类及各类钢筋的构造要求、适筋梁正截面受力全过程、受弯构件正截面的三种破坏形态、两种破坏性质及其影响因素、正截面承载力计算的基本假定和梁斜截面三种破坏形态及腹筋对斜截面破坏形态的影响等基本概念、原理和方法。能够熟练运用正截面承载力和斜截面承载力计算理论和方法设计钢筋混凝土受弯构件。

重点:

(1)钢筋混凝土受弯构件破坏形态。在钢筋混凝土受弯构件的设计、承载力计算、截面复核等部分均会用到该知识点。

(2)受弯构件的钢筋构造。

(3)受弯构件正截面承载力计算的基本假定和原理。

(4)矩形截面和 T 形截面梁截面设计和抗弯承载力计算方法。

(5)相对界限受压区高度。

(6)无腹筋简支梁斜截面破坏形态。

(7)钢筋混凝土受弯构件抗剪斜截面承载力计算方法。

难点:

钢筋混凝土受弯构件抗弯和抗剪承载力计算。

2. 规范提示

钢筋混凝土受弯构件的构造、破坏形态、正截面承载力和斜截面承载力计算等知识点涉及《公路钢筋混凝土及预应力混凝土桥涵设计规范》(JTG D62—2004)、《公路桥涵设计通用规范》(JTG D60—2015)等现行规范,以下均简称为《公路桥规》。考生应掌握《公路桥规》中关于受弯构件的抗弯、抗剪承载力的计算方法及相应的构造要求。

习题精练

1. 钢筋混凝土梁的混凝土保护层厚度是指(　　)。

A. 箍筋外表面至混凝土外表面的距离

B. 外排纵筋外表面至混凝土外表面的距离

C. 外排纵筋截面形心至混凝土外表面的距离

D. 外排纵筋内表面至混凝土外表面的距离

2. 从适筋梁正截面受力全过程的荷载—挠度曲线上可以看出梁的开裂弯矩 M_{cr} 发生在(　　)。

A. 第一阶段末　　B. 第二阶段

C. 第二阶段末　　D. 第三阶段末

3. 适筋梁受力全过程中正截面上应变的分布情况是(　　)。

A. 只有第一阶段沿截面高度各处的应变与其到中性轴的距离成正比

B. 只有第二阶段沿截面高度各处的应变与其到中性轴的距离成正比

C. 只有第三阶段中沿截面高度各处的应变与其到中性轴的距离成正比

D. 受力全过程中沿截面高度各水平纤维层的平均应变均与其到中性轴的距离成正比

4. 最小配筋率是(　　)。

A. 少筋梁和超筋梁的界限　　B. 适筋梁和超筋梁的界限

C. 少筋梁和适筋梁的界限　　D. 由经验而定

5. 双筋截面梁内受压钢筋的作用是(　　)。

A. 用来协助混凝土承担压力　　B. 承受异号弯矩

C. 提高截面的延性　　D. 所有上述三点

6. 在受弯构件中,受拉纵筋达到屈服强度,受压区边缘混凝土也同时达到极限压应变的情况,称为(　　)。

A. 适筋破坏　　B. 超筋破坏　　C. 少筋破坏　　D. 界限破坏

7. 某矩形截面简支梁截面尺寸为 250mm×500mm,混凝土强度等级为 C25,受拉区配置 4 根直径为 20mm 的 R235 钢筋,该梁沿截面破坏时为(　　)。

A. 界限破坏　　B. 适筋破坏　　C. 少筋破坏　　D. 超筋破坏

8. 受弯构件适筋梁破坏时,受拉钢筋应变 ε_s 和受压区边缘混凝土应变 ε_c 为下列(　　)。

A. $\varepsilon_s>\varepsilon_y,\varepsilon_c=\varepsilon_{cu}$　　B. $\varepsilon_s<\varepsilon_y,\varepsilon_c=\varepsilon_{cu}$

C. $\varepsilon_s<\varepsilon_y,\varepsilon_c<\varepsilon_{cu}$　　D. $\varepsilon_s>\varepsilon_y,\varepsilon_c<\varepsilon_{cu}$

9. 在双筋矩形截面受弯构件的正截面抗弯承载力计算中,为保证受压钢筋达到抗压强度设计值,计算受压高度 x 应满足(　　)。

A. $x\geqslant 2a_s'$　　B. $x\leqslant 2a_s'$　　C. $x=2a_s'$　　D. $x>2a_s'$

10. 无腹筋梁斜截面的破坏形态主要有斜压破坏、剪压破坏和斜拉破坏三种,这三种破坏的性质是(　　)。

A. 都属于脆性破坏类型

B. 剪压破坏是延性破坏类型,其他为脆性破坏类型

C. 均为延性破坏类型

D. 斜压破坏属脆性破坏,其他属于延性破坏

11. 箍筋用量一般用箍筋的配筋率表示,配箍率为(　　)。

A. 箍筋截面积除以混凝土梁的截面积

B. 箍筋截面积除以箍筋间距

C. 一个箍筋间距内箍筋单肢截面积除以箍筋间距和截面宽度之积

D. 一个箍筋间距内箍筋各肢总截面积除以箍筋间距与截面宽度之积

12. 在进行斜截面抗剪承载力计算时,计算公式下限值取为(　　)。

A. $0.038f_{td}bh_0$　　B. $0.038\sqrt{f_{td}}bh_0$

C. $0.5\times10^{-3}\alpha_2 f_{td}bh_0$　　D. $0.051\times10^{-3}\sqrt{f_{ck,u}}bh_0$

13. 限制箍筋最大间距的目的主要是(　　)。

A. 控制箍筋的配筋率　　B. 保证箍筋和斜裂缝相交

C. 保证箍筋的直径不至于太大　　D. 保证施工质量

14. 为保证斜截面的受弯承载力，弯起钢筋弯起点和其充分利用截面之间的距离必须(　　)。

A. 大于等于 $h_0/3$　　B. 小于 $h_0/3$

C. 大于等于 $h_0/2$　　D. 小于 $h_0/2$

15. 抵抗弯矩图包住设计弯矩图，就可保证(　　)。

A. 斜截面受剪承载力　　B. 斜截面受弯承载力

C. 正截面受弯承载力　　D. 正截面受弯承载力和斜截面受弯承载力

16. 钢筋混凝土简支梁斜截面抗剪承载力复核时，应选择(　　)位置。

A. 距支座中心梁高一半处的截面

B. 弯起钢筋弯起点处的截面

C. 箍筋数量改变处截面

D. 上述所有截面处

17. 钢筋混凝土梁的截面尺寸和材料品种确定后，(　　)。

A. 梁裂缝出现前瞬间受拉钢筋应力与配筋率无关

B. 梁开裂后的受拉钢筋应力与配筋率无关

C. 配筋率越大，正截面抗弯承载力也越大

D. 当满足条件 $\rho_{min} \leqslant \rho \leqslant \rho_{max}$ 时，配筋率越大，正截面抗弯承载力也越大

18. 单筋矩形截面梁 ρ_{max} 值(　　)。

A. 是个定值　　B. 钢筋强度高，ρ_{max} 小

C. 钢筋强度低，ρ_{max} 小　　D. 混凝土强度高，ρ_{max} 小

19. T 形截面梁，翼板宽 800mm，高 100mm；梁肋宽 200mm，梁高 500mm。因外荷载较小，仅按最小配筋率 $\rho_{min}=0.2\%$ 配纵筋 A_s，下面(　　)是正确的，其中 $h_0=465$mm。

A. $A_s=800\times465\times0.2\%=744\text{mm}^2$

B. $A_s=800\times500\times0.2\%=800\text{mm}^2$

C. $A_s=200\times465\times0.2\%=186\text{mm}^2$

D. $A_s=[200\times500+(800-200)\times100]\times0.2\%=320\text{mm}^2$

20. 在 T 形截面设计时，满足下列条件(　　)则为第二类 T 形截面。

A. $f_{cd}b'_fh'_f \geqslant f_{sd}A_s$

B. $\gamma_0 M > f_{cd}bx(h_0-\frac{x}{2})+f_{cd}(b'_f-b)h'_f(h_0-\frac{h'_f}{2})$

C. $f_{cd}(b'_f-b)h'_f \leqslant f_{sd}A_s$

D. $\gamma_0 M_d > f_{cd}b'_fh'_f\left(h_0-\frac{h'_f}{2}\right)$

21. 正常使用情况下的混凝土受弯构件正截面受弯是处于下列的(　　)项。

A. 处于第一工作阶段，即没有裂缝

B. 处于第二工作阶段，即带裂缝工作

C. 处于第三工作阶段，即纵向受拉钢筋已屈服

D. 处于第三工作阶段，受压区混凝土抗压强度耗尽

22. 确定受弯构件正截面抗弯承载力计算时，按矩形截面还是T形截面计算的依据是(　　)。

A. 截面受压区的形状　　B. 截面受拉区的形状

C. 截面的实际形状　　D. 截面的等效换算截面

23. 下列几种说法中，错误的是(　　)。

A. 少筋梁正截面受弯破坏的特点是“一裂就坏”，裂缝有很多条，细而密

B. 适筋梁正截面受弯破坏开始于纵向受拉钢筋屈服，当受压区边缘的压应变达到混凝土压应变的极限值时，混凝土被压碎，截面破坏

C. 超筋梁正截面受弯破坏是由于受压区边缘的压应变达到了混凝土压应变的极限值，混凝土被压碎而造成的，破坏时纵向受拉钢筋没有屈服

D. 少筋梁与超筋梁的正截面受弯破坏都是突然发生的，属脆性破坏类型，在工程中是不允许采用的

24. 下列几种说法中，错误的是(　　)。

A. 单筋截面受弯构件的受压区不设置任何钢筋

B. 在单向板内，分布钢筋应布置在主钢筋的上部

C. 梁内箍筋是沿梁纵向按一定间距配置并箍住纵向钢筋的横向钢筋

D. 水平纵向钢筋必须固定在箍筋的外侧

25. 下述关于板内分布钢筋的描述，错误的是(　　)。

A. 分布钢筋是在主筋上按一定间距设置的横向钢筋

B. 分布钢筋的作用是使主钢筋受力均匀

C. 在主筋的弯折处必须布置分布钢筋

D. 分布钢筋的设计需通过计算确定

26. 梁内斜钢筋是专门设置的斜向钢筋，它们的设置和数量均由(　　)。

A. 构造要求决定　　B. 抗弯承载力决定

C. 抗剪承载力决定　　D. 抗弯和抗剪承载力两者决定

27. 在进行T形截面受弯构件承载力复核时，两种类型T形截面的界限条件是(　　)。

A. $x=\xi_b h_0$　　B. $f_{cd}b'_f h'_f=f_{sd}A_s$

C. $M_j=f_{cd}b'_f h'_f\left(h_0-\dfrac{h'_f}{2}\right)$　　D. $M_j=f_{sd}A_s\left(h_0-\dfrac{h'_f}{2}\right)$

28. 以下关于T形截面受压翼板有效宽度的描述中，错误的是(　　)。

A. 受压翼板有效宽度内的压应力是均匀的

B. 受压翼板有效宽度是根据等效受力原则得到的

C. 受压翼板有效宽度一般取为相邻两梁间的距离

D. 在计算超静定梁内力时，T形梁受压翼板有效宽度取实际全宽

29.《公路桥规》中对主筋的净距或层与层间的净距有一定的要求，其目的是(　　)。

A. 使钢筋可以充分发挥抗拉的作用

B. 使混凝土具有一定的保护层厚度

C. 便于混凝土施工，使混凝土中的粗集料可以浇筑到构件的每一个角落

D. 便于箍筋的布置

30.《公路桥规》规定了各种钢筋混凝土板的最小厚度，其依据是（　　）。

A. 板控制截面上最大弯矩和刚度要求　B. 为了保证施工质量

C. 为了保证混凝土板的耐久性　D. 以上所述各项

31. 截面配筋率是指所配钢筋截面面积与规定的混凝土截面面积的比值。对于矩形截面，受拉钢筋的配筋率表示为 $\rho = \frac{A_s}{bh_0}$，其中 h_0 是指（　　）。

A. 截面的高度

B. 截面有效高度，即截面高度减去保护层厚度

C. 截面有效高度，即截面高度减去纵向受拉钢筋重心至受拉边缘的距离

D. 截面有效高度，即截面高度减去最外排纵向钢筋重心至受拉边缘的距离

32. 双筋矩形截面受弯构件破坏时，受压钢筋的应力（　　）。

A. 一定可以达到屈服

B. 当 $x \geqslant 2a'_s$ 时一般普通钢筋可以达到屈服强度

C. 不可能达到屈服

D. 当 $x \leqslant \xi_b h_0$ 时一般普通钢筋可以达到屈服强度

33.《公路桥规》规定在受弯构件正截面抗弯承载力计算中应满足 $\rho \geqslant \rho_{min}$，其目的是（　　）。

A. 为了防止超筋破坏　B. 为了防止少筋破坏

C. 为了施工方便　D. 为了提高截面的延性

34. 结构或构件在破坏前有明显的变形或其他征兆的破坏称为塑性破坏，下面（　　）为塑性破坏。

A. 超筋梁的受弯破坏　B. 剪压破坏

C. 斜压破坏　D. 适筋梁的受弯破坏

35. 当钢筋混凝土简支梁的剪跨比（　　）时，无腹筋梁发生剪压破坏。

A. $m < 1$　B. $1 \leqslant m < 3$

C. $m > 3$　D. $m = 3.5$

36. 只要按抗剪承载力公式计算并配置梁内弯起钢筋和箍筋后，则（　　）。

A. 不会发生剪切破坏　B. 斜裂缝宽度能满足要求

C. 不发生纵筋锚固破坏　D. 只可能发生受弯破坏

37. 随着荷载的增大，在梁的剪弯段内陆续出现几条斜裂缝，其中一条发展为临界斜裂缝，梁承载力还能继续增加，直到斜裂缝顶端的混凝土在正应力、剪应力及局部压应力作用下被压碎而破坏，这种破坏称为（　　）。

A. 斜拉破坏　B. 剪压破坏

C. 斜压破坏　D. 弯曲破坏

38. 斜截面抗剪破坏与剪跨比有密切关系，斜压破坏一般发生在下列情况，或腹筋配置过多时（　　）。

A. $m < 1$　B. $m < 2$

C. $m < 3$　D. $m > 3$

39.《公路桥规》指出钢筋混凝土受弯构件计算截面上所承受的剪力设计值小于 $0.5\times10^{-3}\alpha_2 f_{td} bh_0$ 时，该构件（ ）。

A. 不需配置箍筋

B. 只要按构造要求配置箍筋

C. 应按理论计算配置箍筋

D. 应加大截面或提高混凝土的强度等级后，再计算腹筋

40.《公路桥规》给出受弯构件斜截面抗剪承载力公式适用条件中的下限值公式为 $\gamma_0 V_d \leq 0.5\times10^{-3}\alpha_2 f_{td} bh_0$，式中，$V_d$、$f_{td}$、$b$ 和 h_0 的单位依次为（ ）。

A. kN，kN/m²，mm 和 mm　　B. kN，MPa，mm 和 mm

C. kN，MPa，cm 和 cm　　D. kN，kN/cm²，cm 和 cm

41.《公路桥规》规定当满足下述构造要求时，可不进行斜截面抗弯承载力验算（ ）。

A. 纵筋弯起点设在该钢筋充分利用点以外不小于 $h_0/2$ 处

B. 纵筋弯起点设在该钢筋不需要点以外不小于 $h_0/2$ 处

C. 纵筋弯起点设在该钢筋不需要点以外不小于 $h/2$ 处

D. 弯起钢筋与梁轴的交点设在充分利用点以外不小于 $h_0/2$ 处

42. 在设计中要防止钢筋混凝土梁发生斜截面受弯破坏，一般通过（ ）。

A. 一定的构造要求来解决　　B. 计算解决

C. 加密箍筋来解决　　D. 设置弯起钢筋来解决

43. 条件相同的无腹筋梁，发生斜压破坏、剪压破坏和斜拉破坏三种破坏形态时，梁的斜截面承载力的大致关系是（ ）。

A. 斜压 > 斜拉 > 剪压　　B. 剪压 > 斜拉 > 斜压

C. 剪压 > 斜压 > 斜拉　　D. 斜压 > 剪压 > 斜拉

44. 在纵向钢筋弯起位置的确定中，为了保证弯起钢筋的受拉作用，弯起筋与梁中轴线的交点必须（ ）。

A. 在此钢筋不需要点以外　　B. 在此钢筋不需要点以内

C. 在此钢筋充分利用点以外　　D. 在此钢筋充分利用点以内

45. 等高度简支梁腹筋的初步设计中，《公路桥规》规定最大剪力计算值取（ ）。

A. 距支座中心 $h_0/2$ 处截面上的最大剪力值

B. 距支座中心 $h/2$ 处截面上的最大剪力值

C. 支座中心处截面上的最大剪力值

D. 剪力包络图上的最大剪力值

46. 在确定纵向受拉钢筋弯起时，若纵向钢筋数量较多，除满足所需的弯起钢筋以外，多余钢筋可以截断，以下说法正确的是（ ）。

A. 多余钢筋可以在理论截断处截断

B. 多余钢筋可以在其充分利用点处截断

C. 多余钢筋可以在理论截断处至少延伸 (l_a+h_0) 再截断

D. 多余钢筋可以在理论截断处至少延伸 (l_a+h_0)，同时考虑从其不需要点至少延伸 $20d$ 后再截断

◈ 习题参考答案及解析 ◈

1. B

【考核点】混凝土保护层的定义

【解　析】混凝土保护层是具有足够厚度的混凝土层,取钢筋边缘致构件截面表面之间最短的距离。设置保护层是为了保护钢筋不直接受到大气的侵蚀和其他环境因素作用,也是为了保护钢筋和混凝土有良好的黏结。

2. A

【考核点】适筋梁正截面受力全过程分析

【解　析】适筋梁正截面受力全过程的第一阶段是没有裂缝阶段,第二阶段是带裂缝阶段。第一阶段末是裂缝即将出现,梁截面上的弯矩为开裂弯矩 M_{cr}。

3. D

【考核点】适筋梁正截面受力全过程中截面应变分布特点

【解　析】试验证明当量测标距较长,受力全过程中截面的平均应变都能满足平截面假定,即沿截面高度各处的平均应变均与其到中性轴的距离成正比。

4. C

【考核点】受弯构件正截面破坏形态

【解　析】当适筋梁的配筋率不断减小时,梁受拉区混凝土开裂后,钢筋很快屈服,即开裂弯矩趋于屈服弯矩,这意味着第二阶段的缩短,当配筋率小到使开裂弯矩等于屈服弯矩时,裂缝一旦出现,钢筋立刻达到屈服,这时的配筋率就是最小配筋率,是少筋梁和适筋梁的界限。

5. D

【考核点】双筋截面梁内受压钢筋的作用

【解　析】当截面承受的弯矩组合设计值较大,而梁截面尺寸受到使用条件限制或混凝土强度又不宜提高的情况下,出现承载力不足时,则应用双筋截面。受压钢筋不但可以协助混凝土承担压力,承受异号弯矩且可以提高截面的延性,减少长期荷载下的变形。

6. D

【考核点】受弯构件界限破坏的定义

【解　析】当混凝土梁的受拉区钢筋达到屈服应变开始屈服时,受压区混凝土边缘也同时达到其极限压应变破坏,此时被称为界限破坏。界限破坏是适筋截面和超筋截面的鲜明界限。

7. B

【考核点】受弯构件破坏形态的判别

【解　析】通过配筋率来判断。首先该梁的配筋率为 $\rho=\dfrac{4\times A_s}{b\times h_0}=\dfrac{4\times 200.14}{250\times 450}=1\%$,大于最小配筋率 0.2%,因此不是少筋破坏。适筋梁的最大配筋率为 $\rho_{max}=\xi_b\dfrac{f_{cd}}{f_{sd}}\%=0.56\times\dfrac{11.5}{1.23}\times 100\%=5.2\%>1\%$。因此,该梁是适筋破坏。

8. A

【考核点】适筋梁的破坏阶段截面应变特性

【解　析】适筋截面受弯构件破坏始于受拉区钢筋屈服，经历一段变形过程后受压区边缘混凝土达到极限压应变 ε_{cu} 后才破坏，此时，受拉区钢筋的拉应变大于屈服应变，即 $\varepsilon_s > \varepsilon_y$。

9. A

【考核点】双筋矩形截面受弯构件的正截面抗弯承载力计算公式及适用条件

【解　析】双筋矩形截面受弯构件破坏时，受压钢筋的应力取决于它的应变。根据平截面假定计算可以发现，当 $x = 2a_s'$ 时，普通钢筋均能达到屈服强度。所以，为了充分发挥受压钢筋的作用并保证其达到屈服强度，《公路桥规》规定必须满足 $x \geq 2a_s'$。

10. A

【考核点】斜截面的三种破坏形态

【解　析】通过三种破坏形态的荷载—挠度曲线图可以看出，各种破坏形态的斜截面承载力各不相同，斜压破坏时最大，其次为剪压破坏，斜拉破坏最小。它们在达到峰值荷载时，跨中挠度都不大，破坏后荷载都会迅速下降，它们都属脆性破坏类型。

11. D

【考核点】配箍率的定义

【解　析】箍筋的配箍率是指斜截面内配置在沿梁长度方向上一个箍筋间距范围内的箍筋各肢总截面面积除以沿梁长度方向箍筋间距与截面宽度之积。

12. C

【考核点】斜截面抗剪承载力计算适用条件

【解　析】斜截面抗剪承载力计算公式有相应的下限值，$0.5 \times 10^{-3} \alpha_2 f_{td} b h_0$ 是为了防止梁发生斜拉破坏，当计算公式满足下限值时，则不需要进行斜截面抗剪承载力计算，而仅按构造要求配置箍筋。

13. B

【考核点】箍筋的构造要求

【解　析】限制箍筋最大间距的目的最主要是保证箍筋和斜裂缝相交，防止发生斜拉破坏；《公路桥规》规定：箍筋的间距不应大于梁高的1/2且不大于400mm；当所箍钢筋为按受力需要的纵向受压钢筋时，应不大于受压钢筋的15倍，且不应大于400mm。

14. C

【考核点】弯起钢筋的构造要求

【解　析】《公路桥规》规定，在进行弯起钢筋布置时，为满足斜截面抗弯承载力的要求，弯起钢筋弯起点位置应设在按正截面抗弯承载力计算该钢筋的强度全部被利用的截面以外，其距离不小于 $h_0/2$。

15. C

【考核点】抵抗弯矩图基本概念

【解　析】抵抗弯矩图是沿梁长各个正截面按实际配置的总受拉钢筋面积能产生的抵抗弯矩图，即表示各正截面所具有的抗弯承载力。当抵抗弯矩图覆盖设计弯矩图时，梁能够满足截面的正截面抗弯承载力的要求。

16. D

【考核点】斜截面抗剪承载力复核

【解　析】《公路桥规》规定，钢筋混凝土简支梁斜截面抗剪承载力复核时，复核截面包括：距支座中心梁高一半处的截面；弯起钢筋弯起点处的截面以及锚固于受拉区纵向钢筋开始不受力处截面；箍筋数量和间距改变处截面；梁肋板宽度改变处的截面。以上所有截面都必须进行复核，故选择 D。

17. D

【考核点】钢筋混凝土受弯构件承载力计算

【解　析】采用钢筋混凝土受弯构件承载力计算方法计算时，应注意公式的适用条件。超筋梁破坏时的弯矩 M_u 与钢筋强度无关，仅取决于混凝土的抗压强度，而少筋梁的抗弯承载力取决于混凝土的抗拉强度。

18. B

【考核点】最大配筋率计算

【解　析】$\rho_{max}=\xi_b\frac{f_{cd}}{f_{sd}}$。

19. C

【考核点】T 形截面梁配筋设计

【解　析】$\rho=\frac{A_s}{bh_0}$，b 为 T 形截面的梁肋宽度。最小配筋率 ρ_{min} 是根据开裂后梁截面的抗弯承载力应等于同样截面的素混凝土梁抗弯承载力这一条件得出的。素混凝土 T 形截面梁的抗弯承载力与高度为 h、宽度为 b 的矩形截面素混凝土梁的抗弯承载力相接近，故选择 C。

20. D

【考核点】T 形截面类型判定

【解　析】弯矩计算值 M 小于或等于全部翼板高度 h'_f 受压混凝土合力产生的力矩，则 $x\leq h'_f$，属于第一类 T 形截面，否则属于第二类 T 形截面。

21. B

【考核点】钢筋混凝土受弯构件受力特点

【解　析】梁的大部分工作阶段中，受拉区混凝土已开裂。随着裂缝的开展，压区混凝土塑性变形也不完全服从弹性匀质梁所具有的比例关系。

22. A

【考核点】T 形截面受弯构件承载力计算

【解　析】第一类 T 形截面，中和轴在受压翼板内。此时，截面虽为 T 形，但受压区形状为宽 b'_f 的矩形，而受拉区截面形状与截面抗弯承载力无关，故以 b'_f 为宽度的矩形截面进行抗弯承载力计算。第二类 T 形截面，中和轴在梁肋部，受压区高度 $x>h'_f$，受压区为 T 形，故选择 A。

23. A

【考核点】受弯构件正截面破坏形态

【解　析】少筋梁中实际配筋率 ρ 小于 ρ_{min}，梁受拉区混凝土一旦开裂，受拉钢筋即到达屈服，并迅速进入强化阶段。梁上常常仅出现一条集中裂缝，不仅宽度较大，而且沿梁高延伸很高，此时受压区混凝土还未压坏，而裂缝宽度已很宽，挠度过大，钢筋甚至被拉断，故选择 A。

24. A

【考核点】受弯构件的钢筋构造

【解　析】受弯构件的钢筋包括纵向受拉钢筋（主钢筋）、弯起钢筋或斜钢筋、箍筋、架立钢筋和水平纵向钢筋等。单筋截面受弯构件受压区虽然不需要配置受力纵筋，但仍需按构造要求配置箍筋、架立钢筋和水平纵向钢筋等钢筋。

25. D

【考核点】受弯构件的钢筋构造

【解　析】分布钢筋属于构造配置钢筋，通常按构造要求配置。

26. C

【考核点】受弯构件的钢筋构造

【解　析】斜钢筋是专门设置的斜向钢筋，其设置及数量均由抗剪计算确定。

27. B

【考核点】T 形截面梁配筋设计

【解　析】满足：$f_{cd}b'_fh'_f \geq f_{sd}A_s$，即钢筋所承受的拉力 $f_{sd}A_s$ 小于或等于全部受压翼板高度 h'_f 内混凝土压应力合力 $f_{cd}b'_fh'_f$，则 $x \leq h'_f$，属于第一类 T 形截面；否则属于第二类 T 形截面。

28. C

【考核点】T 形截面梁的受压翼板有效宽度

【解　析】在设计计算中，为了便于计算，根据等效受力原则，把与梁肋共同工作的翼板宽度限制在一定的范围内，称为受压翼板的有效宽度 b'_f。在 b'_f 宽度范围内的翼板可以认为全部参与工作，并假定其压应力是均匀分布的，而在这范围以外的翼板，则不考虑其参与受力。

29. C

【考核点】受弯构件的钢筋构造

【解　析】为避免由于钢筋间距太小导致混凝土集料无法通过，应对受弯构件主筋的最小间距加以限制。

30. D

【考核点】受弯构件截面尺寸

【解　析】钢筋混凝土板的厚度 h 由其控制截面上最大的弯矩和板的刚度要求决定。但是为了保证施工质量及耐久性要求，《公路桥规》规定了各种板的最小厚度。

31. C

【考核点】配筋率的概念

【解　析】配筋率是指所配置的钢筋截面面积与规定的混凝土截面有效面积的比值。对于矩形截面，其受拉钢筋的配筋率 ρ(%) 表示为 $\rho = \frac{A_s}{bh_0}$。其中，h_0 为截面的有效高度，$h_0 = h - a_s$，这里 h 为截面高度，a_s 为纵向全部受拉钢筋截面的重心至受拉边缘的距离，故选择 C。

32. B

【考核点】双筋矩形截面受弯构件承载力计算

【解　析】由此可见，当 $x=2a'_s$ 时，普通钢筋均能达到屈服强度。当时 $x>2a'_s$，ε'_s 将更大，钢筋亦早已受压屈服。为了充分发挥受压钢筋的作用并确定保其达到屈服强度，《公路桥规》规定取 $\sigma'_s=f'_{sk}$ 时必须满足：$x\geqslant 2a'_s$，故选择 B。

33. B

【考核点】受弯构件配筋率

【解　析】最小配筋率是少筋梁与适筋梁的界限。当梁的配筋率由 ρ_{min} 逐渐减少，梁的工作特性也从钢筋混凝土结构逐渐向素混凝土结构过渡。为防止出现少筋梁的情况，计算的配筋率 ρ 应当满足：$\rho\geqslant\rho_{min}$。

34. D

【考核点】钢筋混凝土受弯构件正截面破坏形态

【解　析】适筋梁在荷载作用下，受拉区钢筋首先达到屈服强度，其应力保持不变而应变显著增大，到受压区边缘混凝土的应变达到极限压应变时，受压区混凝土压碎而破坏。这种梁破坏前有明显的破坏预兆，属于塑性破坏。另外三种破坏则为脆性破坏，故选择 D。

35. B

【考核点】无腹筋简支梁斜截面破坏形态

【解　析】剪压破坏出现于剪跨比为 $1\leqslant m\leqslant 3$ 的情况中。

36. A

【考核点】受弯构件抗剪承载力计算

【解　析】按抗剪承载力公式计算并配置梁内弯起钢筋和箍筋后的梁可以保证构件的斜截面抗剪承载能力不小于剪力组合设计值，即不会发生斜截面受剪破坏。同样，也不会发生其他类型的剪切破坏。

37. B

【考核点】无腹筋简支梁斜截面破坏形态

【解　析】剪压破坏的梁首先在剪弯区段内出现斜裂缝。随着荷载的增大，陆续出现几条斜裂缝，其中一条发展成为临界斜裂缝。临界斜裂缝出现后，梁还能继续增加荷载，而斜裂缝向荷载垫板方向伸展，直到斜裂缝顶端（剪压区）的混凝土被压碎而破坏，故选择 B。

38. A

【考核点】简支梁斜截面破坏形态

【解　析】无腹筋简支梁剪跨比较小（$m<1$）时，首先是荷载作用点和支座之间出现一条斜裂缝，然后出现若干条大体相平行的斜裂缝，梁腹被分割成若干个倾斜的小柱体。随着荷载增大，梁腹发生类似混凝土棱柱体被压坏的情况。破坏称为斜压破坏。

39. B

【考核点】斜截面抗剪承载力计算公式适用范围

【解　析】《公路桥规》规定，若符合 $\gamma_0 V_d\leqslant 0.5\times 10^{-3}\alpha_2 f_{td}bh_0$，则不需进行斜截面抗剪承载力的计算，而仅按构造要求配置箍筋。

40. B

【考核点】斜截面抗剪承载力计算

【解　析】V_d 是指验算截面处由作用(或荷载)产生的剪力组合设计值(kN);f_{td} 为混凝土抗拉强度设计值(MPa);b 为相应于剪力组合设计值处矩形截面的宽度(mm),或 T 形和 I 形截面腹板宽度(mm);h_0 为相应于剪力组合设计值处截面的有效高度(mm)。

41. A

【考核点】斜截面抗弯承载力

【解　析】在进行弯起钢筋布置时,为满足斜截面抗弯承载力的要求,弯起钢筋的弯起点位置应设在按正截面抗弯承载力计算该钢筋的强度全部被利用的截面以外,其距离不小于 $0.5h_0$ 处,故选择 A。

42. A

【考核点】斜截面抗弯承载力

【解　析】弯起钢筋的弯起点至弯起钢筋强度充分利用截面的距离 S_1 满足 $S_1 \geq 0.5h_0$ 并且满足《公路桥规》关于弯起钢筋规定的构造要求,则可不进行斜截面抗弯承载力的计算。

43. D

【考核点】无腹筋简支梁斜截面破坏形态

【解　析】无腹筋梁三种斜截面破坏形态中,斜压破坏的梁腹发生类似混凝土棱柱体被压坏的情况,承载力最高;剪压破坏承载力次之;斜拉破坏承载能力最低。

44. A

【考核点】纵向钢筋弯起设计

【解　析】为了保证弯起钢筋的受拉作用,钢筋与梁中轴线的交点必须在其不需要点以外。这是由于弯起钢筋的内力臂是逐渐减小的,故抗弯承载力也逐渐减小,当弯筋穿过梁中轴线基本上进入受压区后,它的正截面抗弯作用才认为消失,故选择 A。

45. B

【考核点】斜截面抗剪承载力复核

【解　析】在支点和按构造配置箍筋区段之间的计算剪力包络图中的计算剪力应该由混凝土、箍筋和弯起钢筋共同承担。《公路桥规》规定:最大剪力计算值取用距支座中心 $h/2$(梁高一半)处截面的数值。

46. D

【考核点】防止斜截面破坏的构造要求

【解　析】若需截断纵向受拉钢筋,为了保证钢筋强度的充分利用,必须将钢筋从理论切断点外伸一定的长度($l_a + h_0$)再截断。其中,l_a 为钢筋的锚固长度(是受力钢筋通过混凝土与钢筋黏结将所受的力传递给混凝土所需的长度)。

第三节　受压构件承载力计算

【考纲纲要】

1. 轴心受压构件的特点;

2. 矩形截面偏心受压构件的特点;

3. 偏心受压构件的构造要求；
4. 偏心受压构件的纵向弯曲；
5. I 字形截面受压构件；
6. 圆形截面受压构件。

【复习提示】

1. 复习要点

考生应理解轴心受压构件、偏心受压构件截面的破坏形态的特征及处于极限破坏形态时正截面上应力的分布；掌握受压构件正截面承载力计算公式的原理和方法；熟悉受压构件纵向钢筋与箍筋的构造要求。

重点：

(1)受压构件的破坏形态及截面上应力、应变的分布。轴心受压构件及偏心受压构件承载力计算公式及公式适用条件的得出会用到该知识点。

(2)长细比。长细比与轴心受压构件纵向弯曲系数及偏心受压构件偏心距增大系数紧密相关，在受压构件截面承载力的计算中均会用到该知识点。

(3)构件的构造要求。受压构件的承载力计算及复核会用到该知识点。

难点：

受压构件承载力的计算及复核。

2. 规范提示

受压构件截面承载力的计算、构件构造要求等知识点涉及《公路钢筋混凝土及预应力混凝土桥涵设计规范》(JTG D62—2004)、《公路桥涵设计通用规范》(JTG D60—2015)，均为现行规范，以下均简称为《公路桥规》。本节关于受压构件的设计原则、计算公式、计算方法及构造要求参照《公路钢筋混凝土及预应力混凝土桥涵设计规范》(JTG D62—2004)编写。受压构件承载力计算所涉及的作用分类、取值及作用组合参照《公路桥涵设计通用规范》(JTG D60—2015)编写。

习题精练

1. 配有普通箍筋的钢筋混凝土轴心受压构件中，箍筋的作用主要是(　　)。

A. 抵抗剪力　　B. 约束核心混凝土
C. 使混凝土密实　　D. 形成钢筋骨架，约束纵筋，防止压屈外凸

2. 钢筋混凝土轴心受压构件因混凝土徐变(　　)。

A. 钢筋中压应力增大　　B. 钢筋中压应力减小
C. 混凝土中压应力增大　　D. 钢筋、混凝土应力均不变

3. 钢筋混凝土轴心受压构件，稳定系数是考虑了(　　)。

A. 初始偏心距的影响　　B. 荷载长期作用的影响
C. 两端约束情况的影响　　D. 附加弯矩的影响

4. 柱的长细比 l_0/b 中，l_0 为(　　)。

A. 柱的实际长度　　　　　　　　B. 柱截面的回转半径

C. 视两端约束情况而定的柱计算长度　　D. 柱截面长边长

5. 螺旋箍筋柱的核心混凝土抗压强度高于 f_c 是因为(　　)。

A. 螺旋筋参与受压

B. 螺旋筋使核心区混凝土密实

C. 螺旋筋约束了核心区混凝土的横向变形

D. 螺旋筋使核心区混凝土中不出现内裂缝

6. 有两个配有螺旋箍筋的轴心受压构件截面，一个截面直径大，另一个截面直径小，但螺旋箍筋的种类、直径和螺距都是相同的，则螺旋箍筋对哪一个轴心受压构件的承载能力提高得大些(指相对于该轴心受压构件本身)(　　)。

A. 对直径大的　　B. 对直径小的　　C. 两者相同　　D. 不能确定

7. 一圆形截面螺旋箍筋柱，若按普通钢筋混凝土柱计算其承载力为 300kN，若按螺旋箍筋柱计算，其承载力为 500kN，则该柱的承载力应视为(　　)。

A. 400kN　　B. 300kN　　C. 500kN　　D. 450kN

8. 一般来讲，在其他条件如构件材料、尺寸、纵筋配筋率及构件长细比等相同的轴心受压构件，配有螺旋箍筋的钢筋混凝土柱同配有普通箍筋的钢筋混凝土柱相比，前者的承载力比后者的承载力(　　)。

A. 低　　B. 高　　C. 相等　　D. 不能确定

9. 对长细比大于 12 的轴心受压圆形截面柱构件不宜采用螺旋箍筋，其原因是(　　)。

A. 柱的承载力较高　　　　B. 施工难度大

C. 抗震性能不好　　　　　D. 螺旋箍筋作用不能发挥

10. 与普通箍筋的轴心受压构件相比，有间接钢筋的轴心受压构件主要破坏特征是(　　)。

A. 混凝土压碎，纵筋屈服　　B. 混凝土压碎，钢筋不屈服

C. 保护层混凝土剥落　　　　D. 间接钢筋屈服，柱子才破坏

11.《公路桥规》将位于箍筋折角处的纵向钢筋定义为角筋。沿箍筋设置的纵向钢筋离角筋间距计为 S，如图所示，S 应满足(　　)。

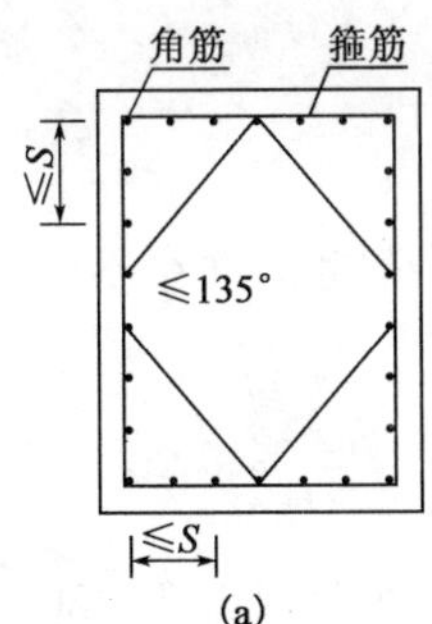

(a)

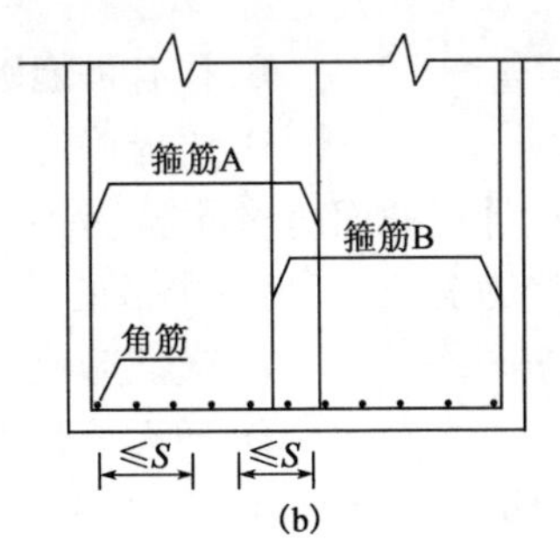

(b)

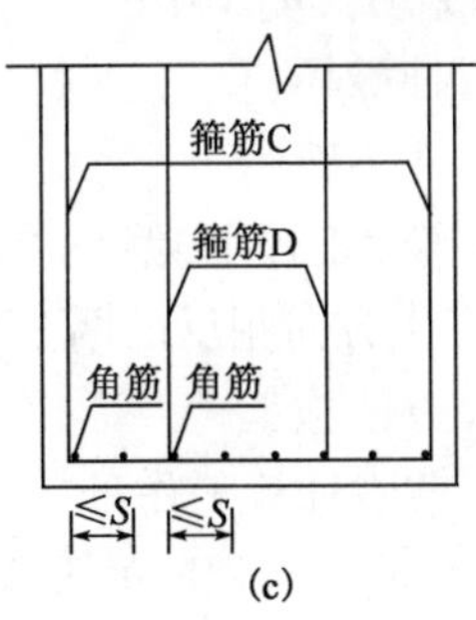

(c)

A. 不大于 150mm　　　　B. 不大于 15 倍箍筋直径

C. A、B 两者较大值　　　D. A、B 两者较小值

12. 受压构件截面的受拉钢筋应力先达到屈服强度，最后使受压区混凝土应力达到极限抗

压强度而破坏,这类构件称为(　　)。

A. 小偏心受压构件　　B. 大偏心受压构件

C. 轴心受压构件　　D. 受压破坏构件

13. 构件的破坏是由于受压区边缘混凝土达到其极限压应变而压碎,其破坏性质属于脆性破坏,这类构件称为(　　)。

A. 小偏心受压构件　　B. 大偏心受压构件

C. 轴心受压构件　　D. 受拉破坏构件

14. 在钢筋混凝土偏心受压构件中(　　)。

A. 当偏心距较大时,一般产生受拉破坏

B. 当偏心距较大时,不会发生受压破坏

C. 当偏心距较小且受拉钢筋面积 A_s 很小时,可能产生受拉破坏

D. 当受拉钢筋面积 A_s 较大时,不会产生受拉破坏

15. 偏心受压构件发生材料破坏时,大、小偏心受压界限是截面(　　)。

A. 受拉钢筋 A_s 达屈服　　B. A_s 屈服后,受压混凝土破坏

C. 受拉钢筋 A_s 屈服同时混凝土压碎　　D. A_s、A'_s 均屈服

16. 与界限相对受压区高度 ξ_b 有关的因素为(　　)。

A. 钢筋等级及混凝土等级

B. 钢筋等级

C. 钢筋等级、混凝土等级及截面尺寸

D. 混凝土等级

17. 偏压构件的抗弯承载力(　　)。

A. 随着轴向力的增加而增加

B. 小偏心受压情况时,随着轴向压力的增加而增加

C. 随着轴向力的减少而增加

D. 大偏心受压情况时,随着轴向压力的增加而增加

18. 一大偏心受压柱,如果分别作用两组荷载,已知 $M_1 < M_2$,$N_1 > N_2$,且 N_1、M_1 作用时柱将破坏,那么 N_2、M_2 作用时(　　)。

A. 柱破坏　　B. 柱有可能破坏

C. 柱不破坏　　D. 不能确定

19. 在实际工程中,偏心受压柱设计成截面对称配筋,有时为了满足构件在不同荷载作用下可能会产生方向相反的两个弯矩受力需要外,另一个目的是为了(　　)。

A. 方便施工　　B. 降低造价

C. 节省计算工作量　　D. 增大承载力

20. 初始偏心距相同的偏心受压构件,增大 l_0/h 时(对矩形截面增大到 $l_0/h > 30$),则有可能(　　)。

A. 始终发生材料破坏　　B. 由失稳破坏转为材料破坏

C. 始终发生失稳破坏　　D. 由材料破坏转为失稳破坏

21. 偏心受压构件计算中,通过哪个因素来考虑二阶偏心矩的影响(　　)。

A. e_0　　B. e_a　　C. e_i　　D. η

22. 在荷载作用下，偏心受压构件将产生纵向弯曲，对于长柱，《公路桥规》采用一个偏心距增大系数 η 来考虑纵向弯曲的影响，其 η 值应是（　　）。

A. $\leqslant 1$　　B. $\geqslant 1$　　C. $\geqslant 3$　　D. $\leqslant 3$

23. 对下列构件要考虑偏心距增大系数 η 的是（　　）。

A. $l_0/h>8$ 的矩形截面构件　　B. 小偏压构件

C. 大偏压构件　　D. 以上说法均不对

24. 大偏压构件截面若 A_s 不断增加，可能产生（　　）。

A. 受拉破坏变为受压破坏　　B. 受压破坏变为受拉破坏

C. 保持受拉破坏　　D. 以上说法都不对

25. 在大偏压构件的正截面承载力计算中，要求 $x>2a'_s$ 是为了（　　）。

A. 防止受压钢筋压曲

B. 保证受压钢筋在构件破坏时能达到其抗压强度设计值

C. 避免保护层剥落

D. 保证受压钢筋在构件破坏时能达到其抗压强度极限值

26. 矩形截面偏压构件的截面设计时，何种情况下可直接用 x 判断大小偏心受压（　　）。

A. 对称配筋时　　B. 不对称配筋时

C. 对称与不对称配筋均可　　D. 对称与不对称配筋均不可

27. 在矩形截面大偏心受压构件正截面承载力计算中，当 $x<2a_s'$ 时，受拉钢筋截面面积 A_s 的求法是（　　）。

A. 对受压钢筋 A'_s 的形心取矩求得，即按 $x=2a_s'$ 求得

B. 要进行两种计算：一是按上述 A 选项的方法求出 A_s；另一是按 $A_s=0$，x 为未知，而求出 A_s，然后取这两个 A_s 值中的较大值

C. 同上述 B，但最后是取这两个 A_s 值中的较小值

D. 上述说法均不对

28. 有一种偏压构件（不对称配筋），计算得到所需受压钢筋 $A'_s=-4.62\text{cm}^2$，则（　　）。

A. A'_s 按 4.62cm^2 配置

B. A'_s 按受拉钢筋最小配筋率配置

C. A'_s 按受压钢筋最小配筋率配置

D. 按 $A'_s=0\text{cm}^2$ 配置

29. 在何种情况下令 $x=\xi_b h_0$ 来计算偏压构件（　　）。

A. $A_s\neq A'_s$ 而且均未知的大偏压　　B. $A_s\neq A'_s$ 而且均未知的小偏压

C. $A_s\neq A'_s$ 且已知 A'_s 的大偏压　　D. $A_s=A'_s$ 的小偏压

30. 在何种情况下令 $A_s=\rho_{\min}bh_0$ 来计算偏压构件（　　）。

A. $A_s\neq A'_s$ 且均未知的大偏压　　B. $A_s\neq A'_s$ 且均未知的小偏压

C. $A_s\neq A'_s$ 且已知 A'_s 的大偏压　　D. $A_s=A'_s$ 的小偏压

31. 矩形偏心受压构件的长边记为 h，短边记为 b，下列矩形截面偏心受压构件箍筋布置形式（单位：mm）错误的是（　　）。

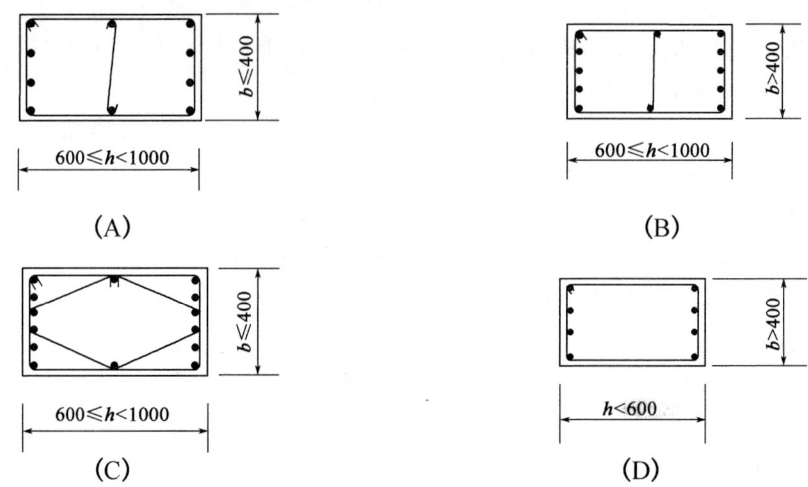

32. 小偏心受压构件承载力校核时，求出的相对受压区高度可能出现(　　)。

A. 一种情况　　B. 两种情况　　C. 三种情况　　D. 四种情况

33. 圆形截面偏心受压构件的纵向受力钢筋，通常沿圆周均匀布置，其根数不少于(　　)。

A. 4 根　　B. 6 根　　C. 8 根　　D. 10 根

◇ 习题参考答案及解析 ◇

1. D

【考核点】普通箍筋作用

【解　析】普通箍筋作用是防止纵向钢筋局部压屈，并与纵向钢筋形成钢筋骨架，便于施工。

2. A

【考核点】轴心受压构件构造要求

【解　析】不同配筋率的钢筋混凝土短柱，徐变引起的混凝土压应力变化幅度较钢筋应力变化幅度小，由于混凝土与钢筋之间仍存在黏结力，两者的变形必须协调，从而造成实际上混凝土受拉，而钢筋受压。

3. C

【考核点】稳定系数

【解　析】稳定系数为长柱失稳破坏时的临界承载力与短柱压坏时的轴心力的比值，表示长柱承载力降低的程度，而柱的支承条件是影响其临界压力的重要因素。

4. C

【考核点】构件纵向弯曲计算长度

【解　析】求稳定系数 φ 值时，必须要知道构件的计算长度 l_0，在实际桥梁设计中，应根据具体构造选择构件端部约束条件，进而获得符合实际的计算长度 l_0 值。

5. C

【考核点】钢筋混凝土轴心受压柱中螺旋箍筋的作用

【解　析】对于螺旋箍筋柱，螺旋箍筋的主要作用是约束核心混凝土，使截面核心混凝土处于三向受压状态，提高核心混凝土的强度和变形能力，从而间接提高螺旋箍筋柱的受压承载力和变形能力。

6. A

【考核点】螺旋箍筋柱正截面承载力

【解　析】螺旋箍筋柱正截面承载力计算公式为 $N_u = 0.9(f_{cd}A_{cor} + kf_{sd}A_{s0} + f_{sd}'A'_s)$，截面直径大的柱 A_{cor} 大，而其他参数相同，则其 N_u 大。

7. D

【考核点】螺旋箍筋柱正截面承载力

【解　析】为了保证在使用荷载作用下，螺旋箍筋混凝土保护层不致过早剥落，螺旋箍筋柱的承载力计算值，不应比按普通箍筋柱计算的承载力大 50%。

8. B

【考核点】螺旋箍筋柱的受力特点与破坏特性

【解　析】螺旋箍筋柱具有很好的延性，在构件材料、尺寸、纵筋配筋率及构件长细比等相同的情况下，其变形能力较普通箍筋柱高。

9. D

【考核点】螺旋箍筋柱正截面承载力

【解　析】对圆形截面柱，长细比大于 12，螺旋箍筋不能发挥其作用，不考虑螺旋箍筋的作用，按普通箍筋柱计算构件的承载力。

10. D

【考核点】螺旋箍筋柱的受力特点与破坏特性

【解　析】螺旋箍筋柱随着轴力不断增大，螺旋箍筋中的环向拉力也不断增大，直至螺旋箍筋达到屈服，不能再约束核心混凝土横向变形，混凝土被压碎，构件即告破坏。

11. C

【考核点】普通箍筋柱的构造要求

【解　析】《公路桥规》规定，沿箍筋设置的纵向钢筋离角筋间距 s 不大于 150mm 或 15 倍箍筋直径（取较大者），若超过此范围设置纵向受力钢筋，应设复合箍筋。

12. B

【考核点】大偏心受压构件的破坏形态

【解　析】随着荷载增大，构件受拉区混凝土出现横向裂缝，受拉钢筋的应力增长，首先达到屈服。中和轴向受压边移动，受压区混凝土压应变迅速增大。最后，受压区钢筋屈服，混凝土达到极限压应变而压碎，发生这类破坏的偏心受压构件为大偏心受压构件。

13. A

【考核点】小偏心受压构件的破坏形态

【解　析】小偏心受压构件的破坏一般是受压区边缘混凝土的应变达到极限压应变，受压区混凝土被压碎；同一侧的钢筋压应力达到屈服强度，而另一侧的钢筋，不论受拉还是受压，其应力均达不到屈服强度，小偏心受压破坏属于脆性破坏。

14. A

【考核点】小偏心受压构件的破坏形态

【解　析】偏心距较大而受拉钢筋较多时，可能发生受压破坏；纵向压力偏心距很小，但是离纵向压力较远一侧钢筋数量 A_s 少而靠近纵向力一侧钢筋 A'_s 较多，发生受压破坏。

15. C

【考核点】偏心受压构件的界限破坏

【解　析】当偏心受压构件在偏心作用下，受拉钢筋达到屈服应变时，受压边缘混凝土也刚好达到极限压应变值，这就是偏心受压构件的界限状态。

16. A

【考核点】相对界限受压区高度 ξ_b

【解　析】相对界限受压区高度 ξ_b 与钢筋及混凝土强度等级有关。

17. D

【考核点】偏心受压构件 $N-M$ 相关曲线

【解　析】在小偏心受压情况下，随着轴向压力的增大，截面所能承担的弯矩随之减小；在大偏心受压情况下，随着轴向压力的增大，截面所能承担的弯矩反而随之提高。

18. A

【考核点】偏心受压构件 $N-M$ 相关曲线

【解　析】从偏心受压构件 $N-M$ 相关曲线看出，当 $M_1 < M_2$、$N_1 > N_2$ 且 N_1、M_1 作用时，柱将破坏，那么 N_2、M_2 共同作用确定的点在曲线外部，为破坏区域。

19. A

【考核点】偏心受压构件的对称配筋

【解　析】在实际工程中，偏心受压构件在不同荷载作用下，可能会产生相反方向的弯矩，当其数值相差不大时，或即使相反方向弯矩相差较大，但按对称配筋设计求得的纵筋总量，比按非对称设计所得纵筋的总量增加不多时，为使构造简单及便于施工，宜采用对称配筋。

20. D

【考核点】偏心受压构件的破坏类型

【解　析】对于长细比很大的柱，当偏心压力 N 达到最大值时，侧向变形突然剧增，此时，偏心受压构件截面上钢筋和混凝土的应变均未达到材料破坏时的极限值，即压杆达到最大承载能力是发生在其控制截面材料强度还未达到其破坏强度时，偏心受压构件发生失稳破坏。

21. D

【考核点】偏心距增大系数

【解　析】对长细比较大的长柱，在偏心压力作用下产生的侧向挠曲不可忽略，截面上的弯矩由原来的 Ne_0 增大为 $N(e_0+f)$，f 为构件的侧向挠度，由于构件纵向弯曲所产生的附加弯矩称为二阶弯矩（Nf），或称二阶效应。

22. B

【考核点】偏心距增大系数

【解　析】实际工程中最常遇到的是长柱，在设计计算中需考虑由于构件侧向变形

(变位)而引起的二阶弯矩的影响,即考虑构件在弯矩作用平面内的变形(变位)对轴向力偏心距的影响,应将轴向力对截面重心轴的偏心距 e_0 乘以偏心距增大系数 η,η 为不小于 1 的系数。

23. A

【考核点】偏心距增大系数

【解　析】《公路桥规》规定,计算偏心受压构件正截面承载力时,对长细比 $l_0/i>17.5$(i 为构件截面回转半径)的构件或长细比 l_0/h(矩形截面)>5、长细比 l_0/d_1(圆形截面)>4.4 的构件,应考虑构件在弯矩作用平面内的变形(变位)对轴向力偏心距的影响。

24. A

【考核点】大、小偏心受压破坏的判别

【解　析】大偏压构件截面若 A_s 不断增加,则受压区混凝土的高度增大,当 $\xi>\xi_b$ 时,截面由大偏心受压破坏变为小偏心受压破坏。

25. B

【考核点】偏心受压构件正截面承载力计算

【解　析】为了保证构件破坏时,大偏心受压构件截面上的受压钢筋能达到抗压强度设计值 f_{sd}',必须满足:$x\geqslant 2a_s'$。当 $x<2a_s'$ 时,受压钢筋 A_s' 的应力可能达不到 f_{sd}'。

26. A

【考核点】偏心受压构件正截面承载力计算

【解　析】矩形截面对称配筋的偏心受压构件计算仍依据基本公式进行。截面设计时,假定为大偏心受压,由于是对称配筋,$A_s=A_s'$,$f_{sd}=f_{sd}'$,相当于补充了一个设计条件,令轴向力计算值 $N=\gamma_0 N_d=f_{cd}bx$,则可算出 x,然后进行大、小偏心破坏判断。

27. A

【考核点】偏心受压构件正截面承载力计算

【解　析】当 $x<2a_s'$ 时,受压钢筋 A_s' 的应力可能达不到 f_{sd}'。与双筋截面受弯构件类似,这时,近似取 $x=2a_s'$,受压区混凝土所承担的压力作用位置与受压钢筋承担的压力 $f_{sd}'A_s'$ 作用位置重合。

28. C

【考核点】大偏心受压构件截面设计

【解　析】大偏心受压构件截面设计时,当计算的 $A_s'<\rho_{min}'bh$ 或为负值时,应按 $A_s'\geqslant\rho_{min}'bh$ 选择钢筋并布置 A_s',然后按 A_s' 为已知的情况继续计算求 A_s。

29. A

【考核点】大偏心受压构件截面设计

【解　析】大偏心受压构件截面设计,A_s 和 A_s' 均未知时,与双筋矩形截面受弯构件截面设计相仿,从充分利用混凝土的抗压强度、使受拉和受压钢筋的总用量最少的原则出发,近似取 $\xi=\xi_b$,即 $x=\xi_b h_0$ 为补充条件。

30. B

【考核点】小偏心受压构件截面设计

【解　析】小偏心受压构件截面设计,A_s 和 A_s' 均未知时,一般情况下,小偏心受压构件破坏形态是远离偏心压力一侧的纵向钢筋无论受拉还是受压，其应力一般均未达到屈服强度，A_s 可取等于受压构件截面一侧钢筋的最小配筋量。

31. B

【考核点】矩形偏心受压构件的构造要求

【解　析】当截面长边 $h \geqslant 600$mm 时，应在长边 h 方向设置直径为 10 ~ 16mm 的纵向构造钢筋，必要时相应地设置附加箍筋或复合箍筋，用以保持钢筋骨架刚度。

32. B

【考核点】小偏心受压构件截面复核

【解　析】当 $\xi > \xi_b$ 时，为小偏心受压构件。用基本公式求出的 ξ 有两种情况：当 $h/h_0 > \xi > \xi_b$ 时，截面部分受压，部分受拉；当 $\xi > h/h_0$ 时，截面全部受压。

33. B

【考核点】圆形截面偏心受压构件构造要求

【解　析】圆形截面偏心受压构件的纵向受力钢筋，通常是沿圆周均匀布置，其根数不少于 6 根。

第四节　钢筋混凝土受弯构件的应力、裂缝和变形计算

【考纲纲要】

1. 换算截面；
2. 裂缝及最大裂缝宽度验算；
3. 变形验算。

【复习提示】

1. 复习要点

考生应掌握换算截面的定义和计算方法，《公路桥规》中最大裂缝宽度计算方法、计算公式中各参数的物理意义和裂缝宽度限制值，截面抗弯刚度的定义及计算方法，竖向挠度的限制值和预拱度的设置方法；熟悉钢筋混凝土受弯构件正常使用极限状态的计算特点；了解钢筋混凝土受弯构件裂缝产生的原因。

重点：

(1)换算截面。在钢筋混凝土受弯构件正常使用阶段的变形验算和应力验算等内容会用到该知识点。

(2)最大裂缝宽度计算方法、计算公式中各参数的物理意义和裂缝宽度限制值。在钢筋混凝土受弯构件正常使用阶段的验算中会用到该知识点。

(3)截面抗弯刚度计算方法、变形验算方法及预拱度设置方法。在钢筋混凝土受弯构件正常使用阶段的变形验算中会用到该知识点。

难点：

变形验算方法和最大裂缝宽度计算方法。

2. 规范提示

钢筋混凝土受弯构件的应力、裂缝和变形计算等知识点涉及《公路钢筋混凝土及预应力混凝土桥涵设计规范》(JTG D62—2004)和《公路桥涵设计通用规范》(JTG D60—2015)等现行规范,以下均简称为《公路桥规》。《公路钢筋混凝土及预应力混凝土桥涵设计规范》(JTG D62—2004)第6.1.1条规定:公路桥涵的持久状况设计应按正常使用极限状态的要求,采用作用(或荷载)的频遇组合、准永久组合或频遇组合并考虑准永久组合的影响,对构件的裂缝宽度和挠度进行验算,并使各项计算值不超过规范规定的各相应限值。在上述各种组合中,汽车荷载效应可不计冲击系数。(以上内容考虑了《公路桥涵设计通用规范》(JTG D60—2015)规范中关于作用组合的名称的更改。)

习题精练

1. 裂缝宽度和变形验算是保证构件(　　)。

A. 不超过承载能力极限状态　　B. 不超过正常使用极限状态

C. 能在弹性阶段工作　　D. 能在带裂缝阶段工作

2. 按《公路桥规》验算钢筋混凝土梁的裂缝宽度是指(　　)。

A. 混凝土收缩引起的裂缝　　B. 钢筋锈蚀引起的裂缝

C. 弯矩过大引起的混凝土垂直裂缝　　D. 以上都包括

3. 对于矩形钢筋混凝土构件,当σ_{ss}、ρ等其他条件相同时,轴心受拉构件、偏心受压构件、受弯构件的裂缝宽度大小为(　　)。

A. 轴心受拉构件最大,偏心受压构件最小

B. 轴心受拉构件最大,受弯构件最小

C. 受弯构件最大,偏心受压构件最小

D. 偏心受压构件最大,受弯构件最小

4. 当验算钢筋混凝土受弯构件挠度时,出现构件挠度超过规范限值的情况,采取下列哪项措施是最有效的(　　)。

A. 加大截面的高度　　B. 加大截面的宽度

C. 提高混凝土强度等级　　D. 提高钢筋强度等级

5. 钢筋混凝土受弯构件截面的换算系数,下列公式描述正确的是(　　)。

A. $\alpha_{Es}=E_s/E_c$　　B. $\alpha_{Es}=A_c/A_s$

C. $\alpha_{Es}=E_c/E_s$　　D. $\alpha_{Es}=A_s/A_c$

6. 对于配筋率一定的钢筋混凝土构件,为减小裂缝宽度,下列措施中较有效的是采取(　　)。

A. 直径大的光圆钢筋　　B. 直径大的带肋钢筋

C. 直径小的光圆钢筋　　D. 直径小的带肋钢筋

7. 对于钢筋混凝土受弯构件第Ⅱ工作阶段的计算,下列哪些不属于其基本假定(　　)。

A. 弹性体假定　　B. 受拉区混凝土不承受拉应力

C. 弹塑性体假定　　D. 平截面假定

8. 对于下图所示的 T 形全截面的换算截面公式，描述准确的是(　　)。

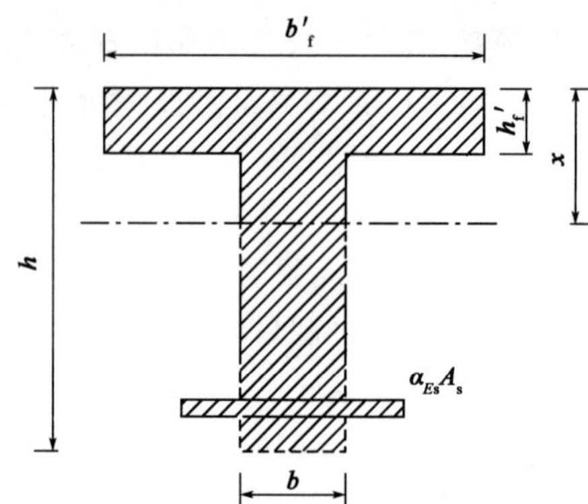

A. $A_0 = bh + (b'_f - b)h'_f + \alpha_{Es}A_s$

B. $A_0 = bh + (b'_f - b)h'_f + (\alpha_{Es} - 1)A_s$

C. $A_0 = bx + (b'_f - b)h'_f + (\alpha_{Es} - 1)A_s$

D. $A_0 = bx + (b'_f - b)h'_f + \alpha_{Es}A_s$

9. 在计算钢筋混凝土受弯构件的挠度时，所采用的刚度是(　　)。

A. 最大弯矩处的最大刚度

B. 最大弯矩处的最小刚度

C. 采用结构力学方法，按在端部弯矩作用下构件转角相等的原则求得的等效刚度

D. 最小弯矩处的最小刚度

10. 矩形截面的简支梁施工时，根据等强度的原则，将原设计采用的纵向钢筋 4Φ10HRB335 级钢筋代换为 3Φ14HRB235 级钢筋，如果原设计中梁的挠度和裂缝宽度均满足要求，那么钢筋代换后(　　)。

A. 必须验算裂缝宽度　　B. 必须验算挠度

C. 裂缝宽度和挠度都必须验算　　D. 二者都不必验算

11. 钢筋混凝土梁截面抗弯刚度随荷载持续时间增加而(　　)。

A. 逐渐增加　　B. 逐渐减少　　C. 先减少后增加　　D. 先增加后减少

12.《公路桥规》规定，在Ⅰ类和Ⅱ类环境条件下的钢筋混凝土构件，算得的裂缝宽度不应超过(　　)。

A. 0.10mm　　B. 0.15mm　　C. 0.20mm　　D. 0.25mm

13. 减小混凝土构件因钢筋锈蚀引起的裂缝的最有效的措施是(　　)。

A. 提高混凝土的强度等级　　B. 减小钢筋直径

C. 增加钢筋截面面积　　D. 选用足够的钢筋保护层厚度

14. 钢筋混凝土构件的变形和裂缝宽度验算是(　　)。

A. 满足承载能力极限状态　　B. 满足人们的感官要求

C. 满足结构构件的安全性要求　　D. 满足结构构件的适用性和耐久性要求

15. 钢筋混凝土受弯构件的挠度值(　　)。

A. 应按作用准永久组合并考虑长期效应对刚度的影响进行计算

B. 应按作用频遇组合并考虑长期效应对刚度的影响进行计算

C. 应按作用准永久组合短期刚度进行计算

D. 应按作用频遇组合短期刚度进行计算

16. 一般钢筋混凝土构件在使用阶段难以避免开裂。故《公路桥规》要求,除特殊要求的构件外(　　)。

A. 只要求限制裂缝宽度而不需进行抗裂验算

B. 需进行抗裂验算

C. 需进行抗裂验算但不要求限制开裂宽度

D. 不需要进行抗裂验算,也不需要限制开裂宽度

17. 我国现行《公路桥规》采用的裂缝宽度计算方法是(　　)。

A. 试验统计法　　B. 半理论半经验法

C. 数理统计法　　D. 概率极限法

18. 钢筋混凝土受弯构件的变形以(　　)为计算的依据。

A. 第Ⅰ阶段末　　B. 第Ⅱ阶段

C. 第Ⅱ阶段末　　D. 第Ⅲ阶段

19. 钢筋混凝土梁的裂缝出现后进入第Ⅱ阶段,其中性轴位置(　　)。

A. 略下降　　B. 先下降后上升

C. 略上升　　D. 不变

20. 减小混凝土梁裂缝宽度的最有效措施是(　　)。

A. 增加截面尺寸

B. 提高混凝土强度等级

C. 选择直径较小的钢筋、增加受拉钢筋面积或减小裂缝截面的钢筋应力

D. 选择直径较大的钢筋

21. 形成裂缝的主要原因不包括下列哪项(　　)。

A. 混凝土抗拉强度比抗压强度低得多,当钢筋混凝土构件受弯、剪、拉和扭等荷载效应时,致使构件开裂

B. 由于基础不均匀沉降,混凝土收缩和温度作用而产生的外加变形受到钢筋和其他构件的约束

C. 钢筋锈蚀而体积膨胀时,混凝土便产生拉应力,该拉应力超过抗拉强度即开裂

D. 混凝土的徐变引起混凝土的开裂

22. 控制混凝土结构裂缝的理由不包括下列哪项(　　)。

A. 裂缝过大,会给人产生不安全感

B. 裂缝过大,会影响结构的承载能力

C. 裂缝过大,会使钢筋锈蚀,而影响结构的耐久性

D. 裂缝过大,会使结构的刚度降低,而产生过大变形

23. 影响结构构件短期刚度的主要因素不包括(　　)。

A. 构件截面尺寸　　B. 作用在结构构件的荷载效应

C. 纵向钢筋配筋率　　D. 混凝土收缩和徐变

24. 影响结构构件长期刚度的主要因素不包括(　　)。

A. 受压区混凝土发生徐变

B. 受压区与受拉区混凝土收缩不一致,构件曲率增大

C. 钢筋直径大小

D. 混凝土弹性模量降低

25.《公路桥规》规定,钢筋混凝土受弯构件的长期挠度值,在消除结构自重产生的长期挠度后,不应超过以下规定限值(　　),其中 l 为受弯构件的计算跨径。

A. $l/300$　　B. $l/400$　　C. $l/500$　　D. $l/600$

26. 根据《公路桥规》的规定,当采用 C35 混凝土时,钢筋混凝土桥梁的挠度长期增长系数 η_θ 取值应为(　　)。

A. 1.45　　B. 1.50　　C. 1.55　　D. 1.60

27.《公路桥规》规定,钢筋混凝土受弯构件预拱度值按(　　)计算的长期挠度值采用。

A. 结构自重　　B. 可变荷载频遇值

C. 结构自重和 1/2 可变荷载频遇值　　D. 结构自重和可变荷载频遇值

28.《公路桥规》规定,当由作用(或荷载)频遇组合并考虑作用(或荷载)长期效应影响产生的长期挠度不超过(　　)时,可不设预拱度,其中 l 为受弯构件的计算跨径。

A. $l/1000$　　B. $l/1200$　　C. $l/1500$　　D. $l/1600$

29. 采取下列哪种措施能有效控制由混凝土收缩引起的裂缝(　　)。

A. 严格控制混凝土的水灰比,保证混凝土的养护条件

B. 增加混凝土保护层厚度

C. 提高混凝土的强度等级

D. 减小纵向钢筋直径

习题参考答案及解析

1. B

【考核点】在进行裂缝宽度和变形验算时结构(或构件)所处的工作状态

【解　析】构件的裂缝宽度和变形验算属于正常使用极限状态的验算,其目的是保证构件有良好的工作性能和耐久性能,也就是保证构件不超过正常使用极限状态。一般在构件进行承载能力计算后,根据其使用性能和耐久性能的要求进行验算。

2. C

【考核点】《公路桥规》中,裂缝宽度验算的适用条件

【解　析】《公路桥规》6.4.2 条规定,裂缝宽度的限值是指在作用(或荷载)频遇组合并考虑长期效应影响下构件的垂直裂缝,不包括施工中混凝土收缩过大、养护不当及渗入氯盐过多等引起的其他非受力裂缝。故选项中只有 C 符合规范要求。

3. A

【考核点】《公路桥规》中,钢筋混凝土构件裂缝宽度的计算公式

【解　析】《公路桥规》中,矩形、T 形和 I 形截面钢筋混凝土构件的最大裂缝宽度可按下式计算:

$$W_{fk} = C_1 C_2 C_3 \frac{\sigma_{ss}}{E_s}\left(\frac{30 + d}{0.28 + 10\rho}\right)$$

当 σ_{ss}、ρ 等其他条件相同时,各类构件裂缝宽度的差异主要在于与构件受力性质有关的系数 C_3。对于钢筋混凝土板式受弯构件 $C_3 = 1.15$,其他受弯构件 $C_3 = 1.0$,轴心受拉构件 $C_3 = 1.2$,偏心受压构件 $C_3 = 0.9$。所以轴心受拉构件的裂缝宽度最大,偏心受压构件最小。故应选择答案 A。

4. A

【考核点】《公路桥规》中,钢筋混凝土构件挠度的计算公式

【解　析】减小挠度的措施在于提高截面的抗弯刚度。截面抗弯刚度主要与材料的弹性模量和截面惯性矩有关。截面惯性矩与截面高度呈 3 次方的增长关系,而选项 B、C、D 对提高截面抗弯刚度的作用基本是线性关系。因此加大截面的高度对减小构件挠度的效果最为明显。

5. A

【考核点】换算面积的定义

【解　析】将 $\alpha_{Es}A_s$ 称为钢筋的换算面积。式中,A_s 为钢筋截面面积,α_{Es} 为钢筋与混凝土弹性模量之比,即 $\alpha_{Es} = E_s/E_c$。

6. D

【考核点】《公路桥规》中,钢筋混凝土构件裂缝宽度的计算公式

【解　析】最大裂缝宽度公式同第 3 题。当配筋率等其他条件相同时,C_1 和 d 的取值将影响最大裂缝宽度。C_1 为钢筋表面形状系数,对光圆钢筋 $C_1 = 1.4$,对带肋钢筋 $C_1 = 1.0$;d 为纵向受拉钢筋直径,d 越小,裂缝宽度越小。故直径小的带肋钢筋是减小裂缝宽度的有效措施。

7. C

【考核点】钢筋混凝土受弯构件第Ⅱ工作阶段计算时的基本假定

【解　析】对于钢筋混凝土受弯构件第Ⅱ阶段的计算,有以下三项基本假定:①平截面假定。②弹性体假定。③受拉区混凝土不承担拉力,拉力仅由钢筋承担。

8. B

【考核点】换算截面的几何特性

【解　析】T 形全截面的换算截面如下图所示。

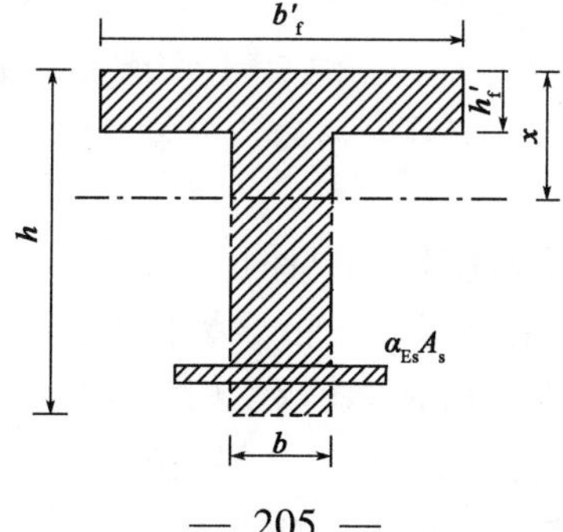

换算截面面积 A_0：$A_0 = bh + (b'_f - b)h'_f + (\alpha_{Es} - 1)A_s$，故选择答案 B。

9. C

【考核点】钢筋混凝土受弯构件的刚度

【解　析】《公路桥规》在确定钢筋混凝土受弯构件的抗弯刚度时，既考虑了开裂对构件刚度的削弱，也考虑了未开裂截面对构件挠曲的有利影响，按在两端部弯矩作用下构件转角相等的原则，把带裂缝的变刚度构件等效为等刚度构件，求出带裂缝受弯构件等效抗弯刚度。

10. A

【考核点】钢筋混凝土受弯构件的挠度和裂缝宽度的计算公式

【解　析】《公路桥规》中，钢筋混凝土开裂构件的等效抗弯刚度 B 的计算公式为：

$$B = \frac{B_0}{\left(\frac{M_{cr}}{M_s}\right)^2 + \left[\left(1 - \frac{M_{cr}}{M_s}\right)^2\right]\frac{B_0}{B_{cr}}}$$

当纵向钢筋截面面积 A_s 变大时（原设计 4Φ10HRB335 级钢筋截面面积为 $314mm^2$，替换为 3Φ14HRB235 级钢筋截面面积为 $462mm^2$），会提高等效抗弯刚度 B，因此不用验算挠度。最大裂缝宽度公式同上述第 3 题，由公式可知，若其他影响因素不变，纵向受拉钢筋直径 d 越大，最大裂缝宽度越大。因此将原设计采用的纵向钢筋直径增大，就必须要进行裂缝宽度的验算。故应选择答案 A。

11. B

【考核点】受弯构件的变形

【解　析】随着时间的增长，钢筋混凝土受弯构件的刚度要降低。这是因为：受压区混凝土发生徐变；受拉区裂缝间混凝土与钢筋之间的黏结逐渐退化，钢筋平均应变增大；受压区与受拉区混凝土收缩不一致，构件曲率增大；上述原因将导致混凝土弹性模量降低。

12. C

【考核点】最大裂缝宽度限值

【解　析】《公路桥规》6.4.2 条规定，钢筋混凝土构件，其计算的最大裂缝宽度不应超过以下限值：对一般性环境条件的Ⅰ类和Ⅱ类环境为 0.20mm。故应选择答案 C。

13. D

【考核点】裂缝产生原因及对策

【解　析】由于钢筋锈蚀引起的裂缝将降低结构的耐久性，危害性较大，故必须防止其出现。在实际工程中，应采取切实措施，在施工上保证混凝土的密实性，在设计上采用必要的混凝土保护层厚度，以防止裂缝的出现。故应选择答案 D。

14. D

【考核点】正常使用极限状态计算的目的

【解　析】钢筋混凝土构件除了可能由于材料强度破坏或失稳等原因达到承载能力极限状态以外，还可能由于构件变形或裂缝过大影响了构件的适用性及耐久性，而达不到结构正常使用要求。故应选择答案 D。

15. B

【考核点】受弯构件的变形

【解 析】在计算受弯构件的挠度时应考虑荷载长期效应的影响，即按荷载频遇组合计算的挠度值，并乘以挠度长期增长系数 η_θ。

16. A

【考核点】钢筋混凝土受弯构件裂缝计算

【解 析】《公路桥规》规定，钢筋混凝土构件在作用(或荷载)频遇组合并考虑长期效应的影响下构件的垂直裂缝，其最大裂缝宽度不应超过规范规定的限值，一般不需进行抗裂验算。

17. C

【考核点】裂缝宽度计算公式

【解 析】目前国内外有关裂缝宽度的计算方法可分为两大类：第一类是以黏结—滑移理论为基础的半经验半理论公式；第二类是以统计分析方法为基础的经验公式。《公路桥规》推荐的裂缝宽度计算公式，即属于第二类。

18. B

【考核点】钢筋混凝土受弯构件变形计算依据

【解 析】在进行钢筋混凝土受弯构件正常使用阶段的验算时，采用梁受力的第Ⅱ阶段，即带裂缝工作阶段作为计算依据。

19. C

【考核点】适筋梁正截面受力全过程

【解 析】第Ⅱ阶段：带裂缝工作阶段。在有裂缝的截面上，拉区混凝土退出工作，拉应力转卸给钢筋承担，截面发生应力重分布，钢筋的拉应力随着荷载的增加而增加，混凝土压应力不再是三角形分布，而形成了微弯的曲线形，中和轴位置向上移动。

20. C

【考核点】《公路桥规》中，钢筋混凝土构件裂缝宽度的计算公式

【解 析】由钢筋混凝土构件的最大裂缝宽度计算公式可知，梁裂缝宽度与钢筋直径、钢筋应力成正比，因此选 C。

21. D

【考核点】裂缝产生原因

【解 析】钢筋混凝土结构裂缝产生的原因大致可分为以下三类：①外加变形或约束变形(温差、收缩等)引起的裂缝；②钢筋锈蚀引起的裂缝；③荷载作用引起的裂缝。

22. B

【考核点】控制裂缝宽度的目的

【解 析】构件裂缝过大会影响构件的适用性及耐久性，而达不到结构正常使用要求。

23. D

【考核点】受弯构件的刚度

【解 析】根据《公路桥规》中的等效抗弯刚度公式，A、B、C 三个选项都是影响构件短

期刚度的主要因素，而混凝土徐变是影响长期刚度的主要因素，故选择答案 D。

24. C

【考核点】受弯构件的刚度

【解　析】影响结构构件长期刚度的主要因素主要与时间因子有关，而钢筋直径大小与时间无关。

25. D

【考核点】钢筋混凝土受弯构件的变形

【解　析】《公路桥规》第 6.5.3 条规定，钢筋混凝土受弯构件按上述计算的长期挠度值，在消除结构自重产生的长期挠度后，梁式桥主梁的最大挠度不应超过计算跨径的 1/600。

26. D

【考核点】钢筋混凝土受弯构件的变形

【解　析】《公路桥规》第 6.5.3 条规定，挠度长期增长系数 η_θ 可按下列规定取用：当采用 C40 以下混凝土时，$\eta_\theta = 1.60$；当采用 C40 ~ C80 混凝土时，$\eta_\theta = 1.45 \sim 1.35$；中间强度等级可按直线内插取用。由此当采用 C35 混凝土时，挠度长期增长系数 η_θ 取值为 1.60。

27. C

【考核点】受弯构件预拱度的设置

【解　析】《公路桥规》第 6.5.5 条规定，预拱度值应按结构自重和 1/2 可变荷载频遇值计算的长期挠度值之和采用。

28. D

【考核点】受弯构件预拱度的设置

【解　析】《公路桥规》第 6.5.5 条规定，当由作用频遇组合并考虑长期效应影响产生的长期挠度不超过计算跨径的 1/1600 时，可不设预拱度。

29. A

【考核点】裂缝产生原因及对策

【解　析】混凝土收缩引起的裂缝，往往发生在混凝土的结硬初期，因此需要良好的初期养护条件和合适的混凝土水灰比设计才能有效控制收缩裂缝。

第五节　预应力混凝土结构

【考纲纲要】

1. 预应力混凝土的特点；
2. 施加预应用力的方法与常用设备；
3. 受弯构件的承载力计算；
4. 受扭构件的承载力计算；
5. 预应力损失；
6. 有效预应力；
7. 抗裂计算；
8. 端部锚固区构造要求；

9. 受弯构件的构造要求；

10. 局部承压；

11. 挠度计算；

12. 裂缝宽度验算。

【复习提示】

1. 复习要点

考生应掌握预应力混凝土的特点、施加预应力的方法及相关设备、受弯构件的承载力计算、预应力损失、有效应力、构件的抗裂验算、预应力混凝土梁的构造、局部承压、挠度计算及裂缝宽度验算等基本概念，能够熟练运用正截面承载力和斜截面承载力计算理论设计预应力混凝土受弯构件。

重点：

(1)预应力损失及有效预应力。在预应力混凝土受弯构件的承载力计算、应力验算及抗裂性验算中均会用到该知识点。

(2)受弯构件的承载力计算。对预应力混凝土构件的分类及抗弯承载力计算会用到该知识点。

(3)构件的抗裂验算。对先张法和后张法构件在施工阶段、使用阶段和破坏阶段的应力分析会用到该知识点。

(4)施加预应力的方法。在预应力损失、有效预应力的估算及预应力的传递中会用到该知识点。

难点：

受弯构件的承载力计算方法。

2. 规范提示

预应力损失、有效预应力、施加预应力的方法、受弯构件承载力计算、构件的抗裂性验算等知识点涉及《公路钢筋混凝土及预应力混凝土桥涵设计规范》(JTG D62—2004)、《公路桥涵设计通用规范》(JTG D60—2015)，均为现行规范。上述规范以下统一简称为《公路桥规》。

《公路钢筋混凝土及预应力混凝土桥涵设计规范》(JTG D62—2004)涉及预应力混凝土结构的内容为：混凝土和钢筋、结构构件设计的基本规定、持久状况承载能力极限状态计算、持久状况正常使用极限状态计算、持久状况和短暂状况构件的应力计算及构造要求。《公路桥涵设计通用规范》(JTG D60—2015)中复习的重点内容是作用分类、代表值和作用效应。

习题精练

1. 截面尺寸及配筋相同的钢筋混凝土轴拉构件和预应力混凝土轴拉构件相比较(　　)。

A. 前者的承载力高于后者　　B. 前者的抗裂度比后者好

C. 前者的承载力低于后者　　D. 前者的抗裂度比后者差

2. 先张法构件的预应力损失不包括(　　)。

A. 预应力筋与管道间摩擦引起的预应力损失

B. 预应力钢筋与台座间温差引起的预应力损失

C. 混凝土弹性压缩引起的预应力损失

D. 预应力钢筋应力松弛引起的应力损失

3. 所谓“一般不出现裂缝”的预应力轴心受拉及受弯构件，在短期荷载作用下（　　）。

A. 允许出现拉应力　　B. 不允许出现拉应力

C. 拉应力为零　　D. 均可以

4. 施加预应力的主要目的是（　　）。

A. 提高构件的承载力　　B. 提高构件的抗裂度及刚度

C. 提高构件的承载力和抗裂度　　D. 对构件强度进行检验

5. 受力及截面相同的钢筋混凝土轴心受拉构件和预应力混凝土轴心受拉构件相比较，（　　）。

A. 后者的抗裂度和刚度大于前者

B. 后者的承载力大于前者

C. 后者的承载力和抗裂度、刚度均大于前者

D. 两者的承载力、抗裂度和刚度相等

6. 有关预应力钢筋张拉控制应力 σ_{con} 的限值，下列论述（　　）不正确。

A. 钢丝、钢绞线的 σ_{con} 比精轧螺纹钢筋小

B. 钢丝、钢绞线的 σ_{con} 不论是先张法还是后张法，取值相同

C. 精轧螺纹钢筋的 σ_{con} 先张法比后张法大

D. 精轧螺纹钢筋的 σ_{con} 先张法与后张法相同

7. 减少锚具变形和钢筋内缩预应力损失的措施，下列（　　）是不正确的。

A. 选择变形小的锚具　　B. 尽量减少垫块和螺母数

C. 增大张拉端至锚固端的距离　　D. 采用普通张拉方法

8. 为减少混凝土加热养护时受张拉的预应力钢筋与承受拉力的设备之间温差引起的预应力损失 σ_{l3} 的措施，下列（　　）是正确的。

A. 增加台座长度和加强锚固

B. 提高混凝土强度等级或更高强度的预应力钢筋

C. 采用二次升温养护或在钢模上张拉预应力钢筋

D. 采用超张拉

9. 以下有关预应力钢筋的应力松弛，（　　）项是不正确的。

A. 张拉控制应力 σ_{con} 值高，应力松弛大

B. 张拉控制应力 σ_{con} 值高，应力松弛小

C. 低松弛钢筋的应力松弛比高松弛钢筋的应力松弛小

D. 钢筋的应力松弛开始发展快，以后发展缓慢

10. 钢筋的应力松弛是指钢筋受力后（　　）。

A. 钢筋应力保持不变的条件下，应变会随时间的增长而逐渐增大的现象

B. 钢筋应力保持不变的条件下，应变会随时间的增长而逐渐降低的现象

C. 钢筋长度保持不变的条件下，钢筋的应力会随时间的增长而逐渐增大的现象

D. 钢筋长度保持不变的条件下，钢筋的应力会随时间的增长而逐渐降低的现象

11. 后张法预应力混凝土构件，混凝土在受预压前产生的第一批预应力损失 σ_{l1} 和第二批

预应力损失 $\sigma_{l\mathrm{II}}$ 分别为(　　)。

A. $\sigma_{l\mathrm{I}}=\sigma_{l1}+\sigma_{l2}+\sigma_{l3};\sigma_{l\mathrm{II}}=\sigma_{l4}+\sigma_{l5}$　　B. $\sigma_{l\mathrm{I}}=\sigma_{l1}+\sigma_{l2};\sigma_{l\mathrm{II}}=\sigma_{l4}+\sigma_{l5}+\sigma_{l6}$

C. $\sigma_{l\mathrm{I}}=\sigma_{l1}+\sigma_{l3}+\sigma_{l4};\sigma_{l\mathrm{II}}=\sigma_{l5}$　　D. $\sigma_{l\mathrm{I}}=\sigma_{l1}+\sigma_{l2}+\sigma_{l4};\sigma_{l\mathrm{II}}=\sigma_{l5}+\sigma_{l6}$

12. 先张法预应力混凝土轴心受拉构件,混凝土在受预压前产生的第一批预应力损失 $\sigma_{l\mathrm{I}}$ 和预压后产生的第二批预应力损失 $\sigma_{l\mathrm{II}}$ 分别为(　　)。

A. $\sigma_{l\mathrm{I}}=\sigma_{l1}+\sigma_{l2}+\sigma_{l3};\sigma_{l\mathrm{II}}=\sigma_{l4}+\sigma_{l5}$

B. $\sigma_{l\mathrm{I}}=\sigma_{l1}+\sigma_{l2};\sigma_{l\mathrm{II}}=\sigma_{l4}+\sigma_{l5}+\sigma_{l6}$

C. $\sigma_{l\mathrm{I}}=\sigma_{l2}+\sigma_{l3}+\sigma_{l4}+0.5\sigma_{l5};\sigma_{l\mathrm{II}}=0.5\sigma_{l5}+\sigma_{l6}$

D. $\sigma_{l\mathrm{I}}=\sigma_{l1}+\sigma_{l2}+\sigma_{l4};\sigma_{l\mathrm{II}}=\sigma_{l5}+\sigma_{l6}$

13. 先张法预应力混凝土受弯构件在预加应力阶段,完成第一批损失后,预应力钢筋的拉应力 $\sigma_{\mathrm{pe\,I}}$ 和非预应力钢筋应力 $\sigma_{\mathrm{s\,I}}$ 的值等于(　　)。

A. $\sigma_{\mathrm{pe\,I}}=\sigma_{\mathrm{con}}-\sigma_{l\mathrm{I}};\sigma_{\mathrm{s\,I}}=\sigma_{l4}$

B. $\sigma_{\mathrm{pe\,I}}=\sigma_{\mathrm{con}}-\sigma_{l\mathrm{I}};\sigma_{\mathrm{s\,I}}=0$

C. $\sigma_{\mathrm{pe\,I}}=\sigma_{\mathrm{con}}-\sigma_{l\mathrm{I}};\sigma_{\mathrm{s\,I}}=\alpha_{\mathrm{E}}\sigma_{\mathrm{pc\,I}}$

D. $\sigma_{\mathrm{pe\,I}}=\sigma_{\mathrm{con}}-\sigma_{l\mathrm{I}}+\sigma_{l4};\sigma_{\mathrm{s\,I}}=0$

14. 先张法预应力混凝土受弯构件在预加力阶段,完成第一批损失后,受拉区预应力钢筋合力点处混凝土所获得的有效预压应力值 $\sigma_{\mathrm{pc\,I}}$ 等于(　　)。

A. $\sigma_{\mathrm{pc\,I}}=\dfrac{(\sigma_{\mathrm{con}}-\sigma_{l\mathrm{I}}+\sigma_{l4})A_{\mathrm{p}}}{A_0}+\dfrac{(\sigma_{\mathrm{con}}-\sigma_{l\mathrm{I}}+\sigma_{l4})A_{\mathrm{p}}e_{\mathrm{p0}}}{I_0}y_0$

B. $\sigma_{\mathrm{pc\,I}}=\dfrac{(\sigma_{\mathrm{con}}-\sigma_{l\mathrm{I}}+\sigma_{l4})A_{\mathrm{p}}}{A_{\mathrm{n}}}+\dfrac{(\sigma_{\mathrm{con}}-\sigma_{l\mathrm{I}}+\sigma_{l4})A_{\mathrm{p}}e_{\mathrm{pn}}}{I_{\mathrm{n}}}y_{\mathrm{n}}$

C. $\sigma_{\mathrm{pc\,I}}=\dfrac{(\sigma_{\mathrm{con}}-\sigma_{l\mathrm{I}})A_{\mathrm{p}}}{A_0}+\dfrac{(\sigma_{\mathrm{con}}-\sigma_{l\mathrm{I}})A_{\mathrm{p}}e_{\mathrm{p0}}}{I_0}y_0$

D. $\sigma_{\mathrm{pc\,I}}=\dfrac{(\sigma_{\mathrm{con}}-\sigma_{l\mathrm{I}})A_{\mathrm{p}}}{A_{\mathrm{n}}}+\dfrac{(\sigma_{\mathrm{con}}-\sigma_{l\mathrm{I}})A_{\mathrm{p}}e_{\mathrm{pn}}}{I_{\mathrm{n}}}y_{\mathrm{n}}$

15. 后张法预应力混凝土受弯构件,当截面下边缘处于消压状态时,这时受拉区预应力钢筋的拉应力 σ_{p0} 的值为(　　)。

A. $\sigma_{\mathrm{p0}}=\sigma_{\mathrm{con}}-\sigma_1$　　B. $\sigma_{\mathrm{p0}}=\sigma_{\mathrm{con}}-\sigma_1+\alpha_{\mathrm{Ep}}\sigma_{\mathrm{pc}}$

C. $\sigma_{\mathrm{p0}}=\sigma_{\mathrm{con}}-\sigma_1-\alpha_{\mathrm{Ep}}\sigma_{\mathrm{pc}}$　　D. 0

16. 先张法预应力混凝土受弯构件的开裂弯矩 M_{cr} 为(　　)。

A. $(\sigma_{\mathrm{pc}}-\gamma f_{\mathrm{tk}})W_0$　　B. $\sigma_{\mathrm{pc}}W_0$

C. $f_{\mathrm{tk}}W_0$　　D. $(\sigma_{\mathrm{pc}}+\gamma f_{\mathrm{tk}})W_0$

17. 后张法预应力混凝土受弯构件在预加力阶段,完成第一批损失后,受拉区预应力钢筋合力点处混凝土所获得的有效预压应力值 σ_{pcI} 等于(　　)。

A. $\sigma_{\mathrm{pc\,I}}=\dfrac{(\sigma_{\mathrm{con}}-\sigma_{l\mathrm{I}}+\sigma_{l4})A_{\mathrm{p}}}{A_0}+\dfrac{(\sigma_{\mathrm{con}}-\sigma_{l\mathrm{I}}+\sigma_{l4})A_{\mathrm{p}}e_{\mathrm{p0}}}{I_0}y_0$

B. $\sigma_{\mathrm{pc\,I}}=\dfrac{(\sigma_{\mathrm{con}}-\sigma_{l\mathrm{I}}+\sigma_{l4})A_{\mathrm{p}}}{A_{\mathrm{n}}}+\dfrac{(\sigma_{\mathrm{con}}-\sigma_{l\mathrm{I}}+\sigma_{l4})A_{\mathrm{p}}e_{\mathrm{pn}}}{I_{\mathrm{n}}}y_{\mathrm{n}}$

C. $\sigma_{pc\,I}=\frac{(\sigma_{con}-\sigma_{l\,I})A_p}{A_0}+\frac{(\sigma_{con}-\sigma_{l\,I})A_p e_{p0}}{I_0}y_0$

D. $\sigma_{pc\,I}=\frac{(\sigma_{con}-\sigma_{l\,I})A_p}{A_n}+\frac{(\sigma_{con}-\sigma_{l\,I})A_p e_{pn}}{I_n}y_n$

18. 对构件的纵向钢筋施加预拉力后，下列论述中(　　)是不正确的。

A. 可提高构件斜截面受剪承载力

B. 可提高构件正截面受弯承载力

C. 可提高剪扭构件的受剪承载力和受扭承载力

D. 可改善构件的正常使用性能

19. 后张法预应力混凝土受弯构件在计算由混凝土收缩、徐变引起的预应力损失(σ_{l6}、σ'_{l6})计算公式中，计算 σ_{pc} 及 σ'_{pc} 时，应考虑的预应力损失项为(　　)。

A. σ_{l1}　　B. $\sigma_{l1}+\sigma_{l2}+\sigma_{l4}$

C. $\sigma_{l1}+\sigma_{l2}+\sigma_{l3}+\sigma_{l4}$　　D. $\sigma_{l1}+\sigma_{l2}$

20. 对施工阶段预拉区不允许出现裂缝的后张法预应力混凝土构件，当预拉区边缘混凝土的拉应力 $\sigma^{t}_{cc}\leq 0.7f'_{tk}$ 时，预拉区纵向钢筋的配筋率不应小于(　　)。

A. 0.4%　　B. 0.2%　　C. 0.2% ~0.4%　　D. 0

21. 在预应力混凝土构件的诸多预应力损失中，减少张拉端锚具变形和钢筋内缩引起的预应力损失 σ_{l2} 的最有效的方法是(　　)。

A. 减少垫块数量　　B. 增强混凝土养护

C. 采用先张法　　D. 选用低松弛钢绞线

22. 在进行预应力混凝土构件端部的强度和应力计算时，应分别考虑预应力筋端部锚固长度和传递长度内应力的变化，这主要是针对(　　)而言。

A. 先张法构件　　B. 后张法构件

C. 两种构件　　D. 以上均不是

23. 以下有关描述正确的是(　　)。

A. 抗裂性验算需计算结构的应力，作用的组合应采用各种作用的标准值相加

B. 持久状况下结构的应力验算应采用各作用的标准值相加，而且必须考虑汽车可变荷载的冲击效应

C. 结构挠度验算时，需采用作用(或荷载)的长期效应组合

D. 以上都不正确

24. 采用钢丝或钢绞线的预应力混凝土 B 类构件，在一类和二类环境下最大裂缝宽度的限值为(　　)。

A. 0.4mm　　B. 0.3mm　　C. 0.1mm　　D. 不允许有裂缝

25.《公路桥规》规定，预应力混凝土构件的混凝土强度等级不应低于(　　)。

A. C20　　B. C30　　C. C35　　D. C40

26. 全预应力混凝土构件在使用条件下，构件截面混凝土(　　)。

A. 不出现拉应力　　B. 允许出现拉应力

C. 不出现压应力　　D. 允许出现压应力

27. 预应力作用可以(　　)钢筋中应力循环幅度,而钢筋混凝土结构的疲劳破坏一般是由钢筋疲劳所控制的,因此预应力能(　　)混凝土结构的耐疲劳强度。

A. 提高,提高　　B. 降低,提高

C. 提高,降低　　D. 降低,降低

28. 下列各项为影响混凝土徐变的主要因素,其中说法不正确的是(　　)。

A. 加载应力越大,混凝土徐变量越大

B. 加载时混凝土的龄期越短,混凝土的徐变越小

C. 水灰比越大,徐变量越大

D. 集料的弹性模量越高,混凝土的徐变越大

29. 在后张法预应力混凝土结构中,对预应力钢筋性能的要求不包括(　　)。

A. 良好的加工性能　　B. 一定的塑性

C. 足够的黏结强度　　D. 较高的强度

30. 在进行预应力钢筋混凝土构件挠度验算时,(　　)。

A. 作用(荷载)用设计值

B. 作用(荷载)短期效应组合

C. 作用(荷载)短期效应组合并考虑长期效应影响

D. 荷载和材料强度均采用标准值

31. 预应力钢筋的钢种相同时,其张拉控制应力 σ_{con}(　　)。

A. 先张法大于后张法

B. 先张法小于后张法

C. 先张法与后张法相同

D. 应根据构件所采用的混凝土强度等级确定

32. 为了减少由于混凝土收缩、徐变引起的预应力损失,(　　)。

A. 应增加水泥用量　　B. 应提高张拉控制应力

C. 加强振捣与养护　　D. 尽早施加预应力

33. 在长度固定不变的条件下,钢材的应力随时间而发生降低的现象称为钢材的(　　)。

A. 松弛　　B. 徐变　　C. 蠕变　　D. 疲劳

34. 对于后张法预应力桥梁结构,(　　)是在桥梁运营阶段完成的。

A. 预应力筋与管道之间的摩擦引起的应力损失

B. 锚具变形、预应力筋内缩引起的应力损失

C. 混凝土的弹性压缩引起的应力损失

D. 混凝土的收缩徐变引起的应力损失

35. 部分预应力 A 类混凝土构件在正常使用极限状态下,构件截面混凝土(　　)。

A. 不出现拉应力

B. 允许出现拉应力,但是不应该超过限值

C. 不出现压应力

D. 允许出现压应力

36. 先张法构件中,预应力钢筋的传递长度是指(　　)。

A. 预应力钢筋从应力为零的端面到应力为 σ_{pe} 的这一长度

B. 预应力钢筋从应力为零的端面到应力为 f_{pd} 的这一长度

C. 预应力钢筋应力为 f_{pd} 的截面

D. 以上均不对

37. 先张法和后张法预应力混凝土构件，其传递预应力方法的区别是(　　)。

A. 先张法靠钢筋与混凝土间的黏结力传递预应力，后张法则靠工作锚具来保持预应力

B. 后张法靠钢筋与混凝土间的黏结力来传递预应力，而先张法则靠工作锚具来保持预应力

C. 先张法依靠传力架保持预应力，而后张法则靠千斤顶来保持预应力

D. 先张法和后张法均靠工作锚具来保持预应力，仅在张拉顺序上不同而已

38. 后张法预应力混凝土受弯构件的开裂荷载 N_{cr} 为(　　)。

A. $(\sigma_{pc\,\text{II}}-f_{tk})A_0$　　B. $\sigma_{pc\,\text{II}}A_0$

C. $f_{tk}A_0$　　D. $(\sigma_{pc\,\text{II}}+f_{tk})A_0$

39. 在桥梁结构中，混凝土的持续应力一般都小于(　　)。

A. $0.3f_{ck}$　　B. $0.4f_{ck}$

C. $0.5f_{ck}$　　D. $0.6f_{ck}$

40. 预应力度 λ 是指(　　)。

A. 预加应力大小确定的消压弯矩 M_0 与外荷载产生的弯矩 M_s 的比值

B. 预加应力作用下产生的弯矩与外荷载产生的弯矩 M_s 的比值

C. 构件的开裂弯矩 M_{cr} 与消压弯矩 M_0 的比值

D. 以上均不对

41. 计算超静定结构的预应力混凝土构件挠度的最佳方法是(　　)。

A. 等效刚度法　　B. 荷载平衡法

C. 力法　　D. 位移法

42. 以下说法中，不正确的是(　　)。

A. 在运输安装阶段，预应力混凝土梁所承受的荷载仍是预加力 N_p 和梁的二期恒载

B. 由于引起预应力损失的因素相继增加，使 N_p 要比预加应力阶段小

C. 梁的一期恒载作用应根据《公路桥规》的规定计入 1.20 或 0.85 的动力系数

D. 需注意验算构件支点或吊点截面上缘混凝土的拉应力

43. 预应力混凝土构件的抗裂性验算属于(　　)。

A. 承载能力极限状态

B. 正常使用极限状态

C. 承载能力极限状态和正常使用极限状态

D. 以上均不正确

44. 对于 A 类部分预应力混凝土构件，正截面抗裂应满足(　　)。

A. 在作用(或荷载)的短期效应组合下，$\sigma_{st}-0.85\sigma_{pc}\leqslant 0.7f_{tk}$，但在长期效应组合下，$\sigma_{lt}-\sigma_{pc}\leqslant 0$

B. 在作用(或荷载)的短期效应组合下,$\sigma_{st}-0.85\sigma_{pc}\leqslant0$,但在长期效应组合下,$\sigma_{lt}-\sigma_{pc}\leqslant0$

C. 在作用(或荷载)的短期效应组合下,$\sigma_{st}-\sigma_{pc}\leqslant0.7f_{tk}$,但在长期效应组合下,$\sigma_{lt}-\sigma_{pc}\leqslant0$

D. $\sigma_{lt}-\sigma_{pc}\leqslant0$

45. 以下关于非预应力钢筋的说法,不正确的是(　　)。

A. 架立钢筋的作用是用于支撑箍筋

B. 定位钢筋的作用是固定预留孔道制孔器位置

C. 局部加强筋设置在局部受力较大的部位

D. 腹筋仅指箍筋

46. 下图中,曲线管道平面外保护层是指(　　)。

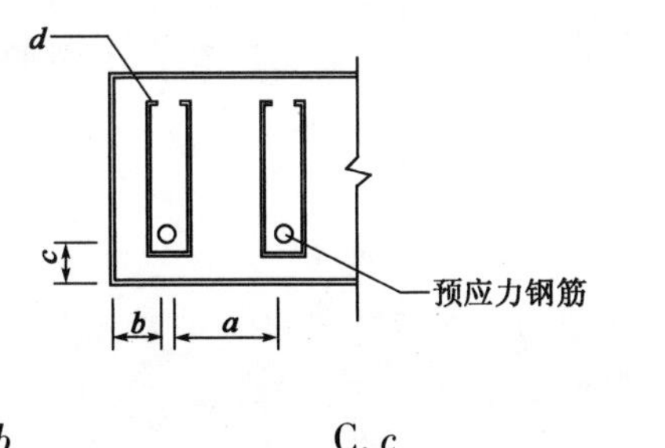

A. a　　　B. b　　　C. c　　　D. d

◈ 习题参考答案及解析 ◈

1. D

【考核点】预应力混凝土轴拉构件的承载力和抗裂度

【解　析】无论是预应力混凝土轴拉构件还是钢筋混凝土轴拉构件,承载力取决于钢筋的抗拉设计强度和截面面积。如果条件相同,预应力混凝土轴拉构件与钢筋混凝土轴拉构件的承载力必然相同。

2. A

【考核点】预应力损失

【解　析】先张法构件的预应力损失包括锚具变形、钢筋回缩和接缝压缩引起的预应力损失 σ_{l2}、预应力钢筋与台座间温差引起的预应力损失 σ_{l3}、混凝土弹性压缩引起的预应力损失 σ_{l4}、预应力钢筋应力松弛引起的应力损失 σ_{l5}、混凝土收缩、徐变引起的预应力损失 σ_{l6}。

3. A

【考核点】配筋混凝土结构的分类

【解　析】配筋混凝土按预加应力的大小划分为如下四级:Ⅰ级:全预应力;Ⅱ级:有限预应力;Ⅲ级:部分预应力;Ⅳ级:普通钢筋混凝土结构。根据定义,显然选 A。

4. B

【考核点】预应力混凝土结构的特点

【解　析】对构件施加预应力，可控制构件在使用荷载作用下不出现裂缝，或使裂缝大大推迟出现，有效改善构件的使用性能，提高构件的刚度，增加结构的耐久性。

5. A

【考核点】预应力混凝土结构的特点

【解　析】对构件施加预应力，可控制构件在使用荷载作用下不出现裂缝，或使裂缝大大推迟出现，有效改善构件的使用性能，提高构件的刚度，增加结构的耐久性。

6. C

【考核点】张拉控制应力与预应力钢筋的钢种关系

【解　析】张拉控制应力的大小与预应力钢筋的钢种有关，而与张拉方法无关。不同性质的预应力筋应分别确定其 σ_{con} 值。

7. D

【考核点】预应力损失

【解　析】选用变形小的锚具，增大张拉端至锚固端的距离，减少垫块和螺母数，采用超张拉可以减小预应力损失。

8. C

【考核点】预应力损失

【解　析】采用二次升温的养护方法可以降低 σ_{l3}。

9. B

【考核点】预应力损失

【解　析】钢筋初拉应力越高，其应力松弛越甚；钢筋松弛量的大小主要与钢筋的品质有关。钢筋松弛与温度变化有关，它随温度升高而增加。

10. D

【考核点】钢筋松弛的定义

【解　析】钢筋在一定拉应力值下，将其长度固定不变，则钢筋中的应力将随时间延长而降低，一般称这种现象为钢筋的松弛或应力松弛。

11. D

【考核点】预应力损失组合

【解　析】明确后张法构件传力锚固时的损失。

12. C

【考核点】预应力损失组合

【解　析】明确先张法构件传力锚固时的损失。

13. C

【考核点】预应力混凝土受弯构件应力计算

【解　析】完成第一批损失后，预应力钢筋的拉应力 σ_{peI} 应为扣除传力锚固时的损失后剩余的有效应力。由于混凝土的弹性压缩，非预应力钢筋的应力 $\sigma_{s\,I}=E_s/E_c\sigma_{pc\,I}=\alpha_E\sigma_{pc\,I}$。

14. A

【考核点】预应力混凝土受弯构件应力计算

【解　析】受拉区预应力钢筋合力点处混凝土法向应力为零时的预应力钢筋应力

$\sigma_{p0}=\sigma_{con}-\sigma_{l\,I}+\sigma_{l4}$，预应力钢筋的合力 $N_{p0}=\sigma_{p0}A_p$。在偏心预压力 N_{p0} 作用下，受拉区预应力钢筋合力点处混凝土法向应力 $\sigma_{pc\,I}=\dfrac{N_{p0}A_p}{A_0}+\dfrac{N_{p0}A_pe_{p0}}{I_0}y_0$，故选 A。

15. B

【考核点】部分预应力混凝土受弯构件应力计算

【解　析】本题是在消压弯矩 M_0 和预加力 N_p 的共同作用下，只有控制截面下边缘纤维的混凝土应力为零（消压），而截面上其他点的应力都不为零（并非全截面消压）。

16. D

【考核点】预应力混凝土受弯构件开裂弯矩

【解　析】构件出现裂缝时的理论临界弯矩称为开裂弯矩 M_{cr}，即 $M_{cr}=M_0+M_{cr,c}=\sigma_{pc}W_0+\gamma f_{tk}W_0$。

17. D

【考核点】预应力混凝土受弯构件应力计算

【解　析】先张法预应力钢筋和非预应力钢筋的合力是指混凝土预压应力为零时的情况，后张法则是指混凝土已有预压应力的情况，两者相应的公式不同，前者用 N_{P0}、σ_{p0}、A_0、I_0、e_{p0}，后者为 N_P、σ_{pe}、A_n、I_n、e_{pn}，故选 D。

18. B

【考核点】预应力混凝土构件的概念

【解　析】对混凝土构件施加预应力的目的是改善构件的正常使用性能，提高构件的刚度，限制裂缝的宽度。

19. B

【考核点】预应力损失组合

【解　析】明确后张法构件传力锚固时的损失。

20. B

【考核点】受弯构件的构造要求

【解　析】《公路桥规》规定，当 $\sigma'_{ct}\leq 0.7f'_{tk}$ 时，预拉区应配置配筋率不小于 0.2% 的纵向非预应力钢筋；当 $\sigma'_{ct}=115f'_{tk}$ 时，预拉区应配置配筋率不小于 0.4% 的纵向非预应力钢筋；当 $0.7f'_{tk}<\sigma'_{ct}<1.15f'_{tk}$ 时，预拉区应配置配筋率按以上两者线性差值取用，故选 B。

21. A

【考核点】预应力损失

【解　析】减小张拉端锚具变形和钢筋内缩引起的预应力损失 σ_{l2} 的方法是，减小张拉锚具变形、钢筋回缩和接缝压缩值，增大张拉端与锚固端之间的距离，减小预应力筋的弹性模量。

22. A

【考核点】预应力的施加方法

【解　析】先张法的预应力建立是通过预应力钢筋与混凝土之间的黏结力传递的。后张法的预应力建立是通过端部锚具实现的。

23. B

【考核点】受弯构件的承载力计算

【解　析】施工荷载除特别规定外，均采用标准值，组合时不考虑组合系数。持久状况的应力计算，作用取其标准值，汽车荷载应计入冲击系数，所有荷载分项系数均取1.0。

24. C

【考核点】裂缝宽度验算

【解　析】《公路桥规》规定了不同环境下裂缝宽度的限值。

25. D

【考核点】预应力混凝土结构的材料

【解　析】《公路桥规》规定预应力混凝土构件的混凝土强度等级不应低于C40。

26. A

【考核点】预应力混凝土的分类

【解　析】《公路桥规》规定全预应力混凝土构件在作用(效应)短期组合下控制的正截面受拉边缘不允许出现拉应力(不得消压)，即 $\lambda>1$。

27. B

【考核点】预应力混凝土的特点

【解　析】预应力混凝土构件在疲劳荷载作用下，预应力钢筋的应力幅相对较低，疲劳寿命得到较大提高。

28. B

【考核点】预应力混凝土结构的材料

【解　析】加载应力越大，混凝土的徐变越大；混凝土加荷时的龄期越短，徐变越大；混凝土的水灰比越小，徐变也越小；集料弹性模量降低，徐变显著增大。

29. C

【考核点】预应力混凝土结构的材料

【解　析】预应力钢筋应具有良好的加工性能，较好的变形性能(塑性)和较高的强度储备。

30. C

【考核点】挠度计算

【解　析】《公路桥规》规定预应力混凝土受弯构件的变形计算，应采用作用短期效应组合并考虑长期效应的影响。

31. C

【考核点】预应力损失

【解　析】张拉控制应力与预应力的施加方法无关。

32. C

【考核点】预应力损失

【解　析】减少混凝土收缩、徐变引起的预应力损失应控制混凝土收缩和徐变量。

33. A

【考核点】预应力混凝土材料

【解　析】预应力钢筋在长度固定不变的条件下，应力随时间而发生降低的现象称为松弛。

34. D

【考核点】预应力损失

【解　析】运营阶段是指预应力钢筋已经锚固后(第二批)的阶段。后张法构件中第二批预应力损失有预应力钢筋松弛引起的损失和混凝土收缩、徐变引起的损失。

35. B

【考核点】预应力混凝土的特点

【解　析】《公路桥规》规定,部分预应力混凝土A类构件在作用(效应)短期组合下控制的正截面受拉边缘允许出现拉应力并加以限制。

36. A

【考核点】端部锚固区构造要求

【解　析】先张法预应力混凝土构件中,钢筋从应力为零的端面到应力为有效应力的这一长度称为预应力钢筋的传递长度。

37. A

【考核点】预加应力的方法

【解　析】先张法的预应力建立是通过预应力钢筋与混凝土之间的黏结力传递的。后张法的预应力建立是通过端部锚具实现的。

38. A

【考核点】抗裂计算

【解　析】预应力施加的目的之一就是提高受弯构件的抗裂性能。

39. A

【考核点】预应力混凝土结构的材料

【解　析】当混凝土的应力相对较低时,混凝土因徐变产生的变形大大降低。

40. A

【考核点】预应力度的概念

【解　析】预应力度是指预加应力大小确定的消压弯矩 M_0 与外荷载产生的弯矩 M_s 的比值,即 $\lambda = \frac{M_0}{M_s}$。

41. A

【考核点】预应力混凝土结构的三种概念

【解　析】预加应力可以认为是对混凝土构件先施加与使用荷载相反的荷载以抵消部分或全部工作荷载,使受弯构件在给定的荷载条件下不受挠曲应力。

42. A

【考核点】预应力混凝土受弯构件的工作阶段

【解　析】在运输、安装阶段,混凝土梁所承受的荷载仍是预加力 N_p 和梁的一期恒载。

43. A

【考核点】抗裂计算

【解　析】预应力混凝土构件的抗裂性验算、裂缝宽度验算和挠度验算均属于正常使用极限状态。

44. A

【考核点】抗裂计算

【解　析】预应力混凝土A类构件受拉边缘混凝土的拉应力应小于限值。在作用(或荷载)的短期效应组合下，$\sigma_{st}-0.85\sigma_{pc}\leqslant 0.7f_{tk}$，但在长期效应组合下，$\sigma_{lt}-\sigma_{pc}\leqslant 0$。

45. D

【考核点】受弯构件的构造要求

【解　析】腹筋包括箍筋和弯起钢筋。

46. B

【考核点】受弯构件的构造要求

【解　析】图中B是指曲线管道平面外保护层，C是指曲线管道平面内保护层。

第六节　砖、石及混凝土砌体结构

【考纲纲要】

1. 砌体结构设计的要素；
2. 砌体的抗拉、抗弯、抗剪强度；
3. 轴心受压构件；
4. 偏心受压构件；
5. 强度及稳定验算方法。

【复习提示】

1. 复习要点

考生应掌握砌体在压、拉、弯和剪的作用下的破坏特征及强度，轴心受压构件、偏心受压构件正截面承载能力计算及偏心距计算方法；熟悉砌体结构设计的要求，砌体受压构件承载力的主要因素；了解块材、砂浆以及砌体的类型和选择原则。

重点：

(1)砌体结构设计的要素。圬工材料种类、性能要求和砌体的受力性能。

(2)砌体的抗拉、抗弯、抗剪强度。砌体在拉、弯和剪的作用下的破坏特征及强度。

(3)受压构件正截面承载力计算。轴心受压构件、偏心受压构件正截面承载能力计算方法及偏心距的计算方法。

难点：

受压构件及偏压砌体构件的承载力计算方法。

2. 规范提示

砖、石及混凝土砌体结构相关知识点涉及《公路圬工桥涵设计规范》(JTG D61—2005)(以下简称《圬工规范》)和《公路桥涵设计通用规范》(JTG D60—2015)，均为现行规范。

习题精练

1. 下列哪种结构不适合采用圬工结构(　　)。

A. 桥梁的拱圈　B. 隧道的衬砌　C. 重力式挡土墙　D. 简支梁等受弯构件

2. 下列关于小石子混凝土的描述错误的是(　　)。

A. 小石子混凝土是由水泥和粒径不大于 20mm 的细卵石或碎石、细砂和水配制而成

B. 小石子混凝土拌和物应具有良好的和易性

C. 小石子混凝土的坍落度以标准圆锥体沉入度表示

D. 用砂浆代替同强度等级的小石子混凝土砌筑的块石砌体,其抗压极限强度高,可以节省水泥和砂

3. 现行《圬工规范》中关于砂浆强度等级的试件尺寸规定为(　　)。

A. 70mm × 70mm × 70mm　B. 70.7mm × 70.7mm × 70.7mm

C. 100mm × 100mm × 100mm　D. 150mm × 150mm × 150mm

4.《圬工规范》中规定,修建(现浇施工)拱桥的拱圈混凝土最低强度等级是(　　)。

A. C15　B. C20　C. C25　D. C30

5. 下列哪项属于《圬工规范》中规定的石材强度等级(　　)。

A. MU80　B. M80　C. MU20　D. M20

6. 现行《圬工规范》中关于石材强度等级的试件尺寸规定为(　　)。

A. 70mm × 70mm × 70mm　B. 100mm × 100mm × 100mm

C. 150mm × 150mm × 150mm　D. 200mm × 200mm × 200mm

7. 圬工结构通常是指(　　)。

A. 石材和砂浆　B. 石材和混凝土

C. 混凝土和砂浆　D. 石材和木结构

8. "砌块厚度 200 ~ 300mm 的石材,形状大致方正,宽度为厚度的 1.0 ~ 1.5 倍,长度为厚度的 1.5 ~ 3.0 倍,每层石材高度大致相等,并错缝砌筑"描述的是(　　)。

A. 片石砌体　B. 块石砌体

C. 细料石砌体　D. 粗料石砌体

9. 砌体的抗压强度与砂浆流动性和弹性模量的关系是(　　)。

A. 流动性、弹性模量越大,砌体强度越高

B. 流动性、弹性模量越大,砌体强度越低

C. 流动性越大,砌体强度越高;弹性模量越大,砌体强度越低

D. 流动性越大,砌体强度越低;弹性模量越大,砌体强度越高

10.《圬工规范》规定砌体结构的设计原则是(　　)

Ⅰ. 采用以概率理论为基础的极限设计方法;

Ⅱ. 按承载能力极限状态设计,进行变形验算满足正常使用极限状态要求;

Ⅲ. 按承载能力极限状态设计,采取相应构造措施来满足正常使用极限状态要求;

Ⅳ. 由于截面尺寸较大,不必考虑结构重要性系数。

A. Ⅰ、Ⅱ　　B. Ⅱ、Ⅳ　　C. Ⅲ、Ⅳ　　D. Ⅰ、Ⅲ

11. 砌体结构偏心受压构件的设计由(　　)控制。

A. 承载能力　　B. 偏心距

C. 承载能力和偏心距　　D. 都不是

12. 偏心距限值的制定考虑了以下因素:(　　)。

A. 抗压强度、抗拉强度和裂缝　　B. 抗压强度、裂缝和截面稳定

C. 抗拉强度、裂缝和截面稳定　　D. 抗拉强度、抗压强度和截面稳定

13. 对于偏心受压砌体结构,下列说法正确的是(　　)。

A. 偏心距的制定应考虑正常使用极限状态

B. 当偏心距增大时,截面上离轴向力较远一侧边缘的压应力也随之增大

C. 当偏心距增大时,截面上离轴向力较近一侧边缘的压应力有所提高

D. 砌体结构偏心受压构件的设计由偏心距控制

14. 有关《圬工规范》中的圬工桥涵结构设计安全等级共分为(　　)。

A. 一级　　B. 二级　　C. 三级　　D. 四级

15. 砌体沿齿缝截面破坏的抗拉强度,主要由(　　)决定。

A. 砌块的强度　　B. 砂浆的强度

C. 砂浆和块体的强度　　D. 砌筑质量

16. 在进行混凝土偏心受压构件的承载力计算时,认为其进入了(　　)。

A. 弹性状态　　B. 弹塑性状态

C. 塑性状态　　D. 都不是

17. 砌体的抗压强度总是(　　)单块块材的抗压强度。

A. 低于　　B. 高于

C. 等于　　D. 都有可能

18. 对于砌体受压时的应力状态,表述错误的是(　　)。

A. 砌体中块材处于压、弯、剪复合受力状态

B. 砌体中块材承受水平拉应力

C. 砌体中砂浆承受横向拉应力

D. 砌体中竖向灰缝应力集中

19. 砌体弹性模量的取值为(　　)。

A. 原点初始弹性模量　　B. $\sigma = 0.43f_m$ 时的切线模量

C. $\sigma = 0.43f_m$ 时的割线模量　　D. $\sigma = f_m$ 时的割线模量

20. 砌体处于剪切状态时,发生如图所示的截面破坏形式,主要由(　　)决定。

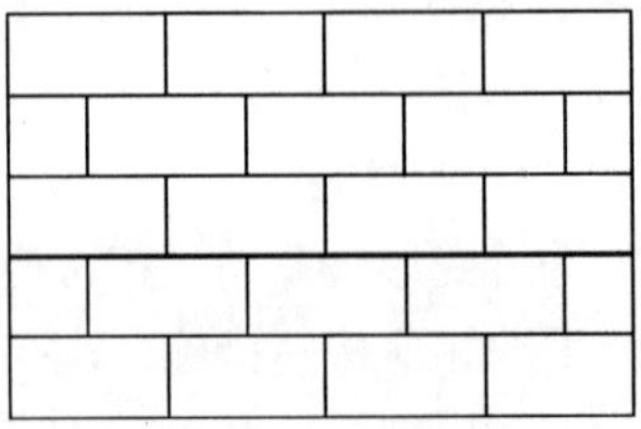

A. 块材的抗剪强度　　B. 砂浆的切向黏结强度

C. 砂浆和块材的抗剪强度　　D. 砌筑质量

21. 如图所示，一轴心受压柱，截面尺寸为370mm×620mm，安全等级为二级，采用MU50粗料石、M7.5水泥砂浆砌筑，柱高5m，两端铰支，该柱承受纵向计算力N_d=550kN。该柱的长细比修正系数为(　　)。

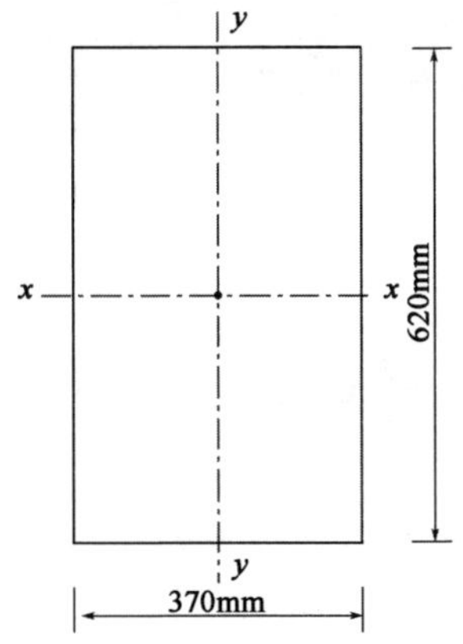

A. 1.0　　B. 1.1　　C. 1.2　　D. 1.3

22. 21题中，该受压柱在x方向的长细比为(　　)。

A. 10.38　　B. 15.38　　C. 17.36　　D. 18.36

23. 21题中，该受压构件承载力影响系数为(　　)。

A. 0.61　　B. 0.67　　C. 0.71　　D. 0.87

24. 21题中，该受压柱的承载力为(　　)。

A. 525kN　　B. 550kN　　C. 575kN　　D. 600kN

25. 已知某大桥一混凝土预制块砌体立柱，安全等级为一级，截面尺寸为500mm×680mm，采用C30混凝土预制块，M10水泥砂浆砌筑，柱高6m，两端铰支。作用效应基本组合的轴向力设计值N_d=450kN，弯矩设计值M_{xd}=75kN·m，M_{yd}=0，在基本组合作用下，该柱的最大允许偏心距为(　　)。

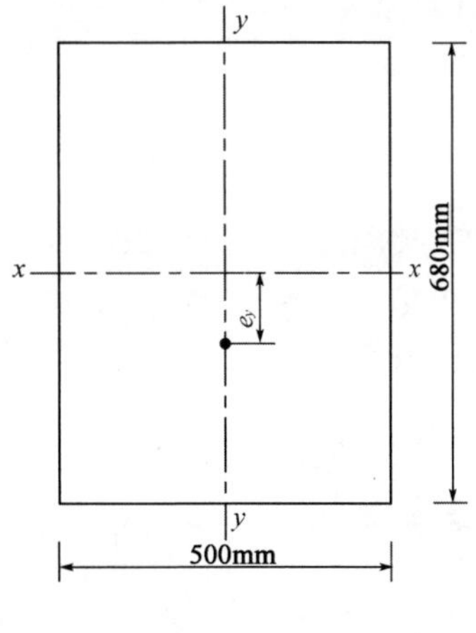

A. 167mm　　B. 186mm

C. 204mm　　D. 272mm

26. 25 题中,该受压柱在 y 方向的长细比为(　　)。

A. 8.75　　B. 9.75　　C. 10.90　　D. 11.90

27. 25 题中,该受压柱在 y 方向的受压构件承载力影响系数为(　　)。

A. 0.44　　B. 0.48　　C. 0.53　　D. 0.63

28. 25 题中,该偏心受压柱的承载力为(　　)。

A. 495kN　　B. 655kN

C. 753kN　　D. 855kN

◇ 习题参考答案及解析 ◇

1. D

【考核点】圬工结构的适用范围

【解　析】公路桥涵的基础、墩台、拱圈等,一般采用石材或混凝土结构,这样,可以充分利用材料的抗压能力强和便于就地取材等优点。而简支梁等受弯构件跨中截面上缘受压,下缘受拉没有充分利用圬工结构的抗压性能,所以不适合采用圬工结构。

2. D

【考核点】小石子混凝土的基本概念和特点

【解　析】A、B、C 三项都是小石子混凝土的基本概念和特点。在砌筑片石、块石砌体时,若用小石子混凝土代替砂浆,则建成的砌体成为小石子混凝土砌体,它比同强度等级砂浆来砌筑的片石和块石砌体的抗压极限强度高,可以节省水泥和砂,故选项 D 是错误的。

3. B

【考核点】砂浆强度等级

【解　析】《圬工规范》第 3.1.1 条规定,砂浆的强度等级采用边长 70.7mm 的标准立方体试件 28d 抗压强度表示。

4. C

【考核点】圬工结构材料基本要求

【解　析】《圬工规范》第 3.2.1 条规定,修建(现浇施工)拱桥的拱圈混凝土最低强度等级是 C25。

5. A

【考核点】圬工结构材料强度等级

【解　析】《圬工规范》第 3.1.1 条规定,石材强度等级应按下列规定采用:MU120、MU100、MU80、MU60、MU50、MU40、MU30。

6. A

【考核点】石材强度等级

【解　析】《圬工规范》第 3.1.1 条规定,石材的强度等级采用边长 70mm 的含水饱和的立方体试件的抗压强度表示。

7. B

【考核点】圬工结构基本概念

【解　析】石材与混凝土结构通常称为圬工结构。

8. B

【考核点】砌体的种类

【解　析】块石砌体：砌块厚度为200～300mm的石材，形状大致方正，宽度为厚度的1.0～1.5倍，长度为厚度的1.5～3.0倍，每层石材高度大致相等，并错缝砌筑。

9. A

【考核点】砌体的抗压强度

【解　析】砂浆的流动性大，容易铺成厚度和密实性较均匀的砌体，因而可以减少在块材内产生的弯、剪应力，使砌体强度提高；砂浆的弹性模量的大小对砌体强度亦具有决定性的影响，砂浆的弹性模量越大，相应砌体的强度越高。

10. D

【考核点】砌体结构的设计原则

【解　析】《圬工规范》第4.0.1条规定，圬工结构采用以概率理论为基础的极限状态设计方法，采用分项系数的设计表达式进行计算。第4.0.2条规定，圬工结构应按承载能力极限状态设计，并应根据桥涵的结构特点，采取相应的构造措施来保证正常使用极限状态的要求。

11. C

【考核点】砌体结构偏心受压构件设计

【解　析】砌体结构偏心受压构件采用双控制进行设计，即承载力控制和偏心距控制。

12. B

【考核点】砌体结构偏心受压构件设计

【解　析】砌体结构偏心受压构件偏心距限值的制定考虑了抗压强度、裂缝和截面稳定三方面的要求。

13. C

【考核点】砌体结构偏心受压构件设计

【解　析】偏心距的制定应考虑承载能力极限状态。当偏心距较小时，由于圬工的弹塑性性能，截面应力呈曲线分布，但全截面受压。当偏心距增大时，截面上离轴向力较远一侧边缘的压应力减小，并由受压逐步过渡到受拉；在近轴向力侧边缘，则压应力有所提高。

14. C

【考核点】圬工结构设计

【解　析】《圬工规范》第4.0.3条规定，圬工桥涵结构设计安全等级共分为三级。

15. B

【考核点】砌体的抗拉强度

【解　析】在平行于水平砌缝的轴向拉力作用下，砌体可能有两种破坏情况：一是沿砌体齿缝界面发生破坏，破坏面呈齿状，其强度主要取决于砌缝与块材间切向黏结强度；二是砌体沿竖向砌缝和块材破坏，其强度主要取决于块材的抗拉强度。

16. C

【考核点】混凝土偏心受压构件的承载力计算

【解　析】混凝土偏心受压构件承载力计算时,认为其进入了塑性状态。

17. A

【考核点】砌体的抗压强度

【解　析】砌体是由单块块材用砂浆黏结砌筑而成,其受压工作性能与单块块材有较大差异,而且砌体的抗压强度明显低于单块块材的抗压强度。

18. C

【考核点】砌体的抗压强度

【解　析】砌体是由单块块材用砂浆黏结砌筑而成,其受压工作性能与单块块材有较大差异。砌体受压时的应力状态如下:①砌体中块材处于压、弯、剪复合受力状态;②砌体中块材承受水平拉应力;③竖向灰缝应力集中。

19. C

【考核点】砌体弹性模量

【解　析】砌体受压后,由于塑性变形的发展,砌体割线模量及切线模量是变量,它们随应力的增大而减小。但在工程设计中,需要能反映砌体的受力性能而取值标准又明确的弹性模量,可采用较为简化的结果,即取应力为 $0.43f_m$ 的割线模量作为设计取用的砌体弹性模量。

20. B

【考核点】砌体的抗剪强度

【解　析】砌体处于剪切状态时,有可能发生题干所示的通缝截面受剪破坏,其抗剪强度主要取决于块材间砂浆的切向黏结强度。

21. D

【考核点】轴心受压构件承载力计算

【解　析】根据《圬工规范》表 4.0.7-1 可得粗料石长细比修正系数 $\gamma_\beta=1.3$。

22. C

【考核点】轴心受压构件承载力计算

【解　析】根据《圬工规范》第 4.0.6 条可计算得到该受压柱回转半径:

$$i_x=h/\sqrt{12}=620/\sqrt{12}=179(\text{mm})$$

$$i_y=b/\sqrt{12}=370/\sqrt{12}=107(\text{mm})$$

根据《圬工规范》表 4.0.7-2 可查得两端铰支的构件计算长度 $l_0=1.0l=1.0\times5=5.0(\text{m})$。根据第 4.0.7 条公式可得构件长细比:

$$\beta_x=\frac{\gamma_\beta l_0}{3.5i_y}=\frac{1.3\times5.0\times10^3}{3.5\times107}=17.36$$

$$\beta_y=\frac{\gamma_\beta l_0}{3.5i_x}=\frac{1.3\times5.0\times10^3}{3.5\times179}=10.38$$

故答案选 C。

23. B

【考核点】轴心受压构件承载力计算

【解　析】根据《圬工规范》第4.0.6条可计算得到受压构件承载力影响系数。其中，$e_x=e_y=0$，M7.5砂浆，$\alpha=0.002$。则有x方向受压构件承载力影响系数：

$$\varphi_x=\frac{1-\left(\frac{e_x}{x}\right)^m}{1+\left(\frac{e_x}{i_y}\right)^2}\cdot\frac{1}{1+\alpha\beta_x(\beta_x-3)\left[1+1.33\left(\frac{e_x}{i_y}\right)^2\right]}$$

$$=\frac{1}{1+0.002\times17.36\times(17.36-3)}=0.6673$$

y方向受压构件承载力影响系数：

$$\varphi_y=\frac{1-\left(\frac{e_y}{y}\right)^m}{1+\left(\frac{e_y}{i_x}\right)^2}\cdot\frac{1}{1+\alpha\beta_y(\beta_y-3)\left[1+1.33\left(\frac{e_y}{i_x}\right)^2\right]}$$

$$=\frac{1}{1+0.002\times10.38\times(10.38-3)}=0.8671$$

该受压构件承载力影响系数为：

$$\varphi=\frac{1}{\frac{1}{\varphi_x}+\frac{1}{\varphi_y}-1}=\frac{1}{\frac{1}{0.6673}+\frac{1}{0.8671}-1}=0.6054$$

故答案选A。

24. C

【考核点】轴心受压构件承载力计算

【解　析】《圬工规范》表3.3.3-2可查得采用MU50粗料石、M7.5水泥砂浆砌筑的粗料石砂浆砌体的轴心抗压强度设计值$f_{cd}=3.45\times1.2=4.14$(MPa)。桥梁安全等级为二级，则$\gamma_0=1.0$。根据《圬工规范》第4.0.5条计算受压构件承载力为：

$$N_u=\varphi Af_{cd}=0.6054\times370\times620\times4.14/10^3=574.96(\text{kN})$$

25. C

【考核点】偏心受压构件承载力计算

【解　析】《圬工规范》第4.0.9条规定，在基本组合作用下，受压偏心距不应超过$0.6s$（s为截面或换算截面重心轴至偏心方向截面边缘的距离），即该偏心受压柱的偏心距不应超过$0.6\times0.5\times680\text{mm}=204\text{mm}$。

26. A

【考核点】偏心受压构件承载力计算

【解　析】根据《圬工规范》第4.0.6条可计算得到该受压柱回转半径：

$$i_x=h/\sqrt{12}=680/\sqrt{12}=196(\text{mm})$$

$$i_y=b/\sqrt{12}=500/\sqrt{12}=144(\text{mm})$$

根据《圬工规范》表4.0.7-2可查得两端铰支的构件计算长度$l_0=1.0l=1.0\times6=6.0$(m)。根据《圬工规范》表4.0.7-1可得混凝土预制块长细比修正系数$\gamma_\beta=1.0$。根据第4.0.7条公式可得构件长细比：

$$\beta_x = \frac{\gamma_\beta l_0}{3.5 i_y} = \frac{1.0 \times 6.0 \times 10^3}{3.5 \times 144} = 11.90$$

$$\beta_y = \frac{\gamma_\beta l_0}{3.5 i_x} = \frac{1.0 \times 6.0 \times 10^3}{3.5 \times 196} = 8.75$$

故答案选 A。

27. B

【考核点】偏心受压构件承载力计算

【解　析】根据《圬工规范》第 4.0.6 条可计算得到轴向力在 x、y 方向的偏心距。

$$e_x = 0$$

$$e_y = M_{xd}/N_d = 75/450 = 0.167(\text{m})$$

根据《圬工规范》第 4.0.6 条可计算得到受压构件承载力影响系数。M10 砂浆，$\alpha = 0.002$。对矩形截面，截面形状系数 $m = 8.0$。则有 x 方向受压构件承载力影响系数：

$$\varphi_x = \frac{1 - \left(\frac{e_x}{x}\right)^m}{1 + \left(\frac{e_x}{i_y}\right)^2} \cdot \frac{1}{1 + \alpha\beta_x(\beta_x - 3)\left[1 + 1.33\left(\frac{e_x}{i_y}\right)^2\right]}$$

$$= \frac{1}{1 + 0.002 \times 11.90 \times (11.90 - 3)} = 0.8252$$

y 方向受压构件承载力影响系数：

$$\varphi_y = \frac{1 - \left(\frac{e_y}{y}\right)^m}{1 + \left(\frac{e_y}{i_x}\right)^2} \cdot \frac{1}{1 + \alpha\beta_y(\beta_y - 3)\left[1 + 1.33\left(\frac{e_y}{i_x}\right)^2\right]}$$

$$= \frac{1 - \left(\frac{167}{680/2}\right)^{8.0}}{1 + \left(\frac{167}{196}\right)^2} \times \frac{1}{1 + 0.002 \times 8.75 \times (8.75 - 3)\left[1 + 1.33 \times \left(\frac{167}{196}\right)^2\right]} = 0.4821$$

该受压构件承载力影响系数为：

$$\varphi = \frac{1}{\frac{1}{\varphi_x} + \frac{1}{\varphi_y} - 1} = \frac{1}{\frac{1}{0.8252} + \frac{1}{0.4821} - 1} = 0.4374$$

由此，该受压柱在 y 方向的受压构件承载力影响系数为 0.4821，故答案选 B。

28. C

【考核点】偏心受压构件承载力计算

【解　析】《圬工规范》表 3.3.3-1 可查得采用 C30 混凝土预制块、M10 水泥砂浆砌筑的砂浆砌体轴心抗压强度设计值 $f_{cd} = 5.06\text{MPa}$。桥梁安全等级为一级，则 $\gamma_0 = 1.1$。根据《圬工规范》第 4.0.5 条计算受压构件承载力为：

$$N_u = \varphi A f_{cd} = 0.4374 \times 500 \times 680 \times 5.06/10^3 = 752.50(\text{kN})$$

故选择答案 C。

第六章 职 业 法 规

【考试纲要】

1. 我国有关工程基本建设的法律法规

公路法、建筑法、森林法、合同法、招标投标法、安全生产法、建设工程安全生产管理条例、建设工程质量管理条例、建设工程勘察设计管理条例中与工程建设密切相关的要求。

2. 勘察设计从业人员职业道德准则规范

【复习提示】

1. 法律概述

了解法的概念以及我国法的表现形式。

2. 我国有关工程基本建设的法律法规

(1)公路法:掌握该法中有关公路规划的具体规定;熟悉该法中有关公路建设的具体规定;了解该法的一般规定。

(2)建筑法:掌握建筑施工许可以及建筑工程发承包的主要内容;了解该法中关于勘察设计单位法律责任的规定。

(3)森林法:熟悉该法中有关占用或征用林地的相关规定及其法律责任。

(4)合同法:掌握合同的有关概念、建设工程合同的具体规定;熟悉合同的担保形式。

(5)招标投标法:掌握招标投标法的基本原则,招标投标法关于招标的主要规定,招标投标法关于投标的主要规定、投标的禁止性规定,招标投标法关于开标、评标和中标的主要规定;熟悉中标通知书的有关规定;了解违反招标投标法的有关法律责任规定。

(6)安全生产法:掌握安全生产法的立法目的、安全生产"三同时"制度及其有关规定;熟悉安全生产中从业人员的权利和义务;了解生产安全事故应急救援与调查处理的法律规定。

(7)建设工程安全生产管理条例:掌握该条例的立法目的及适用范围、建设工程安全生产管理的方针与基本制度、勘察设计单位的安全责任;熟悉建设单位安全生产管理的责任与义务;了解该条例对勘察设计单位法律责任的规定。

(8)建设工程质量管理条例:掌握该条例的立法目的与适用范围、建设工程质量管理的基本制度、勘察设计单位的质量责任和义务;熟悉建设单位质量管理的责任和义务;了解该条例对勘察设计单位法律责任的规定。

(9)建设工程勘察设计管理条例:掌握该法关于资质资格管理以及建设工程勘察设计文件编制与实施的相关规定;熟悉建设工程勘察、设计的概念及其发包与承包规定;了解该条例对勘察设计单位法律责任的规定。

3. 掌握勘察设计从业人员职业道德准则规范的具体内容

习题精练

1. 我国法的表现形式不包括(　　)。

A. 国际公约　B. 行政法规　C. 合同条款　D. 部门规章

2. 下列关于筹集公路建设资金的方式中，不正确的是(　　)。

A. 政府财政拨款　B. 发行股票或债券

C. 向国外银行或外国政府贷款　D. 拍卖公路所有权

3. 下列有关公路建设的表述中，不正确的是(　　)。

A. 承担公路建设项目的勘察设计单位必须持有国家规定的资质证书

B. 公路建设项目的施工，须按有关规定报请省级以上地方人民政府交通主管部门批准

C. 承担公路建设项目的设计单位应依照有关法律、法规、规章以及公路工程技术标准的要求和合同约定进行设计

D. 县级以上地方人民政府应当确定公路两侧边沟(截水沟、坡脚护坡道)外缘起不少于1m的公路用地

4. 公路的发展应当遵循全面规划、合理布局、确保质量、保障畅通、保护环境、(　　)的原则。

A. 建设为主兼顾养护　B. 先规划建设后考虑养护

C. 建设与养护分离　D. 建设改造与养护并重

5. 下列关于公路技术等级的表述中，正确的是(　　)。

A. 公路按技术等级可分为高速公路、汽车专用公路、一级公路、二级公路

B. 公路按技术等级可分为高速公路、一级公路、二级公路、三级公路、专用公路

C. 公路按技术等级可分为高速公路、汽车专用公路、一级公路、二级公路、三级公路

D. 公路按技术等级可分为高速公路、一级公路、二级公路、三级公路、四级公路

6. 下列有关建筑许可所包含制度的表述中，不正确的是(　　)。

A. 从事建筑活动单位资质制度　B. 建筑工程招标投标制度

C. 从事建筑活动个人资格制度　D. 建筑工程施工许可制度

7. 下列关于建筑工程施工许可及从业资格的表述中，不正确的是(　　)。

A. 建筑工程开工前，施工单位应当按有关规定向工程所在地县级以上建设行政主管部门申请领取施工许可证

B. 建设单位应当自领取施工许可证之日起三个月内开工

C. 从事建筑活动的施工企业、勘察单位、设计单位和工程监理单位经资质审查合格，取得相应等级的资质证书后，方可在其资质等级许可的范围内从事建筑活动

D. 从事建筑活动的专业技术人员，应当依法取得相应的执业资格证书，并在执业资格证书许可的范围内从事建筑活动

8. 下列关于建筑从业单位资质条件的表述中，不正确的是(　　)。

A. 注册资本　　B. 专业技术人员　　C. 社会信誉　　D. 建筑工程业绩

9. 下列关于建筑工程发包的表述中，不正确的是(　　)。

A. 提倡对建筑工程实行总承包，禁止将建筑工程肢解发包

B. 发包单位可以将建筑工程的勘察、设计、施工、设备采购一并发包给一个工程总承包单位

C. 发包单位可以将建筑工程的勘察、设计、施工、设备采购的一项或者多项发包给一个工程总承包单位

D. 发包单位可以将应当由一个承包单位完成的建筑工程肢解成若干部分发包给几个承包单位

10. 下列关于建筑工程承包的表述中，不正确的是(　　)。

A. 承包建筑工程的单位应当持有依法取得的资质证书，并在其资质等级许可的业务范围内承揽工程

B. 禁止建筑施工企业超越本企业资质等级许可的业务范围或者以任何形式用其他建筑施工企业的名义承揽工程

C. 大型建筑工程或者结构复杂的建筑工程，可以由两个以上的承包单位联合共同承包。共同承包的各方对承包合同的履行承担连带责任

D. 两个以上不同资质等级的单位实行联合共同承包的，应当按照资质等级高的单位的业务许可范围承揽工程

11. 下列关于建筑工程分包的表述中，不正确的是(　　)。

A. 禁止承包单位将其承包的全部建筑工程转包给他人；禁止承包单位将其承包的全部建筑工程肢解以后以分包的名义分别转包给他人

B. 建筑工程总承包单位可以将承包工程中的部分工程发包给具有相应资质条件的分包单位，建筑工程主体结构的施工可以由总承包单位自行完成，也可以由分包单位完成

C. 建筑工程总承包单位按照总承包合同的约定对建设单位负责；分包单位按照分包合同的约定对总承包单位负责

D. 禁止总承包单位将工程分包给不具备相应资质条件的单位。禁止分包单位将其承包的工程再分包

12. 勘察设计单位超越本单位资质等级承揽工程的，即构成违法行为。此时，所应承担的法律责任的形式不包括(　　)。

A. 责令停止违法行为，处以罚款　　B. 责令停业整顿，降低资质等级

C. 情节严重的，吊销资质证书　　D. 对直接负责的主管人员给予行政处分

13. 勘察设计单位将承包的工程转包的，或者违法进行分包的，即构成违法行为。此时，所应承担的法律责任的形式不包括(　　)。

A. 责令改正，没收违法所得，并处罚款　　B. 责令停业整顿，降低资质等级

C. 给予相关责任人行政处罚　　D. 情节严重的，吊销资质证书

14. 建筑设计单位不按照建筑工程质量、安全标准进行设计的，即构成违法行为。此时，所应承担的法律责任的形式不包括(　　)。

A. 责令改正,处以罚款　　B. 造成损失的,承担赔偿责任
C. 构成犯罪的,依法追究刑事责任　　D. 造成工程质量事故的,处以罚款

15. 下列关于《森林法》相关规定的表述中,不正确的是(　　)。
A. 进行各项建设工程,必须占用或者征用林地的,经有关林业主管部门审核同意后,依照有关规定办理建设用地审批手续,并由施工单位依照国家有关规定缴纳森林植被恢复费
B. 非法采伐、毁坏珍贵树木的,依法追究刑事责任
C. 任何单位和个人不得挪用森林植被恢复费。县级以上人民政府审计机关应当加强对森林植被恢复费使用情况的监督
D. 进行开垦、采石、采砂、采土等活动,致使森林、林木受到毁坏的,依法赔偿损失;由林业主管部门责令停止违法行为,补种毁坏株数一倍以上三倍以下的树木,可以处毁坏林木价值一倍以上五倍以下的罚款

16. 我国《合同法》中所称的合同是指(　　)。
A. 物权合同　　B. 身份合同　　C. 债权合同　　D. 劳动合同

17. 下列关于合同主要条款的表述中,不正确的是(　　)。
A. 数量、质量　　B. 价款或者报酬
C. 当事人的经济状况　　D. 解决争议的方法

18. 下列合同中,属于无效合同的是(　　)。
A. 因重大误解订立的合同　　B. 在订立合同时显失公平的合同
C. 损害社会公共利益的合同　　D. 一方以欺诈、胁迫的手段订立的合同

19. 下列合同中,属于可撤销合同的是(　　)。
A. 以合法形式掩盖非法目的的合同　　B. 损害社会公共利益的合同
C. 因重大误解订立的合同　　D. 恶意串通,损害国家、集体利益的合同

20. 下列合同中,(　　)不一定是无效合同。
A. 当事人意思表示不真实的合同
B. 以合法形式掩盖非法目的的合同
C. 损害社会公共利益的合同
D. 一方以欺诈、胁迫的手段订立的损害国家利益的合同

21. 某公路工程施工合同在履行中,发现某单位工程价款约定不明确,合同双方经协商未能达成补充协议,也无法按交易习惯确定。此时则应当(　　)。
A. 按订立合同时,承包人所在地的市场价格支付
B. 按订立合同时,工程所在地的市场价格结算
C. 按照履行合同时,工程所在地的市场价格结算
D. 按照履行合同时,国家造价管理部门发布的价格支付

22. 某合同履行方式约定不明确,合同双方当事人经协商未能达成补充协议,也无法按交易习惯确定。此时则应当(　　)。
A. 宣告合同无效　　B. 按照有利于债权人的方式履行
C. 按照有利于债务人的方式履行　　D. 按照有利于实现合同目的方式履行

23. 某合同履行费用的负担约定不明确，合同双方当事人经协商未能达成补充协议，也无法按交易习惯确定。此时则应当(　　)。

A. 宣告合同无效　　B. 由享有权利的一方负担

C. 由双方分担　　D. 由履行义务的一方负担

24. 下列合同，属于效力待定合同的是(　　)。

A. 违反法律法规的强制性规定的合同

B. 因重大误解订立的合同

C. 以合法形式掩盖非法目的合同

D. 无处分权的人处分他人财产而订立的合同

25. 下列关于合同转让的表述中，不正确的是(　　)。

A. 债权人转让权利的，应当经债务人同意。否则，该转让对债务人不发生效力

B. 债务人将合同的义务全部或者部分转移给第三人的，应当经债权人同意

C. 当事人一方经对方同意，可以将自己在合同中的权利和义务一并转让给第三人

D. 当事人订立合同后合并的，由合并后的法人或其他组织行使合同权利，履行合同义务

26. 下列关于导致合同终止原因的表述中，不正确的是(　　)。

A. 债务人依法将标的物提存　　B. 债务相互抵销

C. 债务人履行合同不符合约定　　D. 债权人免除债务

27. 下列合同，不属于建设工程合同的是(　　)。

A. 工程勘察合同　　B. 工程设计合同

C. 施工监理合同　　D. 施工承包合同

28. 建设工程勘察、设计的质量不符合要求或者未按照期限提交勘察、设计文件拖延工期，造成发包人损失的，勘察人、设计人应当(　　)。

A. 立即停止任何勘察、设计活动　　B. 承担行政法律责任

C. 解除或终止合同　　D. 减收或者免收勘察、设计费并赔偿损失

29. 因发包人变更计划，提供的资料不准确，或者未按照期限提供必需的勘察、设计工作条件而造成勘察、设计的返工、停工或者修改设计，发包人应当(　　)。

A. 承担行政法律责任

B. 向勘察人、设计人支付相当于勘察费、设计费的补偿金

C. 解除或终止合同

D. 按照勘察人、设计人实际消耗的工作量增付费用

30. 下列各单位，可以做合同保证人的是(　　)。

A. 长安大学　　B. 西安市中心医院

C. 中国工商银行西安分行　　D. 西安市交通运输局

31. 下列财产，可以作为抵押物的是(　　)。

A. 土地所有权　　B. 长安大学第二教学楼

C. 压路机和摊铺机　　D. 被法院依法查封的房屋

32. 质押是合同担保的一种形式。下列权利中，不可以质押的是(　　)。

A. 支票、债券、存款单　　B. 依法可以转让的股份、股票
C. 土地所有权、房屋产权　　D. 依法可以转让的商标专用权

33. 留置是合同担保的形式之一。下列合同,不可以采用留置担保的是(　　)。
A. 保管合同　　B. 工程设计合同　　C. 运输合同　　D. 加工承揽合同

34. 定金是合同担保的一种形式。法律规定,定金的数额应由当事人约定,但不得超过主合同标的额的(　　)。
A. 20%　　B. 25%　　C. 30%　　D. 35%

35. 下列关于定金罚则的表述中,不正确的是(　　)。
A. 债务人履行债务后,定金应当抵作价款或者收回
B. 给付定金的一方不履行约定的债务的,无权要求返还定金
C. 收受定金的一方不履行约定的债务的,应当返还定金
D. 收受定金的一方不履行约定的债务的,应当双倍返还定金

36. 某工程项目招标文件规定,只有近三年以来获得国家优质工程奖项的省外企业才有资格参加该项目的投标。根据《招标投标法》,这种规定违反了(　　)原则。
A. 公开　　B. 公平　　C. 公正　　D. 诚信

37. 某工程项目在评标时,对省外投标人采用了相对于本省投标人更为苛刻的评标标准。这种行为违反了(　　)原则。
A. 公开　　B. 公平　　C. 公正　　D. 诚信

38. 某施工企业资质等级不符合招标文件中有关投标人资格的要求,于是该企业租借其他单位的资质证书参加投标。这种行为违反了(　　)原则。
A. 公开　　B. 公正　　C. 公平　　D. 诚信

39. 下列各类工程建设项目中,必须进行招标的是(　　)。
A. 施工单项合同估算价为 150 万元　　B. 设备采购单项合同估算价为 45 万元
C. 工程设计单项合同估算价为 85 万元　　D. 项目总投资额为 2300 万元

40. 招标代理机构是依法设立的,从事招标代理业务并提供相关服务的(　　)。
A. 工程咨询机构　　B. 建设行政主管部门的派出机构
C. 社会中介组织　　D. 国家事业单位

41. 根据招标投标活动的公开原则,(　　)等信息应当公开。
A. 投标人名单　　B. 标底
C. 评标委员会成员　　D. 评标标准和方法

42. 根据《招标投标法》的规定,发售招标文件后,招标人要做的工作应当是(　　)。
A. 对潜在投标人进行资格审查
B. 办理招标备案手续
C. 接受投标人递交的投标文件
D. 组织投标人踏勘现场,并对招标文件答疑

43. 下列各项条件中,不属于招标代理机构必须具备的条件是(　　)。
A. 具有法人营业执照
B. 具有从事招标代理业务的营业场所和相应资金

C. 有能够编制招标文件和组织评标的相应专业力量

D. 有可以作为评标委员会成员人选的技术、经济等方面的专家库

44. 下列关于联合体投标的表述中，不正确的是(　　)。

A. 联合体投标是指两个以上法人或者其他组织可以组成一个联合体，以一个投标人的身份共同投标

B. 联合体各方均应当具备承担招标项目的相应能力；由同一专业的单位组成的联合体，按照资质等级较低的单位确定资质等级

C. 联合体各方应当签订共同投标协议，明确约定各方拟承担的工作和责任，并将共同投标协议连同投标文件一并提交给招标人

D. 联合体中标的，联合体各方应当分别单独与招标人签订合同，就中标项目向招标人承担连带责任

45. 下列表述的各种行为中，不构成投标人之间串通投标的是(　　)。

A. 投标者之间相互约定，一致抬高或者压低投标价

B. 非法挂靠或借用其他企业的资质证书参加投标

C. 投标者之间相互约定，在招标项目中轮流以高价位或低价位中标

D. 投标者之间进行内部竞价，内定中标人，然后再参加投标

46. 下列表述的各种行为中，不构成投标人与招标人串通投标的是(　　)。

A. 招标人向投标人泄露标底

B. 招标人预先内定中标人，在确定中标人时以此决定取舍

C. 投标人向招标人或者评标委员会成员行贿以谋取中标

D. 投标人与招标人商定，在招标投标时压低或者抬高标价，中标后再给投标人或者招标人额外补偿

47. 下列表述的各种行为中，不属于投标人以非法手段骗取中标的是(　　)。

A. 非法挂靠或借用其他企业的资质证书参加投标

B. 投标时递交虚假的业绩证明文件和虚假的资格文件

C. 投标人向招标人或者评标委员会成员行贿以谋取中标

D. 投标人故意在商务文件和技术文件中采用模糊的语言骗取中标，中标后提供低档劣质的货物、工程或服务

48.《招标投标法》规定，投标人不得以低于成本的报价竞标。这里的成本是指(　　)。

A. 个别企业的成本　　B. 行业平均的企业成本

C. 所有投标人的平均成本　　D. 招标人编制的标底价

49.《招标投标法》中关于投标的禁止性规定不包括(　　)。

A. 投标人未提交投标保证金　　B. 投标人与招标人之间串通投标

C. 投标人以低于成本的报价竞标　　D. 投标人以行贿的手段谋取中标

50. 根据有关法律规定，开标应当在招标文件确定的(　　)时间公开进行。

A. 提交投标文件的同一　　B. 提交投标文件截止时间的同一

C. 提交投标文件后的最短　　D. 提交投标文件截止时间后的一段

51.《招标投标法》规定，评标委员会应由(　　)负责组建。

A. 招标人　　B. 招标人与投标人共同

C. 公证机构　　D. 行政主管部门

52. 下列关于评标定标的表述中,不正确的是(　　)。

A. 评标委员会可以要求投标人对投标文件中含义不明确的内容作必要的澄清或者说明

B. 评标委员会完成评标后,应当向招标人提出书面评标报告,并推荐合格的中标候选人

C. 招标人根据评标委员会提出的书面评标报告和推荐的中标候选人确定中标人。招标人也可以授权评标委员会直接确定中标人

D. 在确定中标人前,招标人可以与投标人就投标价格、投标方案等实质性内容进行谈判

53.《合同法》规定,中标人确定后,招标人应当向中标人发出中标通知书。中标通知书对(　　)具有法律效力。

A. 招标人　　B. 中标人

C. 招标人和所有投标人　　D. 招标人和中标人

54. 下列关于《安全生产法》立法目的的表述中,不正确的是(　　)。

A. 强迫生产经营单位加强安全生产管理

B. 防止和减少生产安全事故

C. 为了加强安全生产监督管理

D. 保障人民群众的生命和财产安全

55. 生产经营单位新建、改建、扩建工程项目的安全设施,必须(　　)。

A. 单独设计、单独施工、单独投入生产和使用

B. 单独设计、与主体工程同时施工并同时投入生产和使用

C. 单独设计、单独施工、与主体工程同时投入生产和使用

D. 与主体工程同时设计、同时施工、同时投入生产和使用

56. 下列有关安全生产从业人员权利的表述中,不正确的是(　　)。

A. 知情权和建议权　　B. 拒绝权和紧急避险权

C. 选择权和组合权　　D. 批评权和检举权

57. 下列关于安全生产从业人员义务的表述中,不正确的是(　　)。

A. 自律遵规的义务　　B. 危险报告义务

C. 自觉学习安全生产知识的义务　　D. 不计报酬与无私奉献的义务

58. 工程勘察、设计单位未按照法律、法规和工程建设强制性标准进行勘察、设计的,即构成违法行为,应承担相应的法律责任。此时,勘察、设计单位应承担的法律责任的形式不包括(　　)。

A. 处 5 万元以上 10 万元以下的罚款

B. 造成损失的,依法承担赔偿责任

C. 情节严重的,责令停业整顿,降低资质等级,直至吊销资质证书

D. 造成重大安全事故,构成犯罪的,对直接责任人员,依法追究其刑事责任

59. 注册执业人员未执行法律、法规和工程建设强制性标准的，即构成违法行为，应承担相应的法律责任。此时，注册执业人员应承担的法律责任的形式不包括(　　)。

A. 责令停止执业 3 个月以上 1 年以下

B. 责令停止执业 1 年以上 3 年以下

C. 情节严重的，吊销执业资格证书，5 年内不予注册

D. 构成犯罪的，依照刑法有关规定追究刑事责任

60. 下列表述的各项管理制度中，不属于建设工程安全生产管理基本制度的是(　　)。

A. 安全生产责任制度　　B. 工程监理制度

C. 群防群治制度　　D. 伤亡事故处理报告制度

61. 下列表述的各项管理制度中，不属于建设工程质量管理基本制度的是(　　)。

A. 工程质量监督管理制度　　B. 工程竣工验收备案制度

C. 工程招标投标制度　　D. 工程质量检举、控告、投诉制度

62. 下列关于建设单位质量管理责任和义务的表述中，不正确的是(　　)。

A. 建设单位应当将工程发包给具有相应资质等级的单位，不得将工程肢解发包

B. 建设单位可以对承包单位的建设活动进行指导和干预

C. 施工图设计文件未经审查批准的，建设单位不得使用

D. 涉及建筑主体和承重结构变动的装修工程，建设单位要有设计方案

63. 勘察、设计单位超越本单位资质等级承揽工程的，即构成违法行为，应承担相应的法律责任。此时，勘察、设计单位所承担的法律责任的形式中，不正确的是(　　)。

A. 责令停止违法行为

B. 处合同约定的勘察费、设计费 1 倍以上 2 倍以下的罚款

C. 处合同约定的勘察费、设计费 25% 以上 50% 以下的罚款

D. 可以责令停业整顿，降低资质等级；情节严重的，吊销资质证书

64. 勘察、设计单位未按照工程建设强制性标准进行勘察、设计的，即构成违法行为，应承担相应的法律责任。此时，勘察、设计单位所承担的法律责任的形式不包括(　　)。

A. 责令改正，处 10 万元以上 30 万元以下的罚款

B. 造成损失的，依法承担赔偿责任

C. 处合同约定的勘察费、设计费 1 倍以上 2 倍以下的罚款

D. 责令停业整顿，降低资质等级；情节严重的，吊销资质证书

65. 注册建筑师、注册结构工程师、注册监理工程师等注册执业人员因过错造成质量事故的，应承担相应的法律责任。此时，注册执业人员应承担的法律责任的形式不包括(　　)。

A. 责令停止执业 1 年

B. 责令停止执业 3 个月以上 1 年以下

C. 造成重大质量事故的，吊销执业资格证书，5 年以内不予注册

D. 情节特别恶劣的，终身不予注册

66. 下列表述的各种文件或规定，不是编制建设工程勘察、设计文件依据的是(　　)。

A. 项目批准文件　　B. 建设单位的要求

C. 工程建设强制性标准　　D. 城市规划

67. 下列关于建设工程勘察、设计活动的表述中,不正确的是(　　)。

A. 从事建设工程活动,应当坚持先勘察、后设计、再施工的原则

B. 勘察、设计单位必须依法进行勘察、设计,严格执行工程建设强制性标准

C. 国家对从事勘察、设计活动的专业技术人员,实行执业资格注册管理制度

D. 国家限制在勘察、设计活动中采用先进技术、先进工艺、先进设备、新型材料和现代管理方法

68. 下列关于建设工程勘察、设计发包与承包的表述中,不正确的是(　　)。

A. 建设工程勘察、设计发包依法实行招标发包或者直接发包

B. 采用特定的专利或者专有技术的建设工程可以直接发包

C. 建筑艺术造型有特殊要求的建设工程不得直接发包

D. 建设工程勘察、设计单位不得将所承揽的建设工程勘察、设计转包

69. 下列关于建设工程勘察、设计发包与承包的表述中,不正确的是(　　)。

A. 发包方可以将整个建设工程的勘察、设计发包给一个勘察、设计单位

B. 发包方不得将建设工程的勘察、设计分别发包给几个勘察、设计单位

C. 建设工程勘察、设计单位不得将所承揽的建设工程勘察、设计转包

D. 经发包方书面同意,承包方可以将建设工程其他部分的勘察、设计再分包给其他具有相应资质等级的建设工程勘察、设计单位

70. 未经注册,擅自以注册建设工程勘察、设计人员的名义从事建设工程勘察、设计活动的,即构成违法行为。此时,应承担的法律责任的形式中不包括(　　)。

A. 责令停止违法行为,没收违法所得

B. 给予行政处分

C. 处违法所得 2 倍以上 5 倍以下罚款

D. 给他人造成损失的,依法承担赔偿责任

71. 建设工程勘察、设计注册执业人员和其他专业技术人员未受聘于一个建设工程勘察、设计单位或者同时受聘于两个以上建设工程勘察、设计单位,从事建设工程勘察、设计活动的,即构成违法行为。此时,应承担的法律责任的形式中不包括(　　)。

A. 责令停止违法行为,没收违法所得

B. 责令停止执业 1 年

C. 处违法所得 2 倍以上 5 倍以下的罚款

D. 情节严重的,吊销执业资格证书

72. 下列有关勘察设计从业人员职业道德准则规范的表述中,不正确的是(　　)。

A. 搞好团结协作,树立集体观念,甘当配角,艰苦奋斗,无名奉献

B. 可同时受聘于两个或者两个以上工程勘察、设计单位,在规定范围内从事建设工程勘察、设计业务活动

C. 合法经营,不搞无证勘察设计,不搞越级勘察设计,不搞私人勘察设计,不出卖图签图章

D. 平等竞争,严格按规定收费,不超收、不压价,勇于抵制行业不正之风,不因收取"回扣""介绍费"等而选用价高质次的材料设备,不贬低别人,抬高自己

◈ 习题参考答案及解析 ◈

1. C

【考核点】法的概念及法的表现形式

【解　析】法的形式是指法的存在和表现形式，即由国家制定和认可的法律规范的各种表现形式。法的形式实质是法的效力等级问题。根据《宪法》和《立法法》及有关规定，我国法的形式主要包括：①宪法；②法律；③行政法规；④地方性法规；⑤行政规章（包括部门规章和地方政府规章）；⑥最高人民法院司法解释规范性文件；⑦国际公约。

2. D

【考核点】公路建设

【解　析】根据《公路法》的相关规定，筹集公路建设资金的方式主要包括以下几种：

①各级人民政府的财政拨款；②依法向国内外金融机构或者外国政府贷款；③国内外经济组织对公路建设直接投资；④开发、经营公路的公司依法发行股票、公司债券；⑤出让公路收费权；⑥向企业和个人集资。⑦以符合法律或者国务院规定的其他方式筹集。

3. B

【考核点】公路建设

【解　析】《公路法》规定：公路建设项目的施工，须按国务院交通主管部门的规定报请县级以上地方人民政府交通主管部门批准。

4. D

【考核点】公路发展的原则

【解　析】《公路法》第三条规定：公路的发展应当遵循全面规划、合理布局、确保质量、保障畅通、保护环境、建设改造与养护并重的原则。

5. D

【考核点】公路技术等级的划分

【解　析】《公路法》第六条规定：公路按其在公路路网中的地位分为国道、省道、县道和乡道，并按技术等级分为高速公路、一级公路、二级公路、三级公路和四级公路。具体划分标准由国务院交通主管部门规定。

6. B

【考核点】建筑许可制度

【解　析】根据《建筑法》第二章的规定，建筑许可包含了三种制度，即建筑工程施工许可制度（即施工许可证）、从事建筑活动单位资质制度（即资质证书）、从事建筑活动个人资格制度（即执业资格证书）。

7. A

【考核点】建筑许可的相关规定

【解　析】《建筑法》规定：①建筑工程开工前，建设单位应当按有关规定向工程所在地县级以上人民政府建设行政主管部门申请领取施工许可证。②建设单位应当自领取施工许可证之日起三个月内开工。因故不能按期开工的，应当向发证机关申请延期；延期以两次为限，每次不超过三个月。既不开工又不申请延期或者超过延期时限的,施工许可证自行废止。

8. C

【考核点】建筑从业单位资质审查

【解 析】《建筑法》规定,从事建筑活动的建筑施工单位、勘察单位、设计单位和工程监理单位,按照其拥有的注册资本、专业技术人员、技术装备和已完成的建筑工程业绩、管理水平等资质条件,划分为不同的资质等级,经资质审查合格,取得相应等级的资质证书后,方可在其资质等级许可的范围内从事建筑活动。

9. D

【考核点】禁止肢解工程发包的规定

【解 析】《建筑法》规定:提倡对建筑工程实行总承包,禁止将建筑工程肢解发包。建筑工程的发包单位可以将建筑工程的勘察、设计、施工、设备采购一并发包给一个工程总承包单位,也可以将建筑工程勘察、设计、施工、设备采购的一项或者多项发包给一个工程总承包单位;但是,不得将应当由一个承包单位完成的建筑工程肢解成若干部分发包给几个承包单位。

10. D

【考核点】建筑工程承包的规定

【解 析】《建筑法》规定:①承包建筑工程的单位应当持有依法取得的资质证书,并在其资质等级许可的业务范围内承揽工程。②大型建筑工程或者结构复杂的建筑工程,可以由两个以上的承包单位联合共同承包。共同承包的各方对承包合同的履行承担连带责任。两个以上不同资质等级的单位实行联合共同承包的,应当按照资质等级低的单位的业务许可范围承揽工程。

11. B

【考核点】建筑工程分包的规定

【解 析】《建筑法》规定:总承包单位可以将承包工程中的部分工程发包给具有相应资质条件的分包单位;施工总承包的,建筑工程主体结构的施工必须由总承包单位自行完成。建筑工程总承包单位按照总承包合同的约定对建设单位负责;分包单位按照分包合同的约定对总承包单位负责。总承包单位和分包单位就分包工程对建设单位承担连带责任。禁止分包单位将其承包的工程再分包。

12. D

【考核点】勘察设计单位的法律责任

【解 析】《建筑法》规定:超越本单位资质等级承揽工程的,责令停止违法行为,处以罚款,可以责令停业整顿,降低资质等级;情节严重的,吊销资质证书;有违法所得的,予以没收。未取得资质证书承揽工程的,予以取缔,并处罚款;有违法所得的,予以没收。以欺骗手段取得资质证书的,吊销资质证书,处以罚款;构成犯罪的,依法追究刑事责任。

13. C

【考核点】勘察设计单位的法律责任

【解 析】《建筑法》规定,承包单位将承包的工程转包的,或者违反本法规定进行分包的,责令改正,没收违法所得,并处罚款,可以责令停业整顿,降低资质等级;情节严重的,吊销资质证书。

14. D

【考核点】勘察设计单位的法律责任

【解　析】《建筑法》规定，建筑设计单位不按照建筑工程质量、安全标准进行设计的，责令改正，处以罚款；造成工程质量事故的，责令停业整顿，降低资质等级或者吊销资质证书，没收违法所得，并处罚款；造成损失的，承担赔偿责任；构成犯罪的，依法追究刑事责任。

15. A

【考核点】森林法的相关规定

【解　析】《森林法》规定：进行各项建设工程，应当不占或者少占林地；必须占用或者征用林地的，经县级以上人民政府林业主管部门审核同意后，依照有关土地管理的法律、行政法规办理建设用地审批手续，并由用地单位依照国务院有关规定缴纳森林植被恢复费。

16. C

【考核点】合同的概念

【解　析】民法中的合同有广义和狭义之分。广义的合同是指两个以上的民事主体之间设立、变更、终止民事权利义务关系的协议；狭义的合同是指债权合同，即两个以上的民事主体之间设立、变更、终止债权关系的协议。广义的合同除了民法中债权合同之外，还包括物权合同、身份合同，以及行政法中的行政合同和劳动法中的劳动合同等。我国《合同法》中所称的合同是指狭义上的合同。

17. C

【考核点】合同的主要条款

【解　析】《合同法》第 12 条规定，合同的内容由当事人约定，一般包括以下条款：①当事人的名称或者姓名和住所；②标的；③数量；④质量；⑤价款或者报酬；⑥履行期限、地点和方式；⑦违约责任；⑧解决争议的方法。

18. C

【考核点】无效合同的基本类型

【解　析】《合同法》第 52 条规定，有下列情形之一的，合同无效：①一方以欺诈、胁迫的手段订立合同，损害国家利益。②恶意串通，损害国家、集体或者第三人利益。③以合法形式掩盖非法目的。④损害社会公共利益。⑤违反法律、行政法规的强制性规定。

19. C

【考核点】可撤销合同的基本类型

【解　析】《合同法》第 54 条规定，下列合同，当事人一方有权请人民法院或者仲裁机构变更或者撤销：①因重大误解订立的。②在订立合同时显失公平的。③一方以欺诈、胁迫的手段或者乘人之危，使对方在违背真实意思的情况下订立的。

20. A

【考核点】无效合同的概念与类型

【解　析】当事人意思表示不真实，通常构成可变更或可撤销合同，当事人可以向法院申请要求变更或撤销合同。如果申请变更合同，则变更后的合同是有效的合同。选项 B、C、D 均为无效合同的情形。

21. B

【考核点】合同条款空缺的处理

【解　析】《合同法》第61条规定，合同生效后，当事人就质量、价款或者报酬、履行地点等内容没有约定或者约定不明确的，可以协议补充；不能达成补充协议的，按照合同有关条款或者交易习惯确定。当事人就有关合同内容约定不明确，依照本法第61条的规定仍不能确定的，适用下列规定：价款或者报酬不明确的，按照订立合同时履行地市场价格履行；依法应当执行政府定价或者政府指导价的，按照规定履行。

22. D

【考核点】合同条款空缺的处理

【解　析】《合同法》第61条规定，合同生效后，当事人就质量、价款或者报酬、履行地点等内容没有约定或者约定不明确的，可以协议补充；不能达成补充协议的，按照合同有关条款或者交易习惯确定。当事人就有关合同内容约定不明确，依照本法第61条的规定仍不能确定的，适用下列规定：履行方式不明确的，按照有利于实现合同目的的方式履行。

23. D

【考核点】合同条款空缺的处理

【解　析】《合同法》第61条规定，合同生效后，当事人就质量、价款或者报酬、履行地点等内容没有约定或者约定不明确的，可以协议补充；不能达成补充协议的，按照合同有关条款或者交易习惯确定。当事人就有关合同内容约定不明确，依照本法第61条的规定仍不能确定的，适用下列规定：履行费用的负担不明确的，由履行义务一方负担。

24. D

【考核点】效力待定合同的概念及类型

【解　析】根据《合同法》的规定，效力待定合同包括以下四类：①限制民事行为能力人订立的合同；②无权代理人订立的合同；③法人代表或其他组织负责人越权订立的合同；④无处分权的人处分他人财产而订立的合同。

25. A

【考核点】合同转让的形式及其规定

【解　析】《合同法》规定：①债权人转让权利的，应当通知债务人。未经通知，该转让对债务人不发生效力；②债务人将合同的义务全部或者部分转移给第三人的，应当经债权人同意；③当事人一方经对方同意，可以将自己在合同中的权利和义务一并转让给第三人；④当事人订立合同后合并的，由合并后的法人或者其他组织行使合同权利，履行合同义务。

26. C

【考核点】合同终止的几种情形

【解　析】《合同法》第91条规定，导致合同终止的原因主要有：①债务已经按照约定履行。②合同解除。③债务相互抵销。④债务人依法将标的物提存。⑤债权人免除债务。⑥债权债务同归于一人。⑦法律规定或者当事人约定终止的其他情形。

27. C

【考核点】建设工程合同类型及形式

【解　析】《合同法》规定：建设工程合同是承包人进行工程建设，发包人支付价款的合同。建设工程合同包括工程勘察、设计、施工合同。建设工程合同应当采用书面形式。

28. D

【考核点】勘察设计合同的违约责任

【解 析】《合同法》第280条规定:勘察、设计的质量不符合要求或者未按照期限提交勘察、设计文件拖延工期,造成发包人损失的,勘察人、设计人应当继续完善勘察、设计,减收或者免收勘察、设计费并赔偿损失。

29. D

【考核点】勘察设计合同的违约责任

【解 析】《合同法》第285条规定:因发包人变更计划,提供的资料不准确,或者未按照期限提供必需的勘察、设计工作条件而造成勘察、设计的返工、停工或者修改设计,发包人应当按照勘察人、设计人实际消耗的工作量增付费用。

30. C

【考核点】合同的担保

【解 析】合同保证人须是具有代为清偿债务能力的人,既可以是法人,也可以是其他组织或公民。但下列单位不可以做保证人:①国家机关不得做保证人,但经国务院批准为使用外国政府或国际经济组织贷款而进行的转贷除外。②学校、幼儿园、医院等以公益为目的的事业单位、社会团体不得做保证人。③企业法人的分支机构、职能部门不得做保证人,但有法人书面授权的,可在授权范围内提供保证。公路工程施工合同通常采用保证担保。

31. C

【考核点】合同的抵押担保

【解 析】禁止抵押的财产有:①土地所有权。②耕地、宅基地、自留地、自留山等集体所有的土地使用权;抵押人依法承包并经发包方同意抵押的荒山、荒沟、荒丘、荒滩等荒地的土地使用权,以乡镇村企业厂房等建筑抵押的除外。③学校、幼儿园、医院等以公益为目的的事业单位、社会团体的教育设施、医疗设施和其他社会公益设施。④所有权、使用权不明确或有争议的财产。⑤依法被查封、扣押、监管的财产。⑥依法不得抵押的其他财产。

32. C

【考核点】合同的质押担保

【解 析】质押包括动产质押和权利质押两种。法律规定下列权利可以质押:①汇票、支票、本票、债券、存款单、仓单、提单;②依法可以转让的股份、股票;③依法可以转让的商标专用权、专利权、著作权中的财产权。

33. B

【考核点】合同的留置担保

【解 析】留置,是指合同当事人一方依据法律规定或合同约定,占有合同中对方的财产,有权留置以保护自身合法利益的法律行为。用来做留置担保的留置物一般是合同标的物,而且是动产。法律规定,因保管合同、运输合同,加工承揽合同发生的债权,债务人不履行债务的,债权人有留置权。因此,留置担保是一种法定的担保形式,通常不能由当事人约定。

34. A

【考核点】合同的订金担保

【解 析】定金,是指合同当事人一方为了证明合同的成立和担保合同的履行,在按合同规定应给付的款额内,向对方预先给付一定数额的货币。定金的数额由当事人约定,但不得超过主合同标的额的20%。按照有关规定,建设工程的勘察合同、设计合同通常采用定金担保。

35. C

【考核点】定金罚则的内容

【解　析】《合同法》规定:债务人履行债务后,定金应当抵作价款或者收回;给付定金的一方不履行约定的债务的,无权要求返还定金;收受定金的一方不履行约定的债务的,应当双倍返还定金。

36. B

【考核点】招标投标法的基本原则

【解　析】公平原则的基本观点就是反对歧视和特权。它要求招标人严格按照规定的条件和程序办事,同等地对待每一个投标竞争者,给所有参与竞争的投标人同样的机会、同样的待遇,适用于同样的资格审查标准,提供同样的信息。招标人不得以任何方式限制或者排斥本地区、本系统以外的法人或者其他组织参加投标。

37. C

【考核点】招标投标法的基本原则

【解　析】公正原则主要体现在评标定标的过程中,招标人行为应当公正,对所有的投标竞争者都应平等对待,不能有特殊。应当按照统一的标准衡量每一个投标人的优劣;在评标和定标的过程中,要按已在招标文件中公开了的评标标准和授标条件,使最符合条件的投标人能够中标。

38. D

【考核点】招标投标法的基本原则

【解　析】诚实信用原则要求当事人在招标投标过程中,应当忠实于事实真相,不得欺骗他人,损人利己;应当遵守法律,尊重社会公德。

39. C

【考核点】工程建设项目招标规模标准

【解　析】各类工程建设项目,包括项目的勘察、设计、施工、监理以及与工程建设有关的重要设备、材料等的采购,达到下列标准之一时,必须进行招标:①施工单项合同估算价在200万元人民币以上的;②重要设备、材料等货物的采购,单项合同估算价在100万元人民币以上的;③勘察、设计、监理等服务的采购,单项合同估算价在50万元人民币以上的;④单项合同估算价低于上述①、②、③项规定的标准,但项目总投资额在3000万元人民币以上的。

40. C

【考核点】招标代理

【解　析】《招标投标法》规定,招标代理机构是依法设立、从事招标代理业务并提供相关服务的社会中介组织。招标代理机构与行政机关和其他国家机关不得存在隶属关系或者其他利益关系。

41. D

【考核点】招标投标原则

【解　析】招标投标活动的公开原则,首先要求进行招标活动的信息要公开。无论是招标公告、资格预审公告,还是投标邀请书都应当载明能大体满足投标人决定是否参加投标竞争所需要的信息。此外,开标的程序、评标的标准和方法、评标程序、中标结果等都应当公开。

按照有关规定,投标人名单和标底在开标前是保密的,评标委员会成员在中标结果确定前是保密的。

42. D

【考核点】招标程序

【解　析】按照招标程序,发售招标文件后,招标人应当组织投标人踏勘现场、召开标前会议,之后才接受投标文件。资格审查或在发售招标文件之前进行(即资格预审)或在开标之后进行(即资格后审)。招标备案在发售招标文件之前进行。

43. A

【考核点】招标代理机构应当具备的条件

【解　析】根据《招标投标法》的规定,招标代理机构应当具备下列三个条件:①有从事招标代理业务的营业场所和相应资金。②有能够编制招标文件和组织评标的相应专业力量。③有可以作为评标委员会成员人选的技术、经济等方面的专家库。

44. D

【考核点】联合体投标

【解　析】《招标投标法》规定:联合体各方应当签订共同投标协议,明确约定各方拟承担的工作和责任,并将共同投标协议连同投标文件一并提交招标人。联合体中标的,联合体各方应当共同与招标人签订合同,就中标项目向招标人承担连带责任。

45. B

【考核点】投标人之间串通投标的行为

【解　析】投标人之间串通投标的行为主要表现为下列几种形式:①投标者之间相互约定,一致抬高或者压低投标价。②投标者之间相互约定,在招标项目中轮流以高价位或低价位中标。③投标者之间进行内部竞价,内定中标人,然后再参加投标。④投标者之间其他串通投标行为。

46. C

【考核点】投标人与招标人串通投标的行为

【解　析】投标人与招标人串通投标的行为主要有以下几种表现形式:①招标者在公开开标前,开启标书,并将投标情况告知其他投标者,或者协助投标者撤换标书,更改报价。②招标者向投标者泄露标底。③投标者与招标者商定,在招标投标时压低或者抬高标价,中标后再给投标者或者招标者额外补偿。④招标者预先内定中标者,在确定中标者时以此决定取舍。⑤招标者和投标者之间其他串通招标投标行为(如通过贿赂等不正当手段),使招标人在审查、评选投标文件时,对投标文件实行歧视待遇;招标人在要求投标人就其投标文件澄清时,故意作引导性提问,以使其中标等。

47. C

【考核点】投标人以非法手段骗取中标

【解　析】在工程实践中,投标人以非法手段骗取中标的行为主要表现在以下几方面:①非法挂靠或借用其他企业的资质证书参加投标。②投标文件中故意在商务上和技术上采用模糊的语言骗取中标,中标后提供低档劣质货物、工程或服务。③投标时递交虚假业绩证明、资格文件。④假冒法定代表人签名,私刻公章,递交假的委托书等。

48. A

【考核点】投标的禁止性规定

【解　析】《招标投标法》第 33 条规定,投标人不得以低于成本的报价竞标。这里的成本应指个别企业的成本。投标人的报价一般由成本、税金和利润三部分组成。当报价为成本价时,企业利润为零。很显然,投标人以低于成本的报价竞标,其目的主要是为了排挤其他对手。

49. A

【考核点】投标的禁止性规定

【解　析】《招标投标法》中关于投标的禁止性规定包括:①投标人之间串通投标;②投标人与招标人之间串通投标;③投标人以低于成本的报价竞标;④投标人以行贿的手段谋取中标;⑤投标人以非法手段骗取中标。

50. B

【考核点】开标的相关规定

【解　析】开标应当在招标文件确定的提交投标文件截止时间的同一时间公开进行;开标地点应当为招标文件中预先确定的地点。开标由招标人主持,邀请所有投标人参加。开标时,由投标人或者其推选的代表检查投标文件的密封情况,也可以由招标人委托的公证机构检查并公证。

51. A

【考核点】评标委员会的组建

【解　析】《招标投标法》第 37 条规定,评标由招标人依法组建的评标委员会负责。评标委员会由招标人的代表和有关技术、经济等方面的专家组成,成员人数为五人以上单数,其中技术、经济等方面的专家不得少于成员总数的三分之二。

52. D

【考核点】评标定标的相关规定

【解　析】《招标投标法》规定:招标人应根据评标委员会提出的书面评标报告和推荐的中标候选人确定中标人。招标人也可以授权评标委员会直接确定中标人。在确定中标人前,招标人不得与投标人就投标价格、投标方案等实质性内容进行谈判。

53. D

【考核点】中标通知书的法律效力

【解　析】中标通知书对招标人和中标人具有法律效力。中标通知书发出后,招标人改变中标结果的,或者中标人放弃中标项目的,应当依法承担法律责任。招标人和中标人应当自中标通知书发出之日起三十日内,按照招标文件和中标人的投标文件订立书面合同。招标人和中标人不得再行订立背离合同实质性内容的其他协议。

54. A

【考核点】《安全生产法》的立法目的

【解　析】《安全生产法》的立法目的主要有以下两点:①为了加强安全生产监督管理,防止和减少生产安全事故;②保障人民群众的生命和财产安全,促进经济发展。与此类似,

《建设工程安全生产管理条例》的立法目的有三点:①贯彻《建筑法》和《安全生产法》;②为了加强建设工程安全生产监督管理;③保障人民群众的生命和财产安全。

55. D

【考核点】安全生产"三同时"制度及有关规定

【解 析】《安全生产法》规定,生产经营单位新建、改建、扩建工程项目(以下统称建设项目)的安全设施,必须与主体工程同时设计、同时施工、同时投入生产和使用。安全设施投资应当纳入建设项目概算。

56. C

【考核点】安全生产中从业人员的权利

【解 析】安全生产中从业人员的权利包括:①知情权,即有权了解其作业场所和工作岗位存在的危险因素、防范措施和事故应急措施。②建议权,即有权对本单位的安全生产工作提出建议。③批评权和检举、控告权,即有权对本单位安全生产管理工作中存在的问题提出批评、检举、控告。④拒绝权,即有权拒绝违章作业指挥和强令冒险作业。⑤紧急避险权,即发现直接危及人身安全的紧急情况时,有权停止作业或者在采取可能的应急措施后撤离作业场所。⑥赔偿权,依法向本单位提出要求赔偿的权利。⑦劳动保护权,获得符合国家标准或者行业标准劳动防护用品的权利。⑧教育、培训权,获得安全生产教育和培训的权利。

57. D

【考核点】安全生产中从业人员的义务

【解 析】安全生产中从业人员的义务主要包括:①自律遵规的义务,即从业人员在作业过程中,应当遵守本单位的安全生产规章制度和操作规程,服从管理,正确佩戴和使用劳动防护用品。②自觉学习安全生产知识的义务,要求掌握本职工作所需的安全生产知识,提高安全生产技能,增强事故预防和应急处理能力。③危险报告义务,即发现事故隐患或者其他不安全因素时,应当立即向现场安全生产管理人员或者本单位负责人报告。

58. A

【考核点】勘察设计单位的法律责任

【解 析】勘察单位、设计单位有下列行为之一的,责令限期改正,处 10 万元以上 30 万元以下的罚款;情节严重的,责令停业整顿,降低资质等级,直至吊销资质证书;造成重大安全事故,构成犯罪的,对直接责任人员,依照刑法有关规定追究刑事责任;造成损失的,依法承担赔偿责任:①未按照法律、法规和工程建设强制性标准进行勘察、设计的。②采用新结构、新材料、新工艺的建设工程和特殊结构的建设工程,设计单位未在设计中提出保障施工作业人员安全和预防生产安全事故的措施建议的。

59. B

【考核点】注册执业人员的法律责任

【解 析】注册执业人员未执行法律、法规和工程建设强制性标准的,责令停止执业 3 个月以上 1 年以下;情节严重的,吊销执业资格证书,5 年内不予注册;造成重大安全事故的,终身不予注册;构成犯罪的,依照刑法有关规定追究刑事责任。

60. B

【考核点】建设工程安全生产管理基本制度

【解　析】根据《安全生产管理条例》的规定,应建立以下建设工程安全生产管理基本制度:①安全生产责任制度;②群防群治制度;③安全生产教育培训制度;④安全生产检查制度;⑤伤亡事故处理报告制度;⑥安全责任追究制度。本题选项 B 应是工程建设项目管理基本制度。

61. C

【考核点】建设工程质量管理基本制度

【解　析】根据《建设工程质量管理条例》的规定,应建立以下建设工程质量管理基本制度:①工程质量监督管理制度;②工程竣工验收备案制度;③工程质量事故报告制度;④工程质量检举、控告、投诉制度。本题选项 C 应是工程建设项目管理基本制度。

62. B

【考核点】建设单位质量管理责任和义务

【解　析】《建设工程质量管理条例》规定:①建设单位应当将工程发包给具有相应资质等级的单位,不得将工程肢解发包。②建设单位不得对承包单位的建设活动进行不合理干预。③施工图设计文件未经审查批准的,建设单位不得使用。

63. C

【考核点】勘察、设计单位的法律责任

【解　析】《建设工程质量管理条例》规定:勘察、设计单位超越本单位资质等级承揽工程的,或勘察、设计单位允许其他单位或者个人以本单位名义承揽工程的,责令停止违法行为,处合同约定的勘察费、设计费 1 倍以上 2 倍以下的罚款;可以责令停业整顿,降低资质等级;情节严重的,吊销资质证书;有违法所得的,予以没收。

64. C

【考核点】勘察、设计单位的法律责任

【解　析】《建设工程质量管理条例》规定:有下列行为之一的,责令改正,处 10 万元以上 30 万元以下的罚款,造成工程质量事故的,责令停业整顿,降低资质等级;情节严重的,吊销资质证书;造成损失的,依法承担赔偿责任。

①勘察单位未按照工程建设强制性标准进行勘察的。②设计单位未根据勘察成果文件进行工程设计的。③设计单位指定建筑材料、建筑构配件的生产厂、供应商的。④设计单位未按照工程建设强制性标准进行设计的。

65. B

【考核点】注册执业人员的法律责任

【解　析】《建设工程质量管理条例》规定:注册建筑师、注册结构工程师、监理工程师等注册执业人员因过错造成质量事故的,责令停止执业 1 年;造成重大质量事故的,吊销执业资格证书,5 年以内不予注册;情节特别恶劣的,终身不予注册。

66. B

【考核点】编制建设工程勘察、设计文件的依据

【解　析】《建设工程勘察设计管理条例》规定:编制建设工程勘察、设计文件,应当以下列规定为依据:①项目批准文件。②城市规划。③工程建设强制性标准。④国家规定的建设工程勘察、设计深度要求。另外,对于铁路、交通、水利等专业建设工程,还应当以专业规划

的要求为依据。

67. D

【考核点】建设工程勘察设计的概念及其规定

【解　析】从事建设工程勘察、设计活动，应当坚持先勘察、后设计、再施工的原则。

国家鼓励在建设工程勘察、设计活动中采用先进技术、先进工艺、先进设备、新型材料和现代管理方法。

68. C

【考核点】建设工程勘察、设计发包

【解　析】《建设工程勘察设计管理条例》规定：①建设工程勘察、设计发包依法实行招标发包或者直接发包。②下列建设工程的勘察、设计，经有关主管部门批准，可以直接发包：a. 采用特定的专利或者专有技术的；b. 建筑艺术造型有特殊要求的；c. 国务院规定的其他建设工程的勘察、设计。

69. B

【考核点】建设工程勘察设计发包与承包

【解　析】《建设工程勘察设计管理条例》规定：①发包方可以将整个建设工程的勘察、设计发包给一个勘察、设计单位；也可以将建设工程的勘察、设计分别发包给几个勘察、设计单位。②除建设工程主体部分的勘察、设计外，经发包方书面同意，承包方可以将建设工程其他部分的勘察、设计再分包给其他具有相应资质等级的建设工程勘察、设计单位。

70. B

【考核点】勘察设计单位及从业人员的法律责任

【解　析】《建设工程勘察设计管理条例》规定：未经注册，擅自以注册建设工程勘察、设计人员的名义从事建设工程勘察、设计活动的，责令停止违法行为，没收违法所得，处违法所得2倍以上5倍以下罚款；给他人造成损失的，依法承担赔偿责任。

71. B

【考核点】勘察设计单位及从业人员的法律责任

【解　析】《建设工程勘察设计管理条例》规定：建设工程勘察、设计注册执业人员和其他专业技术人员未受聘于一个建设工程勘察、设计单位或者同时受聘于两个以上建设工程勘察、设计单位，从事建设工程勘察、设计活动的，责令停止违法行为，没收违法所得，处违法所得2倍以上5倍以下的罚款；情节严重的，可以责令停止执行业务或者吊销资格证书；给他人造成损失的，依法承担赔偿责任。

72. B

【考核点】勘察设计从业人员职业道德准则规范

【解　析】勘察设计从业人员职业道德准则规范规定，勘察设计从业人员应：①认真贯彻勘察设计的各项方针政策，合法经营，不搞无证勘察设计，不搞越级勘察设计，不搞私人勘察设计，不出卖图签图章。②遵守市场管理，平等竞争，严格按规定收费，不超收、不压价，勇于抵制行业不正之风，不因收取“回扣”“介绍费”等而选用价高质次的材料设备，不贬低别人，抬高自己。③信守勘察设计合同，以高速、优质的服务，为行业赢得信誉。④搞好团结协作，树立集体观念，甘当配角，艰苦奋斗，无名奉献。⑤服从单位法人管理，有令则行，有禁必止。

附录 《专业基础知识》模拟试卷

模拟试卷一

说明:1. 本模拟试卷共60题,每题只有一个备选项最符合题意,每题2分;模拟考试时间为4小时。

2. 本模拟试卷仅供考生进行模拟测试用。

1. 砂石级配曲线中靠近级配范围上限的含义是(　　)。

A. 颗粒整体偏粗　B. 颗粒整体偏细　C. 属于间断级配　D. 比表面积偏小

2. 由于石灰浆体硬化时,(　　)以及硬化强度低等缺点,所以不宜单独使用。

A. 吸水性大　B. 需水量大　C. 体积收缩大　D. 体积膨胀大

3. 水泥熟料中掺加适量石膏的目的是(　　)。

A. 降低发热量　B. 增加产量　C. 减少收缩　D. 调节水化速度

4. 无机结合料稳定土无侧限抗压强度试验中,试件的养生方法是(　　)。

A. 在潮湿空气中养生7d　B. 在潮湿空气中养生14d

C. 在潮湿空气中养生6d,浸水1d　D. 在潮湿空气中养生13d,浸水1d

5. 从混凝土组成材料的质量和比例而言,影响混凝土强度的主要因素是(　　)。

A. 水灰比　B. 粗集料品种　C. 水泥品种　D. 单位用水量

6. 水泥混凝土配合比设计过程中,在选用单位用水量时,以下说法错误的是(　　)。

A. 随着集料最大粒径的增加,单位用水量变小

B. 随着水泥混凝土流动性要求的提高,单位用水量变大

C. 同等条件下,粗集料为碎石时其单位用水量较卵石大

D. 随着水灰比的增大,单位用水量变大

7. 沥青"老化"现象指在各种因素的影响下,由低分子化合物变成较高分子化合物,油分、树脂含量逐渐(　　),沥青质含量逐渐(　　)。

A. 减少,增加　B. 增加,减少　C. 增加,增加　D. 减少,减少

8. 随着沥青用量的增加,沥青混合料的空隙率(　　)。

A. 减小　B. 增加　C. 先减小后增加　D. 先增加后减小

9. 关于沥青混合料悬浮~密实结构的特点,下列说法有误的是(　　)。

A. 结构中粗集料比较少　B. 黏聚力比较大

C. 内摩阻角比较小　D. 高温稳定性好

10. 普通碳素结构钢随牌号的增加,钢材的(　　)。

A. 强度增加、塑性增加　B. 强度降低、塑性增加

C. 强度降低、塑性降低　D. 强度增加、塑性降低

11. 土工合成材料工程结构稳定性评价指标是(　　)。

A. 拉伸性能　　B. 穿透性能　　C. 摩擦性能　　D. 渗透性能

12. 某填土的最优含水率为25%，所取松土的含水率为20%，为使其达到最优含水率，每1000kg松土中应加水(　　)。

A. 60kg　　B. 50.3kg　　C. 41.7kg　　D. 35.2kg

13. 某工程采用灌砂法测定表层土的干密度，注满试坑用标准砂质量为5625g，标准砂密度1.55g/cm^3。试坑采取的土样质量为6896g，含水率为17.8%，则该土层的干密度为(　　)。

A. 1.51g/cm^3　　B. 1.61g/cm^3　　C. 1.71g/cm^3　　D. 1.81g/cm^3

14. 室内做常水头渗透试验，土样长 $L = 12$cm，截面积 $A = 6$cm^2，进水端水位 $h_1 = 60$cm，出水端水位 $h_2 = 15$cm。试验中测得2min流经土样的水量 $Q = 200$cm^3，则土样的渗透系数为(　　)。

A. 8.19×10^{-2}cm/s　　B. 7.41×10^{-2}cm/s

C. 4.0×10^{-4}cm/s　　D. 3.5×10^{-4}cm/s

15. 下图中，水下地基土中的 c 点的自重应力为(　　)。

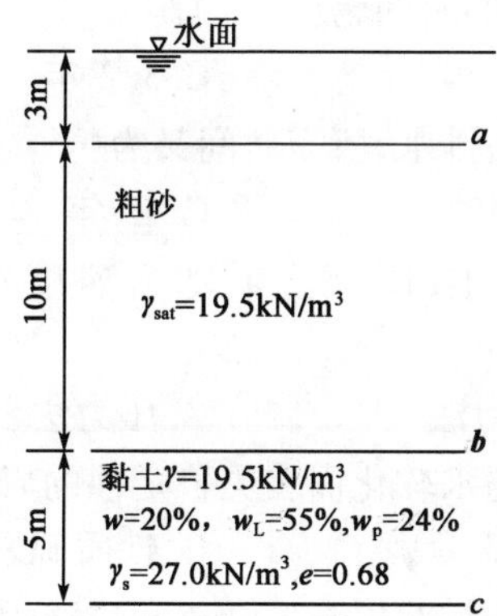

A. 221.5kPa　　B. 191.5kPa　　C. 480kPa　　D. 321.5kPa

16. 有一矩形面积($l = 5$m，$b = 3$m)三角形分布的荷载作用在地基表面，荷载最大值 $p = 100$kPa，图示 o 点下深度 $z = 3$m 处 M 点的竖向应力 σ_z 为(　　)。

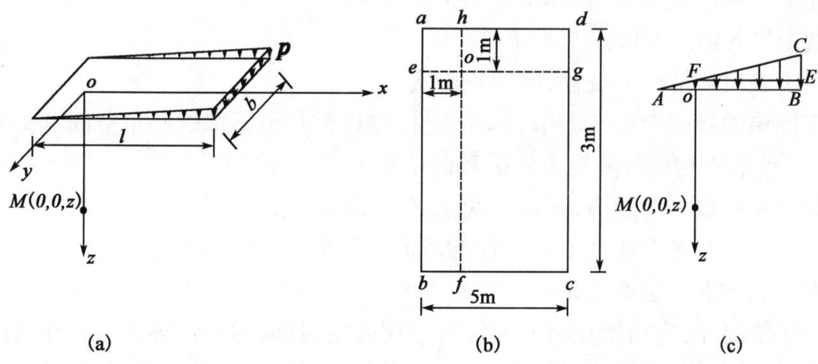

A. 16.7kPa　　B. 20.5kPa　　C. 35.3kPa　　D. 76.2kPa

17. 采用不固结不排水剪切试验测定饱和黏性土的抗剪强度指标时，其内摩擦角近似等于(　　)。

A. 0°　　B. 30°　　C. 45°　　D. 不能确定

18. 已知地基中某点受到大主应力 $\sigma_1 = 460\text{kPa}$，小主应力 $\sigma_3 = 20\text{kPa}$，则最大剪应力值及最大剪应力作用面与大主应力面的夹角为(　　)。

A. 100kPa,60°　　B. 100kPa,45°　　C. 120kPa,60°　　D. 120kPa,45°

19. 上题中，作用在与小主应力面成30°的面上的正应力和剪应力分别为(　　)。

A. 10kPa,138kPa　　B. 140kPa,125kPa

C. 280kPa,104kPa　　D. 260kPa,142kPa

20. 计算地基承载力时，对于地下水位以下的土层，土的重度应当选用(　　)。

A. 饱和重度　　B. 天然重度　　C. 有效重度　　D. 加权平均重度

21. 若有一黏土层，厚为10m，上下两面均可排水。现从黏土层中心取样后切取一厚为2cm的试样，放入固结仪做固结试验(上下均有透水石)，在某一级固结应力作用下，测得其固结度达到80%时所需的时间为10min，则该黏土层在现场受到与试验室固结应力同样大小的压力作用下，达到同一固结度所需的时间为(　　)。

A. 4.8年　　B. 3.3年　　C. 5.2年　　D. 6.5年

22. 上题中，若黏土层改为单面排水，所需时间又为(　　)。

A. 28年　　B. 33年　　C. 42年　　D. 19年

23. 若土坡的土质为饱和黏土，因填土或加荷速度较快，这时，土坡稳定分析应采用(　　)。

A. 总应力法　　B. 剪力法　　C. 压力法　　D. 有效应力法

24. 下列几种沉积岩中，最易遇水软化而丧失稳定性的岩石是(　　)。

A. 石灰岩　　B. 硅质砂岩　　C. 铁质砾岩　　D. 钙质页岩

25. 在进行公路工程地质勘察时，对岩石需调查和描述的内容不包括(　　)。

A. 岩石的成因、年代　　B. 颜色、矿物成分、结构和构造

C. 各类岩石的区别　　D. 风化程度、岩层厚度

26. 下列关于断层特征的描述中，不正确的是(　　)。

A. 正断层的断层面倾角较陡，一般常大于45°

B. 逆断层的断层面倾角都小于45°

C. 逆断层破碎带通常较宽，但挤压密实

D. 正断层的破碎带通常较窄，但连通性较好，常是地下水的储水空间和集水廊道

27. 下列有关地质构造与隧道位置关系的描述中，不正确的是(　　)。

A. 穿越水平岩层的隧道，其位置应选择在坚固、完整的岩层中

B. 隧道沿岩层走向通过不同岩性的倾斜岩层时，应避免将隧道选在不同岩层的交界处或有软弱夹层的地带

C. 一般情况下，应当避免将隧道设置在褶曲的翼部，尽量将隧道设置在褶曲的核部

D. 在选择隧道位置时应尽量避开大的断层破碎带，若不易避开时，则应采用隧道轴线

与断层线垂直或大角度通过

28. 下列关于坡积层工程地质性质的描述中，不正确的是(　　)。

A. 物质经压密固结及经胶结，结构密实

B. 物质孔隙度高，富水性强

C. 强度低，压缩性大

D. 作为建筑物地基时可发生沉陷量过大和不均匀沉陷的问题

29. 下列表述的松散沉积物的各种特征中，可用来区别河流沉积物和其他成因沉积物的特征的是(　　)。

A. 沉积物厚度较均匀，变化不大

B. 沉积物有良好的分选性和磨圆度

C. 沉积物主要是细砂、粉砂及黏土等细粒物

D. 沉积物松散、孔隙度大

30. 下列有关河流地质作用与公路建设关系的描述中，不正确的是(　　)。

A. 桥位应当选择在河道顺直地段

B. 道路跨河时应尽量使桥梁中线与河流两岸垂直

C. 桥梁墩台基础的埋置深度与河流地质作用无关

D. 若路线沿峡谷行进，则路基多置于高陡的河谷斜坡上，经常会遇到崩塌、滑坡等不良现象

31. 下列有关地下水工程特性的描述中，不正确的是(　　)。

A. 过量抽取地下承压水可导致地面沉陷

B. 承压水一般水量较大，工程施工若钻透隔水顶板，会造成涌水现象

C. 承压水的蒸发排泄可造成土层盐渍化

D. 上层滞水可引起路基沉陷或冻胀

32. 下列关于泥石流防治原则的表述中，不正确的是(　　)。

A. 路线跨越泥石流沟时，首先应考虑从流通区沟口或沟床比较稳定、冲淤变化不大的堆积扇顶部用桥跨越

B. 当河谷比较开阔，泥石流沟距大河较远，洪积扇未达到河边时，路线可以考虑走堆积扇的外缘

C. 对泥石流分布较集中、规模较大、发生频繁、危害严重的地段，应通过经济技术比较，在有利的情况下，可以采取跨河绕道走对岸的方案或其他绕避方案

D. 通过散流发育并有固定沟槽的宽大堆积扇时，可改沟归并，集中设桥，一桥跨过

33. 下列有关特殊性岩土的特征中，不属于黄土特征的是(　　)。

A. 无层理，具有柱状节理和垂直节理　　B. 富含碳酸钙，局部常见钙质结核

C. 颗粒成分以黏粒为主　　D. 结构疏松，孔隙多，具有湿陷性

34. 下列有关软土地区道路工程地质勘察重点的表述中，不正确的是(　　)。

A. 查明与路线方案有关的软土工程地质问题，为优选路线方案提供依据

B. 在路线基本走向范围内，对可能布置线路的区间取得几种(或几条)路线通过方案的工程地质资料

C. 查明对路线方案起控制作用的软土地基区段、工程地质条件与水文地质条件

D. 调查软土地基、分布范围，研究分析其危害程度，提出路线的绕避方案，对软土的物理、力学、水理性质则无须了解

35. 一般路基详细勘察的勘探测试点宜沿确定的路线中线布置，每段填、挖路基勘探测试点的数量不宜少于(　　)，做代表性勘探。

A. 4　　B. 3　　C. 2　　D. 1

36. 下列关于公路工程地质勘察方法的表述中，不正确的是(　　)。

A. 道路工程地质勘察应以工程地质调绘为主，勘探测试为辅

B. 桥梁工程地质勘察应以钻探、原位测试为主，结合必要的物探、挖探等

C. 隧道工程地质勘探应以钻探为主，结合必要的物探、挖探等

D. 路线工程地质调绘应沿路线及其两侧的带状范围进行，调绘宽度沿路线左右两侧的距离各不宜小于 100m

37. 下列关于测量标志埋设的叙述中，正确的是(　　)。

①控制测量桩应埋设在基础稳定、易于长期保存的地点；

②控制测量桩须与地面齐平；

③不同控制测量桩不能共用，埋设要求也不同；

④路线控制桩位于岩石或建筑物上时，可用油漆标记。

A. ①②　　B. ③④　　C. ①④　　D. ①②③

38. 已知 A 点坐标为(12345.7，437.8)，B 点坐标为(12322.2，461.3)，则 AB 边的坐标方位角 α_{AB} 为(　　)。

A. 45°　　B. 135°　　C. 225°　　D. 315°

39. 三角高程测量要求对向观测垂直角，计算往返高差，其主要目的是(　　)。

A. 有效地抵偿或消除球差和气差的影响

B. 有效地抵偿或消除仪器高和觇标高测量误差的影响

C. 有效地抵偿或消除垂直角读数误差的影响

D. 有效地抵偿或消除读盘分划误差的影响

40. 四等水准测量中，平均高差的计算公式是(　　)。

A. (黑面高差 + 红面高差)/2

B. [黑面高差 + (红面高差 ±0.1m)]/2

C. [黑面高差 + (红面高差 +0.1m)]/2

D. [黑面高差 + (红面高差 −0.1m)]/2

41. 一般情况下，下列哪种高程测量的方法精度最高(　　)。

A. 水准测量　　B. 三角高程测量

C. GPS 高程测量　　D. 气压测高程

42. 测量地物、地貌特征点并进行绘图的工作通常称为(　　)。

A. 控制测量　　B. 水准测量　　C. 导线测量　　D. 碎部测量

43. 在比例尺为 1∶2000，等高距为 2m 的地形图上，如果按照指定坡度 i = 5%，从坡脚 A 到坡顶 B 来选择路线，其通过相邻等高线时在图上的长度为(　　)。

A. 10mm　　B. 20mm　　C. 25mm　　D. 30mm

44. 若地形点在图上的最大距离不能超过 3cm，对于比例尺为 1/500 的地形图，相应地形点在实地的最大距离应为(　　)。

A. 15m　　B. 20m　　C. 30m　　D. 35m

45. 下列关于路线初测阶段的控制测量的叙述，正确的是(　　)。

A. 二级及二级以上公路必须进行平面与高程控制测量

B. 所有等级公路必须进行平面与高程控制测量

C. 二级以下公路必须进行平面控制测量，可不做高程控制测量

D. 二级以下公路可不做平面控制测量，必须进行高程控制测量

46. 一次定测适用于方案明确、地质条件比较简单的(　　)公路的勘测。

A. 一、二级　　B. 二、三级

C. 二、三、四级　　D. 三、四级

47. 缓和曲线的参数方程，所建立的坐标系的 X 轴正向，是指向缓和曲线的(　　)。

A. 直缓点　　B. 缓直点

C. 交点　　D. 曲中点

48. JD_3 的里程桩号为 K6 + 790. 306，$\alpha = 39°01'09''$，圆曲线半径 $R = 2000$m，缓和曲线长 $l_s = 100$m。则曲线长为(　　)。

A. 1462. 026m　　B. 1264. 027m　　C. 1558. 687m　　D. 1328. 687m

49. 桥梁的设计基准期是指(　　)。

A. 桥梁的设计寿命

B. 桥梁的使用寿命

C. 桥梁活载作用的年限

D. 可变荷载随机过程的时域(或基准时间参数)

50. 以下关于剪跨比概念的描述中，错误的是(　　)。

A. 剪跨比是一个无量纲的常数

B. 剪跨比是梁中某截面弯矩和剪力之比

C. 对于集中荷载下的简支梁，剪跨比是 a/h_0

D. 剪跨比是 $M/(V\,h_0)$

51. 对于高度、截面尺寸、配筋完全相同的轴心受压构件，以支承条件为(　　)时，其轴心受压承载力最大。

A. 两端嵌固　　B. 一端嵌固，一端不动铰支

C. 两端不动铰支　　D. 一端嵌固，一端自由

52. 对于矩形截面偏心受压构件，当 $\eta e_0 > 0.3h_0$ 时，可初判为大偏心受压，当 $\eta e_0 \leq 0.3h_0$ 时，可初判为小偏心受压，这种初判方法主要用于(　　)。

A. 非对称配筋和对称配筋截面设计时　　B. 非对称配筋截面设计时

C. 对称截面配筋时　　D. 以上说法都不对

53. 对于下图所示的单筋矩形截面梁开裂截面的换算截面面积公式，描述正确的是(　　)。

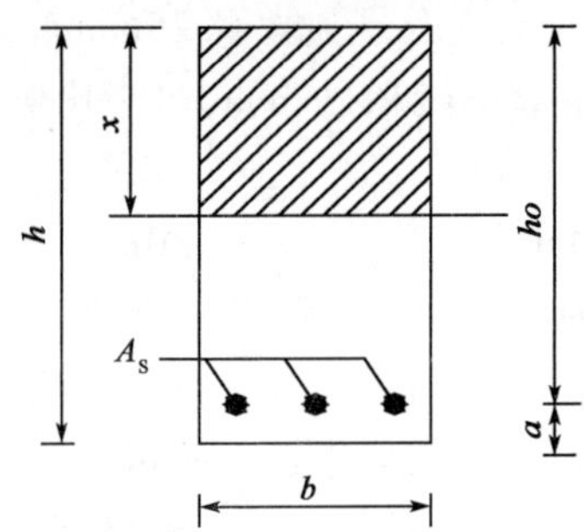

A. $A_0 = bx + \alpha_{ES}A_c$　　B. $A_0 = bx + \alpha_{ES}A_s$

C. $A_0 = bh + (\alpha_{ES} - 1)A_s$　　D. $A_0 = bh_0 + (\alpha_{ES} - 1)A_s$

54. 后张法构件，当混凝土法向应力等于零（截面下边缘处于消压状态）时，受拉区全部纵向预应力钢筋和非预应力钢筋的合力 N_{p0} 等于（　　）。

A. $N_{p0} = (\sigma_{con} - \sigma_l + \alpha_{Ep}\sigma_{pc})A_p - \sigma_{l6}A_s$

B. $N_{p0} = (\sigma_{con} - \sigma_l)A_p - \sigma_{l6}A_s$

C. $N_{p0} = (\sigma_{con} - \sigma_l + \alpha_{Ep}\sigma_{pc})A_p + \sigma_{l6}A_s$

D. 0

55. 一偏心受压柱，截面尺寸为 480mm × 620mm，在作用（荷载）基本组合下，弯矩沿截面长边作用，该柱的最大允许偏心距为（　　）。

A. 147mm　　B. 186mm　　C. 233mm　　D. 372mm

56. 下列关于公路规划的表述中，不正确的是（　　）。

A. 国道公路规划由交通运输部会同国务院有关部门并商国道沿线省、自治区、直辖市人民政府编制，报国务院批准

B. 省道公路规划由省级交通运输主管部门会同同级有关部门并商省道沿线下一级人民政府编制，报省级人民政府批准

C. 县道公路规划由县级交通运输主管部门会同同级有关部门编制，报县级人民政府批准

D. 乡道公路规划由县级交通运输主管部门协助乡（镇）人民政府编制，报县级人民政府批准

57. 下列关于从事建筑活动的勘察单位、设计单位应具备条件的表述中，不正确的是（　　）。

A. 有符合国家规定的注册资本

B. 有从事相关建筑活动所应有的技术装备

C. 有从事相关建筑活动所应有的经历与经验

D. 有与其从事建筑活动相适应的具有法定执业资格的专业技术人员

58. 某合同质量约定不明确，合同双方当事人经协商未能达成补充协议，也无法按交易习惯确定。此时则应当（　　）。

A. 宣告合同无效　　B. 按照债权人的标准履行

C. 按照债务人的标准履行　　D. 按照国家标准、行业标准履行

59. 下列关于勘察、设计资质资格管理的表述中，不正确的是（　　）。

A. 勘察、设计单位应当在其资质等级许可的范围内承揽工程勘察、设计业务

B. 禁止勘察、设计单位允许其他单位或个人以本单位的名义承揽工程勘察、设计业务

C. 未经注册的勘察、设计人员,不得以注册执业人员的名义从事工程勘察、设计活动

D. 勘察、设计注册执业人员只能受聘于不超过两个建设工程勘察、设计单位

60. 下列关于建设工程勘察、设计文件编制要求的表述中,不正确的是(　　)。

A. 编制建设工程勘察文件,应当真实、准确,满足建设工程规划、选址、设计、岩土治理和施工的需要

B. 编制方案设计文件,应当满足编制初步设计文件、施工图设计文件和控制概、预算的需要

C. 编制初步设计文件,应当满足编制施工招标文件、主要设备材料订货和编制施工图设计文件的需要

D. 编制施工图设计文件,应当满足设备材料采购、非标准设备制作和施工的需要,并注明建设工程合理使用年限

模拟试卷一参考答案

1. B

【考核点】矿质混合料的级配特征

【解　析】级配曲线靠近级配范围上限,意味着集料中细集料含量较高,粗集料含量相对较低,因而,集料的颗粒整体偏细。

2. C

【考核点】石灰浆体的硬化特点

【解　析】石灰浆体在空气中的凝结硬化分为两个过程:一是结晶作用,游离水蒸发,氢氧化钙逐渐从饱和溶液中结晶;一是碳化作用,氢氧化钙和空气中的二氧化碳化合生成碳酸钙结晶,释放出水分并被蒸发,从而引起体积收缩。

3. D

【考核点】水泥的水化反应

【解　析】水泥熟料中掺加石膏的主要作用是石膏可以作为缓凝剂,在没有石膏的情况下水泥熟料磨细后加水会很快凝结,影响施工和检验,添加适量石膏后,石膏中的硫酸钙与水泥熟料中的铝酸三钙反应生成钙矾石,减少水泥的水化速度,从而起到缓凝的作用。

4. C

【考核点】无机结合料稳定土无侧限抗压强度试验方法

【解　析】现行试验规程规定,无机结合料稳定土无侧限抗压强度试验试件的养生方法是:标准养生温度20℃ ±2℃,标准养生湿度≥95%,标准养生龄期是7d,最后一天浸水。

5. A

【考核点】水泥混凝土的强度

【解　析】水泥混凝土的强度主要取决于其内部胶结作用的水泥石的质量。水泥石的质量则取决于水泥的强度和水灰比。因此,从组成材料的质量和比例而言,影响水泥混凝土强

度的主要因素就只能是水灰比。

6. D

【考核点】水泥混凝土的配合比设计

【解　析】水泥混凝土配合比设计时，单位用水量取决于集料特性（集料品种、最大粒径等）和混凝土拌和物施工和易性（流动性）的要求。可见，与水灰比无关。

7. A

【考核点】沥青的老化

【解　析】沥青在加热或长时间加热过程中，会发生轻质馏分挥发、氧化、裂化、聚合等一系列物理化学变化，从而使沥青中油分、树脂含量减少，沥青质含量增加。

8. A

【考核点】沥青混合料的空隙率特征

【解　析】随着沥青用量的增加，沥青混合料的空隙率减小。

9. D

【考核点】沥青混合料组成结构特点

【解　析】沥青混合料组成结构类型中，悬浮～密实结构的特点是，粗集料所占比例较少，混合料密实度很大，黏聚力较高，但内摩阻力较小，高温稳定性较差。

10. D

【考核点】钢材牌号

【解　析】随着钢材牌号增大，钢材的屈服强度增加，但其塑性下降。

11. C

【考核点】土工合成材料的力学性能

【解　析】摩擦性能是评价土工合成材料工程结构稳定性的重要指标，包括直剪摩擦试验和拉拔摩擦试验。

12. C

【考核点】三相指标及应用

【解　析】欲求解加水量，需先求解出土颗粒的质量 m_s，由题意，$m = 1000\text{kg}$，$w_1 = 20\%$，$w_2 = 25\%$，$w_1 = \dfrac{m - m_s}{m_s} = \dfrac{1000 - m_s}{m_s} = 20\%$，则 $m_s = 833.3\text{kg}$，加水量 $\Delta W = m_s(w_1 - w_2) = 833.3 \times (25\% - 20\%) = 41.7\text{kg}$。

13. B

【考核点】三相指标及应用

【解　析】由题意，标准砂体积和试样体积相等，均等于试坑体积，则：

$$试坑体积\ V = \frac{m_s}{V_s} = \frac{5625}{1.55} = 3629\text{cm}^3$$

$$试样密度\ \rho = \frac{m}{V} = \frac{6898}{3629} = 1.90\text{g/cm}^3$$

$$干密度\ \rho_d = \frac{\rho}{1 + w} = \frac{1.90}{1 + 0.178} = 1.61\text{g/cm}^3$$

14. B

【考核点】常水头渗透试验

【解 析】渗透系数 $k=\dfrac{QL}{Aht}=\dfrac{200\times12}{6\times(60-15)\times2\times60}=7.41\times10^{-2}\text{cm/s}$。

15. D

【考核点】自重应力计算

【解 析】水下的粗砂层受到水的浮力作用,计算其浮重度有:

$$\gamma'=\gamma_{sat}-\gamma_w=19.5-10=9.5\text{kN/m}^3$$

黏土层因为 $w<w_p$,$I_L<0$,故认为土层不受水的浮力作用,而且,土层面上还受到上面的静水压力作用。土中各点的自重应力计算如下。

a 点:$z=0$,$\sigma_{ca}=0$

b 点:$z=10\text{m}$,但该点位于粗砂层中,则 $\sigma_{cz}=\gamma'z=9.5\times10=95\text{kPa}$

b' 点:$z=10\text{m}$,但该点位于黏土层中,则 $\sigma_{cz}=\gamma'z+\gamma_w h_w=95+10\times13=225\text{kPa}$

c 点:$z=15\text{m}$,$\sigma_{cz}=225+19.3\times5=321.5\text{kPa}$

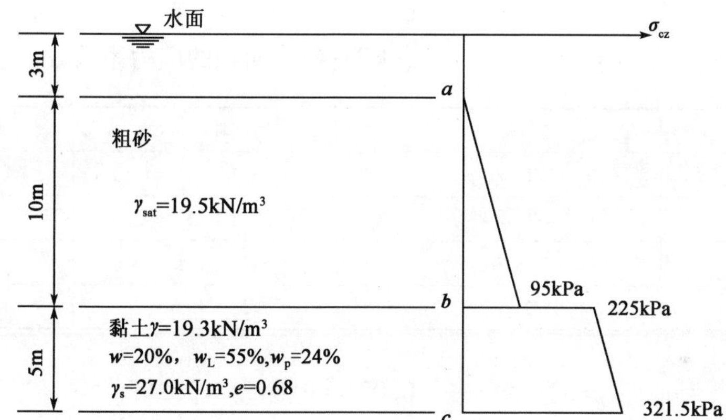

16. A

【考核点】附加应力计算

【解 析】计算矩形荷载下 $\sigma_{z(ABED)}$:

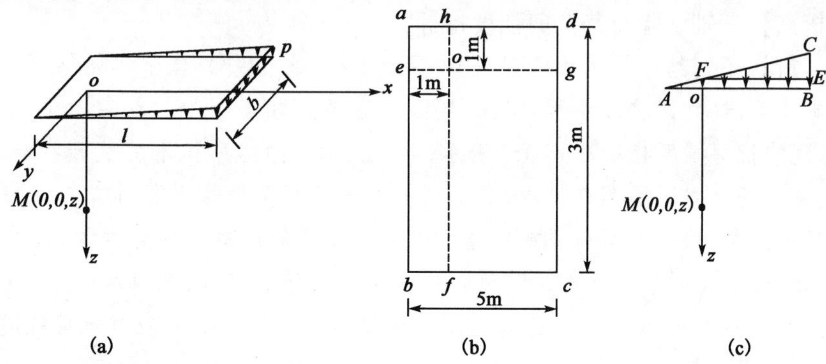

如图(b)所示,假定面积 $abcd$ 上作用均布矩形竖向荷载 $q=\frac{p}{3}=\frac{100}{3}\text{kPa}$,则 M 点

$$\sigma_{z(\text{ABED})}=\sigma_{z(\text{aeoh})}+\sigma_{z(\text{hogd})}+\sigma_{z(\text{ebfo})}+\sigma_{z(\text{ofcg})}=q\sum\alpha_{ci}$$

式中,α_{ci} 为图(b)中各块面积的应力系数,结果列于表中:

荷载作用面积	l/b	z/b	α_{ci}
aeoh	1/1 = 1	3/1 = 3	0.045
hogd	2/1 = 2	3/1 = 3	0.073
ebfo	4/1 = 4	3/1 = 3	0.093
ofcg	4/2 = 2	3/2 = 1.5	0.156

$$\sigma_{z(\text{ABED})}=\frac{100}{3}(0.045+0.073+0.093+0.156)=12.2\text{kPa}$$

下面计算三角形荷载下 $\sigma_{z(\text{AFD})}$、$\sigma_{z(\text{FEC})}$。

荷载 AFD 作用面积为 $aeoh$ 和 $ebfo$,荷载最大值为 $q=\frac{100}{3}\text{kPa}$;荷载 FEC 作用面积为 $hogd$ 和 $ofcg$,荷载最大值为 $p'=p-q=\frac{200}{3}\text{kPa}$;各块面积的应力系数 α_{ci} 列于下表:

荷载作用面积	l/b	z/b	α_{ci}
aeoh	1/1 = 1	3/1 = 3	0.021
ebfo	4/1 = 4	3/1 = 3	0.045
hogd	1/2 = 0.5	3/2 = 1.5	0.032
ofcg	4/2 = 2	3/2 = 1.5	0.069

$$\sigma_{z(\text{AFD})}=\sigma_{z(\text{aeoh})}+\sigma_{z(\text{ebfo})}=p\sum\alpha_{ci}=\frac{100}{3}(0.021+0.045)=2.2\text{kPa}$$

$$\sigma_{z(\text{FEC})}=\sigma_{z(\text{hogd})}+\sigma_{z(\text{ofcg})}=p'\sum\alpha_{ci}=\frac{200}{3}(0.032+0.069)=6.7\text{kPa}$$

可得:$\sigma_z=12.2-2.2+6.7=16.7\text{kPa}$

17. A

【考核点】三轴试验及其抗剪强度指标

【解　析】不固结不排水试验过程中不允许排水,土中的含水率始终保持不变,孔隙水压力不可能消散,这种试验方法所对应的实际工程条件相当于饱和软黏土中快速加载时的应力状况,得到的抗剪强度指标用 c_u、φ_u 表示,且 $\varphi_u=0$。固结不排水剪试验在施加围压的时候允许排水,施加偏应力时不允许排水,它适用的实际工程条件是正常固结土层在工程竣工或在使用阶段受到大量、快速的活荷载或新增加的荷载作用时所对应的受力情况,得到的抗剪强度指标用 c_{cu}、φ_{cu} 表示。固结排水剪试验过程中排水阀门始终打开,孔隙水压力能够完全消散,得到的抗剪强度指标用 c_d、φ_d 表示,此时的抗剪强度指标亦即为有效应力抗剪强度指标。

18. D

【考核点】摩尔应力圆与土体中任意点应力状态

【解 析】最大剪应力 $\tau_{max}=\frac{\sigma_1-\sigma_3}{2}$,由题中可知,$\tau_{max}=\frac{460-220}{2}=120kPa$,该值代入 $\tau=\frac{\sigma_1-\sigma_3}{2}\sin2\alpha$,可解出 $\alpha=45°$。

19. C

【考核点】同上题

【解 析】与小主应力面成30°,就是与大主应力面成60°,即是 $\alpha=60°$,再根据 $\sigma=\frac{\sigma_1+\sigma_3}{2}+\frac{\sigma_1-\sigma_3}{2}\cos2\alpha$ 与 $\tau=\frac{\sigma_1-\sigma_3}{2}\sin2\alpha$,可分别算出:

$$\sigma=\frac{460+220}{2}+\frac{460-220}{2}\cos(2\times60°)=280kPa$$

$$\tau=\frac{460-220}{2}\sin(2\times60°)=104kPa$$

20. C

【考核点】地基容许承载力的修正方法

【解 析】根据《公路桥涵地基与基础设计规范》(JTG D63—2007),地基承载力的修正公式为:

$$[f_a]=[f_{a0}]+k_1\gamma_1(b-2)+k_2\gamma_2(h-3)$$

式中,$2\leqslant b\leqslant10$,$3\leqslant h\leqslant4b$;γ_1 为基底持力层土的天然重度,若持力层在水面以下且透水时,应取浮重度;γ_2 为基底以上土层的加权平均重度,换算时若持力层在水面以下,且不透水时,不论基底以上土的透水性质如何,一律取饱和重度,当透水时,水中部分则应取浮重度。

21. A

【考核点】沉降与时间的关系

【解 析】已知黏土层的厚度 H_1 为10m,试样厚度 H_2 为2cm,达到固结度80%所需的时间 t_2 为10min。若设黏土层达到固结度80%时所需的时间为 t_1,由于土的性质和固结度均相同,因而由 $C_{v1}=C_{v2}$ 和 $T_{v1}=T_{v2}$ 的条件可得:$\frac{t_1}{\left(\frac{H_1}{2}\right)^2}=\frac{t_2}{\left(\frac{H_2}{2}\right)^2}$,于是有:

$$t_1=\frac{H_1^2}{H_2^2}\times t_2=\frac{1000^2}{2^2}\times10=2500000min=4.756\text{ 年}$$

22. D

【考核点】同上题

【解 析】当黏土层改为单面排水时,其所需时间为 t_3,则由 T_v 相同的条件可得:$\frac{t_3}{H_1^2}=\frac{t_1}{\left(\frac{H_1}{2}\right)^2}$,于是:

$$t_3=4t_1=4\times4.756=19.024\text{ 年}$$

从以上可知,在其他条件都相同的情况下,单面排水所需的时间为双面排水的4倍。

23. A

【考核点】总应力法的适用范围

【解　析】在实践中应该结合土坡的实际加载情况、填土性质和排水条件等，选用合适的抗剪强度指标。如验算土坡施工结束时的稳定情况，若土坡施工速度较快，填土的渗透性较差，则土中孔隙水压力不易消散，这时宜采用快剪或三轴不排水剪试验指标，用总应力法分析。

24. D

【考核点】岩石类型及其矿物成分对其水理性质的影响

【解　析】页岩主要是由黏土矿物构成的，而黏土矿物亲水性强，吸水性大，易风化，遇水易软化或泥化，因此，页岩是一种常见的软弱性岩石。

25. C

【考核点】影响岩石工程地质性质的因素

【解　析】在进行公路工程地质勘察时，需对岩石的成因、年代、名称、颜色、主要矿物、结构、构造、风化程度和岩层厚度等进行调查和描述。对沉积岩，还应描述沉积矿物的颗粒大小、形状、胶结物成分和胶结程度。对岩浆岩及变质岩，还应描述矿物结晶程度和颗粒大小。

26. B

【考核点】断层的基本类型及各类断层的特征

【解　析】逆断层的断层面倾角从陡倾角至缓倾角都有。逆断层破碎带较宽，破碎带内岩石破碎强烈，但挤压密实。

27. C

【考核点】隧道位置的选择与地质构造的关系

【解　析】由于翼部岩层较完整，强度高。因此，通常尽量将隧道设置在褶曲的翼部。

28. A

【考核点】坡积层的工程地质性质

【解　析】坡积层未经压密固结，未经胶结，结构松散，孔隙度高，富水性强，强度低，压缩性大，承载力低。

29. B

【考核点】河流沉积作用的特点

【解　析】在河流平面上和断面上，沉积物颗粒大小有规律的变化，称为河流的分选作用。河流在搬运过程中，被搬运物质与河床之间、被搬运物质之间都不断发生摩擦、碰撞，从而使原来有棱角的岩屑、碎石逐渐磨去棱角而成浑圆形状，这种作用称河流的磨蚀作用。因此，良好的分选性和磨圆度是河流沉积物区别于其他成因沉积物的重要特征。

30. C

【考核点】地貌与公路建设的关系

【解　析】为了避免洪水水流对墩台的冲刷，桥梁轴线应与河流两岸垂直。在深切的峡谷地段，谷坡高陡，若岩体裂隙发育，谷坡稳定性较差，会经常发生崩塌等不良现象。桥梁墩台基础的埋置深度与河床冲积物的类型与厚度及河流冲刷深度有密切关系。

31. C

【考核点】地下水的特点及其与工程建设的关系

【解　析】承压水含水层上面是隔水层，因此承压水不可能发生蒸发排泄，当然也就不可能造成土层盐渍化。

32. D

【考核点】泥石流的防治原则

【解　析】路线通过散流发育并有固定沟槽的宽大堆积扇时，宜按天然沟床分散设桥，不宜改沟归并。如堆积扇比较窄小，散流不明显，则可集中设桥，一桥跨过。如泥石流流量不大，在全面考虑的基础上，路线也可在堆积扇中部以桥隧或过水路面通过。

33. C

【考核点】黄土的特征

【解　析】黄土颗粒组成以粉土颗粒为主，一般不含粗颗粒。表层多具湿陷性，易产生潜蚀形成陷穴或落水洞。

34. D

【考核点】软土工程地质勘察的重点

【解　析】软土地区道路工程地质勘察应初步查明软土的物理、力学、水理性质，对地基沉降与滑移的防治方案提供工程地质资料。

35. D

【考核点】一般路基的勘察方法

【解　析】一般路基详细勘察的勘探测试点宜沿确定的路线中线布置，每段填、挖路基勘探测试点的数量不宜少于1，做代表性勘探；工程地质条件较复杂或复杂时，应增加勘探测试点数量。勘探深度不小于2.0m，可选择挖探、螺纹钻进行勘探。

36. D

【考核点】道路、桥梁、隧道工程地质勘察方法

【解　析】路线工程地质调绘应沿路线及其两侧的带状范围进行，调绘宽度沿路线左右两侧的距离各不宜小于200m；道路工程地质勘察应以工程地质调绘为主，勘探测试为辅；桥梁工程地质勘察应以钻探、原位测试为主，遇有不利或复杂地质条件时，应结合必要的物探、挖探等进行综合勘探；隧道工程地质勘探应以钻探为主，结合必要的物探、挖探等进行综合勘探。

37. C

【考核点】测量标志埋设

【解　析】路线控制桩顶面宜与地面齐平，不同的控制测量桩可以共用，但埋设要求不同，故②③是错误的。

38. B

【考核点】坐标方位角的计算

【解　析】本题主要是考查，方位角的计算：$\alpha_{AB}=\arctan\dfrac{\Delta y_{AB}}{\Delta x_{AB}}$，取值范围为0°~360°。①当$\Delta x_{AB}>0$且$\Delta y_{AB}\geqslant 0$时，$\alpha_{AB}=\arctan\dfrac{\Delta y_{AB}}{\Delta x_{AB}}$；②当$\Delta x_{AB}<0$时，$\alpha_{AB}=180^\circ+\arctan\dfrac{\Delta y_{AB}}{\Delta x_{AB}}$；③当$\Delta x_{AB}>0$时且$\Delta y_{AB}<0$时，$\alpha_{AB}=360^\circ+\arctan\dfrac{\Delta y_{AB}}{\Delta x_{AB}}$。

39. A

【考核点】三角高程测量注意事项

【解　析】三角高程测量要求对向观测垂直角，计算往返高差，主要目的是有效地抵偿或消除球差和气差的影响。

40. B

【考核点】四等水准测量主要技术要求

【解　析】四等水准测量中，平均高差的计算公式是：[黑面高差 +（红面高差 ± 0.1m）]/2。

41. A

【考核点】高程测量精度

【解　析】一般情况下，水准测量精度较高。

42. D

【考核点】碎部测量（地形测量）的概念

【解　析】测量地物、地貌特征点并进行绘图的工作是碎部测量。

43. B

【考核点】坡度的概念

【解　析】地形图上等高距与水平距离（实地距离）之比为坡度，并用百分比表示。根据给定的等高距及坡度，可以计算水平距离（实地距离），再将实地距离换算成图上距离。

44. A

【考核点】测图比例尺的应用

【解　析】地形点在图上的最大距离不能超过3cm，对于比例尺为1/500的地形图，相应地形点在实地的最大距离应为15m。

45. A

【考核点】控制测量等级选用

【解　析】二级及二级以上公路必须进行平面与高程控制测量；二级以下公路应进行平面控制测量，宜进行高程控制测量。

46. C

【考核点】一次定测的适用条件

【解　析】一次定测适用于方案明确、地质条件比较简单的二、三、四级公路的勘测。

47. C

【考核点】缓和曲线的参数方程的坐标系

【解　析】缓和曲线的参数方程，所建立的坐标系是以ZH点为坐标原点，切线方向为X轴正向，即指向缓和曲线的交点方向，法线方向为Y轴正向。

48. A

【考核点】带有缓和曲线的平曲线测设元素的计算

【解　析】

$$\left.\begin{aligned}&\text{切线长 } T_H = (R+p)\tan\frac{\alpha}{2}+q\\&\text{曲线长 } L_H = R(\alpha-2\beta_0)\frac{\pi}{180^\circ}+2l_s = R\alpha\frac{\pi}{180^\circ}+l_s\\&\text{其中圆曲线长 } L_Y = R(\alpha-2\beta_0)\frac{\pi}{180^\circ} = R\alpha\frac{\pi}{180^\circ}-l_s\\&\text{外距 } E_H = (R+p)\sec\frac{\alpha}{2}-R\\&\text{切曲差 } D_H = 2T_H - L_H\end{aligned}\right\}$$

式中：

$$\left.\begin{aligned}p &= \frac{l_s^2}{24R}\\q &= \frac{l_s}{2}-\frac{l_s^3}{240R^2}\end{aligned}\right\}$$

由题目所给条件可以计算：

$$\beta_0 = \frac{l_s}{2R}\cdot\frac{180^\circ}{\pi} = 1^\circ25'56.6''$$

$$p = \frac{l_s^2}{24R} = 0.208$$

$$q = \frac{l_s^2}{2}-\frac{l_s^3}{240R^2} = 49.999$$

$$L_H = R\alpha\frac{\pi}{180^\circ}+l_s = 1462.026$$

49. D

【考核点】设计基准期的基本概念

【解　析】根据《公路桥规》,设计基准期是为确定可变作用的取值而选用的时间参数。

50. B

【考核点】剪跨比概念

【解　析】剪跨比是一个无量纲常数,用 $m = M(Vh_0)$ 来表示,此处 M 和 V 分别为剪弯区段中某个竖直截面的弯矩和剪力,h_0 为截面有效高度。对于集中荷载下的简支梁,剪跨比 $m = a/h_0$。

51. A

【考核点】稳定系数

【解　析】稳定系数主要与构件的长细比有关。长细比越大,稳定系数值越小。选项中两端嵌固构件的计算长度最小,则其长细比最小,稳定系数值最大。由普通箍筋柱的轴心受压构件正截面承载力计算式 $N_u = 0.9\varphi(f_{cd}A + f'_{sd}A'_s)$ 知其承载力最大。

52. B

【考核点】偏心受压构件截面设计

【解　析】在偏心受压构件非对称配筋截面设计时,可采用下述方法来初步判定大、小偏心受压:当 $\eta e_0 \leq 0.3h_0$ 时,可先按小偏心受压构件进行设计计算;当 $\eta e_0 > 0.3h_0$ 时,则可按大偏心受压构件进行设计计算。对称配筋时,可直接用 x 判断大小偏心受压。

53. B

【考核点】换算截面的几何特性

【解　析】单筋矩形截面梁开裂截面的换算截面图示如下:

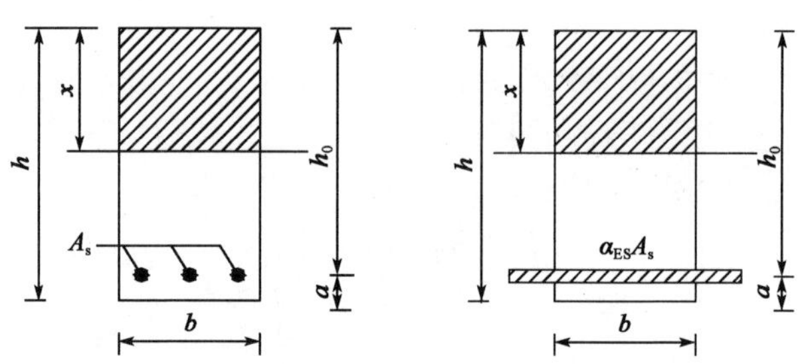

换算截面面积(A_0):$A_0 = bx + \alpha_{ES}A_s$,故应选择 B。

54. A

【考核点】受弯构件的承载力计算

【解　析】根据后张法施加预应力的方法可知,预应力钢筋与普通钢筋在消压状态下的合力为 $N_{p0} = (\sigma_{con} - \sigma_l + \alpha_{Ep}\sigma_{pc})A_p - \sigma_{l6}A_s$。

55. B

【考核点】受压构件偏心距限值的计算

【解　析】《圬工规范》第 4.0.9 条规定,在基本组合作用下,受压偏心距不应超过 $0.6s$(s 为截面或换算截面重心轴至偏心方向截面边缘的距离),即该偏心受压柱的偏心距不应超过 $0.6 \times (0.5 \times 620) = 186$(mm)。因此,应选择 B。

56. C

【考核点】《公路法》关于公路规划的规定

【解　析】《公路法》规定:县道规划由县级交通运输主管部门会同同级有关部门编制,经县级人民政府审定后,报上一级人民政府批准,并报上一级交通运输主管部门备案。

57. C

【考核点】建筑从业单位的条件

【解　析】根据《建筑法》第十二条的规定,从事建筑活动的建筑施工企业、勘察单位、设计单位和工程监理单位应当具备以下四个方面的条件:①有符合国家规定的注册资本;②有与其从事的建筑活动相适应的具有法定执业资格的专业技术人员;③有从事相关建筑活动所应有的技术装备;④法律、行政法规规定的其他条件。如,有公司名称,建立符合要求的组织机构;有固定的生产经营场所和必要的生产经营条件等。

58. D

【考核点】合同条款空缺的处理

【解　析】《合同法》第 61 条规定,合同生效后,当事人就质量、价款或者报酬、履行地点等内容没有约定或者约定不明确的,可以协议补充;不能达成补充协议的,按照合同有关条款或者交易习惯确定。当事人就有关合同内容约定不明确,依照本法第 61 条的规定仍不能确定的，适用下列规定：质量要求不明确的，按照国家标准、行业标准履行；没有国家标准、行业标准的，按照通常标准或者符合合同目的的特定标准履行。

59. D

【考核点】勘察、设计资质资格管理

【解　析】《建设工程勘察设计管理条例》规定：未经注册的勘察、设计人员，不得以注册执业人员的名义从事勘察、设计活动。勘察、设计注册执业人员和其他专业技术人员只能受聘于一个勘察、设计单位；未受聘于勘察、设计单位的，不得从事勘察、设计活动。

60. B

【考核点】建设工程勘察、设计文件编制要求

【解　析】《建设工程勘察设计管理条例》规定：①编制建设工程勘察文件，应当真实、准确，满足建设工程规划、选址、设计、岩土治理和施工的需要。②编制方案设计文件，应当满足编制初步设计文件和控制概算的需要。

模拟试卷二

说明:1. 本模拟试卷共60题,每题只有一个备选项最符合题意,每题2分;模拟考试时间为4小时。

2. 本模拟试卷仅供考生进行模拟测试用。

1. 一般而言,在石料抗压强度试验时,当试件尺寸小于标准试件尺寸时,抗压强度测试结果会(　　)。

A. 减小　　B. 增大　　C. 先增大后减小　　D. 无显著规律

2. 改变水泥各熟料矿物的含量,可使水泥性质发生相应的变化,要使水泥具有较低的水化热应降低(　　)含量。

A. C_3S　　B. C_2S　　C. C_3A　　D. C_4AF

3. 石灰稳定土强度形成机理不包括(　　)。

A. 离子交换作用　　B. 碳酸化作用　　C. 结晶作用　　D. 水化作用

4. 混凝土配合比设计中,水灰比的值是根据混凝土的(　　)要求来确定的。

A. 疲劳性　　B. 强度　　C. 耐久性　　D. 和易性

5. 对混凝土拌和物流动性影响最大的因素是(　　)。

A. 砂率　　B. 水泥品种　　C. 骨料的级配　　D. 用水量

6. 通常采用(　　)来评价胶体结构类型和感温性。

A. 软化点　　B. 针入度　　C. 延度　　D. 针入度指数

7. 关于改性沥青,以下说法不正确的是(　　)。

A. 改性沥青可一定程度地提高沥青的高温性能

B. 改性沥青可一定程度地改善沥青的低温性能

C. 改性沥青可一定程度地减低沥青的成本

D. 改性沥青可一定程度地提高沥青的抗老化及疲劳性能

8. 一般而言,沥青混合料的抗剪强度主要取决于(　　)。

A. 材料之间的黏聚力　　B. 内摩阻角

C. 混合料的类型　　D. 施工工艺

9. 关于沥青混合料的空隙率,以下说法中错误的是(　　)。

A. 随着空隙率增加,沥青混合料的耐久性有所降低

B. 随着空隙率增加,沥青混合料的高温性能有所降低

C. 随着空隙率增加,沥青混合料的低温性能有所降低

D. 随着空隙率增加,沥青混合料的密度有所降低

10. 钢结构设计时,以(　　)强度作为设计计算取值的依据。

A. 屈服强度　　B. 抗拉强度　　C. 抗压强度　　D. 弹性极限

11. 纺织土工织物通常具有(　　)等性能特点。

A. 较高的强度和刚度　　B. 断裂延伸率高

C. 过滤好　　D. 排水性好

12. “砂土液化”中的“砂土”是指(　　)。

①砾砂　②粗砂　③中砂　④细砂　⑤粉砂

A. ①②　　B. ②③　　C. ③④　　D. ④⑤

13. 一黏土试样,体积为29cm^3,湿土质量为50g,含水率为40%,土粒密度为2.7g/cm^3,该土样的饱和度S_r为(　　)。

A. 0.80　　B. 0.91　　C. 0.66　　D. 条件不足

14. 某场地冲击砂层内需测定地下水的流向和流速,呈等边三角形布置3个钻孔。钻孔孔距为60.0m,测得A、B、C三孔的地下水位高程分别为28.0m、24.0m、24.0m,地层的渗透系数为1.8×10^{-3}cm/s,则地下水的流速为(　　)。

A. 1.39×10^{-4}cm/s　　B. 1.20×10^{-4}cm/s

C. 2.0×10^{-4}cm/s　　D. 2.5×10^{-4}cm/s

15. 下列有关土的有效应力,说法不正确的是(　　)。

A. 土颗粒间的接触应力在截面积上的平均应力称为有效应力

B. 有效应力的大小等于总应力减去孔隙水压力

C. 有效应力能使土颗粒产生压缩性

D. 有效应力相当于土的抗剪强度

16. 已知一宽度为2m、长为4m和另一宽为4m、长为8m的矩形基础,若两基础的基底附加应力相等,则两基础角点下竖向附加应力之间关系为(　　)。

A. 两基础角点下z深度处的竖向应力分布相同

B. 小尺寸基础角点下z深度处应力与大尺寸基础角点下$2z$深度处应力相等

C. 大尺寸基础角点下z深度处应力与小尺寸基础角点下$2z$深度处应力相等

D. 没有关系

17. 压缩试验时,土样原始孔隙比为0.8,高度为1.7cm,在荷载增量为40kPa的作用下,压缩达到稳定时,高度为1.56cm,此时的孔隙比为(　　)。

A. 0.65　　B. 0.78　　C. 0.54　　D. 0.83

18. 设砂土地基中某点的大主应力$\sigma_1=400$kPa,小主应力$\sigma_3=200$kPa,砂土的内摩擦角$\varphi=25°$,黏聚力$c=0$,则该点(　　)。

A. 发生张拉破坏　　B. 发生剪切破坏　　C. 不确定　　D. 未破坏

19. 设地基中某点的大主应力为400kPa,小主应力为200kPa,试确定与小主应力作用面呈60°夹角的平面上的正应力和剪应力分别为(　　)。

A. 350kPa,86.6kPa　　B. 250kPa,86.6kPa

C. 386.6kPa,50kPa　　D. 350kPa,50kPa

20. 如果摩擦角不为零的黏土地基上,有两个埋置深度相同,宽度不同的条形基础,则(　　)。

A. 基础宽度大的极限荷载大　　B. 基础宽度小的极限荷载大

C. 两个基础极限荷载一样大　　D. 两个基础极限荷载大小关系不确定

21. 某土层压缩系数为 0.50MPa^{-1}，天然孔隙比为0.8，土层厚1m，已知该土层受到的平均附加应力 $\bar{\sigma}_z = 60\text{kPa}$，则该土层的沉降量为(　　)。

A. 1.67mm　　B. 16.7mm　　C. 15mm　　D. 1.5mm

22. 如图所示，一厚度为6m的黏土层，上面为排水砂层，下面为不透水层。已知黏土层孔隙比 $e = 0.7$，压缩系数 $a = 2.5\text{MPa}^{-1}$，渗透系数 $k = 2.0\text{cm/y}$，地表瞬时施加一无限分布均布荷载 $p = 150\text{kPa}$。则加荷半年后地基的沉降量为(　　)。

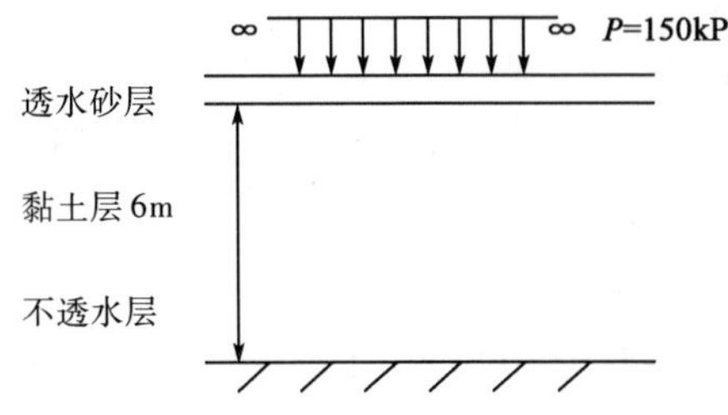

$\alpha = 1$ 时的 $U_t \sim T_v$ 关系表

α	固结度 U_t			
	0.3	0.4	0.5	.6
1.0	0.071	0.126	0.20	0.29

A. 6.51cm　　B. 3.26cm　　C. 13.03cm　　D. 9.77cm

23. 某一路堤高为10m，断面如图所示，如采用无黏性土填筑，经碾压后土的内摩擦角为30°，要求路堤的稳定性系数达到1.25，则路堤底部的宽度 B 为(　　)。

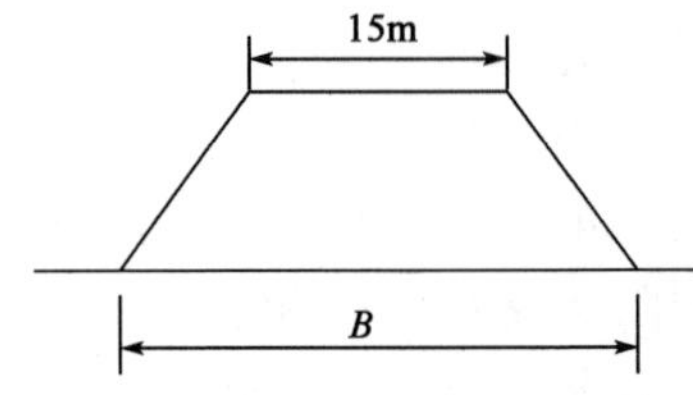

A. 45.6m　　B. 25.8m　　C. 58.3m　　D. 30.5m

24. 下列各组岩石构造中，(　　)是沉积岩所特有的，是沉积岩在构造上区别于其他岩类的重要特征。

A. 气孔构造、板状构造　　B. 片状构造、片麻状构造

C. 层理构造、层面构造　　D. 流纹构造、片理状构造

25. 岩浆岩与沥青材料的结合能力受岩浆化学成分影响明显。一般来讲，SiO_2 含量越高，结合能力越差。因此，(　　)与沥青的结合能力最差。

A. 中性岩　　B. 超基性岩　　C. 酸性岩　　D. 基性岩

26. 下列有关地质构造与工程关系的描述中，不正确的是(　　)。

A. 选择路线、隧道位置时，应尽可能避开断层破碎带

B. 因地形等条件所限，隧道必须通过断层带时，应尽可能使隧道轴线与断层走向垂直或大角度相交

C. 在褶皱地区选择隧道位置时，应尽量选择在褶皱的核部

D. 隧道通过断层破碎带地段，易发生坍塌或涌水

27. 在地表遭受剥蚀的(　　)，其地层分界线在地质平面图上呈带状分布，对称地向一个方向平行延伸。

A. 水平褶曲　　B. 倾伏褶曲　　C. 正断层　　D. 逆断层

28. 相对于化学风化和生物风化的产物,一般物理风化的产物(　　)。

A. 颗粒细小,内聚力较大,黏结性较好,吸水能力强,内摩擦角较小

B. 颗粒较粗,黏结性和吸水性较差,内摩擦角较大

C. 颗粒细小,含有有机质,吸水能力强,内摩擦角较小

D. 颗粒较粗,黏结性较好,吸水能力强,内摩擦角较大

29. 一般情况下,沿河布设的公路,其路基、桥梁位置应尽量避开河湾部位,这是因为(　　)。

A. 河湾部位岩石工程性质不良,地质构造发育

B. 河湾部位地形不利,不利于建筑物的布设

C. 河湾部位河流流量大,常常导致施工难度增大

D. 河湾部位河流侧蚀作用明显,容易发生冲刷、坍岸,河床易发生平面摆动

30. 下列关于公路建设中可能遇到的工程地质问题与地貌关系的表述中,不正确的是(　　)。

A. 平缓的山坡通常有厚度较大的坡积物和其他重力堆积物分布,坡面径流也容易汇聚。当遇到不良水文情况时,可能引起堆积物的滑动

B. 山脚是山区公路布设的主要场所,第四系松散堆积物的稳定性是边坡和路基工程的主要问题

C. 河流冲积平原地形开阔平坦,工程建设条件良好,对公路选线也十分有利,且地下水一般埋藏较深,在冰冻潮湿地区不会出现冻胀翻浆问题

D. 由于阶地表面相对平缓,又不易遭受洪水的威胁,所以在通常情况下,阶地是河谷地貌中布设公路路线的理想部位

31. 下列各种不良地质现象中,受地下水影响最小或不受地下水影响的是(　　)。

A. 滑坡　　B. 路基盐胀　　C. 泥石流　　D. 道路冻胀和翻浆

32. 下列关于崩塌防治原则的表述中,不正确的是(　　)。

A. 对有可能发生大、中型崩塌的地段,有条件绕避时,宜优先采用绕避方案

B. 对有可能发生小型崩塌或落石的地段,应视地形条件进行经济比较,确定绕避还是防护工程通过

C. 对有可能发生中型或小型崩塌的地段,一般情况下路线可不绕避,但应注意调整路线平面位置,以求得工程量小、施工方便、经济合理的方案

D. 在设计和施工中,避免使用不合理的高陡边坡,避免大挖大切,以维持山体的平衡。在岩体松散破碎的地段,不宜使用大爆破施工

33. 下列有关特殊性岩土的工程性质中,不属于软土的是(　　)。

A. 天然含水率高,孔隙比大　　B. 透水性差,压缩性高

C. 抗剪强度低,具有触变性,流变性显著　　D. 孔隙比小,压缩性低

34. 下列关于膨胀性岩土工程地质勘察内容的表述中,不正确的是(　　)。

A. 区域地质、地形地貌,当地气象及水文资料

B. 膨胀性岩土的成因、类型、地质时代、分布范围

C. 滑坡、溜塌、地裂等不良地质的分布、规模

D. 地表物质组成、颗粒级配，地表植物种类、覆盖度，耐旱植物的分布

35. 道路初步工程地质勘察阶段的最主要的勘察方法是(　　)。

A. 研究既有资料　　B. 勘探

C. 试验　　D. 调查与测绘

36. 跨江、海大桥及特大桥应进行 1:10000 区域工程地质调绘，调绘的范围应包括桥轴线、引线及两侧各不小于(　　)的带状区域。

A. 100m　　B. 200m　　C. 500m　　D. 1000m

37. 关于勘测记录的叙述，错误的是(　　)。

A. 公路勘测的各种记录，应采用专用记录簿

B. 测量数据记录不得涂改、擦改和转抄

C. 角度记录中的分位的读记错误可在实地更改

D. 距离和水准记录中的厘米位的读记错误可在实地更改

38. 导线的布置形式有(　　)。

A. 一级导线、二级导线、图根导线　　B. 单向导线、往返导线、多边形导线

C. 闭合导线、附合导线、支导线　　D. 经纬仪导线、电磁波导线、视距导线

39. 导线全长闭合差 f_D 的计算公式是(　　)。

A. $f_D = f_X + f_Y$　　B. $f_D = f_X - f_Y$

C. $f_D = \sqrt{f_X^2 + f_Y^2}$　　D. $f_D = \sqrt{f_X^2 - f_Y^2}$

40. 四等水准测量中，每一站的前后视距差，不能超过(　　)。

A. 3m　　B. 5m　　C. 3mm　　D. 5mm

41.《公路勘测规范》(JTG C10—2007)规定，高速公路路线平面控制测量的等级不得低于(　　)。

A. 三等　　B. 四等　　C. 一级　　D. 二级

42. 某地图的比例尺为 1:1000，则图上 6.82cm 代表的实地距离为(　　)。

A. 6.82m　　B. 68.2m　　C. 682m　　D. 6.82cm

43. 在地形图上，量得 A 点高程为 21.17m，B 点高程为 16.84m，AB 距离为 279.50m，则直线 AB 的坡度为(　　)。

A. 6.8%　　B. 1.5%　　C. -1.5%　　D. -6.8%

44. 关于图根控制测量的叙述，错误的是(　　)。

A. 图根点计算可采用近似平差方法，最终坐标和高程应取至毫米

B. 图根点平面控制测量可采用交会法、导线、GPS-RTK 等满足精度要求的方法

C. 图根点的密度应根据测图比例尺和地物、地貌复杂程度以及测图方法而定

D. 图根点高程可采用水准测量、光电测距三角高程测量或 GPS-RTK 测量等满足精度要求的各种方法

45. 初测阶段关于隧道勘测与调查的叙述，错误的是(　　)。

A. 应专门布设隧道平面和高程控制网

B. 应在实地放出洞口附近的中线，并现场核查和测绘洞口纵、横断面

C. 隧道洞身段应根据地质勘察及钻探需要现场放桩

D. 应在拟定的概略隧址范围内,对初拟各隧道轴线、不同洞口位置及相应连接线进行勘测与调查

46. 公路中线测量中,测得某交点的右角为130°,则其转角为(　　)。

A. $a_{左}=130°$　　B. $a_{右}=130°$　　C. $a_{左}=50°$　　D. $a_{右}=50°$

47. 路线中平测量的观测顺序是(　　),转点的高程读数读到毫米位,中桩点的高程读数读到厘米位。

A. 沿路线前进方向按先后顺序观测　　B. 先观测中桩点高程后观测转点高程

C. 先观测转点高程后观测中桩点高程　　D. 以上观测顺序都可以

48. JD_3 的里程桩号为 K6 + 790.306,$\alpha=39°01'09''$,圆曲线半径 $R=2000$m,缓和曲线长 $l_s=100$m,则 ZH 点的里程为(　　)。

A. K6 +131.619　　B. K6 +031.619　　C. K6 +231.619　　D. K6 +039.619

49. 桥梁结构设计的偶然组合中,偶然作用应取(　　)。

A. 频遇值　　B. 设计值

C. 准永久值　　D. 标准值

50. 有两根材料强度等级相同、截面尺寸相同的混凝土受弯构件,正截面受拉钢筋的配筋率 ρ 一根大,另一根小,均在适筋范围内,M_{cr} 是正截面开裂弯矩,M_u 是正截面极限弯矩,则(　　)。

A. ρ 大的 M_{cr}/M_u 大　　B. ρ 小的 M_{cr}/M_u 大

C. 两者的 M_{cr}/M_u 相同　　D. 无法确定

51. 判别大偏心受压破坏的本质条件是(　　)。

A. $\eta e_0>0.3h_0$　　B. $\eta e_0<0.3h_0$

C. $\xi\leqslant\xi_b$　　D. $\xi>\xi_b$

52. 有 A、B 两根情况相同的钢筋混凝土简支梁,且都是适筋梁,A 梁的纵向受拉钢筋为 $4\phi16$,B 梁的纵向受拉钢筋为 $2\phi16$,以下四种说法中(　　)的说法是正确的。

A. 与 B 梁相比,A 梁的正截面抗弯承载力大,在使用阶段的裂缝宽度小

B. 与 B 梁相比,A 梁的正截面抗弯承载力大,在使用阶段的裂缝宽度大

C. 与 B 梁相比,A 梁的正截面抗弯承载力大,在使用阶段的裂缝宽度与 B 梁相同

D. 与 B 梁相比,A 梁的正截面抗弯承载力小,在使用阶段的裂缝宽度小

53. 受弯构件张拉(或放松)预应力钢筋锚固时,混凝土的预压应力应符合 $\sigma'_{cc}\leqslant 0.70f'_{ck}$,其中 σ^t_{cc} 等于(　　)。

A. 先张法 $\sigma^t_{cc}=\dfrac{N_{p0}}{A_0}+\dfrac{N_{p0}e_{p0}}{W_{0b}}-\dfrac{M_{G1}}{W_{0b}}$,$N_{p0}=(\sigma_{con}-\sigma_{lI}+\sigma_{l4})A_p$

后张法 $\sigma^t_{cc}=\dfrac{N_p}{A_n}+\dfrac{N_pe_{pn}}{W_{nb}}-\dfrac{M_{G1}}{W_{nb}}$,$N_p=(\sigma_{con}-\sigma_{lI})A_p$

B. 先张法 $\sigma^t_{cc}=\dfrac{N_{p0}}{A_0}+\dfrac{N_{p0}e_{p0}}{W_{0b}}$,$N_{p0}=(\sigma_{con}-\sigma_{lI}+\sigma_{l4})A_p$

后张法 $\sigma^t_{cc}=\dfrac{N_p}{A_n}+\dfrac{N_pe_{pn}}{W_{nb}}$,$N_p=(\sigma_{con}-\sigma_{lI})A_p$

C. 先张法 $\sigma_{cc}^{t}=\frac{N_{p0}}{A_0}-\frac{N_{p0}e_{p0}}{W_{0b}}+\frac{M_{G1}}{W_{0b}},N_{p0}=(\sigma_{con}-\sigma_{l1}+\sigma_{l4})A_p$

后张法均为 $\sigma_{cc}^{t}=\frac{N_{p}}{A_n}-\frac{N_{p}e_{pn}}{W_{nb}}+\frac{M_{G1}}{W_{nb}},N_{p}=(\sigma_{con}-\sigma_{l1})A_p$

D. 先张法 $\sigma_{cc}^{t}=\frac{N_{p0}}{A_0}-\frac{N_{p0}e_{p0}}{W_{0u}}+\frac{M_{G1}}{W_{0u}},N_{p0}=(\sigma_{con}-\sigma_{l1}+\sigma_{l4})A_p$

后张法 $\sigma_{cc}^{t}=\frac{N_{p}}{A_n}-\frac{N_{p}e_{pn}}{W_{nu}}+\frac{M_{G1}}{W_{nu}},N_{p}=(\sigma_{con}-\sigma_{l1})A_p$

54. 在进行预应力混凝土构件抗裂性验算时,(　　)。

A. 作用(荷载)用标准值,汽车荷载不考虑冲击系数

B. 作用(荷载)用标准值,汽车荷载考虑冲击系数

C. 作用(荷载)短期效应组合,汽车荷载不考虑冲击系数

D. 作用(荷载)用标准值

55. 下列哪项不属于圬工结构的特点(　　)。

A. 耐久性、耐火性及稳定性强,维修养护费用低

B. 施工周期短,机械化程度高

C. 易于就地取材,价格低廉

D. 具有较强的抗冲击性能及较大的超载性能

56. 下列有关公路规划的表述中,正确的是(　　)。

A. 国道公路规划需要做重大修改的,由原编制机关提出修改方案,报国务院批准

B. 省道公路规划需要修改的,由原编制机关提出修改方案,报交通运输部批准

C. 县道、乡道公路规划需要修改的,由原编制机关提出修改方案,报原批准机关批准

D. 省道、县道、乡道的命名和编号,由省、自治区、直辖市人民政府交通主管部门按照交通运输部的有关规定确定

57. 下列条款,不属于勘察、设计合同内容的是(　　)。

A. 双方相互协作条件　　B. 提交有关基础资料和文件的质量要求

C. 工程造价、建设工期　　D. 提交有关基础资料和文件的期限与费用

58. 下列关于设计单位安全责任的表述中,不正确的是(　　)。

A. 设计单位应当考虑施工安全操作和防护的需要,对涉及施工安全的重点部位和环节在设计文件中注明,并对防范生产安全事故提出指导意见

B. 采用新结构、新材料、新工艺的建设工程和特殊结构的建设工程,设计单位应当在设计中提出保障施工作业人员安全和预防生产安全事故的措施建议

C. 设计单位在设计作业时,应当严格执行操作规程,采取措施保证各类管线、设施和周边建筑物、构筑物的安全

D. 设计单位和注册建筑师等注册执业人员应当对其设计负责

59. 勘察、设计单位的工作人员因调动工作、退休等原因离开该单位后,被发现在该单位工作期间违反国家有关建设工程质量管理规定,造成重大工程质量事故的,(　　)。

A. 仍应当依法给予行政处分　　B. 仍应当依法给予刑事处罚

C. 仍应当依法追究法律责任　　　　　　D. 应当免于追究其法律责任

60. 下列关于建设工程勘察、设计文件编制与实施的表述中，不正确的是(　　)。

A. 设计文件中选用的材料、建筑构配件和设备，应当注明其规格、型号、性能等技术指标，其质量要求必须符合国家规定的标准

B. 设计文件中选用的材料、建筑构配件和设备，应当注明其规格、型号、性能等技术指标，但设计单位不得指定材料、建筑构配件和设备的生产厂、供应商

C. 勘察、设计文件中规定采用的新技术、新材料，可能影响工程质量和安全，又没有国家技术标准的，应当由建设单位委托具有资质的检测机构进行试验论证，并经建设单位审定后方可使用

D. 勘察、设计单位应当在建设工程施工前，向施工单位和监理单位说明建设工程勘察、设计意图，解释建设工程勘察、设计文件

模拟试卷二参考答案

1. B

【考核点】试验条件对石料抗压强度的影响

【解　析】岩石试件尺寸越大，试件内包含的裂隙、孔隙等缺陷越多，应力分布越不均匀，因此岩石强度就越低。

2. C

【考核点】水泥矿物成分及其特性

【解　析】C_3A 是水泥矿物组成四组分中遇水反应速度最快、水化热最高的组分。因此，要使水泥具有较低的水化热，应降低 C_3A 的含量。

3. D

【考核点】石灰稳定土强度形成机理

【解　析】石灰土强度的形成与发展是通过机械压实、离子交换反应、氢氧化钙结晶和碳酸化反应，以及火山灰反应等一系列复杂、交织的物理—化学作用过程完成的。

4. B

【考核点】水泥混凝土配合比设计

【解　析】水泥混凝土设计时，如果水灰比过小时，在一定的施工条件下就不能保证混凝土的密实成型。反之，若水灰比过大，水泥浆稠度较小，虽然混凝土拌和物的流动性增加，但可能会引起混凝土拌和物黏聚性和保水性不良，当水灰比超过某一极限值时，混凝土拌和物将产生严重的泌水和离析现象，导致混凝土强度和耐久性降低，故水灰比应根据混凝土设计强度和耐久性要求合理选用。但在具体计算时由强度决定，耐久性只是作为检验性指标。

5. D

【考核点】水泥混凝土的施工和易性

【解　析】单位用水量实际上决定了混凝土拌和物中水泥浆的数量。在组成材料确定的情况下，混凝土拌和物的流动性随单位用水量的增加而增大。

6. D

【考核点】沥青感温性评价方法

【解　析】常用的感温性评价方法有针入度指数法和针入度—黏度指数法，其中以针入度指数法最为常用。

7. C

【考核点】改性沥青的技术性能

【解　析】不同的改性剂具有不同的技术性质，有的可以改善沥青的高温稳定性，有的可以改善沥青的低温性能，也有的可以改善沥青的抗疲劳和耐老化能力，但是不管哪一种类型的改性剂，其价格都高于沥青价格，因此，添加以后也都会或多或少增加沥青的成本。

8. B

【考核点】沥青混合料抗剪强度

【解　析】沥青混合料的抗剪强度主要取决于黏聚力 c（矿料的黏结力、沥青自身的内聚力）和内摩阻角 φ。

9. B

【考核点】沥青混合料技术性能

【解　析】沥青混合料空隙率增加，则混合料密度会下降，混合料内的黏聚力也会减小，相应的混合料的低温抗裂性能会降低，混合料耐久性也会下降。

10. A

【考核点】钢结构设计

【解　析】钢材达到屈服极限后，其已经进入破坏阶段，故在结构设计时，均以屈服极限强度作为其设计强度。

11. A

【考核点】土工织物特性

【解　析】纺织土工织物通常具有较高的强度和刚度，但过滤和排水性较差。

12. D

【考核点】砂土的液化

【解　析】砂土液化是指饱水的疏松粉、细砂土在振动作用下突然破坏而呈现液态的现象，由于孔隙水压力上升，有效应力减小所导致的砂土从固态到液态的变化现象。因此，砂土液化主要指的是细砂和粉砂。

13. B

【考核点】三相指标及应用

【解　析】由题意，$m=50\text{g}$，$V=29\text{cm}^3$，$w=40\%$，$\rho_s=2.7\text{g/cm}^3$，根据三相指标的定义，$w=\dfrac{m_w}{m-m_w}=\dfrac{m_w}{50-m_w}=40\%$，$m_w=14.29\text{g}$，$m_s=50-14.29=35.714\text{g}$，

$V_s=\dfrac{m_s}{\rho_s}=\dfrac{35.71}{2.7}=13.23\text{cm}^3$。因此，$S_r=\dfrac{V_w}{V_v}=\dfrac{14.29}{29-13.23}=0.91$。

14. A

【考核点】达西定律

【解　析】水力坡度 $I=\dfrac{\Delta h}{L}=\dfrac{28-24}{60\times\sin60^\circ}=0.077$

地下水流速 $v=kI=1.8\times10^{-3}\times0.077=1.39\times10^{-4}\text{cm/s}$。

15. D

【考核点】有效应力原理

【解　析】土颗粒间的接触应力在截面积上的平均应力称为土的有效应力。土的有效应力 σ' 等于总应力 σ 减去孔隙水压力 u；土的有效应力控制土的变形和强度。

16. B

【考核点】均布竖向矩形荷载作用下附加应力计算

【解　析】均布竖向矩形荷载作用下角点下的附加应力为 $\sigma_z=\alpha_c p$，α_c 为附加应力系数，按长宽比 l/b 和深宽比 z/b 查表取值，只要长宽比和深宽比相同，则附加应力系数相同。题中两基础的长宽比相同，小基础宽度为大基础宽度的1/2，故小基础角点下 z 处的深宽比应和大基础角点下 $2z$ 处的深宽比相等，二者的附加应力系数也相等，由于基底附加压应力相等，故附加应力相等。

17. A

【考核点】土的压缩性

【解　析】设土样压缩试验前的高度为 h_1、孔隙比为 e_1，土样压缩试验后的高度为 h_2、孔隙比为 e_2。压缩前后高度变化量为 Δh、孔隙比变化量为 Δe。则：

$\Delta h=h_1=h_2=1.7-1.56=0.14\text{cm}$

$\Delta e=\dfrac{\Delta h}{h_1}(1+e_1)=\dfrac{0.14}{1.7}(1+0.8)=0.148$

$\Delta e=e_1-e_2$

所以 $e_2=e_1-\Delta e=0.8-0.148=0.652$

18. D

【考核点】土的强度理论

【解　析】按某一平面上的 τ 和 τ_f 对比来判断。

破坏时土中出现的破裂面与大主应力作用面的夹角 $\alpha_f=45^\circ+\dfrac{\varphi}{2}$。因此，作用在与大主应力作用面成 $45^\circ+\dfrac{\varphi}{2}$ 角平面上的法向应力 σ、剪应力 τ 和抗剪强度 τ_f，有：

$$\sigma=\frac{1}{2}(\sigma_1+\sigma_3)+\frac{1}{2}(\sigma_1-\sigma_3)\cos2\left(45^\circ+\frac{\varphi}{2}\right)$$

$$=\frac{1}{2}(400+200)+\frac{1}{2}(400-200)\cos2\left(45^\circ+\frac{25^\circ}{2}\right)=257.7\text{kPa}$$

$$\tau=\frac{1}{2}(\sigma_1-\sigma_3)\sin2\left(45^\circ+\frac{\varphi}{2}\right)$$

$$=\frac{1}{2}(400-200)\sin2\left(45^\circ+\frac{25^\circ}{2}\right)=90.6\text{kPa}$$

$\tau_f=\sigma\tan\varphi=257.7\times\tan25^\circ=120.2\text{kPa}$

由于破裂面上的抗剪强度 τ_f 大于剪应力 τ，故可判断该点未发生剪切破坏。

19. A

【考核点】土的强度理论

【解　析】对与小主应力作用面呈60°夹角的平面，其与大主应力作用面的夹角应为30°。

因此：

$$\sigma = \frac{\sigma_1+\sigma_3}{2}+\frac{\sigma_1-\sigma_3}{2}\cos(2\theta)$$

$$=\frac{400+200}{2}+\frac{400-200}{2}\cos(2\times30°)$$

$$=300+100\times0.5=350\text{kPa}$$

$$\tau=\frac{\sigma_1-\sigma_3}{2}\sin(2\theta)=\frac{400-200}{2}\sin(2\times30°)=86.6\text{kPa}$$

20. A

【考核点】地基承载力

【解　析】已知条形基础在中心荷载下的地基承载力公式为：

$$p_u=\frac{1}{2}\gamma BN_r+qN_q+cN_c$$

当 $\varphi>0$ 时，$N_r>0$，宽度大的承载力大。

21. B

【考核点】沉降与时间的关系

【解　析】$\Delta_{si}=\frac{a_i}{1+e_{1i}}\bar{\sigma}_{zi}h_i=\frac{0.5\times60\times10^{-3}}{1+0.8}\times1000\text{mm}=16.7\text{mm}$，也可以先求出该土层的压缩模量 $E_s=\frac{1+e_1}{a}=\frac{1+0.8}{0.5}=3.6\text{MPa}$，计算 $\Delta_{si}=\frac{\bar{\sigma}_{zi}}{E_{si}}h_i=\frac{60}{3.6}\times1=16.7\text{mm}$。

22. A

【考核点】沉降与时间的关系

【解　析】总沉降量：

$$s=\frac{a}{1+e}\sigma_z h=\frac{0.25/1000}{1+0.7}\times150\times6\times100=13.2\text{cm}$$

$$\alpha=1$$

$$T_v=\frac{C_v t}{H^2}=\frac{k(1+e)t}{a\gamma_w H^2}=\frac{2\times10^{-2}\times(1+0.7)}{2.5\times10^{-3}\times6^2}\times0.5=0.19$$

查表：$U_t=0.493$

$S_t=0.493\times13.2=6.51\text{cm}$

23. C

【考核点】砂性土土坡稳定性分析

【解　析】砂性土土坡稳定性安全系数 $K=\frac{\tan\varphi}{\tan\beta}=\frac{\tan30°}{\tan\beta}=1.25$，则 $\tan\beta=\frac{\tan30°}{1.25}=$

$\frac{H}{(B-15)/2}=\frac{20}{B-15}$，可解得 $B=58.3\text{m}$。

24. C

【考核点】沉积岩的构造类型及其特征

【解　析】层理构造、层面构造以及化石是沉积岩所特有的构造。

25. C

【考核点】岩浆岩化学成分特征及其工程意义

【解　析】岩浆岩与沥青材料的结合能力受岩浆岩化学成分影响明显。一般来讲，SiO_2 含量越高，结合能力越差，即酸性岩最差、中性岩次之、基性岩最好，超基性岩在地表极少分布。

26. C

【考核点】断层、褶皱构造与公路工程建设的关系

【解　析】由于褶曲翼部岩层相对完整，强度高，在褶曲岩层中，常将建筑物布置在褶曲的翼部。

27. A

【考核点】轴面直立的褶曲（直立褶曲和水平褶曲）的形态特征

【解　析】由于水平褶曲两翼岩层走向大致平行并对称分布。因此，遭受剥蚀的水平褶曲，其两翼岩层分界线在地质平面图上呈带状分布，对称的向一个方向平行延伸。

28. B

【考核点】各类风化作用的产物及其特点

【解　析】一般物理风化碎屑物颗粒较粗，黏结性和吸水性较差，但内摩擦角较大；化学风化的产物颗粒细小，内聚力较大，黏结性较好，吸水能力强，内摩擦角较小；生物风化产物中常含有有机质。

29. D

【考核点】河流侧蚀的特点及其与公路建设的关系

【解　析】由于在河湾部分横向环流作用明显加强，容易发生坍岸，并产生局部剧烈冲刷和堆积作用，河床容易发生平面摆动。

30. C

【考核点】不同地貌单元公路建设中可能遇到的工程地质问题

【解　析】河流冲积平原地形开阔平坦，具有良好的工程建设条件，对公路选线也十分有利。但其下伏基岩往往埋藏很深，第四纪堆积物很厚，且地下水一般埋藏较浅，地基土的承载力较低，在冰冻潮湿地区道路的冻胀翻浆问题比较突出。

31. C

【考核点】地下水与不良地质现象的关系

【解　析】地下水与土石相互作用会使土体和岩体的强度和稳定性降低，产生各种不良的地质现象和工程病害，如滑坡、岩溶、潜蚀、土体盐渍化和路基盐胀、多年冻土和季节性冻土中冰的富集、地基沉陷、道路冻胀和翻浆等。

32. C

【考核点】崩塌的防治原则

【解　析】崩塌的治理多采取以防为主的原则。对有可能发生中型或小型崩塌的地段，应视地形条件进行经济比较，确定绕避还是防护工程通过。如拟通过，应注意调整路线平面位置，路线尽量争取设在崩塌停积区范围之外，以求得工程量小、施工方便、经济合理的方案。如有困难，也应使路线离坡脚有适当距离，以便设置防护工程。

33. D

【考核点】软土的工程性质

【解　析】软土工程性质主要有：颗粒分散性高，联结弱；孔隙比大，含水率高；压缩性高，透水性弱；抗剪强度低；具有触变性；流变性显著。

34. D

【考核点】膨胀性岩土工程地质勘察内容

【解　析】地表物质组成、颗粒级配，地表植物种类、覆盖度，耐旱植物的分布对膨胀土的性质影响不大。

35. D

【考核点】道路初步勘察的方法

【解　析】道路初勘应以工程地质调查测绘（调绘）为主，勘探测试为辅。因此工程地质调绘是这一阶段的重要方法。

36. D

【考核点】桥梁工程地质勘察方法

【解　析】①跨江、海大桥及特大桥应进行1∶10000区域工程地质调绘，调绘的范围应包括桥轴线、引线及两侧各不小于1000m的带状区域；②工程地质条件较复杂或复杂的桥位应进行1∶2000工程地质调绘，调绘的宽度沿路线两侧各不宜小于100m。

37. D

【考核点】勘测记录

【解　析】距离和水准记录中的厘米位及厘米以下位数不得涂改，必须重测。

38. C

【考核点】导线测量的布置形式

【解　析】导线的布置形式有闭合导线、附合导线和支导线。

39. C

【考核点】导线全长闭合差的计算

【解　析】导线全长闭合差f_D的计算公式是$f_D=\sqrt{f_X^2+f_Y^2}$。

40. B

【考核点】四等水准测量主要技术要求

【解　析】四等水准测量中，每一站的前后视距差，不得超过5m。

41. C

【考核点】平面控制测量等级选用

【解　析】《公路勘测规范》（JTG C10—2007）规定，高速公路路线平面控制测量的等级不得低于一级。

42. B

【考核点】地形图比例尺的概念

【解　析】地形图比例尺的基本概念。

43. C

【考核点】坡度的概念

【解　析】高差与水平距离之比为坡度,并用百分比表示。

44. A

【考核点】图根控制测量

【解　析】图根点计算可采用近似平差方法,角度计算应取位至秒,边长、坐标和高程计算应取位至毫米,最终坐标和高程应取至厘米。

45. A

【考核点】隧道勘测与调查

【解　析】初测阶段可不专门布设隧道平面和高程控制网。

46. D

【考核点】路线右角与转角的关系

【解　析】当右角 $\beta < 180°$ 时,为右转角;当右角 $\beta > 180°$ 时,为左转角,即 $\begin{cases}\alpha_y = 180° - \beta \\ \alpha_z = \beta - 180°\end{cases}$,故公路中线测量中,测得某交点的右角为 130°,则其转角为 $\alpha_{右} = 50°$。

47. C

【考核点】路线中平测量的观测顺序

【解　析】路线中平测量的观测顺序是先观测转点高程后观测中桩点高程,转点的高程读数读到毫米位,中桩点的高程读数读到厘米位。

48. B

【考核点】带有缓和曲线的平曲线主点里程的计算

【解　析】

$$\left.\begin{aligned}
&\text{直缓点 } ZH = JD - T_H \\
&\text{缓圆点 } HY = ZH + l_s \\
&\text{圆缓点 } YH = HY + L_Y \\
&\text{缓直点 } HZ = YH + l_s \\
&\text{曲中点 } QZ = HZ - \frac{L_H}{2} \\
&\text{交点 } JD = QZ + \frac{D_H}{2}\text{(校核)}
\end{aligned}\right\}$$

ZH 点的里程 = JD 里程 − 切线长。

则:ZH 点的里程 = K6 + 790.306 − 758.687 = K6 + 031.619。

49. B

【考核点】偶然作用效应取值方法

【解　析】《公路桥规》规定偶然组合中偶然作用取其设计值。

50. B

【考核点】承载力计算

【解　析】根据承载力计算公式，ρ 小的梁的极限承载力比 ρ 大的极限承载力要小，而两种梁的开裂弯矩 M_{cr} 是一样的，因此，ρ 小的 M_{cr}/M_u 大。

51. C

【考核点】大、小偏心受压破坏的判别

【解　析】与受弯构件正截面承载力计算相同，可用受压区界限高度 x_b 或相对界限受压区高度 ξ_b 来判别两种不同偏心受压破坏形态：当 $\xi \leqslant \xi_b$ 时，截面为大偏心受压破坏；当 $\xi > \xi_b$ 时，截面为小偏心受压破坏。

52. A

【考核点】钢筋混凝土梁正截面抗弯承载力及裂缝宽度计算公式

【解　析】根据钢筋混凝土梁正截面抗弯承载力公式可知，受拉钢筋面积越大，梁的正截面抗弯承载力越大；根据钢筋混凝土梁裂缝宽度计算公式可知，相同钢筋直径，配筋率越高，裂缝宽度越小。

53. A

【考核点】短暂状况的应力计算

【解　析】预应力混凝土受弯构件按短暂状况计算时，应计算其在制作、运输及安装等施工阶段，由预应力作用、构件自重和施工荷载等引起的正截面和斜截面的应力，并不应超过规定的应力限值。

54. C

【考核点】抗裂计算

【解　析】预应力混凝土构件进行抗裂性验算按照作用（荷载）短期效应组合和长期效应组合两种情况进行。短期或长期效应组合时，汽车荷载效应均不计入冲击系数。

55. B

【考核点】圬工结构的特点

【解　析】A、C、D 三项描述的内容都是圬工结构的典型特点，而由于圬工结构的自重大，砌筑工作相当繁重，操作主要靠手工方式，故选项 B 中“施工周期短，机械化程度高”不属于圬工结构的特点。因此，应选择 B。

56. B

【考核点】公路规划的修改与命名及编号

【解　析】《公路法》规定：省道、县道、乡道公路规划需要修改的，由原编制机关提出修改方案，报原批准机关批准。

57. C

【考核点】勘察、设计合同的内容

【解　析】根据《合同法》的规定，勘察、设计合同的内容包括提交有关基础资料和文件（包括概预算）的期限、质量要求、费用以及其他协作条件等条款。

58. C

【考核点】设计单位的安全责任

【解　析】《建设工程安全生产管理条例》第 13 条规定：①设计单位应当考虑施工安全操作和防护的需要，对涉及施工安全的重点部位和环节在设计文件中注明，并对防范生产安全事故提出指导意见。②采用新结构、新材料、新工艺的建设工程和特殊结构的建设工程，设计单位应当在设计中提出保障施工作业人员安全和预防生产安全事故的措施建议。设计单位和注册建筑师等注册执业人员应当对其设计负责。本题选项C应是勘察单位的安全责任。

59. C

【考核点】勘察、设计单位的工作人员法律责任

【解 析】《建设工程质量管理条例》规定：勘察、设计单位的工作人员因调动工作、退休等原因离开该单位后，被发现在该单位工作期间违反国家有关建设工程质量管理规定，造成重大工程质量事故的，仍应当依法追究法律责任。

60. C

【考核点】建设工程勘察、设计文件的实施

【解 析】《建设工程勘察设计管理条例》规定：勘察、设计文件中规定采用的新技术、新材料，可能影响工程质量和安全，又没有国家技术标准的，应当由国家认可的检测机构进行试验、论证，出具检测报告，并经国务院有关部门或者省、自治区、直辖市人民政府有关部门组织的工程技术专家委员会审定后，方可使用。

模拟试卷三

说明:1. 本模拟试卷共60题,每题只有一个备选项最符合题意,每题2分;模拟考试时间为4小时。

2. 本模拟试卷仅供考生进行模拟测试用。

1. 粗集料的压碎试验结果较小,说明该粗集料有(　　)。

A. 较好的耐磨性　　B. 较差的耐磨性

C. 较好的承载能力　　D. 较差的承载能力

2. 现行规范《通用硅酸盐水泥》(GB 175—2007)中,对硅酸盐水泥的技术指标未做要求的是(　　)。

A. 密度　　B. 凝结时间　　C. 体积安定性　　D. 强度

3. 在测试水泥胶砂强度试验中,若养护环境温度高于规范要求,则强度测试结果将(　　)。

A. 减小　　B. 增大　　C. 不变化　　D. 以上均不对

4. 以下无机稳定类材料中,按其干缩系数和温缩系数从大到小排序为(　　)。

A. 二灰土 > 石灰土 > 二灰稳定砂砾 > 石灰稳定砂砾

B. 二灰土 > 二灰稳定砂砾 > 石灰土 > 石灰稳定砂砾

C. 石灰土 > 二灰土 > 石灰稳定砂砾 > 二灰稳定砂砾

D. 石灰土 > 石灰稳定砂砾 > 二灰土 > 二灰稳定砂砾

5. 施工所需的混凝土拌和物坍落度的大小主要由(　　)来选取。

A. 水灰比和砂率　　B. 水灰比和捣实方式

C. 骨料的性质、最大粒径和级配　　D. 构件的截面尺寸大小,钢筋疏密,捣实方式

6. 关于集料对水泥混凝土工作性的影响,以下说法错误的是(　　)。

A. 同等条件下,随着集料最大粒径的增大,水泥混凝土的流动性增加

B. 同等条件下,集料针片状含量少,级配好,则水泥混凝土的流动性增加

C. 同等条件下,卵石配制水泥混凝土的流动性大于碎石

D. 同等条件下,随着集料比表面积的增大,水泥混凝土的流动性增加

7. 在沥青的三种胶体结构中,(　　)具有较好的自愈性和低温变形能力。

A. 凝胶型结构　　B. 溶凝胶型结构

C. 溶胶型结构　　D. 以上均不对

8. 以下因素中,对沥青混合料耐久性影响最显著的因素是(　　)。

A. 集料品种　　B. 沥青混合料的空隙率

C. 沥青的标号　　D. 矿粉的细度

9. 从增加沥青混合料高温稳定性角度来看,关于结构沥青与自由沥青的数量,以下说法正确的是(　　)。

A. 结构沥青与自由沥青均应多些　　B. 结构沥青多些，自由沥青少些
C. 结构沥青少些，自由沥青多些　　D. 结构沥青与自由沥青均应少些

10. 钢材的屈强比越小，则（　　）。

A. 安全性与有效利用率越高　　B. 安全性越高、有效利用率越低
C. 安全性越低、有效利用率越高　　D. 安全性与有效利用率越低

11. 常用于 SMA 沥青混合料中以稳定沥青的纤维是（　　）。

A. 聚酯纤维　　B. 木质素纤维　　C. 玄武岩纤维　　D. 石棉纤维

12. 土的重度（或密度）是通过（　　）试验测定。

A. 环刀法　　B. 比重瓶法　　C. 比重计法　　D. 烘干法

13. 已知某砂土的最大、最小孔隙比分别为 0.8、0.4，若天然孔隙比为 0.6，则该砂土的密实程度为（　　）。

A. 松散状态　　B. 中密状态　　C. 密实状态　　D. 无法确定

14. 下述关于动水力的描述正确的为（　　）。

①其方向与渗流方向一致；②其数值与水头梯度成正比；③是一种体积力

A. ①②正确　　B. ①③正确　　C. ①②③都正确　　D. 都不正确

15. 目前，地基附加应力计算中对地基土采用的基本假设之一是（　　）。

A. 非均质弹性体　　B. 均质线性弹性体
C. 均质塑性体　　D. 均质非线形体

16. 基础底面以下地基持力层土中，地基附加应力的分布规律随地基土层深度的增加而（　　）。

A. 逐渐减少　　B. 逐渐增加　　C. 基本不变　　D. 不确定

17. 土体具有压缩性的主要原因是（　　）。

A. 由土颗粒的压缩引起的　　B. 由孔隙的减少引起的
C. 因为水被压缩引起的　　D. 因为土体本身压缩模量较小引起的

18. 研究土的抗剪强度时，是把土体作为（　　）。

A. 弹性土体　　B. 压缩性土体
C. 刚塑性土体　　D. 弹塑性土体

19. 已知某砂土单元处于极限平衡状态，测定其所受大主应力为 480kPa，小主应力为 180kPa，则其内摩擦角为（　　）。

A. 20°　　B. 27°　　C. 30°　　D. 35°

20. 有一地基土层厚 m，其下为不可压缩土层。已知该土层在天然状态下的平均孔隙比为 0.91，平均压缩系数 $a = 0.6 \times 10^{-3}/\text{kPa}$，有一无限均布荷载 $q = 150\text{kPa}$ 作用于地面上，则该土层在荷载作用下发生的最终沉降量估算值为（　　）。

A. 14cm　　B. 20cm　　C. 10cm　　D. 30cm

21. 无限均布荷载分别作用于两个黏土层，在以下条件可以达到相同的固结度（　　）。

A. 黏土层固结系数相同　　B. 黏土层排水条件相同
C. 荷载作用时间相同　　D. 以上都是

22. 对同一个基础，下列荷载中数值最大的是（　　）。

A. 临塑荷载 p_{cr}　　B. 极限荷载 p_u

C. 临界荷载 $p_{\frac{1}{4}}$　　D. 临界荷载 $p_{\frac{1}{3}}$

23. 砂性土土坡的稳定条件是(　　)。

A. 坡角等于土的内摩擦角　　B. 坡角大于土的内摩擦角

C. 坡角小于土的内摩擦角　　D. 与坡角无关

24. 下列各组岩石中，属于软质岩石的是(　　)。

A. 泥岩、页岩　　B. 片麻岩、大理岩

C. 硅质砂岩、石灰岩　　D. 闪长岩、辉长岩

25. 一般来说，具有层理构造的某种沉积岩，垂直层面方向的抗压强度大于平行层面方向的抗压强度，而平行层面方向的透水性(　　)垂直层面方向的透水性。

A. 等于　　B. 小于　　C. 大于　　D. 等于或小于

26. 下列对断层特性的描述中，不正确的是(　　)。

A. 断层面和破碎带、断层线、断距、断盘是断层的基本组成部分

B. 正断层的基本特征是上盘沿断层面相对上升，下盘相对下降

C. 逆断层一般是由于岩体受到水平方向强烈挤压力的作用形成

D. 正断层所形成的破碎带较窄，而逆断层所形成的破碎带较宽

27. 在地质平面图上，一系列岩层呈对称重复排列，且中心部位岩层较老，两侧岩层逐渐变新，则一定有(　　)存在。

A. 正断层　　B. 背斜　　C. 向斜　　D. 褶曲

28. 在我国西北各省、内蒙古地区等大陆腹地的干旱、半干旱地区广泛分布的戈壁、沙漠等就是强烈(　　)的产物。

A. 生物风化　　B. 物理风化

C. 化学风化　　D. 地表流水侵蚀作用

29. 下列有关河流沉积层特点的描述中，不正确的是(　　)。

A. 山区河流或河流上游河床相沉积物大多是粗大的巨砾、砾石和粗砂

B. 河漫滩沉积物由上部的粉砂、黏性土与下部河床相沉积物组成二元结构

C. 牛轭湖相沉积物是由富含有机质的淤泥和泥炭及少量黏性土组成

D. 河口三角洲沉积物主要由粗砂、卵石组成

30. 下列关于地貌与公路建设关系的表述中，不正确的是(　　)。

A. 由于河流的侵蚀、搬运和堆积作用，河谷地貌会不断变化，因此山区沿河公路应避开河谷地貌

B. 河流的侵蚀阶地由于基岩出露地表，作为建筑物的地基具有较好的地质条件

C. 对于单斜岩层构成的沟谷而言，因为顺向坡坡度较缓，地形相对平坦，所以山区公路常常布设在顺向坡一侧

D. 由于单斜软弱层型垭口岩性松软，风化严重，稳定性差，所以公路穿越这一类垭口时，采用隧道方案可以避免因风化带来的路基病害

31. 下列有关地下水特征的描述中，属于潜水特征的是(　　)。

A. 空间分布极不均匀，动态变化强烈，流动迅速，排泄集中

B. 在某种程度上带有地表水系的特征

C. 形成于适宜的地质构造之中,动态比较稳定,受气候影响小

D. 具有自由水面,在重力作用下可以由高水位流向低水位

32. 下列有关滑坡防治原则的表述中,不正确的是(　　)。

A. 路线应避开规模大、性质复杂、稳定性差、处治困难的滑坡及滑坡群地段

B. 当滑坡的规模较小,整治方案技术可行、经济合理时,路线应选择在有利于滑坡稳定的安全部位通过

C. 路线通过滑坡地段时,不得开挖坡脚,且不应在滑坡体的上方以填方形式通过

D. 对于大型滑坡地段,一般情况下路线可不绕避,但应注意调整路线平面位置,应尽量从滑坡中部通过

33. 下列所述特殊土工程性质中,不属于膨胀土的是(　　)。

A. 天然状态下,土体结构紧密、孔隙比小

B. 裂隙十分发育,极易风化破坏

C. 天然状态下,抗剪强度高,但遇水后强度显著降低

D. 结构疏松,具有湿陷性

34. 下列关于黄土地区工程地质勘察内容的表述中,不正确的是(　　)。

A. 黄土的成因、类型、地质时代、分布范围及厚度

B. 黄土层与基岩的接触面形态、下伏地层的岩性和风化程度

C. 土层最大冻结深度和蒸发强烈影响深度

D. 滑坡、崩塌、陷穴、冲沟、泥石流、湿陷洼地、地裂缝等不良地质的分布、规模

35. 桥基工程地质勘察的任务是为桥梁墩台基础设计提供地质资料,其方法是在调查与测绘的基础上进行(　　)工作。

A. 试验　　B. 勘探　　C. 长期观测　　D. 研究资料

36. 隧道工程地质勘察时,工程地质调绘应沿拟定的隧道轴线及其两侧各不小于(　　)的带状区域进行,调绘比例尺为 1:2000。

A. 100m　　B. 200m　　C. 300m　　D. 400m

37. 高等级公路的线路勘测设计,一般分为可行性研究、初测和(　　)三个阶段。

A. 复测　　B. 定测　　C. 实测　　D. 检测

38. 在测量等级为二级的平面控制测量中,测得某 AB 长度应为(　　)。

A. 302.4m　　B. 302.43m　　C. 302.433m　　D. 302.4329m

39. 下面是三个小组丈量距离的结果,只有(　　)这一组测量的相对误差不低于 1/5000 的要求。

A. 100m ± 0.025m　　B. 250m ± 0.060m

C. 150m ± 0.035m　　D. 200m ± 0.040m

40. 高差闭合差的分配原则为(　　)成正比例反符号进行分配。

A. 与测站数　　B. 与高差的大小

C. 与距离　　D. 与距离或测站数

41. 两不同高程的点,其坡度应为两点(　　)之比,再乘以 100%。

A. 高差与其平距　　B. 高差与其斜距

C. 平距与其斜距　　D. 斜距与其高差

42. 下列关于等高线的叙述,错误的是(　　)。

A. 所有高程相等的点在同一等高线上

B. 等高线必定是闭合曲线,即使本幅图没闭合,则在相邻的图幅闭合

C. 等高线不能分叉、相交或合并

D. 等高线经过山脊与山脊线正交

43. 航摄比例尺的选择应考虑的因素是(　　)。

A. 地形图成图比例尺及相应的精度要求

B. 摄区地形条件

C. 成图所用方法及仪器性能

D. A、B、C 都需考虑

44. 航测的外业主要包括相片控制测量与(　　)两大部分。

A. 航片扫描　　B. 相片定向　　C. 相片联测　　D. 相片调绘

45. 初测阶段关于路线交叉的勘测叙述,正确的是(　　)。

A. 公路与铁路交叉应测量交叉点铁路轨顶高程、交叉角度及路基宽度

B. 公路与公路交叉应测量交叉角度、交叉点高程、纵坡坡度、路基宽度、路面宽度和厚度

C. 公路与管线交叉应测量交叉位置、交叉角度、交叉点悬空高或埋置深度、杆塔高度以及受影响的长度

D. A、B、C 都正确

46. 公路中线里程桩的加桩分为地形加桩、地物加桩、曲线加桩和(　　)。

A. 转点桩　　B. 关系加桩　　C. 交点程　　D. 百米桩

47. 将经纬仪安置于 A 点瞄准 B 点时,水平度盘的读数为 90°,欲测设 60°的水平角位于直线 AB 的右侧,则水平度盘的读数应为(　　)。

A. 60°　　B. 中误差 60°　　C. 30°　　D. 150°

48. JD_3 的里程桩号为 K6 + 790.306,$\alpha = 39°01'09''$,圆曲线半径 $R = 2000$m,缓和曲线长 $l_s = 100$m。则 HY 点的里程为(　　)。

A. K6 + 138.619　　B. K6 + 131.619

C. K6 + 231.619　　D. K6 + 039.619

49. 现行《公路桥规》中针对桥梁结构混凝土的耐久性提出了基本要求,下列具体指标中(　　)是错误的。

A. 最大水灰比和最大碱含量　　B. 最小水泥用量和最大氯离子含量

C. 最低混凝土强度等级和抗冻等级　　D. 最大配筋率和最大碱含量

50. 正截面受弯承载力计算中,不考虑受拉区混凝土的作用是因为下列的(　　)项。

A. 受拉区混凝土部分开裂

B. 受拉区混凝土已全部开裂

C. 混凝土抗拉强度比抗压强度要低得多

D. 受拉区混凝土承担的拉力很小,且靠近中和轴,内力臂小,故承担的内力矩也小

51. 进行斜截面抗剪设计时,弯起钢筋承担的剪力值按《公路桥规》规定应采用( )。

A. 支点处计算剪力的 40%

B. 距支点 $h_0/2$ 处计算剪力的 40%

C. 距支点 $h/2$ 处计算剪力的 40%

D. 距支点 $h/2$ 处计算剪力的 60%

52. 在钢筋混凝土大偏心受压构件截面设计中,适用条件 $x \leqslant \xi_b h_0$ 与 $x \geqslant 2a'_s$ 是为了保证构件在破坏时( )。

A. 受拉钢筋应力达到 f_{sd},受压钢筋应力达不到 f'_{sd}

B. 受拉钢筋应力达到 f'_{sd},受压钢筋应力达不到 f_{sd}

C. 受拉、受压钢筋应力均达不到钢筋强度设计值

D. 受拉钢筋、受压钢筋应力均达到钢筋强度设计值

53. 在进行钢筋混凝土构件的变形和裂缝宽度计算时,下列说法正确的是( )。

A. 作用(荷载)应取频遇组合,其中,汽车荷载应计入冲击系数

B. 作用(荷载)应取准永久组合,其中,汽车荷载应计入冲击系数

C. 作用(荷载)应取频遇组合、准永久组合,或频遇组合并考虑准永久组合的影响,其中,汽车荷载可不计入冲击系数

D. 以上说法都不正确

54. 对于 A 类部分预应力混凝土构件在作用(或荷载)的短期效应组合下,混凝土拉应力的限值为( )。

A. $\sigma_{st} - 0.85\sigma_{pc} \leqslant 0$

B. $\sigma_{st} - \sigma_{pc} \leqslant 0.7f_{tk}, \sigma_{lt} - \sigma_{pc} \leqslant 0$

C. $\sigma_{lt} - \sigma_{pc} \leqslant 0.7f_{tk}, \sigma_{st} - \sigma_{pc} \leqslant 0$

D. $\sigma_{st} - \sigma_{pc} \leqslant 0.7f_{tk}, \sigma_{lt} - \sigma_{pc} > 0$

55. 下列( )不属于砌体受拉时的典型破坏形式。

A. 沿水平通缝破坏

B. 单块块材开裂破坏

C. 沿齿缝破坏

D. 沿块体和竖向灰缝破坏

56. 下列关于公路规划的表述中,不正确的是( )。

A. 公路建设用地规划应当符合土地利用总体规划,当年建设用地应当纳入年度建设用地计划

B. 省道规划应当与国道规划相协调。县道规划应当与省道规划相协调。乡道规划应当与县道规划相协调

C. 县级以上人民政府交通主管部门发现专用公路规划与国道、省道、县道、乡道规划有不协调的地方,应当提出修改意见并做出相应的修改

D. 规划和新建村镇、开发区,应当与公路保持规定的距离并避免在公路两侧对应进行,防止造成公路街道化,影响公路的运行安全与畅通

57. 下列关于勘察单位安全责任的表述中,不正确的是( )。

A. 勘察单位应当按照法律、法规和工程建设强制性标准进行勘察

B. 勘察单位提供的勘察文件应当真实、准确,满足建设工程安全生产的需要

C. 勘察单位在勘察作业时,应当严格执行操作规程,采取措施保证各类管线、设施和周边建筑物、构筑物的安全

D. 采用新结构、新材料、新工艺的建设工程和特殊结构的建设工程，勘察单位应当在勘察文件中提出保障施工作业人员安全和预防生产安全事故的措施建议

58. 下列关于勘察、设计单位质量责任和义务的表述中，不正确的是(　　)。

A. 勘察、设计单位必须按照工程建设强制性标准进行勘察、设计，并对其勘察、设计的质量负责

B. 勘察单位提供的地质、测量、水文等勘察成果必须真实、准确。设计单位应当根据勘察成果文件进行建设工程设计

C. 设计单位在设计文件中选用的建筑材料、建筑构配件和设备，应指定生产厂、供应商

D. 设计单位在设计文件中选用的建筑材料、建筑构配件和设备，应当注明规格、型号、性能等技术指标，其质量要求必须符合国家规定的标准

59. 下列关于建设工程勘察、设计文件修改规定的表述中，不正确的是(　　)。

A. 建设单位、施工单位、监理单位不得修改勘察、设计文件

B. 确需修改勘察、设计文件的，应当由原勘察、设计单位修改

C. 确需修改勘察、设计文件的，经原勘察、设计单位书面同意，建设单位可以委托其他具有相应资质的勘察、设计单位修改。修改单位对修改的勘察、设计文件承担相应责任

D. 施工单位、监理单位发现勘察、设计文件不符合工程建设强制性标准、合同约定的质量要求的，应当报告建设单位，建设单位有权要求施工单位、监理单位对勘察、设计文件进行补充、修改

60. 下列有关建设工程勘察设计从业人员职业道德准则规范的表述中，不正确的是(　　)。

A. 发扬爱国、爱岗、敬业精神，既对国家负责同时又为企业服好务；珍惜国家资金、土地、能源、材料设备，力求取得更大的经济、社会和环境效益

B. 坚持质量第一，遵守各项勘察设计标准、规范、规程，防止重产值、轻质量的倾向，确保公众人身及财产安全，对工程质量负责到底

C. 树立正派学风，不搞技术封锁，不剽窃他人成果，采用他人成果要标明出处，尊重他人的正当技术、经济权利

D. 不得经营或参与经营承包施工，也不得参与采购、营销工程设备和材料，也不得在政府部门、施工单位和设备、材料供应单位任职或兼职

◇ 模拟试卷三参考答案 ◇

1. D

【考核点】集料压碎值的概念

【解　析】集料压碎值是指集料在连续增加的荷载下，抵抗压碎的能力，它是评价集料承载能力的一个力学指标。

2. A

【考核点】硅酸盐水泥的技术指标

【解 析】水泥的凝结时间、强度、体积安定性是影响水泥性质的重要因素，现行规范中对其均做出了明确的要求，对密度指标未做具体要求。

3. B

【考核点】水泥胶砂强度测定方法

【解 析】在测定水泥胶砂强度时，按规定标准的养护温度为20℃ ±1℃，相对湿度大于90%，养护水的温度为20℃ ±1℃，如果实际养护温度高于实验要求时，则会加速水泥的水化反应，提高同龄期水泥胶砂的强度。

4. D

【考核点】无机稳定类材料的收缩特性

【解 析】由于粉煤灰的作用，二灰土与石灰土相比，二灰稳定砂砾与石灰稳定砂砾相比，干缩性和温缩性均有不同程度的降低，总体而言，稳定砂砾类小于稳定土类，二灰稳定类小于石灰稳定类，因此，以上四类材料按照干缩系数和温缩系数大小排序为：石灰土 > 石灰稳定砂砾 > 二灰土 > 二灰稳定砂砾。

5. D

【考核点】水泥混凝土的施工和易性

【解 析】坍落度是反映新拌混凝土施工和易性最常用的方法。普通混凝土坍落度应根据构件截面尺寸大小、钢筋疏密和施工方式来确定。

6. D

【考核点】水泥混凝土的工作性

【解 析】同等条件下，随着集料最大粒径的增大，集料总比表面积减小，水泥混凝土的流动性增加；同等条件下，集料针片状含量少，棱角性少(卵石)，级配好，则水泥混凝土的流动性大。

7. C

【考核点】沥青胶体结构特点

【解 析】溶胶型沥青的特点是：流动性和塑性较好，低温变形能力较好，开裂之后自行愈合能力较强，但高温稳定性较差。凝胶型沥青的特点是：弹性和黏性较高，温度敏感性较小，开裂后自行愈合能力较差，流动性和塑性较低。溶—凝胶型沥青的特点是：在高温时具有较低的感温性，低温时又具有较好的变形能力。

8. B

【考核点】沥青混合料的耐久性

【解 析】耐久性是指沥青混合料在使用过程中抵抗环境因素及行车荷载反复作用的能力，包括沥青混合料的抗老化性能、水稳定性能等。沥青混合料的抗老化性能取决于沥青的老化程度，也与外界环境因素和压实空隙率有关；当沥青混合料的压实空隙率较大，路面排水系统不完善时，将加剧沥青路面的水损害现象。

9. B

【考核点】沥青混合料的高温稳定性

【解 析】在沥青混合料中,如果矿料颗粒之间接触处是由结构沥青所联结,则颗粒之间具有更高的黏结强度,反之,如果颗粒之间接触处是自由沥青所联结,则具有较小的黏聚力。因此,结构沥青愈多愈有利于混合料的高温稳定性。

10. B

【考核点】钢材的屈强比指标

【解 析】屈强比能反映钢材的利用率和结构安全可靠程度。屈强比越小,其结构的安全可靠程度越高,但屈强比过小,又说明钢材强度的利用率偏低,造成钢材浪费。

11. B

【考核点】纤维适用性

【解 析】木质素纤维常用于 SMA 沥青混合料中,以稳定沥青。

12. A

【考核点】土的物理性质指标

【解 析】土的重度(或密度)常用环刀法测定。

13. B

【考核点】砂土相对密实度

【解 析】砂土密实度划分标准为:当 $0<D_r<0.33$ 时,松散状态;当 $0.33<D_r<0.67$ 时,中密状态;当 $0.67<D_r<1$ 时,密实状态。

砂土的相对密实度 $D_r=\frac{e_{max}-e}{e_{max}-e_{min}}=\frac{0.8-0.6}{0.8-0.4}=0.5$,$0.33<D_r<0.67$,因此处于中密状态。

14. C

【考核点】动水力的概念

【解 析】动水力指的是水流作用在单位体积土体中颗粒上的力,也称为渗流力。其作用方向与水流方向一致,计算公式为 $G_D=\gamma_w I$。

15. B

【考核点】应力计算的基本假定

【解 析】土中应力计算时,认为土体是均匀的、各向同性的、半无限弹性体。

16. A

【考核点】附加应力分布规律

【解 析】基础底面以下地基持力层土中,地基附加应力的分布规律随地基土层深度的增加而逐渐减小。

17. B

【考核点】土的压缩性

【解 析】土体具有压缩性是因为:土地颗粒之间存在空隙,在压力的作用下,空隙减少,因此土体压缩。

18. C

【考核点】土体抗剪强度

【解 析】研究土的抗剪强度时,是把土体作为刚塑性土体。

19. B

【考核点】土的强度理论

【解 析】由于是砂土,所以 $c=0\text{kPa}$,根据极限平衡理论,

$$\sin\varphi=\frac{\frac{(\sigma_1-\sigma_3)_f}{2}}{\frac{(\sigma_1+\sigma_3)_f}{2}}=\frac{(480-180)/2}{(480+180)/2}=0.4545$$

所以 $\varphi=\arcsin0.4545=27°$。

20. A

【考核点】地基沉降量

【解 析】$s_\infty=\frac{a}{1+e}\sigma_z H=\frac{0.6\times10^{-3}}{1+0.91}\times150\times300=14.14\text{cm}$

21. D

【考核点】固结度

【解 析】根据固结度 U_t 和时间因数 T_v 的关系,只要时间因数 T_v 相同,固结度也相同。而 $T_v=\frac{C_v t}{H^2}$,故只要固结系数、荷载作用时间相同、最大排水距离相同(即排水条件相同),则时间因数相同,亦即固结度相同。

22. B

【考核点】地基承载力基本概念

【解 析】临塑荷载 p_{cr}——指基础边缘地基中刚要出现塑性区时基底单位面积上所承担的荷载,它相当于地基从压缩阶段过渡到剪切阶段时的界限荷载,即 P-S 曲线上第一个转折点所对应的荷载;

临界荷载 $p_{\frac{1}{4}}$——若地基中允许塑性区的深度等于基底宽度的1/4,此时的荷载称为临界荷载 $p_{\frac{1}{4}}$;

临界荷载 $p_{\frac{1}{3}}$——若地基中允许塑性区的深度等于基底宽度的1/4,此时的荷载称为临界荷载 $p_{\frac{1}{3}}$;

极限荷载 p_u——地基不致失稳时地基土单位面积上所能承受的最大荷载称为极限承载力,它相当于地基从剪切阶段过渡到破坏阶段的界限荷载,即 P-S 曲线上第二个转折点所对应的荷载;

从以上定义可见,对同一个基础,极限荷载最大。

23. C

【考核点】砂性土坡稳定性分析

【解 析】砂性土的土坡稳定安全系数为,$K=\frac{\tan\varphi}{\tan\beta}$,$K>1$ 时,土坡稳定,此时坡角小于土的内摩擦角。

24. A

【考核点】软质岩石的含义及常见的软质岩石

【解 析】软质岩是指软弱不良的岩石,常简称为软岩。软质岩具有强度低、易风化、

易破碎,遇水易软化、崩解、膨胀,胶结差,具有流变性等特性。常见的软质岩有页岩、泥岩、泥灰岩、凝灰岩、千枚岩、片岩、板岩、膨胀岩等。

25. C

【考核点】岩石构造对岩石工程地质性质的影响

【解　析】具有层理构造的岩石具有明显的各向异性,平行层面方向和垂直层面方向岩石的透水性和强度明显不同。一般而言,平行层面的透水性大于垂直层面的透水性,强度正好与之相反。

26. B

【考核点】断层要素及断层的分类

【解　析】断层要素包括断层面和破碎带、断层线、断盘和断距。正断层是指上盘沿断层面相对下降,下盘相对上升的断层。

27. B

【考核点】背斜的形态特征

【解　析】若某范围内一系列岩层呈对称的重复排列,则一定存在褶曲。当褶曲核部(中心部位)岩层较老,两翼岩层较新,则该褶曲为背斜。

28. B

【考核点】物理风化作用的产物

【解　析】我国西北及内蒙古地区、中亚各国及蒙古国等亚欧大陆腹地的干旱、半干旱地区由于温度变化大,特别是温差大,所以物理风化强烈,地表岩石经长期而强烈的物理风化作用的破坏,最终形成戈壁、沙漠等。

29. D

【考核点】河流沉积作用及沉积物的特点

【解　析】根据河流分选作用的特点可知,能被河流搬运到河口处的物质主要是一些细颗粒物质。因此,河口三角洲沉积物主要是一些细粒物质,如粉砂、粉质黏土及黏土,很少含有粗砂、卵石。牛轭湖相沉积物是由富含有机质的淤泥和泥炭及少量黏性土组成。

30. A

【考核点】地貌与公路建设的关系

【解　析】路线沿河谷布设可具有线性舒顺、纵坡平缓、工程量小等优点,所以河谷通常是山区沿河公路争取利用的一种地貌类型。况且,河谷地貌的发展变化受很多因素制约,它通常是一个缓慢的过程。

31. D

【考核点】潜水的特征

【解　析】适宜于形成承压水的地质构造是单斜构造和向斜构造。承压水受隔水顶板的限制,与地表水联系较弱。因此,气候、水文因素的变化对承压水的影响较小,其动态变化稳定。潜水具有自由水面,在重力作用下可以由高水位流向低水位。

32. D

【考核点】滑坡的防治原则

【解　析】滑坡的防治原则是以防为主、整治为辅。对于巨型、大型滑坡地段,若有条件绕避且属经济合理的,应首先考虑路线绕避的方案。若必须通过时,应按先后缘、前缘,后中间的顺序进行。

33. D

【考核点】膨胀土的工程性质

【解　析】膨胀土的粒度成分以黏粒含量为主,其含量可高达50%以上;天然含水率与塑限比较接近,土体处于坚硬或硬塑状态;膨胀土具有超固结性。

34. C

【考核点】黄土地区道路工程地质勘察内容

【解　析】土层最大冻结深度和蒸发强烈影响深度对冻土的性质具有明显影响,而对黄土的性质影响不显著。

35. B

【考核点】桥基工程地质勘察

【解　析】桥基工程地质勘察的任务是为桥梁墩台设计提供地质资料,其方法是在工程地质调绘(调查测绘)的基础上进行勘探工作。对于大、中桥,目前均采用以钻探为主,辅以物探和原位测试的方法。

36. B

【考核点】隧道工程地质勘察方法

【解　析】在进行隧道工程地质勘察时,工程地质调绘应沿拟定的隧道轴线及其两侧各不小于200m的带状区域进行,调绘比例尺为1:2000。隧道勘探应以钻探为主,结合必要的物探、挖探等手段进行综合勘探。

37. B

【考核点】高等级公路的勘测设计步骤

【解　析】高等级公路的线路勘测设计,一般分为可行性研究、初测和定测三个阶段。

38. C

【考核点】长度的数字取位要求

【解　析】二级的平面控制测量中,长度应取0.001m。

39. D

【考核点】相对误差

【解　析】0.025/100 = 1/4000;0.06/250 = 1/4166;0.035/150 = 1/4285;0.04/200 = 1/5000。

40. D

【考核点】高差闭合差的分配

【解　析】高差闭合差的分配原则为:与距离或测站数成正比例反符号进行分配。

41. A

【考核点】坡度的计算

【解　析】两不同高程的点,其坡度应为两点高差与其平距之比,再乘以100%。

42. C

【考核点】等高线的特性

【解　析】等高线一般是闭合曲线，非特殊地貌不得相交或重叠。等高线在悬崖处可以相交，在陡壁处可以重叠。

43. D

【考核点】航摄比例尺的选择

【解　析】航摄比例尺的选择应综合考虑地形图成图比例尺及相应的精度要求、摄区地形条件及成图所用方法及仪器性能。

44. D

【考核点】航测的外业

【解　析】航测的外业主要包括相片控制测量与相片调绘两大部分。

45. D

【考核点】路线交叉勘测与调查

【解　析】详见《公路勘测规范》(JTG C10—2007)。

46. B

【考核点】加桩的分类

【解　析】公路中线里程桩的加桩分为地形加桩、地物加桩、曲线加桩和关系加桩。

47. D

【考核点】水平角测设

【解　析】测设水平角时，对于位于直线 AB 的右侧的角度放样，应该将经纬仪顺时针转动；对于位于直线 AB 的左侧的角度放样，应该将经纬仪逆时针转动。现测设位于直线 AB 的右侧的 $60°$ 角度，安置于 A 点瞄准 B 点，水平度盘的读数配置为 $90°$ 时，应该顺时针转动 $60°$，则水平度盘的读数为 $150°$。

48. B

【考核点】带有缓和曲线的平曲线主点里程的计算

【解　析】HY 点的里程 = ZH 里程 + 缓和曲线长。

则：HY 点的里程 = K6 + 031.619 + 100 = K6 + 131.619。

49. D

【考核点】耐久性设计

【解　析】《公路桥规》中针对桥梁结构混凝土的耐久性提出的基本要求与最大配筋率无关。

50. D

【考核点】受弯构件正截面承载力计算的基本原则

【解　析】在裂缝截面处，受拉区混凝土已大部分退出工作，但在靠近中和轴附近，仍有一部分混凝土承担着拉应力。由于其拉应力较小，且内力偶臂也不大，因此，所承担的内力矩是不大的，故在计算中可忽略不计。

51. C

【考核点】计算剪力包络图的合理分配

【解　析】《公路桥规》规定：最大剪力计算值取用距支座中心 $h/2$（梁高一半）处截面的数值（记做 V'），其中混凝土和箍筋共同承担不少于 60%，$0.6V'$ 的剪力计算值；弯起钢筋

(按 45°弯起)承担不超过 40%,即 0.4 V' 的剪力计算值。

52. D

【考核点】偏心受压构件正截面承载力计算

【解　析】适用条件 $x \leqslant \xi_b h_0$ 保证构件受拉钢筋应力均达到钢筋强度设计值,适用条件 $x \geqslant 2a_s'$ 保证构件受压钢筋应力均达到钢筋强度设计值。

53. C

【考核点】钢筋混凝土构件变形和裂缝宽度计算时的作用(或荷载)取值

【解　析】《公路桥规》第 6.1.1 条规定:公路桥涵的持久状况设计应按正常使用极限状态的要求,采用作用(或荷载)的频遇组合、准永久组合或频遇组合并考虑长期效应的影响,对构件的裂缝宽度和挠度进行验算,并使各项计算值不超过本规范规定的各相应限值。

54. B

【考核点】预应力混凝土构件的抗裂验算

【解　析】预应力混凝土构件的抗裂性验算都是以构件混凝土拉应力是否超过规定的限值来表示的,属于结构正常使用极限状态计算的范畴。

55. B

【考核点】砌体受拉的破坏形式

【解　析】试验表明,在多数情况下,砌体的受拉、受弯及受剪破坏一般发生于砂浆与块材的连接面上,而 A、C、D 三项都是砌体受拉时的典型破坏形式(见下图),只有 B 不是。

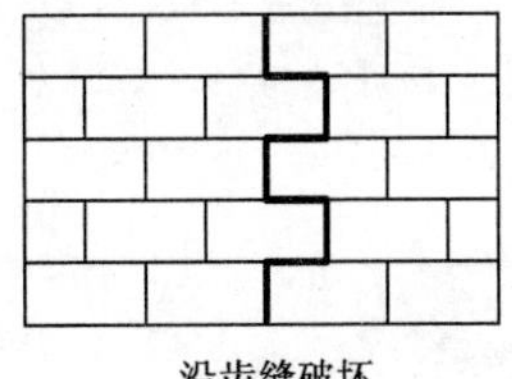
沿齿缝破坏

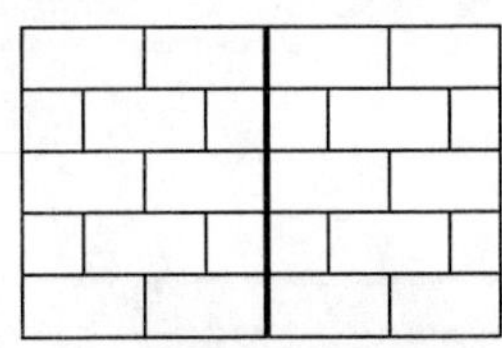
沿块体和竖向灰缝破坏

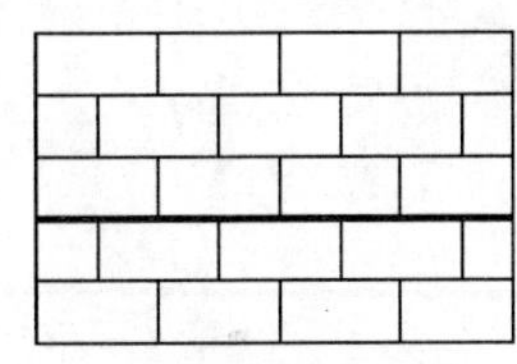
沿水平通缝破坏

56. C

【考核点】公路的规划

【解　析】《公路法》规定:专用公路规划由专用公路的主管单位编制,经其上级主管部门审定后,报县级以上人民政府交通主管部门审核。专用公路规划应当与公路规划相协调。县级以上人民政府交通主管部门发现专用公路规划与国道、省道、县道、乡道规划有不协调的地方,应当提出修改意见,专用公路主管部门和单位应当做出相应的修改。

57. D

【考核点】勘察单位的安全责任

【解　析】根据《建设工程安全生产管理条例》第 12 条规定:①勘察单位提供的勘察文件应当真实、准确,满足建设工程安全生产的需要。②勘察单位在勘察作业时,应当严格执行操作规程,采取措施保证各类管线、设施和周边建筑物、构筑物的安全。本题选项 D 应是设计单位的安全责任。

58. C

【考核点】勘察、设计单位质量责任和义务

【解　析】《建设工程质量管理条例》规定：设计单位在设计文件中选用的建筑材料、建筑构配件和设备，应当注明规格、型号、性能等技术指标，其质量要求必须符合国家规定的标准。除有特殊要求的建筑材料、专用设备、工艺生产线等外，设计单位不得指定生产厂、供应商。

59. D

【考核点】建设工程勘察、设计文件修改的规定

【解　析】《建设工程勘察设计管理条例》规定：①施工单位、监理单位发现建设工程勘察、设计文件不符合工程建设强制性标准、合同约定的质量要求的，应当报告建设单位，建设单位有权要求建设工程勘察、设计单位对建设工程勘察、设计文件进行补充、修改。②建设工程勘察、设计文件内容需要做重大修改的，建设单位应当报经原审批机关批准后，方可修改。

60. D

【考核点】勘察设计从业人员职业道德准则规范

【解　析】勘察设计从业人员职业道德准则规范规定，勘察设计从业人员应：①发扬爱国、爱岗、敬业精神，既对国家负责同时又为企业服好务。珍惜国家资金、土地、能源、材料设备，力求取得更大的经济、社会和环境效益。②坚持质量第一，遵守各项勘察设计标准、规范、规程，防止重产值、轻质量的倾向、确保公众人身及财产安全，对工程质量负责到底。③钻研科学技术，不断采用新技术、新工艺，推动行业技术进步；树立正派学风，不搞技术封锁，不剽窃他人成果，采用他人成果要标明出处，尊重他人的正当技术、经济权利。